中国社会科学院大学"人文社会科学新苗支持计划"资助

2024年第1辑·总第4辑

青年史学论坛

中国社会科学院大学历史学院　主办

展龙　魏万磊　主编

中国社会科学出版社

图书在版编目（CIP）数据

青年史学论坛. 2024年. 第1辑：总第4辑 / 展龙，
魏万磊主编. -- 北京：中国社会科学出版社，2024. 8.
ISBN 978-7-5227-4059-1

Ⅰ. K207-53

中国国家版本馆 CIP 数据核字第 2024M55F11 号

出 版 人	赵剑英	
责任编辑	吴丽平	
责任校对	吴焕超	
责任印制	李寡寡	

出　　版	中国社会科学出版社	
社　　址	北京鼓楼西大街甲 158 号	
邮　　编	100720	
网　　址	http://www.csspw.cn	
发 行 部	010 - 84083685	
门 市 部	010 - 84029450	
经　　销	新华书店及其他书店	

印　　刷	北京明恒达印务有限公司	
装　　订	廊坊市广阳区广增装订厂	
版　　次	2024 年 8 月第 1 版	
印　　次	2024 年 8 月第 1 次印刷	

开　　本	880 × 1230　1/16	
印　　张	16.5	
插　　页	2	
字　　数	361 千字	
定　　价	89.00 元	

· 特约专稿 ·

中国历史上的北部边疆与北疆文化 ·········· 崔思朋　于宏建　张梦晗（ 1 ）

· 新发现与新资料 ·

临淄区闻韶北幼儿园墓地发掘简报

·········· 山东省文物考古研究院　临淄区文物考古研究所（ 56 ）

西安白杨寨 M1373 所见晚唐五代墓葬壁画变迁 ·········· 王　曾（ 85 ）

· 古史探索 ·

二里头铸铜作坊居葬关系补议 ·········· 李金鑫（100）

试论先周文化探索中的四种模式 ·········· 宋　殷（109）

西周中晚期马车实用场景及其配套组织试析 ·········· 刘逸鑫（122）

· 史料研析 ·

清华简《皇门》与“周公为大宰”新释 ·········· 薛孟佳　张怀通（129）

《逸周书·尝麦》“祠大暑”诸祀及篇章性质考论 ·········· 夏虞南（139）

韩伯丰鼎铭文“以兹命曰”解 ·········· 宣　柳（157）

史丧尊铭文新释 ·········· 李　翀（161）

· 文明互鉴 ·

制造“印度教民族”

　　——语境主义视域下《“印度教特性”精要》的思想考述 ·········· 王豪睿（169）

文化传播视野下东弗里斯兰茶文化的形成 ·········· 孙语馨（180）

·国家治理·

洛汴之争与后梁治理 ………………………………………………………… 孙雪童（194）

·社会文化·

"宴饮说"与"祭奠说"

　　——新莽至东汉墓葬出土案盘杯勺组合的再研究 ……………………… 钟俊宁（207）

政府倡导与家族实践：明代家族的官德教育 ………………………………… 程思瀚（218）

神圣不可侵犯：日本"不敬罪"与"不敬" ………………………………… 杨　爽（231）

民国时期"历史哲学"概念的传播、接受与史学回响 ……………… 王昊宇　张　峰（242）

中国历史上的北部边疆与北疆文化*

崔思朋　于宏建　张梦晗

摘　要：与疆域内的其他疆土相比，边疆具有自身的特殊性与重要性。中国的特殊地理环境导致其东南西北各不同方位边疆在中国疆域与统一多民族国家形成与发展过程中发挥的作用及产生的影响各有差别，其中北部边疆（后文若不作特殊界定，本文所述北部边疆均是以今内蒙古地区为主体区域）相比于其他方位边疆而言，不仅是古代中国疆域波动最为频繁的地区，还是农耕与游牧两种不同经济类型碰撞与交融的核心区域，进而导致生活在这一地区的不同民族形成了广泛深入的交往交流交融历史。尤其是到了秦汉以来，北部边疆更是成为中原王朝与生活在北部边疆各民族竭力争取的关键地带，双方都在这一地带投入了大量人力、物力、财力。中国的历史发展进程也表明，对这一地区的控制决定了中原王朝或生活在北部边疆的民族哪一方能够占据军事优势，进而转化为政治优势。中国历史上盛世王朝（诸如秦汉、隋唐及清朝）的出现也都是基于对北部边疆的实际有效治理，因而北部边疆无论是对中国疆域还是统一多民族国家的形成与发展都发挥了重要的历史作用。北部边疆在学术研究中也被称作"核心边疆"，作为一个极不稳定的地带，北部边疆所指地域范围以今内蒙古地区为主但又不限于此，随着历朝疆域变迁而呈现波动性的地域分布特征。内蒙古地区既是北部边疆的核心区域，也是不同类型的文化、经济碰撞与交融的关键地带，"北疆文化"的提出正是建基于此。北疆文化作为一个现代概念，是对北部边疆人类文明的整体且高度概括，具有深厚的历史积淀与显著的现实意义，它伴随中国的历史发展进程而逐渐形成，是构成多元一体中华文明的重要组成部分。

关键词：中国疆域　北部边疆　核心边疆　北疆文化　中华文明　内蒙古地区

"疆域"是现代词语中的一个词语，意为领土的范围或面积，是一个国家、政权或民族

---

* 本文系内蒙古自治区社会科学基金重大项目"北疆文化的形成脉络与学术体系、话语体系构建"（2024BZ01）。

在历史上和当下活动的舞台，因而"疆域是国家构成的第一要素。没有疆域就不成为国家"。① 不过，最初的"疆"与"域"却是代表着不同的含义，"疆"指放置在地面上的绳子，"域"指绳子包围的空间范围。然而，世界是广大的，不同国家、不同政权所辖疆域大小不一，所处的地理位置各不相同，各地区的自然条件也是千差万别，由此形成了差异显著的疆域分布特征。中国的疆域是伴随着中国历史的发展进程逐渐演变形成的，在此过程中，分布于疆域外围地带的边疆界限在绝大部分历史时期处于波动状态。② 这种波动性特征也导致中国历史上长期存在"有域无疆"或"以域代疆"的疆域或边疆形态，这种局面一直延续到清代，以 1689 年中俄《尼布楚条约》的签订为标志，"中国"这个名词也开始从一个文化区域成为主权国家的代表，以及此后康雍乾三朝同沙俄之间围绕着北部边疆界限签订的系列条约，中国的边疆界限尤其是北部边疆界限才逐渐明晰起来。③

在中国的辽阔疆域之内，受制于各地区不同自然地理环境与气候条件的直接影响，各不同方位边疆在中国疆域与统一多民族国家形成与发展过程中的地位与作用不尽相同，北部边疆在其中发挥的重要作用及产生的深远影响也得到了学界的普遍认同。④ 回顾历史可以发现，自秦汉以来，中原王朝开始走出农耕区的自然界限，与周边民族的疆土逐渐相接且互有伸缩，由此促进了各民族因疆土之争产生的碰撞与交融的历史。北部边疆是历史上中国疆域波动最为频繁、战略位置又极其重要的区域，而且自古及今都是多民族聚居之地。伴随着秦汉以来各中原王朝与以游牧见长的诸草原民族之间势力的强弱变化，中原王朝实际控制的疆域范围不断发生波动，与生活在北部边疆的各草原民族在碰撞与交融的过程中逐渐形成了相互依赖、不可分离的民族关系，从而也进一步推动了中国疆域与统一多民族国家的形成与发展。在此过程中，北部边疆也形成了带有显著地域特色但又与中华文明紧密相连的重要区域性文化类型，也即现在所说的"北疆文化"。

北疆文化作为一个新提出来的概念，是在 2023 年 7 月中国共产党内蒙古自治区第十一届

① 郑汕：《中国边疆学概论》，云南人民出版社 2012 年版，第 5 页。
② 总体而言，边疆的波动变化主要体现在两个基本向度上：一是在国家既定疆域或领土范围内，边疆在范围上发生盈缩变化，以及逐渐由陆地边疆拓展到海洋边疆，再由平面边疆拓展为立体边疆；二是在领土边疆的基础上形成超领土的边疆形态，在硬性的排他性领土边疆的基础上构建软性的可重叠的边疆，导致边疆形态的多样化。其中既定边疆的盈缩和调整是边疆变化的传统形态，中国的传统边疆波动变化也是如此。参见周平主编《国家的疆域与边疆》，中央编译出版社 2017 年版，第 58—59 页。
③ 在中俄签订《尼布楚条约》之前，各中原王朝与周邻政权划定明确疆域走向与界限的事例并不多，如公元 8 世纪后期的唐蕃"清水会盟"应属此类情况，又如公元 11 世纪初的宋辽"澶渊之盟"也形成了类似的条文。但清代以前所有这样的事例，均是发生在历史时期的中国乃至于现今中国的疆域范围之内，不属于真正意义上的国际或国家间的边界协约。参见韩茂莉《中国历史地理十五讲》，北京大学出版社 2015 年版，第 28 页。
④ 相关研究成果可参见邹逸麟《论清一代关于疆土版图观念的嬗变》，《历史地理》第 24 辑，上海人民出版社 2010 年版，第 41—53 页；韩茂莉：《历史时期中国疆域伸缩的地理基础》，《中国文化研究》2016 年第 2 期；李大龙、刘壮壮：《北部边疆铸牢中华民族共同体意识历史研究的理论与实践》，《内蒙古社会科学》2023 年第 5 期；刘志强：《北部边疆铸牢中华民族共同体意识历史研究的理论与实践》，《中国史研究动态》2023 年第 2 期；赵现海：《中国古代的"核心边疆"与"边疆形态"》，《石河子大学学报》（哲学社会科学版）2019 年第 2 期；崔思朋：《北部边疆对铸牢中华民族共同体意识的意义》，《内蒙古社会科学》2023 年第 6 期；崔思朋：《北部边疆对中华民族共同体的历史贡献》，《中国社会科学院大学学报》2023 年第 9 期等。

委员会第六次全体会议审议通过的《内蒙古自治区党委关于全方位建设模范自治区的决定》中提出的打造"北疆文化"品牌。① 北疆文化作为中国辽阔疆域内的一种重要地域文化，是中华文明多元一体格局的重要组成部分。北疆文化内涵丰富，包罗万象，这一区域文化类型的形成与北部边疆的特殊地理区位与自然环境关系密切，"这里地貌复杂，物产丰富，民族众多，草原文化、农耕文化、黄河文化、长城文化、渔猎文化交融互嵌，丰富多彩，充满活力"②。若是将北部边疆置于更广阔的时空背景或以全球化视角来审视，那么北疆文化则不仅是一种重要的区域文化类型，还有着深远的世界影响与研究价值。通过不同视角尤其是站在全球视野开展对北疆文化的学术研究，可以形成许多新的或是更深刻的见解，这也表明北疆文化的学术研究价值有待进一步发掘，具有广阔的开发空间。

一 古代中国疆域与边疆的发展演变

疆域是边疆形成的地理基础，若是没有一定空间面积的疆域，那么边疆也几乎无从谈起，因而考察历史时期中国的边疆地带就需要对疆域的概念及中国疆域的形成过程有所了解。疆域作为一个国家或政权存在之根本，有其特殊含义。在中国，历史时期的疆域同现代疆域所指存在极大不同，根据韩茂莉的解释，疆域具有界限以及界限所包纳空间的含义，若将疆域与政治共同思考，则应从属于国家的概念。当代政治学认为国家包括三要素，即领土、人民、主权，疆域与三要素中的领土有着相近的内容但又有所不同。③ 当代政治学设计的领土为立体形态，包括领土、领空、领海。其中领海不仅包含内海，还包含领海基线以外 12 海里范围内的海域。这样来看，古代中国的疆域仅属于狭义的领土。由于历史的局限，历史时期中国的疆域大多没有明确边界，其包纳的空间又分实在管辖与松散管辖两个主要类型。因此，中国古代疆域不仅与当代政治学的理念不一致，而且表现出动态变化的特点。④ 具体来说古代中国疆域的动态变化主要出现在边疆地带，尤其是北部边疆的波动最为明显，也最为频繁。

---

① 内蒙古自治区党委十一届六次全会通过的《内蒙古自治区党委关于全方位建设模范自治区的决定》提出，要充分挖掘和生动展现内蒙古大地上的厚重历史文化和丰富人文资源，融红色文化和草原文化、农耕文化、黄河文化、长城文化等于一体，打造以各民族交往交流交融、守望相助、共同弘扬蒙古马精神和"三北精神"、铸牢中华民族共同体意识为基本内容的"北疆文化"品牌。

② 纳日碧力戈：《论作为中华民族现代文明组成部分的北疆文化》，《内蒙古大学学报》（哲学社会科学版）2023 年第 6 期。

③ 根据现代《国际法》的相关规定，民族国家要同时具备四个要素：定居的人民、确定的领土、拥有一个中央政府、拥有主权。拥有领土（也即"疆域"）是民族国家存在的最根本条件之一，而确定领土的边界则是规范了一个国家或民族政权存在的地域空间范围，由此也延伸出"边疆"等问题。尤其是中国自古以来便是统一多民族国家的特殊国情，相比于欧洲单一民族国家来说，疆域范围及边疆的确定要面临着更加复杂的具体国情。

④ 韩茂莉：《中国历史地理十五讲》，第 27 页。

（一）中国疆域的形成及其阶段特征

"疆域"一词在中国出现较早，如战国时期成书的《荀子·君道》记载道："是其人者也，大用之，则天下为一，诸侯为臣；小用之，则威行邻敌；纵不能用，使无去其疆域，则国终身无故。"[①] 这句话的意思是说，只要不让他（荀子提到的"这种人"）离开国土，那么国家就永远没有祸患。这句话也表明，早在战国时期"疆域"便已成为国家管辖土地的代指。但在 15 世纪地理大发现与新航路开辟之前，现代世界政治经济秩序尚未形成，全球各大洲之间也尚未形成广泛的联系，世界各地区人类文明仍处于相对孤立发展的格局，因而"直到 15 世纪前，人们眼中的'世界'依然是几块孤立的分布在四方的陆地。到了浩渺的大海，就意味着到了世界的尽头"。[②] 由于地理环境对人们认知的空间制约，早期人类对世界及疆域的了解极其有限，当时的中国人对中国疆域的认知也同样如此。就中国所处的地理环境来看，西有高山、高原，东有大海，这些成为人们难以逾越的天然屏障，制约了中国与外界的往来。[③] 即便如此，古代中国的长江流域、黄河流域及北部边疆[④]等地区的自然环境也依然能够满足人类生存需求并孕育出了辉煌灿烂的中华文明，并使之呈现繁荣发展的态势。作为世界四大文明古国之一，中国的人类文明相比于世界其他地区的人类文明而言既有其先进性与特殊性，同时也产生了深远的世界影响。

当人类文明发展至更高级阶段尤其是进入国家形态之后，疆域分布范围也随之明确起来

---

① 方勇、李波译注：《荀子》，中华书局 2011 年版，第 195 页。

② 鱼宏亮在研究中将现代世界政治经济秩序概括为"海洋体系"，也即 15 世纪地理大发现与新航路开辟之后，逐渐形成的以"海洋"为重要标识的新的世界政治经济秩序，这一体系的特点在于全球联系的普遍加强，比如近代以来经济的全球化。参见鱼宏亮《超越与重构：亚欧大陆和海洋秩序的变迁》，《南京大学学报》（哲学·人文科学·社会科学）2017 年第 2 期。

③ 这段论述并非完全否定早期中国的对外交往，因为当前日益丰富的考古资料与相关研究也表明，史前时代的中国便与今日中国疆域范围以外的世界其他国家及地区取得了联系。如小麦的传播，便是著例。小麦作为原产于西亚及西南亚地区的一类重要农作物，大约在 4000 年前就已传入中国并成为古代中国的"五谷"之一，20 世纪 80 年代新疆地区的考古发现与研究成果也证实了小麦传入中国较早，如王炳华指出：位于塔里木盆地东段的罗布泊西北约 70 里的孔雀河下游北岸，一处原始社会的墓葬中发现的随葬品中就有保存完好的小麦粒，通过 14C 测年可以确定小麦粒的时间应在距今 4000 年前后（参见王炳华《孔雀河古墓沟发掘及其初步研究》，《新疆社会科学》1983 年第 1 期）。此外，鄂尔多斯青铜器文明也表明北部边疆在史前同欧亚草原存在较多往来，杨建华指出：鄂尔多斯青铜器是广泛分布于中国北方草原地区的早期游牧民族的物质文化遗存，以其独特的文化面貌及与欧亚草原文化所表现出的亲密关系，以及它复杂巧妙的图案构思、独特的艺术风格和优美的造型而享誉海内外。以鄂尔多斯青铜器为代表的中国北方和蒙古高原冶金区接受了南北两方面的文化影响，形成了独特的青铜器组合，并向外传播。可以确定的是，这个冶金区与商周时期的"北方系青铜器"的概念基本是一致的（参见杨建华、邵会秋《商文化对中国北方以及欧亚草原东部地区的影响》，《考古与文物》2014 年第 3 期）。因此，自史前时期开始，中国的对外交往便始终存在，但中国所处的特殊地理环境限制这种了对外交往的普遍性，也即在人类社会生产力水平及交通条件的制约下，古代中国呈现相对封闭的状态，对外交往也多是经济、文化等方面的往来，向外拓展领土因地理环境的制约难以实现，但北部边疆相对和缓的地势以及北辽阔的亚欧草原带便利了这种对外交流互动。

④ 在这里需要指出的是，史前时代（以新石器时代为主）的内蒙古地区曾分布有发达的原始农业，直到仰韶文化温暖期（以新石器时代为主）结束之前，以内蒙古地区为主体区域的北部边疆的自然条件仍较为优渥，适合发展原始农业，由此奠定了本地区早期人类及人类文明起源的环境基础。参见崔思朋《中华文明起源视域下的北部边疆》，《中国史研究动态》2023 年第 2 期。

并在逐渐向外围地带拓展的过程中形成了最终形态。但中国四周相对封闭的特殊地理空间格局也影响到历史时期中国的疆域变迁，邹逸麟指出："我国历史上疆域的变迁，实与所处地理环境有关。我国地处亚洲的东部，北面是蒙古高原的茫茫大漠，向东延伸为外兴安岭，西北为阿尔泰山，西面为帕米尔高原，西南为青藏高原，东部和东南部面临大海。在这样四周封闭的地理环境下，决定了我国历史上疆域的拓展、内缩，基本上在这个范围之内。"① 相对封闭的地理环境阻碍了中国疆域的持续向外拓展，当人们遇到高原、山川及海洋等地理障碍之后，疆域拓展的脚步便也随之停了下来。这也影响到古代中国人对外部世界的接触，尤其是在当时人们的有限认知与较低的生产力水平制约下，历史时期中国的这种疆域分布特征得以在特定的地理空间范围内长期稳定存在下来，并影响到中国历史的发展进程。

受到中国特殊地理空间格局的影响，人们难以逾越这一地理空间的制约，因而除元朝以外的绝大部分封建王朝统治的核心区域都位于这一地域空间范围之内，疆域的内缩或拓展都没能超出这一范围。这种地理空间上的限制也影响到古代中国人对疆域空间的认知，但探索本国疆域以外的世界却没有因此而停滞，反而吸引着许多有识之士的关注，如战国时期思想家邹衍认为："中国外如赤县神州者九，乃所谓九州也。于是有裨海环之，人民禽兽莫能相通者，如一区中者，乃为一州。如此者九，乃有大瀛海环其外，天地之际焉。"② 邹衍认知的世界由多个大洲组成、大洋环绕其外，这也是受到早期中国"《禹贡》九州"③ 思想直接影响的结果，邹衍的认知也一定程度上代表着当时中国人对本国疆域与外部世界的认知情况。换句话说，对所能触及的当时中国疆域之外的土地，当时的人们也以自身生存且熟知的中国疆域对外部地区进行推论性的总结，由此得出世界由多个大洲组成、大洋环绕其外的结论。

邹衍所处的战国时代的中国疆域正处于由传统农耕区联合并向外围地带有所拓展的早期阶段，此时期中国的疆域仍是以黄河中下游地区为主但也包括周邻有限地区的地理分布特征。虽然此时期的长江中下游地区已经进入中国疆域，但仍被视为外围地带，因而此时期中国的疆域范围分布存在极大的波动性，中国人的疆域认知尚不完全，也存在一定认知上的不足，进而导致此时期中国人有关疆域的界定并不能称得上是科学合理。但是经历了春秋战国时期各诸侯国之间兼并战争导致的疆域联合与拓展，至秦统一六国建立起中国历史上的第一个大一统封建王朝——秦朝之前，中国大地上的各个诸侯国已经将中国的疆域大幅度向周邻地区拓展。到了秦朝以后，各个封建王朝的发展变迁历史也体现在疆域范围向周邻地区的逐渐扩展上，中国的疆域也呈现出逐步向周边地区扩大并走向完整的发展过程。"波动"可以

---

① 邹逸麟：《论清一代关于疆土版图观念的嬗变》，《历史地理》第24辑，第41—53页。

② 《史记》卷74《孟子荀卿列传》，中华书局1982年版，第2344页。

③ 《禹贡》成书于战国时代，《禹贡》所载"九州"分别是冀州、兖州、青州、徐州、扬州、荆州、豫州、梁州、雍州，此处所提九州之名并非今日地名，且历史上有关九州的说法比较多，本处采取《尚书》的记述为准，《尚书·禹贡》追述的是夏禹时期黄河中下游地区的山川、湖泊、土壤、物产、交通、贡赋及生产生活情况。《禹贡》所载九州是早期中国人的活动和思想所及范围，并非当时中国的疆域分布范围，九州范围之外的那些地区也即古人所说的"化外之区"。

称得上是历史时期中国疆域变迁的基本特征。① 这一特征不仅适用于中国，同样也适用于世界其他国家或地区。放眼全世界，"任何一个国家的疆域均难以做到始终稳定，几乎都经历过伸缩之变"，但中国的历史久远，疆域波动也更为频繁，"不仅为我们留下了灿烂的文明，也因疆域的伸缩，成就了最壮观的历史大戏"②。对于历史时期中国疆域的波动特征及中国疆域在波动过程中逐渐形成的阶段性发展变化情况，顾颉刚与史念海在《中国疆域沿革史》一书的"绪论"中有如下一段叙述，转述如下：

> 在昔皇古之时，汉族群居中原，异类环伺，先民洒尽心血，耗竭精力，辛勤经营，始得今日之情况。夏商以前，古史渺茫，难知究竟；即以三代而论，先民活动之区域犹仅限于黄河下游诸地；观夫春秋初年，楚处南乡，秦居西陲，而中原大国即以戎狄视之，摈不与之会盟，他可知矣。春秋战国之际，边地诸国皆尝出其余力，向外开扩，故汉族之足迹，所至渐广。汉族强盛之时，固可远却所谓夷狄之人于域外；然当其衰弱之日，异族又渐复内侵；故有秦皇、汉武之开边扩土，即有西晋末年之五胡乱华；其间国力之强弱，疆域之盈亏，皆吾先民成功与失败之痕迹，正吾人所应追慕与策励者也。③

由上述内容可以看出历史时期中国疆域形成与发展变迁过程中的"波动"特征。这也决定着历史时期中国疆域的分布情况，也即围绕着黄河中下游地区并逐渐向周邻地区拓展，直至遇到自然条件（即高原、山脉、沙漠等地理障碍）的制约之后便到达了边疆地带。疆域向外拓展到达了边疆地带以后，逐渐形成了相对稳定的疆域分布范围与分布格局。④ 引文内容也进一步表明，历史时期中国疆域的形成过程可以分为几个不同阶段，而北部边疆在各个疆域发展阶段内均发挥过重要历史作用。越是到了后来，北部边疆的重要历史影响也更加凸显。

韩茂莉将历史时期中国疆域变迁概括为三个阶段并指出："中国疆域扩展经历了黄河与长江流域两大农耕区的联合、以中国北方农牧交错带为基点的疆域伸缩、突破北方农牧交错带三

---

① 对于历史时期中国疆域变化情况可参见谭其骧主编八卷本《中国历史地图集》（中国地图出版社 1996 年重印版，其中第 1—7 册的第 1 版于 1982 年印刷出版、第 8 册的第 1 版于 1987 年印刷出版）所绘制各不同历史时期中国疆域变化及逐步形成过程。

② 韩茂莉：《历史时期中国疆域伸缩的地理基础》，《中国文化研究》2016 年第 2 期。

③ 顾颉刚、史念海：《中国疆域沿革史》，商务印书馆 2015 年版，第 5 页。

④ 这一疆域分布特征的形成受到中国特殊地理环境的直接影响，同时也影响到中华文明的起源与发展变迁，在方铁看来，中国的边疆地区存在诸多高山、大漠、高原及海洋等天然屏障的地理空间制约，比如西部的荒漠与高山、西南部的喜马拉雅山脉及云贵高原、东南及东部的海洋、北部寒冷气候及山脉等地形地貌，这些天然屏障都阻碍了中国同其他世界重要文明古国之间的联系和了解，这也是影响历史时期中国形成华夏文明至上观念的原因所在。（参见方铁《古代"守中治边"、"守在四夷"治边思想的初探》，《中国边疆史地研究》2006 年第 4 期）此外，受到中国疆域四周相对封闭的特殊地理空间环境的直接影响，古代中国虽然同部分其他人类文明之间存在一定交流互动，但文明之间的对立冲突——尤其是武力对抗少有发生，受此影响，中国也成为世界文明古国中唯一一个没有中断而延续下来的国度。

个阶段，地理环境不仅成为决定每个阶段的核心要素，且在制约人们经济生活方式的同时，影响疆域伸缩。"① 上述三个阶段划分中，第一阶段是中国疆域开始扩展到北部边疆的初始阶段，而中国疆域变迁的后两个阶段均是围绕着北部边疆开展的。李大龙在总结划分中国疆域形成阶段时也指出，如果将中俄《尼布楚条约》的签订到 1840 年鸦片战争爆发期间清朝的疆域作为"中国疆域"，那么中国疆域形成和发展的历程可以做出如下分期：第一阶段为"自然凝聚时期"：从中华大地人类文明的出现，到中俄《尼布楚条约》的签订，这一时期中国疆域的形成和发展处于自然凝聚状态；第二阶段为"疆域明晰时期"：从中俄《尼布楚条约》的签订到 1840 年鸦片战争爆发，这一时期中国疆域内部的凝聚依然存在，外部边缘逐渐清晰，疆域性质也由王朝传统疆域向近现代主权国家疆域转化；第三阶段为"列强的蚕食鲸吞时期"：从鸦片战争爆发到中华人民共和国成立，这一时期中国疆域的内部凝聚虽然依然延续，但列强的蚕食鲸吞不仅使外围藩属国彻底脱离了中国疆域凝聚的轨道，而且通过一系列不平等条约的签订，鲸吞了大量的边疆地区，中国疆域呈现急剧萎缩的态势；第四阶段为"现代疆域巩固时期"：中华人民共和国成立后为维护疆域完整而做出种种努力，这一时期中国疆域虽然尚未实现完全统一，但恢复对香港和澳门行使主权，和多数邻国的陆路边界已经划定，中国疆域进入稳定时期。② 无论以上述哪一划分标准为主，都表明北部边疆在中国疆域形成与发展过程中发挥了重要作用，在疆域形成的各个阶段内也发挥了相应的历史作用，是中国疆域波动最为明显的边疆地带，也是最为重要的地带。

（二）一定规模人口与相对优渥自然条件对中国疆域的意义

中国疆域经历了较为漫长的发展阶段方才形成并稳定存在下来，而一定数量的人口是拥有和治理这样广阔疆域的必要条件。历史时期的中国疆域无疑是具备了较大规模人口分布其上的特征，与此同时，中国传统农耕区是中国疆域形成的起始之处，这一区域的良好自然条件为农业的起源与发展奠定了自然基础，使得养活众多人口成为可能，并影响到中国疆域的形成与发展。赵现海指出："在相对封闭的东亚大陆，古代中国形成了相对独立的历史脉络，借助于黄淮平原、长江中下游平原的核心地带，发展起世界上最先进的农业经济，对周边山脉、戈壁、沙漠、海洋、丘陵等边缘地带较为原始的混合经济，形成了明显的经济优势，中国历史从而长期保持了'内聚性'特征。"③

---

① 韩茂莉：《历史时期中国疆域伸缩的地理基础》，《中国文化研究》2016 年第 2 期。

② 李大龙：《试论中国疆域形成和发展的分期与特点》，《中国边疆史地研究》2011 年第 3 期。类似研究又如李大龙与铁颜颜在《"有疆无界"到"有疆有界"——中国疆域话语体系建构》（《思想战线》2020 年第 3 期）等文章中同样以康熙二十八年（1689）中俄《尼布楚条约》的签订、1840 年爆发的鸦片战争、新中国的成立为分界线，将历史时期中国疆域变迁划分为 4 个不同发展阶段，相关文章多为李大龙所著或同他人合作完成，在此不做过多介绍。

③ 赵现海：《明代的王朝国家之路》，社会科学文献出版社 2022 年版，第 14 页。

在中国，中原地区①适宜发展农业的良好自然环境与气候条件也导致当地出现了发达的原始农业与人类聚居的定居聚落，② 因而中原地区作为开发历史较早的地区之一，为养活更多人口及维系中华文明的连续性作出了突出贡献。斯塔夫里阿诺斯也指出："中国的人口庞大无比，也有助于文明的连续性。中国从一开始，就能供养很可观的人口，因为那里的土壤和气候条件结合得很好。每年天气暖和的几个月里，季风雨降临，使长江南岸的一些地区的农作物能一年两熟；这种情况与中东和欧洲平均一年一熟的情况迥然不同。而且，中国水稻的亩产量比欧亚大陆大部分地区种植的小麦或大麦的亩产量高得多。因此，公元 2 世纪的人口调查结果是，中国汉朝拥有人口 5950 万——比罗马帝国在其疆界达到最大范围时的人口还要多。16 世纪初叶，葡萄牙人首次达到中国时，中国的人口为 1 亿多，超过了整个欧洲的人口。到 19 世纪中叶西方用炮舰强行打开中国大门时，中国的人口已激增到 4 亿以上；这在一定程度上是因为中国从美洲引进了诸如花生、玉米和甘薯之类的粮食作物。"③ 这段论述指出了古代中国拥有数量庞大的人口，独特的自然条件与农业高度发达对养活众多人口的重要性，也进一步表明疆域之广狭与人口数量之多寡并非完全是正相关性影响。因为拥有足够广阔的疆域并不意味着可以供养更多的人口，而是取决于疆域范围内产出给养的情况，但拥有一定规模的人口是实现对广阔疆域占据与治理的关键是毋庸置疑的。

斯塔夫里阿诺斯的论述揭示出历史时期中国人口数量波动的阶段性变化特征，也即相比于世界其他人类文明地区来说，中国始终拥有规模相对庞大的人口且呈现出阶段性增长的发展态势。对历史时期中国的人口数量变化，曹树基估算指出：中国人口的增长虽然经历过大起大落和停滞徘徊，但人口总量呈现出阶段性波动增长的趋势。以公元 2 年为起点，至 755 年，中国人口总量在 750 余年的时间里始终没有突破 7000 万。到了北宋时，人口峰值为 14000 万，南宋时达到 14500 万，明代后期更是达到了 19250 万。从北宋至明末的 680 余年中，在人口峰值不断提高的同时，人口的低谷不再低于 7000 万人。清代前期长时期的和平稳定局面导致中国人口从明朝末年的 15250 万人增加至咸丰元年（1851）的 43610 万，人口增长即使出现回落，但总量不

---

① 关于"中原地区"的地域范围界定，目前学术界普遍认同的结论有广义与狭义之分。广义的中原地区泛指黄河中下游地区，包括河南全境、陕西中部、山西南部、河北南部、山东西南部、江苏北部及安徽北部等地。狭义的中原地区主要是指河南省所管辖的行政区域，其范围北抵安阳，东至豫东及山东西南部分地区，南达淮河沿岸及南阳盆地，西到潼关以东地区。参见段宏振《中原的形成——以先秦考古学文化格局演进为中心》，《考古学研究（九）》，文物出版社 2012 年版，第 457 页；李民主编：《中原文化大典·通论》，中州古籍出版社 2008 年版，第 17—18 页。

② 中原地区是中华文明的重要发源地之一，近代以来的考古新发现也揭示出中原地区在中华文明起源及多元一体中华文明格局中的核心地位。这也得益于当地能够为原始农业起源与发展提供较为优渥的自然条件，美国学者马克·B. 陶格指出："特别在中国的中原地区，这里的人类最早进入农业生活，这里的黄土或风成土——风沙沉积而成——十分肥沃，适于耕作。中国的地形比较平坦，众多大河蜿蜒密布，拥有丰富的水资源和运输通道"。参见马克·B. 陶格《世界历史上的农业》，刘健、李军译，商务印书馆 2015 年版，第 7 页。

③ 斯塔夫里阿诺斯：《全球通史：从史前史到 21 世纪（第 7 版）》，吴象婴等译，吴象婴审校，北京大学出版社 2012 年版，第 360 页。

曾低于 36000 万。1949 年增加至 54170 万。① 曹树基与斯塔夫里阿诺斯依据史料与统计方法的不同，导致对有关历史时期中国人口数量的统计出现一定出入，但两者的统计数据都表明历史时期中国的人口数量较大且呈现出阶段性波动增长的趋势，尤其是明清时期中国的人口数量较之历史时期有了快速增长，清朝以后更是不断突破人口峰值，至 1840 年鸦片战争时，中国人口数量超过 4 亿人已经是无可争议的事实。也正是因为历史时期的中国能够有如此规模庞大的人口数量，为中国疆域形成、疆域治理及疆域长期稳定存在奠定了必要社会基础。

上述斯塔夫里阿诺斯关于历史时期中国能够供养较多人口的原因分析中，注重对长江与黄河中下游地带良好农业生产自然环境与明清时期美洲作物传入的影响，但却忽视了传统中国"精耕细作"农业对于维持中国人口数量并呈现出稳步增长趋势的重要历史意义。另外一位美国人，从农业生产技术层面对历史时期的中国农业做了考察，这对于我们理解古代中国农业与维持较大人口规模有重要意义。那就是美国农业部土壤局前局长富兰克林·H. 金（F. H. King），他在 20 世纪上半叶就历史时期中国的农业生产环境与养活更多人口之间的关系做了深入考察研究。但或许是因为职业的差异导致其与斯塔夫里阿诺斯的关注点有所不同，富兰克林·H. 金注意到，中国虽然疆域广阔，但适宜农业生产的区域并不大。除了今日我们所说的第三级阶梯的平原地区有着发展农业的良好自然条件外，第一阶梯与第二级阶梯的高原、山地等地形地貌并不适宜发展农业。富兰克林·H. 金通过对比指出：美国虽然是一个地广人稀且拥有广阔未被开发土地的国度，人均土地占有量超过 20 英亩（1 英亩≈6.07 亩），但中国及日本等东亚国家却拥有超过 3000 年耕作历史的农民，人均只能占有 1 英亩上下的土地，并且其中有一半以上的土地是不宜耕作的山地。因而这些古老的农民在长期的人口压力下能够使土地连年都有产出，以供养如此众多的人口。② 富兰克林·H. 金通过历史时期中国农业的可持续发展论述了其与供养中国人口规模之间的关系，这也同样是考察历史时期中国人口数量能够出现阶段性波动增长的重要视角。

"精耕细作"③ 是中国传统农业的代表性生产方式与基本特征，但由于中国地域辽阔，各个区域的自然条件与社会发展程度存在一定差异，因而各地区农业的精耕细作程度是不同的。概括而言，中国古代精耕细作农业区以黄河中下游地区为核心，出现过两次扩展，第一次是出现在唐宋时期，第二次出现在明清时期。④ 精耕细作无疑可以概括为古代中国农业的基本特征，也是其核心所在，且在历史时期朝鲜与日本等深受中国影响的东亚国家的农业生产中都有所体现。

---

① 曹树基：《中国人口史》第 5 卷《清时期》，复旦大学出版社 2011 年版，第 832—833 页。

② 富兰克林·H. 金：《四千年农夫：中国、朝鲜和日本的永续农业》，程存旺、石嫣译，东方出版社 2016 年版，第 2—3 页。

③ "精耕细作"是对中国传统农业的高度且精练概括，但这一词汇却出现较晚，最初于 20 世纪 50 年代初在中央文件中被提到。相关内容参见张芳、王思明主编《中国农业科技史》，中国农业科学技术出版社 2011 年版，绪论，第 3 页。

④ 作者对古代中国精耕细作农业的地域分布特征进一步总结归纳道："以精耕细作而论可以划分为精耕细作区与粗放农业区，这两大区域界限因时间与空间而不断变化。以时间而论，在各个历史时期，农业开发的核心地带就是精耕细作生产方式的主要实施地带。以空间而论，平原地区自然条件优越，精耕细作生产方式多占主导地位。"参见韩茂莉《中国历史农业地理》，北京大学出版社 2012 年版，第 205—206 页。

因而在富兰克林·H. 金看来，以中国为核心的东亚农耕区内，"几乎每一尺土地都被用来种植作物以提供食物、燃料和织物。每一种可以食用的东西都被认为是人类或者畜禽的食物。而不能吃或者不能穿的东西则被用来作燃料。生物体的排泄物、燃料燃烧之后的灰烬以及破损的布料都回到土里……这似乎已经成为一条金科玉律，或者简单地说，是劳动人民的常识"。① 由此可见，传统精耕细作的农业发展模式可以使中国的土地循环往复利用且不至造成土地退化或是荒漠化，这样就可以年年有较为稳定的收成，也保证了人口生存所需的给养，这也是维持历史时期中国人口数量能够保持在一定规模并呈现出波动性阶段增长的关键，同时也对中国疆域及中华文明的形成与稳定发展发挥了重要历史作用。赵现海对此指出："与欧亚大陆上的其他文明，如西欧文明、阿拉伯文明、俄罗斯文明生态环境有所不足，甚至十分恶劣，只能向外不断扩张，以获取生存空间与资源，从而走上'无限扩张主义'不同，古代中国核心地带生态环境十分优越，中国先民利用这一地理条件，发展出世界上规模最大、最为发达的农业经济。"②

到了明清时期，中国人口数量的迅速增长对疆域的形成发展及边疆治理发挥了重要作用。明清以来，中国人口数量不断突破人口峰值。明代中期中国人口已突破 1.5 亿宋代人口的峰值，至明代后期已接近 2 亿人，这是中国历史上从未有过的人口规模。明代北方人口年平均增长率为 6‰—8‰，南方的增长速度只有北方的一半。北方人口的迅速增长也对北部边疆的治理与开发建设起到了关键作用，尤其是临近北部边疆的华北地区，人口的快速增长对北部边疆的影响最为深远也最为直接。明代华北地区的人口规模本身就比较大，相比较于其他各省区，人口数量及分布密度也占有较大优势，较大的人口基数也是华北地区人口增长速度较快、人口规模较大的关键。到了明代末年，中国人口在战争、瘟疫和灾荒的打击下迅速锐减，但仍保持在 1.5 亿人的高水平。到了清代以后，尽管人口的增长速度不是很快，但是人口积累的数量已经足够庞大。从这个意义上来讲，用"人口爆炸"来形容清代人口增长也有其合理成分。③ 尤其是华北、江南等传统经济区内人口基数大，新增人口数量多，因而这些地区逐渐成为清代以来中国人口的过剩区（也即人口外迁区），大量人口开始向周邻地区尤其是边疆地区输出，形成了大规模的移民浪潮。

就北部边疆来说，长城以北地区（存在大量可供开垦的荒地）因邻近华北地区的地缘因素，清代以来，一遇灾荒，传统农耕区的过剩人口（以华北地区为主）纷纷"走西口""闯关

---

① 富兰克林·H. 金：《四千年农夫：中国、朝鲜和日本的永续农业》，程存旺、石嫣译，第 11—12 页。

② 作者结合中国地理空间环境分析指出："反观四裔边疆，却三面为山，一面为水，生态环境较为恶劣，不适合大规模推广农业经济。在这一地缘政治背景下，中国古代王朝国家呈现出立足于核心平原农业经济的基础之上，在保证内政稳定的前提下，对地理、气候、族群与内地有所不同，甚至差别很大的边疆地区，有节制地进行对外战争与边疆开拓，在大规模推广农业经济的临界点，往往停下扩张的脚步，改而实行防御立场，修筑长城的'有限开拓主义'特征，与欧亚大陆其他文明呈现出明显的区别。"参见赵现海《明代的王朝国家之路》，第 152 页。

③ 曹树基：《中国人口史》第 5 卷《清时期》，第 832—834 页。

东"来到长城以北地区。[①] 即便是在清朝严格的封禁令即"蒙禁"政策之下,[②] 大量外迁人口仍然形成了势不可当的移民潮流,整个北方地区移民及其后裔多达几千万。在一般的灾荒年份里,华北地区人口大量北迁至辽东及蒙古草原等地区,对灾情的缓解不无益处。如果不是清朝(以前中期为主)封禁政策的影响,华北地区人口迁入蒙古草原及东北地区的规模会更大,外迁速度也会更快。到了清后期,因战争、灾荒等的持续影响,华北地区的大量过剩人口向蒙古草原、东北等地迁移,几乎成为唯一缓解压力的途径。[③] 曹树基指出:"来自山东、直隶等地的移民迁入辽东。山西、直隶内地的移民迁入土默特、察哈尔。来自关内的移民迁入乌鲁木齐和巴里坤等地。"[④] 这被称为"闯关东"与"走西口",向中国东北、北方及西北等广阔的边疆地区迁入了大批人口。清代以来这些人口向外围地区的迁移也促进了疆域的拓展及边疆地区的治理与开发建设,尤其是在北部边疆以及毗邻地区最为显著。这些迁入的人口一方面促进了边疆民族地区的开发建设,同时也是内陆与边疆之间交流互动的重要体现,推动了统一多民族国家各民族在清代出现了广泛深入的交往交流交融,这在北部边疆体现得尤为显著。

需要指出的是,中国的边疆地区尤其是陆域边疆地区的自然条件大多相对较差,不仅不利于发展农业,人们的生活舒适程度也相对较差,这本身就难以吸引大量人口在本地区生活。且这类地区也多是军事对峙与战事频发之地,这进一步加剧了人们在这里生存的危机感。人类也同样存在趋利避害的特性,在没有强大外力的刺激下,更倾向于选择自然条件与社会环境更适宜生存的地区。此外,受制于自然条件的制约,加之古代人类社会生产力水平相对较低,边疆地区能够出产的物资也难以供给大量人口。因而当边疆地区人口数量达到一定规模时,除进一步在边疆地区进行土地开垦以增加物资产出,还会通过转运其他地区出产的物资来养活这些新增人口。除此之外,因北部边疆与其他地区出产物资类型不同并存在较大的互补性,尤其是农耕经济与游牧经济的互补性,进一步促进了农耕区与游牧区之间的交流互动。虽然北部边疆的更北部地区是辽阔的欧亚草原带,又有草原丝绸之路沟通着北部边疆与中国

---

① 导致此时期出现较大规模的人口迁移的影响因素中,除传统农耕区内人口数量快速增长导致出现人地矛盾加剧外,清朝的政策导向也是不可忽视的重要因素,早期的"蒙禁"政策逐渐变成一纸空文,清朝逐渐默许甚至是支持内地人口迁入长城以北地区。(参见崔思明《以农易牧:清前期土默特川平原环境变迁研究》,硕士学位论文,中国社会科学院研究生院,2018年,第57—71页)据统计,从乾隆年间到清朝末年时,内蒙古地区汉族人口数量增加了三倍多。宋道工统计指出:19世纪初内蒙古地区总人口约215万,至1949年新中国成立时,内蒙古地区总人口持续上升,从215万增到608.1万,共增加了393.1万人,平均每年增加28078人。140年间共增加了182.84%。同时期,全国总人口只增长了50%,内蒙古成为近代中国人口增长较快的地区之一。(参见宋道工主编《中国人口·内蒙古分册》,中国财政经济出版社1987年版,第57页)内蒙古地区是清朝边疆政策对各民族交流融合取得明显实际效果的具体体现,诸如东北及西北等边疆地区也同样出现了移民及人口的快速增长,这对清代中国疆域变迁及边疆治理都产生了较为积极的历史影响。

② 清朝成立之初,清政府便提出了禁止向口外移民及土地开垦的"蒙禁"政策。但自康熙朝开始,清政府逐渐宽松了向蒙地移民及土地开垦的禁令,同时也出现了以农业为手段开发北部边疆的热潮,部分蒙古草原逐渐由单纯游牧经济转变成以农业为主或多种经济类型并存的格局。参见成崇德《清代前期蒙古地区的农牧业发展及清朝的政策》,马汝珩、马大正主编:《清代边疆开发研究》,中国社会科学出版社1990年版,第162页。

③ 曹树基:《中国人口史》第5卷《清时期》,第866—867页。

④ 曹树基:《中国人口史》第5卷《清时期》,第721页。

其他地区乃至于国外的联系，但北部边疆的经济基础整体较为薄弱，对外交流的通道也远不如与内陆地区便利，这就要依靠内地的广阔市场获得生存发展所需物资，进而在经济上形成相互依存、相互补充的关系。① 由此维度而言，北部边疆在历史上虽然多是中原王朝与北方草原民族交锋的主战场，但经济上的相互依存与相互补充却进一步推动了边疆与内地的一体化进程，并进一步形成了相互之间不可分离的依存关系，同时也有力推动了中国疆域与统一多民族国家的形成与发展。

二 历史时期的中国边疆及北部边疆的重要作用

在划定历史时期中国的疆域范围时，不可避免地会涉及"边疆"问题。② 边疆多被视为国家或政权分布疆域的边缘地带，③ 但并非所有的国家或政权都需要存在边疆，那些"幅员太小的国家，既没有必要也没有可能把疆域的边缘性区域划定为边疆。即使幅员较大的国家，如果其边缘性区域与核心区没有差别，也没有必要将这样的区域区划出来采取特殊的措施加以治理，也就无边疆可言；或者，有些地区曾经被认定为边疆，但随着这些区域在发展的过程中逐步丧失了原先的特点和异质性，与其他区域相比无异甚至比其他区域发展程度更高，这样的区域也就逐步丧失其边疆的特性，慢慢地不再被作为'边疆'看待"。④ 边疆也并非一成不变，而是随着疆域的波动而处于不断地发展变迁过程中。⑤ 韩茂莉也从历史地理学视角对"边界"解释道："国家乃至于政权是地球表面上具有确定组织的人类集团，国家、政权作为

① 倪玉平：《社会经济史视角下中国北部边疆的铸牢中华民族共同体意识研究》，《中国史研究动态》2023 年第 2 期。

② 边疆的概念最早出现于罗马帝国时期，帝国的统治者从统治的需要出发，把帝国统治范围内的那些远离罗马的区域认定为边疆，当时所谓的边疆，只不过是罗马帝国统治范围内的边缘性地带。参见周平主编《国家的疆域与边疆》，中央编译出版社 2017 年版，第 56 页。

③ 西方学界对"边界""界线"与"边界"等做出过具体解释，如美国学者阿伦·梅吉尔指出：前现代时期的历史有助于我们看清楚边界制度的多样性。而且这种多样性是如此丰富，我们不得不赋予边界多种术语，我们不仅使用"边界"（borders）一词，还使用"界线"（boundaries）和"边疆"（frontiers）这样的表述方式。在用 boundary 和 frontier 对 border 一词作出补充时，我将 border 用作一个一般性术语，指所有介于一个政治国家与这个国家之外的领土的空间界线。对 boundaries 和 frontiers 而言，它们被看作某种彼此间的辩证对立。我将 boundary 用作一条经过准确界定的，将一块领土从另一块领土中划分出来的界线。比如，在西方世界和其他地方长期存在的将一处房产与另一处房产区分开来的"地产界线"（propertylines）。对 fron—tier，我则在下述意义上使用它，即它具有"带状"而不是"线状"的特点。在 frontier 型边界的例子里，不可能清楚地知道一个政治国家终止于何处，另一个政治国家可能从何处开始。（参见阿伦·梅吉尔《边界与民族国家》，张恒鹏译，《山东社会科学》2009 年第 12 期）在历史时期的中国，尤其是疆域的北方及西北方，以"边疆"（frontiers）的"带状"特征来表述这一地区似更恰当，也更符合本地区边疆的特殊性。

④ 周平主编：《国家的疆域与边疆》，中央编译出版社 2017 年版，第 57 页。

⑤ 如 19 世纪晚期，德国地理学家 F. 拉采尔对"边界"做出过这样的诠释：界限是相邻民族生存土地扩展的结果。边界既服从于自然物的走向，也是政治从属关系不同的人类集团间力量抗衡的结果。但历史时期的中国长期存在"有域无疆"的现象。以今日之视角来看，疆域是两个政权或部族空间互相碰撞的结果，疆域一词具有界限以及界限所包纳空间的含义，在疆域的边缘地带即为"疆界"，也即"边疆"，韩茂莉对此指出："疆界是政权与政权、国家与国家空间直接接触，为了辨明彼此而出现的标识，若不存在相互抗衡的另一方，其结果必然是形成有域无疆的边界特征。"韩茂莉所述也即 1689 年中俄《尼布楚条约》签订之前中国疆域的普遍特征。参见韩茂莉《中国历史地理十五讲》，第 28 页。

空间有机体，在发展中总会遇到自然界限，即山川、沙漠、森林，这些自然地物既是人类集团维持生存的屏障，也是人类集团继续拓展空间的障碍，因此山脉、河流等往往成为国家或政权的边界。若国家继续发展，遇到强大的邻国、部族给予有效的反对，相互之间势均力敌之处自然构成边界。"① 以今日之视角来看，中国的边疆包括"陆地边疆"和"海域边疆"两大主体部分，即 960 万平方公里的陆地国土面积，以及根据《联合国海洋法公约》所规定的我国管辖的约 300 万平方公里海域面积。尽管在界定边疆范围时还存在一些不同观点，但中国边疆包括"陆地边疆"和"海域边疆"是学界的基本共识。② 然而历史时期中国边疆的形成及中国人对边疆的认知却经历了较长的发展阶段，且边疆地区尤其是陆域边疆地区多是非农耕民族的分布地，因而边疆地区在中国疆域与统一多民族国家形成与发展过程中产生了深远历史影响，其中北部边疆的历史作用尤为值得注意。

（一）中国边疆的形成与基本状况

"边疆"对中国疆域与统一多民族国家的形成与发展有着非比寻常的意义。③ 马大正曾指出："在国家的发展进程中，边疆地区的发展是其有机组成部分，全国范围的发展状况决定了边疆地区的发展水平，边疆地区的发展状况对全国范围的发展也产生重要影响。"④ 因而边疆不能脱离疆域而单独存在，若将其泛化使用也不利于深化对中国边疆的学术研究。⑤ 在中国历史上，"边疆"一词是经历了长期发展演变才逐渐形成的。成崇德对此指出：边疆"最初只是泛指相对于中原地区的'四夷'，其地域并不确定。以后由于中国疆域的逐步拓展，边疆的概念才逐渐明确，至 18 世纪中叶，一个清晰完整的中国边疆展现在世界面前，并给中国和世界的历史带来巨大的影响。"⑥ 民国时期，时任蒙藏委员会委员长的黄慕松对"边疆"一词做了较为明确的界定，即"边疆"的基本含义是指接近邻国的地区，同时也指出："何为边疆？边疆两字，普通多指四周接近邻国之地域，其意广，而在本题则仅指远离中原，既接强邻，又与内地情形稍有差别之领土。如地带、气候、民族、语文、政俗诸端，均与中原相同，则虽在极边而不视之为边疆，如闽粤诸省是。否则虽不在边徼，亦可视为边疆，如青康诸省是。本此意义以定我国之边疆，自当以蒙古、西藏、新疆、西康为主，察、绥、宁、青等省次之。此外如东三省、云南、沿海诸省，虽处边疆，民情风俗，

---

① 韩茂莉：《中国历史地理十五讲》，第 28 页。

② 李大龙：《"中国边疆"的内涵及其特征》，《中国边疆史地研究》2018 年第 3 期。

③ 就中国而言，历史时期那些非农耕民族的主要活动区域多是位于陆地边疆，在东北、北方、西北、西部及西南等边疆地区存在众多非农耕民族，在靠近海洋部分则因地理环境制约而少有人群分布，这些分布在陆域边疆地区的非农耕民族同农耕民族在碰撞与交融的过程中逐渐形成了相互依存、不可分离的密切关系，对中国疆域与统一多民族国家形成与发展的意义重大。

④ 马大正：《中国疆域的形成与发展》，《中国边疆史地研究》2004 年第 3 期。

⑤ 李大龙：《"中国边疆"的内涵及其特征》，《中国边疆史地研究》2018 年第 3 期。

⑥ 成崇德：《清代边疆民族研究》，故宫出版社 2015 年版，第 51 页。

一如中原，法令规章，普遍使用，已无特殊行政区域之性质，故不能与边疆同视。"① 民国时对于"边疆"概念的界定虽不能称得上是科学合理，尤其是对海疆缺乏必要的认知和正确的理解，此外，还存在根据各地边疆民族成分来划分远近亲疏关系也带有民族分裂的意味，但也表明当时中国人已意识到"边疆"对中国疆域与国家安全的重要意义，并开始在学理上进行研究。虽然此时对于中国疆域及边疆的认知存在不足甚至是错误的观点，但对疆域及边疆研究的开拓性及探索意义十分突出。

中国的边疆地区多是非农耕民族（也即今日的"少数民族"）的主要分布地。这些民族在古代中国被统称为"夷"，也有"狄"或"戎"等称谓。在古代中国的历史文献中，根据各非农耕民族的分布区域出现了诸如"四夷""蛮夷""戎狄""夷狄""东夷""南蛮""西戎""北狄""西南夷"等不同称谓。虽然这些称谓在不同时期、不同朝代有具体所指，但基本上是用来指称生活在边疆地区的所有民族。此外，古代中国也以"藩"来指代生存于边疆地区的非农耕民族或域外之人。比如包文汉对"藩"的概念所指及历史流变进行梳理指出："藩的概念或含义，在古代特别是唐以前，一般地说，是指国内的民族、部落、少数民族；唐以后中外交流增多，称'藩'的既包括国内民族和少数民族，又含国外、境外的民族；元明时期，特别是明清时期，又有变化，一般称国内民族或边疆地区的民族及少数民族为藩或番、夷、虏、蛮、鞑靼、土达、生番、熟番等等。"②

追根溯源地讲，自史前时代开始，中国疆域的形成过程便是建立在多民族（在当时被称为"族群"）相互碰撞与交融的基础上完成的。那些生存于当时政权（或称"聚落"）所属核心区外围的边疆民族，既是构成边疆地区的主体人群，也是促进疆域向周邻地区扩展的主要推动因素。如《礼记》所载：

> 凡居民材，必因天地寒暖燥湿，广谷大川异制。民生其间者异俗。刚柔轻重，迟速异齐。五味异和，器械异制。衣服异宜。休其教不易其俗，齐其政不易其宜。中国、戎、夷五方之民，皆有性也，不可推移。东方曰夷，被发文身，有不火食者矣。南方曰蛮，雕题交趾，有不火食者矣。西方曰戎，被发衣皮，有不粒食者矣。北方曰狄，衣羽毛穴居，有不粒食者矣。中国、夷、蛮、戎、狄，皆有安居、和味、宜服、利用、备器，五方之民，言语不

<hr />

① 黄慕松：《我国边政问题——五月三四两日在本处电台之讲词》，《广播周报》1936 年第 86 期。
② 作者对"藩"与"番"的区别与联系进一步指出："藩部"是清代的概念，清以前的古代史籍中早已有与少数民族有关的诸如"藩客""番族"的记载，但清代以前，番与藩是相通的。到了清代之后，二者略有区别，从政治上对蒙古等部称呼时多以"藩"或"外藩"相称，对西南地区和甘、青一带少数民族有时称之为"番"，诸如称"番族""番喇嘛"。一般地说，早期国内各部称藩，特别是清入关到嘉庆年间，对蒙古各部落、旗等都称为"藩部"，而对新疆、西藏、青海等地称为"番户""羌户"等。到了清中期，境外民族亦称藩。清乾嘉以后，国内各部落称藩，国外一般不称藩，而称属国、外国。在地理概念上，早期是"内"与"外"，逐渐发展到"中"与"外"，这里的"外"是内中之外，区划愈加明确。参见包文汉《清代"藩部"一词考释》，《清史研究》2000 年第 4 期。

通，嗜欲不同。达其志，通其欲，东方曰寄，南方曰象，西方曰狄鞮，北方曰译。①

《礼记》载五大族群的互动促进了中国疆域与统一多民族国家的形成与发展，尤其是农耕民族与游牧族群的碰撞与交融最为关键，产生的历史影响也最为深远，北部边疆则是这一民族互动的主要发生地。李大龙认为，秦汉及以前农耕与游牧族群的凝聚与互动经历了四个阶段（或者说是呈现出四个阶段性特征），分别是："农耕和游牧族群先后完成了凝聚，并建构了各具特色的政权"，"在政权建立初期，两大族群互动过程中出现了匈奴和秦汉的碰撞，长城的修筑则是标志"，"两大族群碰撞的结果是出现了汉与匈奴的对峙，和亲现象的出现是其标志"，"对峙之后匈奴被纳入到了汉朝的管辖之下，两大族群也有了交融的出现"。② 因此，历史时期农耕民族和游牧族群在北部边疆的互动是推动中国统一多民族国家与疆域形成的主要动力，也即中原王朝的传统控制区域在与边疆民族地区的互动过程中促进了中国疆域与统一多民族国家的形成与发展，这一过程也是奠定今日中国疆域版图与民族结构的关键。

中国对边疆民族地区的治理历史也较为久远并影响到中国疆域的发展变迁。具体而言，先秦时期形成的"华夷观念"及由此引发的"华夷之辨"直接影响到以后中国疆域的形成与发展。③ 李大龙对此批判指出："先秦时期夷夏观对中国疆域形成的影响是巨大的，一方面它促成了中国疆域的核心中原地区的统一，同时它也为中国疆域的形成构筑了一些障碍，使以汉族为主体所建王朝难以突破人为设置的'夷夏'界限，而清除这些障碍的任务自然不可能由产生这一思想的汉族人来完成，这一重任就落在了北疆民族的身上。中国疆域的最终形成就是伴随着这种观念的不断被突破而实现的，这也是为什么中国疆域的最终形成是由边疆民族完成的原因之一。"④ 由于受到传统"华夷之辨"思想的深刻影响，各中原王朝难以逾越"华夷"的界限，但生存于边疆地区的各个民族尤其是北部边疆的那些强大的非农耕民族在长期与中原王朝的碰撞与交融过程中逐渐打破了这一藩篱，推动了中国疆域

---

① 王梦鸥：《礼记今注今译》，台北：商务印书馆1978年版，第181—182页。

② 参见李大龙《国家建构视野下游牧与农耕族群互动的分期与特点》，《思想战线》2018年第1期。

③ 在这里需要指出的是，古代中国的"华夷秩序"不仅仅是体现在对周边民族的影响上，也影响到古代中国处理与周边国家的关系，谭建川指出："伴随着中原王朝的版图与势力范围的扩大，以及中国古代文明的不断发展，华夷观念开始延伸到处理中国与周边各国关系之上。华夷秩序也自秦汉时代逐步发展、定型，其辐射区域亦随之伸展，朝鲜、越南、日本等国便在这种伸展的历史中先后汇集聚拢而来，逐步形成了较为成熟的东亚政治关系体系。"但根据地理方位上的远近，中国与周边国家关系也存在一定差异，"以古代中国为原点做东西南北的四向推移，可以看到，在华夷秩序的东亚国家体系中，事实上存在着亲密、中间与边缘的不同关系层面。古代朝鲜半岛上的各代王朝，在地理位置的亲近感以及强盛中国的物质与精神文明的直接影响下，与中国封建王朝建立了堪称楷模的紧密关系。而日本列岛与中国大陆远隔重洋，交通颇为不便，加之古代大和民族在面对所谓'华夷之辨'的文化理念时，具有较强的本体意识和主体精神，且这种意识和精神随着民族的发展而逐步加强，从而始终游离于中国历代王朝册封体制的边缘层面中，呈现出在华夷秩序中'若即若离、或是或非'的局面。"参见谭建川《日本教科书的中国形象研究》，北京大学出版社2014年版，第14、16页。

④ 李大龙：《传统夷夏观与中国疆域的形成——中国疆域形成理论探讨之一》，《中国边疆史地研究》2004年第1期。

与统一多民族国家的形成与发展。这也是中国同世界其他国家及地区相比所特有的边疆与民族情况，其中北部边疆及生活在这一地区的各个民族尤为值得关注。

古代中国除了强调"华夷之辨"这种防守态势的同时，也会推行一些相对积极的边疆经营策略，同时也提出了"用夏变夷"的积极治边思想。"用夏变夷"是强调用华夏的礼仪制度去改变"夷"，通过文化的传播达到化"夷"为"夏"的目的。[1] 化"夷"为"夏"的统治思想也即通过礼仪教化的文化手段治理统一疆域内的诸多民族，这一思想的出现也为后来中国疆域与统一多民族国家的形成与发展奠定了前期历史基础。"华夷"思想也影响到古代中国人的疆域观念，也即以中心与外围的思维模式来审视古代中国的疆域与边疆。邹逸麟对此指出："在历代中原王朝统治者心目中，认为他们所统治的核心地区即所谓'九州'，为天下之中。'九州'之外有甸、侯、绥、要、荒等五服，五服之外，为四海，即蛮夷之地。"[2] 这种中心与外围的统治模式也表明历史时期各中原王朝除对自己的直接控制区"九州"进行统治之外，对外围地区广泛地定义为"四海"或"蛮夷之地"。这些地区虽然未被纳入中原王朝的直接统治区，但同样通过"五服"思想将其纳入疆域之内，视为统一疆域的外围地带。[3]《诗经·小雅》中"普天之下，莫非王土；率土之滨，莫非王臣"讲述的也是这一道理，意在表明普天之下皆是王的土地，四海之民皆是王的臣民这一思想。

这种疆域形态与思想认知的出现与中国所处的相对封闭的地理环境与传统对外交往思想直接相关，如明人严从简指出："本朝洪武五年（1372），遣行人杨载诏琉球曰：昔帝王之治天下，凡日月所临，无有远迩，一视同仁，故中国奠安，四夷所得，非有意于臣服之也。"[4] 严从简所述中国封建王朝帝王统治的疆域范围是"凡日月所临，无有远迩"，这种提法是对"普天之下，莫非王土"思想的进一步延伸，甚至在表述中将已知和未知的世界都纳入王朝统治体系之中。在此统治思想的影响下，历史时期中国（即中俄《尼布楚条约》签订以前）的疆域范围可延展至东亚的广阔区域，甚至还有所超越。因而历史时期的大部分中原王朝在确立对中国传统疆域的治理之外，也积极同东亚其他国家或地区开展交往活动并建立起了"宗藩体系"这一古代东亚地区的基本国际秩序。对此，李大龙指出："东亚地区的'天下'范围不仅包括二十五史所载传统王朝所辖疆域，还应包括西伯利亚、朝鲜半岛及东南亚、中亚部分地区。尽管中国疆界的形成及中华民族的凝聚过程，不是整个东亚地区所有政权演变与

---

① 李大龙：《传统夷夏观与中国疆域的形成——中国疆域形成理论探讨之一》，《中国边疆史地研究》2004 年第 1 期。

② 邹逸麟：《论清一代关于疆土版图观念的嬗变》，《历史地理》第 24 辑，第 41—53 页。

③ 对此赵现海指出："中国古代长期以中国本土为中心，构建起没有边界的'天下秩序'。中国古代中原王朝一直未将统治视野局限于'中国'，也即是目前我们所理解的中国本土，而是以中国本土为核心，观照整个'天下'，皇帝为'万国之主'。相应地，历代中原王朝所定政权的名号，并非单纯的'国号'，比如明朝人便自称'大明国'，还是'有天下之号'，所覆盖疆域并不限于中国本土，还包含时来朝贡的'荒服'等层次。'九服'也相应是中国古代疆域的代名词，与天下、九方、九垓、九野、九域、九围、九有、九区、九土、九县同一含义，与象征所有空间的三灵、四方、四海、四垠、四隩、五方、六合、八荒、八方、八纮、八表并列。"参见赵现海《明代的王朝国家之路》，社会科学文献出版社 2022 年版，第 6—7 页。

④ 严从简撰，余思黎点校：《殊域周咨录》卷 4《琉球》，中华书局 1993 年版，第 125 页。

族群凝聚的结果，但在中国传统的疆域话语体系中，以中国中原地区为中心的'天下'，基本上覆盖了整个东亚地区……中国疆域的形成与发展，是生息繁衍在这一区域内众多族群及其所建政权共同推动的。经过分裂统一，再分裂再统一的不断凝聚，直至清朝康熙时期，以'中国'为核心的'大一统'的'天下'，基本完成了疆域和人群的'自然凝聚'，为中国疆域由'有疆无界'转变为'有疆有界'奠定了基础。"①

因而直到清朝之前，历朝历代均呈现一种较为松散的疆域形态，如明朝时，朱元璋即位之后便指出："自元政不纲，天下兵争者十有七年，朕起布衣，开基江左将兵，四征不庭，西平汉主陈友谅，东缚吴王张士诚，南平闽越，勘定巴蜀，北清幽燕，奠安华夷，复我中国之旧疆。朕为臣民推戴即皇帝位，定有天下之号曰大明，建元洪武，是用遣使外夷，播告朕意使者所至，蛮夷酋长称臣入贡，惟尔琉球在中国东南，远据海外，未及报知，兹特遣使往谕尔其知之，其国分为三：曰中山王、曰山南王、曰山北王，皆以尚为姓，遂各遣使入贡。"② 由朱元璋对外交往之思想来看，当明朝确立起对全国的基本统治之后，他便着手与东亚其他国家或地区建立起"宗藩"关系，通过"遣使入贡"以彰显中国在东亚地区的"共主"地位，秉持的思想仍旧是"普天之下，莫非王土；率土之滨，莫非王臣"的大一统思想，这也体现出明代仍旧是"有域无疆"的疆域状态，明朝的疆域及边疆思想也一定程度上反映出历史时期中国疆域及边疆治理的实际情况。

以"普天之下，莫非王土；率土之滨，莫非王臣"为代表的疆域观念也体现出历史时期中国的"大一统"思想。"大一统"思想也是中国封建时代最为重要的统治思想之一，董仲舒曾对此说道："春秋大一统者，天地之常经，古今之通谊也。今师异道，人异论，百家殊方，指意不同，是以上亡以持一统；法制数变，下不知所守。臣愚以为诸不在六艺之科孔子之术者，皆绝其道，勿使并进。邪辟之说灭息，然后统纪可一而法度可明，民知所从矣。"③董仲舒提出的这种"大一统"思想几千年来一直都深深地影响着历史时期中国的疆域治理尤其是对边疆民族地区的治理，这也对中国疆域与统一多民族国家的形成与发展产生了积极的历史影响。李大龙指出："大一统"思想形成于先秦时期，具体付诸实施却是在秦汉时期，尤其是从汉武帝时期开始用于指导构筑"大一统"王朝，对多民族中国疆域的形成和发展奠定了基础，对其后中华民族的形成和发展也发挥了重要促进作用。④尤其是到了西晋"永嘉之乱"以后，匈奴军队在刘渊之子刘聪的率领下击败了西晋京师洛阳的守军，北部边疆出现了由众多边疆民族建立的政权，史称"十六国"或"五胡乱华"。与此同时，边疆民族也入主中原并开始建立王朝，参与"华夏正统"地位的争夺，尤其是匈奴人刘渊建立的政权"汉"

① 李大龙、铁颜颜：《"有疆无界"到"有疆有界"——中国疆域话语体系建构》，《思想战线》2020 年第 3 期。
② 严从简撰，余思黎点校：《殊域周咨录》卷 4《琉球》，第 125 页。
③ 《汉书》卷 56《董仲舒传》，中华书局 1962 年版，第 2523 页。
④ 李大龙：《汉武帝"大一统"思想的形成及实践》，《北方民族大学学报》（哲学社会科学版）2013 年第 1 期。

是来自北部边疆的非农耕民族在中原地区建立的第一个政权。"汉"政权的出现既是匈奴人长期和中原汉族保持密切关系的结果，同时也是匈奴人认同"中国"进而主动进入中华民族历程的标志。"汉"政权的出现对中国古代疆域形成的影响是巨大的，不仅促进了生活在北部边疆的各民族之间的交流融合，同时也推动了中国传统治边思想和治理方式的不断发展完善，而且还是边疆民族主动融入中华民族多元一体格局发展历史的开端，并由此奠定了北部边疆与中原地区融为一体的牢固基础。这是中国历史上在此之前未曾出现过的事件，更是对中国疆域内各民族之间的交流融合发挥了重要历史作用。①

"大一统"思想形成于先秦时期，自秦汉时期开始被付诸实践，在中国历史上出现了数次大一统王朝统治时期，而且这些大一统王朝的出现与北部边疆的治理成效直接相关。如马大正认为1840年鸦片战争之前的古代中国就曾出现过四次"大一统"王朝的繁盛发展局面，分别是秦汉、② 隋唐、③ 元朝④及清朝⑤四个时期。此四次"大一统"阶段的出现，"其中有两次是由汉族统治者完成的，而另外两次则是边疆少数民族入主中原后完成的。汉唐两代致力于完成统一大业，把中国各地区各民族孕育的大一统要求变成现实。元朝统一规模比汉唐更大，疆域也更加辽阔……满族建立的清王朝，对统一多民族国家做出的历史贡献尤为重要。历史上任何时期对疆域版图的有效控制，都比不上清朝。清政府对边疆经营首先是实现了疆域大

<hr>

① 宋秀英、李大龙：《刘渊政权的出现与北疆民族主动认同"中国"的开始——中国古代疆域形成理论探讨之二》，《中国边疆史地研究》2005 年第 2 期。

② 秦汉时期（主要是秦与西汉）是中国历史上的第一次大一统时期，且秦汉时期的疆域奠定了当今中国疆域的基础，后代学者也多将秦汉时期认定为中国"大一统"的直接源头。秦国完成对六国的统一之后，基本上实现了中原"一统"，且疆域向周邻地区也有所拓展。汉朝的疆域则是在秦朝疆域基础上有了进一步拓展，具体而言，汉朝疆域在东与南两个方向到达今日本海、渤海、黄海、东海和南海，东北由秦长城扩至盖马大山（今朝鲜半岛狼林山脉）以北，西北由河套向西扩至西域，到达巴尔喀什湖至克什米尔以西，西南至越南北部及其沿海地区，这一疆域范围基本上奠定了以后各朝疆域分布的基础。参见林荣贵主编《中国古代疆域史》，黑龙江教育出版社 2007 年版，第 293 页。

③ 隋唐时期是中国历史上的第二次大一统时期，隋朝的建立结束了中华大地上南北之间数百年的对峙，而唐朝则是在隋朝疆域基础上进一步扩展了疆域范围，唐朝统辖地域范围大致分布为：东、南两个方向均至大海，即今鄂霍次克海、日本海、渤海、黄海、南海及所属各岛屿，东北至外兴安岭以北地区，北部至西北到达贝加尔湖以北、安加拉河及叶尼塞河、鄂毕河、额尔齐斯河上游一带，西域至咸海以及阿姆河以西地区，西至青藏高原东边的长江上游以西地区，西南达今云南哀牢山以东及驩州南境与林邑（在今越南中部沿海）接壤。参见林荣贵主编《中国古代疆域史》，第 776 页。

④ 根据《元史》记载："自封建变为郡县，有天下者，汉、隋、唐、宋为盛，然幅员之广，咸不逮元。汉梗于北狄、隋不能服东夷、唐患在西戎、宋患常在西北。若元，则起朔漠，并西域、平西夏、灭女真、臣高丽、定南诏，遂下江南，而天下为一。故其地北逾阴山，西极流沙，东尽辽左，南越海表。盖汉东西九千三百二里，南北一万三千三百六十八里，唐东西九千五百一十一里，南北一万六千九百一十八里，元东南所至不下汉、唐，而西北则过之，有难以里数限者矣"。参见《元史》卷 58《地理志一》，中华书局 1976 年版，第 1345 页。

⑤ 对清朝疆域分布情况，《清史稿》有如下记载："有清崛起东方，历世五六。太祖、太宗力征经营，奄有东土，首定哈达、辉发、乌拉、叶赫及宁古塔诸地，于是旧藩札萨克二十五部五十一旗悉入版图。世祖入关剪寇，定鼎燕都，悉有中国一十八省之地，统御九有，以定一尊。圣祖、世宗长驱远驭，拓土开疆，又有新藩喀尔喀四部八十二旗，青海四部二十九旗，及贺兰山厄鲁特迄于两藏，四译之国，同我皇风。逮于高宗，定大小金川，收准噶尔、回部，天山南北二万余里毡裘湩酪之伦，树颔蛾服，倚汉如天。自兹以来，东极三姓所属库页岛，西极新疆疏勒至于葱岭，北极外兴安岭，南极广东琼州之崖山，莫不稽颡内乡，诚系本朝。于皇铄哉！汉、唐以来未之有也。"参见《清史稿》卷 54《地理志一》，中华书局 1977 年版，第 1891 页。

一统，进而对边疆地区实行全面治理和地区性开发"①。清朝统治者推成的许多政策措施为中国疆域与统一多民族国家及疆域的形成与发展奠定了基础，主要手段涉及如下三个方面：一，确立满洲正统，消弭"华夷中外"之分，用"臣民"整合中华大地上的众多族群；二，北部废弃长城的防御功能，内部改土归流，加速边疆与内地的"一体化"进程；三，"依法治边"，通过一系列法律制度的完善，逐步实现法律制度的"一体化"。② 由以上所述还可以发现，中国历史上四次大一统局面的出现，有两次（蒙古族建立的元朝与满族建立的清朝）是由生存于边疆地区尤其是北部边疆的非农耕民族完成的。这也表明分布在边疆地区的非农耕民族作为中国疆域及统一多民族国家的重要组成部分，同时也是中国疆域形成的重要推动力量，北部边疆及生活在这一地区的各个民族在其中发挥的作用至为重要。

（二）北部边疆及其历史地位

历史时期的中国多是处于"有域无疆"的疆域与边疆形态，尚未形成明确的边疆地理空间与概念认知，尤其是北部边疆波动的频繁性与普遍性，对于古代中国"有域无疆"疆域特征与边疆形态出现的影响至为重要。吕文利指出：中国的边疆概念有三层空间，即"地理意义上的物理性、资源型第一空间，历史主体构建与延续的第二空间以及主体观念、想象意义上的文化延续与现实拓展的第三空间"，并对此进一步解释道：第一空间：边疆是相对于首都（中心）而言的、构造物性的边界；第二空间：历史主体的构建与延续，也具有强烈的时代性，尤其是近代西方入侵，中国失去大量疆土之后，开始有了更加清晰的自我界定和认同；第三空间：主体观念、想象意义上的文化延续与现实拓展，即与现实主体（不同群体、不同个体）认识上的边疆是存在差别的。③ 以今日之视角来看，历史时期中国的边疆尤其是北部及西北部陆域边疆最为值得关注，这些边疆地区也是国家疆域治理的重要对象，④ 也即吕文利所述历史主体构建和延续的边疆。换言之，也即历史时期中国疆域范围波动及伸缩在北部及西北部边疆地区最为显著，这在很大程度上决定着历史时期中国疆域及陆域边疆的实际分布情况。

中国特殊的地理位置与地形地貌条件，导致历史时期中国东西南北各不同方位的边疆呈

---

① 马大正：《中国疆域的形成与发展》，《中国边疆史地研究》2004 年第 3 期。

② 李大龙：《试论历代王朝治边政策的继承与发展》，《青海民族研究》2020 年第 1 期。

③ 吕文利：《何谓"边疆"——论中国"边疆"概念的三重空间》，《中央民族大学学报（哲学社会科学版）》2019 年第 4 期。

④ 在古代中国统治者的疆域观念中，普遍存在"重陆轻海"的思想，原因有三个方面："一是广阔的东亚大陆已为中国先民提供了足够的生存空间，在古代交通条件下，海域的阻碍性要超过交流性，海洋的可利用度远低于陆地，中国古代先民主要活动空间是在陆地，而非海洋。二是中国古代北方族群对汉人长期形成了沉重压力，汉人从而一直将北方族群视作最大敌人，将北部边疆视作边疆重心地带。三是东亚海域诸岛国势力分散，力量弱小，基本是中华文明的接受者，而非威胁者；由于长期缺乏来自海洋上的敌人，元代之前，中国古代一直缺乏对于海疆的军事经营，军事重心一直是在北部陆疆，而非东亚海域。"参见赵现海《明代的王朝国家之路》，第 172—173 页。

现出差异性的发展与分布特征。对这一问题仍然要从地理因素加以考察。展开中国的地形图可以发现，中国的"东边是海洋，西边是青藏高原，这是古人无法逾越的天然屏障，东西之间的地理形势，使边海与边高原的疆土几乎没有悬念"，因而古代中国疆域范围的拓展方向主要集中于北部边疆，"唯有农牧交错带的正北方、西北方，非农耕民族的游牧生活所依托的草原与荒漠，成为疆域伸缩的舞台，以疆土为背景的武力争雄与文化交融几乎可称这一地带上演的历史主剧目。"① 农牧交错带主要分布于北部及西北部边疆地区，这里自古以来就演绎着不同民族与政权之间异彩纷呈的碰撞与交融历史，但最终还是向着多民族融合及逐渐走向统一的局面发展，也即是各边疆民族同中原王朝的碰撞与交融过程一方面是促进了中国辽阔疆域的形成与发展，即由传统农耕区向周邻地区拓展领土，非农耕民族生存地带成为中国疆域的边界或直接将其纳入统治区；另一方面也促进了各民族相互交融的统一多民族格局与国家形态的逐渐形成，在此过程中，以汉族为主体的中原农耕民族与周边地区的非农耕民族之间形成了相互关联、不可分离的民族关系。这两条线索也是历史时期中国疆域与统一多民族国家形成与发展的关键所在。

中国疆域向北部及西北部边疆拓展同 400mm 等降雨量线有着直接且密切的联系。② 自秦朝建立起中国历史上第一个大一统封建王朝开始，③ 直至清代以前，各个中原王朝所控制疆域的北部边疆基本上是围绕着 400mm 等降雨量线沿线分布并时常出现南北方向上的移动，韩茂莉对此有过如下一段分析：

> 细数历代疆域变迁，各类政治、军事事件交融在历史的时空之中，留给后世深刻记忆，然而决定、制约边地政治、军事事件的地理基础并未成为关注的重点。回顾边地所有政治、军事事件发生地，一个清楚的地理地带呈现在我们面前，这就是年降雨量 400mm 等值线，即中国北方农牧交错带④……年降雨量 400mm 等降雨量线是农业生产需

① 韩茂莉：《历史时期中国疆域伸缩的地理基础》，《中国文化研究》2016 年第 2 期。

② 中国的疆域范围广阔，自然环境与气候条件也是复杂多样。20 世纪 50 年代，中国科学院制定的《中国综合自然区划》提出了东部季风区（占全国国土总面积的 46%）、蒙新干旱区（占全国国土总面积的 27.3%）、青藏高寒区（占全国国土总面积的 26.7%）三大自然区的地理划分。北方农牧交错带地处于北温带，主体位置大致分布在 34°N—48°N，103°E—124°E 之间，大部带域分布在蒙新干旱区。400mm 等降雨量线的大致分布区域与北方农牧交错带相同，因而有近 50% 的疆域位于 400mm 等降雨量线及以外区域，尤其是蒙新干旱区，不仅是农牧交错带的重要分布区，在历史上尤其是清代以来也是中国疆域的重要组成部分。

③ 秦汉时期基本奠定了中国北部边疆沿 400mm 等降雨量线分布的特征。秦朝时，推行郡县制进行管理，将整个国家从国都到边地都纳入统一的政治体系之中，后由三十六郡增至四十八郡，境土虽在扩展，但疆域的北部边界却始终保持在东部季风区所在的农耕区之内。走出农耕区的自然界限，大幅度地开疆拓土始于西汉。汉武帝时，经过汉初的休养生息，国力大盛，开始出兵北逐匈奴，收复了秦时的"河南地"，但距离汉武帝开疆拓土没多久，西北边地即出现内缩，东汉时期仍旧持续了内缩的局面，但总体而言仍然没有离开 400mm 等降雨量线。

④ 作者对此地带自然条件与农牧业生产的分界线作用举例指出：唐朝诗人王之涣《凉州词》中的"春风不度玉门关"，中的"春风"指携带海洋水汽的东南季风，甘肃一带地处西北干旱区，已在东部季风区以西，虽然古人还不具备当代自然区划概念，但生活的体验让他们深谙西北地区的气候特征，并根据气候条件选择了适宜的经济生产与生活方式。

求雨量的底线，这条界线以东以南地区凭借丰沛的雨量成为农业生产长期稳定的生产地；从年降雨量400mm等值线向西向北，气候越来越干旱，这片深处欧亚大陆腹心的土地，仅在小片绿洲地带可获得高山冰雪融水的滋润，广大的高原山地没有农耕生产的条件，成为畜牧业的基地。在农业与畜牧业之间，耕作在土地上的农民面对驰骋在马背上的草原民族，貌似并不具备优势的定居生活却成为守疆固土的法宝，即使在国力最弱的王朝，国家坚守的疆域底线不是军事要塞与锁钥之地，而是农业生产能够持续进行的地带——年降雨量400mm等降雨量线。年降雨量400mm等降雨量线既是中原王朝守疆固土的底线，也是新生疆土的增长点，与这条界限相关的疆域伸缩贯穿中国历史大部分王朝。①

由上述可见，400mm等降雨量线是大部分历史时期中国疆域伸缩波动的基准线，因而对历史时期中国陆域边疆尤其是北部边疆的考察也都离不开这条降水量线的直接影响。究其根源，仍然是与农业生产相关。历史时期中国农业生产水平尚未取得较大突破的前提下，农业生产受到自然条件的制约极为显著，相对充足的水资源是满足农作物生长所不能逾越的一个基本条件，尤其是在北方旱作农业区，400mm等降雨量线是维持农业生产的基本要素之一。且400mm等降雨量线在中国的分布地带处于中纬度位置（同时也处于由第二级阶梯向第三级阶梯的过渡地带）。400mm等降雨量线以北地区，气候波动更为剧烈，年积温变低、温差（冬夏之间、昼夜之间）变大、适宜发展农业的周期也随之缩短。因而400mm等降雨量线成为制约历史时期中国以农业为主的中原王朝向外围地带拓展农业的重要因素，由此导致古代中国的北部边疆分布范围在相当长的一部分历史时期多徘徊于400mm等降雨量线的沿线，但不时出现南北摆动。到了清代以后，虽然进入了举世瞩目的小冰期，此时期中国整体气温转低、极端气候时有出现，②这些现象在中高纬度地区尤其是北部边疆（作为农牧交错带）过渡地带更为显著，但农业生产却出现了逆气候规律的大幅度向北扩展。③与此同时，清代也是历史时期中国疆域尤其是北部边疆波动最为剧烈的阶段，但这些并没有影响农业生产的向北拓展，反而是在农业生产大幅度向北拓展的背景下影响到清代中国疆域的变迁，出现了中国疆域的繁荣稳定发展时期。韩茂莉

---

①　韩茂莉：《历史时期中国疆域伸缩的地理基础》，《中国文化研究》2016年第2期。

②　清代气候波动期内，今内蒙古地域范围内的霜冻灾害发生频次也呈现出明显的规律性分布特征，根据包庆德的整理，康熙六十年（1721）至光绪六年（1880）间，气候有些回暖，内蒙古地区时间间隔10年以上的无霜冻灾害达5次之多，最长的一次达22年之久（1786—1808），但其间不乏小范围的霜冻灾害。光绪二十六年（1900）至1920年气候转寒，20年间有10年出现冻灾。参见包庆德《清代内蒙古地区灾荒研究》，人民出版社2015年版，第160页。

③　根据清代档案记载：清代农业区最北界已经北拓至50°N沿线，土谢图汗部、科布多地区、三音诺颜部及札萨克图汗部等地均出现了大量有关农业生产的记述，这一现象自康熙时期就已出现，并持续到清朝末年。（参见中国科学院地理科学与资源研究所、中国第一历史档案馆《清代奏折汇编——农业·环境》，商务印书馆2005年版，第470—476、529—539、589—590页）清代中国农业生产大幅度向北拓展与耐寒、耐旱及生长周期较短作物的传入直接相关。如玉米与甘薯，凭借产量及其对环境适应性较强的优势，迅速在全国各地扩展，推动了近500年来中国人口的增殖与土地开垦。尤其是甘薯，由于其超强的环境适应能力，成为山区、山民青睐的农作物，在南方的丘陵山地及边地都赢得了生存空间。马铃薯、玉米及中国已有旱地杂粮作物等作物在北部边疆的传播也极大地促进了农业生产范围在北方的拓展。

指出:"清以前与清王朝分属于两个阶段,前期疆土徘徊在由 400 毫米等降雨量线决定的中国北方农牧交错带,后期则专属于清代,这是一个跨越农牧交错带,将疆土稳定地伸向西北干旱地区的时代。"① 由此可见,清代突破了 400mm 等降雨量线对陆域疆域的地理空间制约,促进了中国疆域在这一时期的形成与稳定发展,是古代中国疆域的繁盛时期。

中国疆域及边疆的形成与稳定也是始于清代。邹逸麟指出:"17 世纪中叶以前,欧亚各国尚无明确的'领土''边界'的概念,17 世纪中叶以后,随着各国疆域的开拓,相互接触以后,才开始发生边界的交涉。当时代表中国的清帝国,在康熙时,除了西北的准噶尔部以外,周围几乎没有能与清帝国抗衡的任何民族或政权。"② 在导致清代中国北部边疆的界限形成与明确分布范围的影响因素中,中俄之间疆域的接触是直接诱因。17 世纪中叶,俄国在向东拓展疆域的过程中逐渐与清朝时期的北部边疆发生接触,并开始入侵中国的部分领土,相继建立起尼布楚、雅克萨等多个聚点,也时常向清朝北部边疆发起挑衅,这促使清朝在维护领土主权的过程中逐渐形成了明确的边界意识。与俄国之间的领土纠纷也促使北部边疆在清朝的国家治理中发挥着越来越重要的作用,尤其是现代意义上的边界在此过程中逐渐形成。以康熙二十八年(1689)中俄双方签订的《尼布楚条约》为标志,中国的边疆尤其是北部边疆与沙俄接壤地区的边疆自此之后逐渐明晰起来,"中国"也开始由文化上的概念成为主权国家的代表。

北部边疆在中国边疆格局中的重要性与其所处的地理方位直接相关。相比于其他边疆地区而言,北部边疆的大部分地形虽然是以高原与山脉为主,但是北部边疆高原的海拔高度并不似青藏高原那样难以逾越。北部边疆虽然也横亘着阴山与大兴安岭等地理障碍,但这些山脉尤其是阴山存在众多缺口,这些缺口也成为北部边疆同中原乃至中国辽阔疆域内其他地区之间地域往来互动的重要通道。如阴山,③ 不仅是中原王朝抵御北方族群的连绵屏障,而且由于具有广阔纵深与众多缺口,也为北方族群提供了南下通道与潜藏之所。清人姜宸英在《湛园集》中写道:"阴山千余里,草木茂盛,多禽兽,为匈奴苑圉。今大同起西阳河堡,边外之山皆斥卤,惟此山土暖而幽深,夏多奇花卉,山脉甚长,知即古阴山也。"④ 为了弥补阴山地形的缺陷,中原王朝通过修筑长城的方式来堵塞这些缺口,"阴山边疆"也相应地成为中国古代长城重点分布之处。明朝时丘濬对兴修长城之作用总结道:"长城之筑,起临洮至辽东,延

---

① 韩茂莉:《历史时期中国疆域伸缩的地理基础》,《中国文化研究》2016 年第 2 期。

② 邹逸麟:《论清一代关于疆土版图观念的嬗变》,《历史地理》第 24 辑,第 41—53 页。

③ 阴山是中国北部边疆的著名山脉,西端以低山没入阿拉善高原,东端止于多伦以西的滦河上游谷地,长约一千公里,其支脉由西至东依次为狼山、乌拉山、大青山、灰腾梁山、凉城山、桦山、大马群山。阴山不仅是横亘在内蒙古中部的天然屏障,而且是季风气候与非季风气候,半干旱与干旱气候,草原与荒漠草原,农业与牧业的分界线,阴山南部界限在河套平原北侧的大断层崖和大同,阳高,张家口一带盆地,谷地北侧的坝缘山地,阴山所在的特殊地理方位与地形地貌特征也影响其在中国历史发展进程中有着特殊作用。参见赵现海《中国古代的"核心边疆"与"边疆形态"》,《石河子大学学报》(哲学社会科学版)2019 年第 2 期。

④ 姜宸英撰,黄叔琳编:《湛园集》卷 1《古香斋集序》,文渊阁四库全书,台北:台湾商务印书馆 1983 年版,第 609 页。

袤万余里，其为计也，亦劳矣。然此岂独始皇筑也？昭王时，已于陇西、北地、上郡筑长城矣。亦非尽秦筑也，赵自代并阴山，下至高阙为塞。燕自造阳至襄平，亦皆筑长城。是则秦之前，固有筑者矣，岂但秦也。秦之后，若魏国，若北齐，若隋，亦皆筑焉。"① 在丘濬看来，长城的修筑是因为长城能够弥补地形存在的缺陷，隔开华夷，维护了他理想中的族群地理格局，即 "盖天以山川为险隘，限夷狄，有所不足，增而补之，亦不为过"②。长城对于阻碍蒙古诸部南下侵扰与维护明朝边地安全也发挥了一定作用，如嘉靖二十五年（1546），俺答汗麾下通事对明军说道："你南朝将大边自黄河以东修至宣府，我们人马少时不得侵入，大举必得二十万，就便得入。又恐回来难出大边。你南朝人马强劲，不同往年。与你这令箭，前去大同与周太师江河了罢。我们再不去抢，各种田禾，不许两家偷践。要将白马九匹、白牛九只、白骆驼九只进贡"③。嘉靖二十六年（1547），俺答麾下通事继续说道："如今南朝兵马添的多了，比先强胜，修起边墙，墩堡稠密，不敢抢了。"④ 但长城并没有完全限制双方的往来，北方族群也屡屡以越过阴山长城，打通阴山边疆，将其改造为 "阴山走廊" 作为军事重点。⑤

北部边疆作为秦汉以来中国疆域向北方及西北方伸缩的历史舞台，也是各中原王朝边疆治理的重要区域。赵现海在研究中将其称为 "核心边疆"，并指出："核心边疆是中原王朝、北族政权扩张权力、统一全国的‘地理阶梯’与‘经济过渡区’，可以合称为‘过渡阶梯’"，"为得到核心边疆，中国古代中原王朝、北方族群在这一地带投入了最多的精力与资源"，因为 "无论中原王朝，还是北族政权，在占据这一区域之后，都获得了地理优势与经济补充，从而极大地壮大自身实力"。⑥ "核心边疆" 是对北部边疆重要性的高度凝练概括，流传下来的古代文献中也有关于北部边疆重要性的论述，如清人张曾就北部边疆在古代中原王朝国家治理中的重要性有这样一段论述：

> 云朔以北，沙漠以南，为华夷交界，从古战争之地，见诸史策者最多，不独一州一邑，难以几及。即以一行省之大，亦无如此事迹之繁，记载之富者。廿一史汗牛充栋，

① 丘濬：《大学衍义补》卷150《驭夷狄·收边固圉之略上》，周伟民等点校：《丘濬集》第5册，海南出版社2006年版，第2344页。
② 丘濬：《大学衍义补》卷150《驭夷狄·收边固圉之略上》，周伟民等点校：《丘濬集》第5册，第2344页。
③ 翁万达：《翁万达集》卷七《房中送回人口疏》，朱仲玉、吴奎信校点整理，上海古籍出版社1992年版，第254页。
④ 翁万达：《翁万达集》卷一〇《北房屡次求贡疏》，朱仲玉、吴奎信点校整理，上海古籍出版社1992年版，第318页。
⑤ 赵现海：《中国古代的 "核心边疆" 与 "边疆形态"》，《石河子大学学报》（哲学社会科学版）2019年第2期。
⑥ 作者以 "核心边疆" 视角对北部边疆在古代中原王朝与草原政权之间相互争夺情况及重要性进行分析指出："核心边疆是中国古代南北统一的‘过渡阶梯’。中原王朝夺取了核心边疆，不仅能将之建立成坚固的军事屏障，而且为进取漠北、驱逐北族奠定了基础，从而将自身政权从单一的农业政权转变为复合性的农牧政权，甚至统一南北的统一王朝。北族政权夺取了核心边疆，便拥有了威逼中原王朝的广阔空间，将之变为自由驰骋的‘核心走廊’，由此建立对中原王朝的军事优势，甚至进一步转化为政治优势，得以统治黄河流域，乃至统一中国，从而将自身政权从单一的游牧政权转变为复合性的农牧政权，甚至统一全国的统一王朝。反之，失去这一地带，便在南北关系中处于被动，被驱回本部或失去政权。" 参见赵现海《中国古代的 "核心边疆" 与 "边疆形态"》，《石河子大学学报》（哲学社会科学版）2019年第2期。

边事每居十之二三，西北边防较别处尤重，此间属南北管钥，中外强弱之势，即以其地之属南属北定之。①

由上述可见，北部边疆作为古代中国尤其是秦汉以来疆域伸缩变迁最为显著的区域，也是中原王朝与生活在北部及西北部边疆诸草原民族交流互动最为频繁的地区。

北部边疆同时受到中原王朝与北方草原政权的高度重视，成为双方争夺的重点区域，以历史时期北方农牧交错带变迁为考察对象可以发现，自秦汉以来，中原王朝与北方草原政权在此区域进行了长达两千余年的拉锯战。② 自秦汉至明朝，北部边疆多徘徊在 400mm 等降雨量线决定的北方农牧交错带沿线。随着秦汉以来中原王朝与生活在周边地区各非农耕民族碰撞与交融的不断增多，疆域范围也随之发生波动，但自此时期开始，"中原王朝疆域的伸缩变化，主要是与北部干旱和半干旱区游牧民族（匈奴、鲜卑、柔然、突厥、契丹、蒙古）之间，为了争夺生存空间和人口、物资而发生的"③。清朝以后，清前期统治者注重开发边疆，大大改变了"重中原，轻边疆"的传统治国理念。④ 尤其是康雍乾三朝在西北军事行动的胜利，中国疆域成功地实现了跨越北方农牧交错带并持续向北及西北地区拓展，同时也对这些地区进行了实际有效治理，这对中国疆域的形成与发展有重要意义。法国学者格鲁塞评价道："乾隆皇帝对伊犁河流域和喀什噶尔的吞并，标志着实现了中国自班超时代以来的 18 个世纪中实行的亚洲政策所追随的目标，即定居民族对游牧民族的、农耕地区对草原的还击。"⑤ 直到 19 世纪 40 年代（以鸦片战争的爆发为标志）西方列强开始通过发动侵略战争与强迫清朝签订不平等条约瓜分中国疆土之前，清朝时的中国疆域不仅辽阔而且完整。

清代中国疆域的重要性也体现在学界对清朝历史地位的较高评价上。如王锺翰对清朝的历史地位总结指出："清代满族统治者对于我国边疆地区各民族，创制、执行不同的民族政策和宗教政策。清代的民族宗教政策不但超周、秦、汉三代，甚至连显赫一时、地跨欧亚二洲的大元帝国亦瞠乎其后。"⑥ 王锺翰对清朝这一较高评价，无疑是肯定了清朝相较于以往历史时期其他各中原王朝疆域的完整与辽阔等疆域特征，同时也顾及清朝对边疆民族问题的有效解决，这些都是清代中国疆域与统一多民族国家形成与发展的重要体现。谭其骧在 1981 年 5

---

① 张曾：《归绥识略·史鉴》，绥远通志馆编纂：《绥远通志稿》第 12 册，内蒙古人民出版社 2007 年版，第 317—318 页。
② 一般而言，中原王朝强盛时往往在实际控制这一地带时会推行农业生产，从而向北方及西方方向拓展北方农牧交错带分布范围；相反，若是草原政权处于强盛时期，游牧经济也会随着草原政权控制区域向南拓展，出现相同方向波动，进而导致北方农牧交错带范围南缩。但也存在一个普遍现象，那就是在与中原王朝碰撞与交融过程中，草原政权会一定程度上接受农业（指农耕区出产的各种物资），通过贸易获取、武力掠夺或自身发展一定农业等方式满足这一需求，由此促进双方之间的交流融合，这也有利于中国疆域与统一多民族国家的形成与发展。
③ 邹逸麟：《论清一代关于疆土版图观念的嬗变》，《历史地理》第 24 辑，第 41—53 页。
④ 吴楚克：《中国边疆政治学》，中央民族大学出版社 2005 年版，第 105 页。
⑤ 勒内·格鲁塞：《草原帝国》，蓝琪译，项英杰校，商务印书馆 1999 年版，第 670 页。
⑥ 王锺翰：《王锺翰学术论著自选集》，中央民族大学出版社 1999 年版，第 225 页。

月下旬召开的"中国民族关系史研究学术座谈会"上，论及在编修《中国历史地图集》时如何划定历史时期中国的疆域范围时指出："我们是拿清朝完成统一以后，帝国主义侵入中国以前的清朝版图，具体说，就是从18世纪50年代到19世纪40年代鸦片战争以前这个时期的中国版图作为我们历史时期的中国的范围。所谓历史时期的中国，就以此为范围。不管是几百年也好，几千年也好，在这个范围之内活动的民族，我们都认为是中国史上的民族；在这个范围之内所建立的政权，我们都认为是中国史上的政权，简单的回答就是这样。"① 类似有关清朝疆域的研究成果还有很多，绝大部分学者也都普遍认同清代中国疆域的辽阔与完整性特征，在此不做过多赘述。

需要指出的是，明代中国的疆域面积同样较为辽阔，但因对北部边疆的经营不当，最终未能出现大一统的盛世局面。至少在疆域的完整性与统一多民族国家内各民族之间关系（本文则指明朝同生活在北部边疆蒙古族之间关系）等方面未能呈现出大一统的特征。对于明朝疆域，《明史》有如下记述："明太祖奋起淮右，首定金陵，西克湖、湘，东兼吴、会。然后遣将北伐，并山东，收河南，进取幽、燕，分军四出，芟除秦、晋，讫于岭表。最后削平巴、蜀，收复滇南。禹迹所奄，尽入版图，近古以来，所未有也。"② 《明史》对明朝控制疆域之辽阔有较高的评述，但其统治的核心区仍以传统中原农耕区为主，没有提及北部边疆，因而对于明代中国疆域的历史定位就有待于进一步研制。此外，朱元璋站在"内华夏而外夷狄"的地缘立场，主张放弃对蒙古高原的政治统治，并指出："元起朔方，世祖始有中夏，乘气运之盛，理当自兴。彼气运既去，理固当衰，其成其败，俱系于天。若纵其北归，天命厌绝，彼自渐尽，不必穷兵追之。但出塞之后，即固守疆圉，防其侵扰耳。"③ 明朝自洪武时期便确立起了内敛型的边疆经略思想，在疆域的设定上，以收复汉地为主体，适当经略边疆。在北部边疆，朱元璋也多次明确表达与北元以长城为界，南北分治的政治立场。朱元璋以后的继任者大多承袭了这一边疆治理思想，对北方草原与西北地区没有进行有效治理，这也影响了明代疆域的发展。韩茂莉根据邹逸麟所著《中国历史地理概述》一书中有关历史时期中国疆域沿革的介绍对明代中国疆域整体情况进行了总结并补充指出：

> 随着大明王朝建立，蒙古人北归草原，明代北疆大致沿阴山南麓至西拉木伦河一线，永乐年间始于北部东起鸭绿江，西抵嘉峪关筑长城，并在沿边地带设置辽东、蓟镇、宣府、大同、山西、延绥、宁夏、固原、甘肃九个军事重镇，明初且于长城以北的东北地

---

① 作者指出：作为现代中国人，我们不能拿古人心目中的中国作为中国范围，对历史时期中国疆域的界定要从中国两个字的意义讲起。中国的含义随着时代发展变化而发展变化。我们应该采用整个历史时期自然形成的中国为历史上的中国。我们认为18世纪中叶以后1840年以前的中国范围是几千年历史发展所自然形成的中国，这就是历史上的中国。参见谭其骧《历史上的中国和中国历代疆域》，《中国边疆史地研究》1991年第1期。

② 《明史》卷40《地理志一》，中华书局1974年版，第881页。

③ 《明太祖实录》卷32，洪武元年六月庚子朔。

区设置辽东都司（辽阳），1409 年设置奴儿干都司，管理黑龙江、乌苏里江流域事务。明朝北部边地在与蒙古人的较量中基本守在农牧交错带的边缘，但在其他几个方向仍保持了优势：明初在西藏设有乌思藏都指挥使司，在青海、川西设朵甘都指挥使司，在拉达克地区（克什米尔）设俄力斯军民元帅府。西北长城外，明前期曾于亦力把里（伊犁）至嘉峪关一带设有哈密卫，采取羁縻统治。洪武年间继承元代西南境土，并设置了六个宣慰司，其辖境伸入今泰国、缅甸、老挝境内，16 世纪下半叶西部内缩至迈立开江、萨尔温江一线，南面所剩景栋后入缅甸，明后期车里宣慰司南界与今同，且拥有老挝北部孟乌（今孟乌怒）、乌得（今孟乌再）等小部分地区。[①]

此外，明朝在与边疆非农耕民族的交往过程中也多是处于防守状态，尤其是与北部边疆蒙古诸部之间的关系在绝大部分历史时期都是处于相互对峙或是冲突状态。为了维持明朝庞大的国家体系，明朝长期在边境地区尤其是长城地带投入了巨大的军事与财政力量。[②] 这不仅极大地消耗了江南等区域的经济成果，而且还促使明朝政权在制度建设上一直要兼顾边疆地区，甚至是以边疆地区为重心，给国家造成了巨大的负担并成为压倒明朝的关键一环。赵现海指出："明朝最终灭亡于军事重镇——长城边疆的内外叛乱。长城在长期保障了明朝'基本盘'的同时，由于长期处于军事高压之下，最终产生反噬效应，成为历史的'爆点'，灭亡了明代王朝国家。"[③] 因此，明代中国疆域虽然较为广阔，但并不完整，有关边疆民族地区的领土未能得到有效解决，最为典型的便是与北部边疆蒙古诸部之间的严峻对立冲突形势，故而明朝是否能够纳入大一统王朝序列还有待进一步商榷。

三 在北部边疆基础上形成的北疆文化及其内涵与特征

北疆文化形成的地理基础是北部边疆这一特殊地域空间，因为"北部边疆不论是资源禀赋、地理环境景观，还是人口、民族、宗教、经济社会等方面，均有其独特之处，尤其是这里作为农牧交错带，本身就显示出其多样性特质。这是北部边疆所特有，也是北部边疆概念可以成立

---

① 参见韩茂莉《中国历史地理十五讲》，第 49 页；邹逸麟：《中国历史地理概述》，上海教育出版社 2013 年版，第 139—148 页。

② 一般认为明朝尤其是洪武和永乐时期是通过推行军屯的方式维护戍边军队的"粮食自给"，但黄仁宇考察指出："这一神话是明末的学者吹捧夸大所造成的，他们很可能是受到了早期记录的误导"，主要是根据《大明会典》《明实录》等资料的记载，"估算显示出至少有 100 万军士在从事粮食生产"，但这些推测数据"不仅与实际情况不符，而且也根本不可能实现"。实际上，"军屯没有事先作出规划，进行周密准备，没有进行过实地调查，没有做过试点，也没有建立起专门管理的部门。仅仅是皇帝签署命令，要求军官进行屯田，至于财力、物力则由屯军自己去解决"。参见黄仁宇《十六世纪明代中国之财政与税收》，生活·读书·新知三联书店 2015 年版，第 81—83 页。

③ 赵现海：《明代的王朝国家之路》，第 595 页。

的要点"①。北疆文化是在北部边疆这一特殊地理空间与自然条件基础上形成的独具特色但又与中华文明一脉相承且紧密相连的区域型文化类型，加之北部边疆属于边疆民族地区，进而导致本地区的区域文化研究更具特殊的学术价值。此外，边疆民族地区的区域文化研究相比于其他区域而言有着更加特殊的学术价值，林枫指出："边疆地区"有一个共同点，就是远离原来的中华文明核心区，虽然中华文明是多地发源，满天星斗，但是生活在边陲的人们都有着自卑与自足的两面。事实上，边疆地区与中原核心地区的差异是很小的，既与中华文明存在密切联系但又不失自身特色。② 北疆文化就是这样的区域性文化类型。北疆文化是对北部边疆人类文明的整体且高度概括，既有着深厚的历史积淀，也有着重要的现实意义。内蒙古自治区党委书记孙绍骋指出："全方位建设模范自治区，很重要的方面是抓好文化建设、增进文化认同。在今年的文化传承发展座谈会上，总书记强调要更好担负起新的文化使命，建设中华民族现代文明。内蒙古历史文化厚重，人文资源丰富，辽阔大地上多彩纷呈的文化都是中华文化的重要组成部分。但缺少一个涵盖所有文化、体现内蒙古特征的概念。所以我们提出打造'北疆文化'这一具有内蒙古特质的地域性文化品牌，就是要传承发展中华优秀传统文化，让根植在北疆大地的优秀文化在新时代活起来火起来，为提升内蒙古的正面形象提供有力支撑，为推进现代化建设注入强大精神力量。"③ 北疆文化作为一个重要的区域型文化，其学术价值自不待言，在深入发掘北疆文化与打造北疆文化品牌的过程中应注意如下五个方面。

第一，北疆文化的形成贯穿于中华文明起源与发展的全过程，是构成中华文明多元一体格局中的重要组成部分并发挥了自身的独特贡献。

随着考古发掘材料的日渐丰富与研究的不断深入，中华文明多元起源已是学界共识，其中边缘发展模式是重要类型之一。陈胜前指出："中华文明起源具有多区域、多层次、多阶段的特征，其中可能存在多样的模式。边缘发展模式是其中的一种，是中华文明多元一体发展过程中的重要组成部分。"④ 日益丰富的考古材料也表明，北部边疆早期人类及人类文明起源与中原地区具有一定同步性，存在不少相同或相近的因素，但也有着自身的特色。随着各地区人类之间交流与融合的日渐频繁和深入，各文化区之间相互影响，吸收彼此先进的因素，共同推动了中华文明的起源、发展和进步。在此过程中，北部边疆也做出了自己的特殊贡献。从时间跨度来说，目前已发掘的北部边疆人类及人类文明历史从旧石器时代早期的大窑遗址（该遗址将北部边疆的人类历史至少追溯至50万年以前），到新石器时代的红山文化、海生不浪文化、仰韶文化、龙山文化，再到青铜器时代的夏家店下层文化与朱开沟文化，跨越了数十万年，呈现出完整且没有中断过的连续发展脉络，这也

① 赵珍：《清代北部边疆商贸文化与农牧资源利用》，《内蒙古大学学报》（哲学社会科学版）2023 年第 6 期。
② 林枫：《社会经济史研究与北部边疆研究》，《内蒙古大学学报》（哲学社会科学版）2023 年第 6 期。
③ 孙绍骋：《关于〈内蒙古自治区党委关于全方位建设模范自治区的决定〉的说明》，《内蒙古日报（汉）》2023 年 7 月 10 日，第 1 版。
④ 陈胜前：《中华文明起源中的边缘发展现象》，《光明日报》2023 年 3 月 22 日，第 11 版。

进一步证明了北部边疆是同黄河与长江流域一样拥有着源远流长的人类及人类文明历史。

根据现阶段考古发掘材料来看,中国境内已发现的旧石器时代人类遗址比较少,也尚未符合人类文明起源的标准,但却奠定了中华文明及中华民族起源与多元一体特征的基础。[①] 目前北部边疆已发掘的旧石器时代遗址有 30 余处,其中以大窑遗址、萨拉乌苏遗址和扎赉诺尔遗址等影响最为深远。如大窑遗址,经历了旧石器时代的大部分时间,出土的刮削器、尖状器和锥状石核等石器具有细石器特征。细石器起源于华北地区并以华北地区为中心逐渐扩散至周围广大地区,北部边疆也成为其影响区域之一。[②] 又如萨拉乌苏遗址,对中国现代人起源研究的意义非凡。目前国内外学界有关中国现代人起源存在"近期出自非洲说"和"多地区进化说"两大主要对立学说,其争论的关键点之一是早于 6 万年前的中国是否存在具备现代人特征的古人类。萨拉乌苏遗址出土的河套人化石属于晚期智人,体质特征接近于现代蒙古人种,但仍保留一定原始性状。[③] 河套人在体形、体质等方面已具备了现代人特征,这也进一步证实了中华文明起源之前的北部边疆就已出现了早期人类及人类活动,为中国现代人与中华文明本土起源提供了重要依据。

新石器时代是中华文明起源与发展的关键阶段,中国疆域内分布着影响深远的仰韶、红山、大溪、良渚、龙山等文化。目前北部边疆已发现的新石器时代人类文明遗址有 2000 多处,其中内蒙古中南部地区(也是黄河流经内蒙古的主体区域)的新石器时代文化面貌复杂多样,与中原地区的考古学文化长期存在着互动关系;东部地区的红山文化延续时间长,对中华文明的起源与发展影响深远。具体而言,如位于内蒙古中南部的呼和浩特市清水河县的岔河口遗址,出土了两条巨型鱼龙形夯土雕塑,具有神秘的原始宗教特点,同时也展示出 6000 年前内蒙古中南部地区对于鱼与龙的崇拜。[④] 红山文化出土了大量精美玉器,[⑤] 尤以玉龙最具代表性。北部边疆带有龙元素的新石器时代遗址还有兴隆洼文化的石块堆塑的龙、赵宝沟文化的龙游云端图案及红山文化

---

① 韩建业指出:"中国幅员辽阔,能够在中国大部地区看到一个颇具共性的超级文化圈,那是在中国这个相对独立的地理单元中,各区域文化经过了较长时间交流融合的结果,而这个交融过程从 200 万年以来的旧石器时代即已开端。"参见韩建业《中华文明的起源》,中国社会科学出版社 2021 年版,第 16 页。

② 内蒙古博物馆、内蒙古文物工作队:《呼和浩特市东郊旧石器时代石器制造场发掘报告》,《文物》1977 年第 5 期。

③ 内蒙古博物院等编著:《萨拉乌苏河晚第四纪地质与古人类综合研究》,科学出版社 2017 年版,第 226—227 页。

④ 王大方等在考古发掘时记述道:"一条深 4 米,宽 8 米,直径为 245 米的围壕遗址中发掘出两条巨型的鱼龙形夯土雕像,它们头尾相对,伏卧在深沟之中,眉眼、鳞甲、躯干、背翅栩栩如生,堪称我国新石器时代人类的旷世杰作,令考古学家为之惊叹称奇。据考古学家们仔细分析研究,这两具用黄土夯筑的鱼龙形雕塑,具有神秘的原始宗教特点,在其眼睛部位的圆形深洞内,还发现一具殉葬的人骨,呈跪姿,双手被缚于后背,这是部落的巫师在完成这项巨大的雕塑工程后,在举行祭祀活动中杀殉的活人,其身份可能是战俘或敌对部落的酋长。据初步测算,曾生活在这里的原始人至少需用数年的时间,耗费大量的人力、物力才能开掘出这条深壕,并且就地取材,用黄土塑出这两条巨型鱼龙。它的出现,反映了早在距今 6000 年以前,内蒙古中南部黄河两岸的广大地区,已经产生了高度发达的文明,并且出现了对鱼和龙的崇拜。"参见王大方、吉平《内蒙古清水河县出土巨型鱼龙状夯土雕塑及大批文物》,《内蒙古社会科学》1998 年第 6 期。

⑤ 根据红山文化出土玉器的造型特征及使用功能不同,可将其分为六大类:装饰类,如玉玦、玉环、玉珠饰、玉管、绿松石坠饰和耳饰、菱形玉饰、玉曲面牌饰等;工具或武器类,如玉(石)钺、玉斧、玉棒形器等;动物类,如玉龙、玉龙凤佩、玉凤、玉凤首、玉鸟、玉鸮、玉龟、玉蚕、玉蝈蝈、玉鱼、玉兽面牌饰等;人物类,如玉人、玉人面饰;特殊类,如斜口筒形玉器、勾云形玉器、玉璧、双联玉璧、三联玉璧、三孔玉器等;其他类,如玉芯、玉料等。参见刘国祥《红山文化研究》,科学出版社 2015 年版,第 515—516 页。

后期抽象化的龙纹等，对龙的崇拜和以玉为贵的思想是新石器时代中华文明起源的重要阶段特征。王巍等指出：在距今5500年前的黄河中下游、长江中下游等地，普遍形成了对龙的崇拜和以玉为贵的理念，也出土了与北部边疆极为相似的龙形玉器，这些人类文化遗址虽然相距甚远，但却存在如此相似的文化因素，说明在新石器时代的各个人类文化区之间存在一定信息交流，导致形成了以龙的形象为代表的各地区在原始宗教信仰和意识形态方面的某些共同性，成为后来多元一体的中华文明及中华民族得以形成和发展的重要基础。[①] 北部边疆新石器时代人类文明对龙的崇拜和以玉为贵的思想也体现出这一区域与其他人类文明区之间的密切联系，更体现出中华文明在起源时期，各人类文明区之间均已形成了紧密相连但又具有自身特色的文明形态。到了新石器时代晚期，中华文明"逐渐形成以中原为核心，以黄河中下游和长江中下游为主干，其周围环绕多个区域性文化的重花瓣格局"[②]。北部边疆则成为这个重花瓣格局中的重要组成部分。

新石器时代结束后，北部边疆的人类文明形态逐渐过渡至典型草原文化阶段。此阶段的草原文化以青铜器最具代表性，青铜时代也是北部边疆人类文明繁盛发展的重要时期。韩建业指出，中国在公元前2000年前后进入青铜时代，大部分地区在技术经济、文化格局及社会形态等方面均发生了显著的变革，堪称是一次"青铜时代革命"。其中，畜牧、半农半牧和具有较大畜牧成分的农业经济，在北方干旱半干旱地区有着很强的适应性，尤其半农半牧经济多种形式互相补充，对自然环境的适应性更强。这使得原先文化低迷的新疆、青海中西部、内蒙古锡林郭勒地区、西辽河流域等地短时间内涌现出一系列文化，广大的西北内陆干旱区和内蒙古半干旱草原区等地也终于迎来了人类文明发展的首次高潮，西辽河流域文化也再度繁盛发展起来。这是自从距今10000年左右"新石器时代革命"以后，中国文化格局上前所未有的重大变化。[③] 位于北部边疆中南部（也即考古学上的内蒙古中南部地区）的鄂尔多斯地区，因出土青铜器数量丰富、特征明显且影响深远，出现了以地区命名的"鄂尔多斯式青铜器"。[④] 目前在山西、陕西、甘肃、河

---

① 王巍、赵辉：《"中华文明探源工程"及其主要收获》，《中国史研究》2022年第4期。

② 卜宪群主编：《中国通史：从中华先祖到春秋战国》，华夏出版社2016年版，第42—43页。

③ 自青铜时代开始，中国的文化格局出现了重大变化，使得中国首次出现分别以农业经济和畜牧经济为主的人群南北方向上的对峙局面，大致在长城沿线形成了农牧交错带，此后，随着气候冷暖干湿的波动变化，农业人群和畜牧人群时常出现南北移动，这也导致南北方的人群形成血缘和文化上持续不断的深刻交流，在这种战争与和平并存的交流过程中，畜牧色彩浓厚的广大北方地区和中南部农业地区互通有无、相互依存，逐渐融为不可分割的统一体，文化上"早期中国"的范围逐渐扩大，文化内容越来越丰富，应对挑战的能力和活力不断增强。这种情况历经商周秦汉一直持续到明清时期。参见韩建业《略论中国的"青铜时代革命"》，《西域研究》2012年第3期。

④ 对鄂尔多斯及周边地区出土青铜器的命名说法不一。西方学者一般称之为"斯基泰"式艺术。在中国，因该类器物多出自鄂尔多斯地区，于是安特生在1932年将这种青铜器的艺术风格命名为"鄂尔多斯式风格"；1935年，水野清一和江上波夫将内蒙古和长城地带具有草原特色的青铜器称为"绥远式青铜器"；1956年，罗越把类似器物称为"北方风格"青铜器；乌恩称为"北方青铜器""中国北方青铜器""中国北方青铜文化"。此外，田广金等根据已发掘器物及实地考察，将其称为"鄂尔多斯式青铜器"，认为这些青铜器可能来源于鄂尔多斯及其邻近地区。但也有学者将其称为"北方系青铜器"，并指出这些青铜器也多见于鄂尔多斯以外地区，所以不宜用"鄂尔多斯"这样有区域色彩的名称来泛指中国北方系青铜器。（参见焦梦然《内蒙古中南部先秦时期青铜遗存分析》，硕士学位论文，南京师范大学，2014年，第2页）本文在表述时以"鄂尔多斯式青铜器"为准。

北、辽宁、河南、新疆及北京等地的数十处考古发掘遗址中均出现了带有鄂尔多斯式青铜器特征或样式的青铜器，但以上各地出土的鄂尔多斯式青铜器与其他类型青铜器混杂分布，数量及种类相对较少，其年代也晚于鄂尔多斯地区最早青铜器的出现时间，这应该是受到鄂尔多斯式青铜器的影响。因而鄂尔多斯式青铜器辐射范围以鄂尔多斯地区为中心，影响区域包括华北、东北、西北等地。[①] 此外，除新石器时代出土了与龙相关的玉器外，青铜时代也出现了大量与龙相关的器物类型。商周时期青铜器上的龙纹造型继承了前代龙纹造型并发展出多样化造型，如商朝的夔龙与蟠龙、西周的交龙与攀龙、东周的蟠螭纹与蟠虺纹等，"蟠龙盖罍"作为西周早期的盛酒器，罍身纹饰多为龙的形象或与龙相关的纹饰，目前全国共发现 4 件，喀喇沁左翼蒙古族自治县北洞村 1 件，四川彭州 2 件，湖北随州 1 件。由此可以推测商周时期带有"龙"因素的青铜文化已传播至中国的很多地区，而且各地区很可能相互交流比较频繁。[②] 此外，在三个距离较远的早期人类文化区域发现了极为相似的 4 件"蟠龙盖罍"，说明这几个区域对"龙"有共同的意识，这也从一个侧面反映出在中华文明在起源和发展早期，北部边疆的先人就已经在意识上与我国其他区域有了某些一致性，这种一致性也是在长期交流互动过程中逐渐形成的。

西周以后，北部边疆与中原地区产生了更加广泛深入的交流互动，有力推动了中华文明多元一体格局的形成与发展。如春秋战国时期的桃红巴拉遗址，出土的联珠饰均为三联珠或四联珠，与夏家店上层文化的联珠饰非常相近。桃红巴拉文化与秦、赵等中原地区存在民间商品交换，也有上层统治者之间的交换往来。如车害、车辖饰等青铜器和铺首、长剑、刀、锥等铁器，与中原地区形制相同，应是来自中原地区。[③] 自春秋战国以来，中原王朝与北部边疆之间的军事对立冲突虽逐渐增多并成为以后中国历史发展进程中不可忽视的重要内容，但双方之间经济、文化等方面的交流融合同样繁荣。上述北部边疆出土的带有中原地区文化特征的器物便是较好体现，这也是影响历史时期北部边疆诸草原政权与中原王朝之间能够在对立冲突中始终保持统一发展趋势的关键所在。

自青铜器时代开始尤其是战国秦汉以后，以"游牧"为基本特征的草原文化成为北部边疆人类文明的主要形态。如《史记》载："唐虞以上有山戎、猃狁、荤粥，居于北蛮，随牲畜而转移，其畜之所多则马、牛、羊……逐水草迁徙，毋城郭常处耕田之业，然亦各有分地。"[④] 游牧是对草原自然环境与气候条件的精准把握与合理利用，历史时期诸草原游牧民族在长期的生产和生活过程中，"根据草原环境特征、季节变化规律与草原自然环境承载力等一系列自然要素，选择并发展了游牧生产方式……实现了人类生存与草原生态平

① 田广金、郭素新：《鄂尔多斯式青铜器的渊源》，《考古学报》1988 年第 3 期。
② 商越：《蟠龙盖罍证实商周时期南北文化交流频繁》，《辽宁日报》2023 年 1 月 28 日，第 7 版。
③ 索秀芬、李少兵：《内蒙古地区早期铁器时代考古学文化与周围的关系》，《内蒙古社会科学（汉文版）》2016 年第 3 期。
④ 《史记》卷 110《匈奴列传》，第 2879 页。

衡得以有效维护的共赢目标，彰显了其厚重生存智慧"①。游牧经济有效地维持了草原民族自身的生存发展与草原自然环境的可持续开发利用，这也体现出以游牧为基本特征的草原文化的独特历史价值与现实意义。汤因比也指出："游牧是大草原上最有利的生产方式，既可以开发自然，又不至于将其变成不毛之地。"② 历史上，当草原自然环境因非合理的开发利用遭到破坏时，会因游牧经济的出现得以恢复，如 5 世纪的科尔沁地区，契丹部落在"库莫奚东，异种同类，俱窜于松漠之间"。③ 至 6 世纪时，因契丹人数十年发展游牧经济使得那些被破坏的自然环境有所恢复，如《北史》载："经数十年，稍滋蔓，有部落，于和龙之北数百里为寇盗。真君以来，岁贡名马。献文时，使莫弗纥何辰来献，得班乡于诸国之末。归而相谓，言国家之美，心皆忻慕，于是东北群狄闻之，莫不思服。"④ 自然环境因采用不同经济类型出现阶段性变迁成为历史时期北部边疆草原环境变迁的重要特征，直到近代以后，工业文明的出现导致人类社会对北部边疆自然环境的开发利用不断深入，明清以来形成的环境问题更加严峻，成为今日环境问题的直接源头。

需要指出的是，北部边疆在人类文明初期以原始农业为主，至青铜器时代因受地理环境变迁与气候波动影响出现了由原始农业向畜牧业的转变，并逐渐形成了以游牧为基本特征的辉煌灿烂的草原文化，但我们不能因此而忽视农耕文化的重要性。农耕文化是中华文明的核心，同时也主导着中国统一多民族国家与多元一体中华文明格局的发展进程。随着北部边疆的农业分布范围逐渐南退，在农牧业的中间地带形成了农牧业交错分布的过渡地带，这一区域也成为历史上中原王朝与诸草原民族碰撞与交融最为活跃的区域。北部边疆作为以游牧见长的草原民族与草原文化的主要分布区，也是草原文化与农耕文化碰撞与交融的核心地带。在这一区域，两种文化彼此汲取、互相注入。因此，北疆文化是伴随着中华文明起源而形成并贯穿始终，同中华文明具有一定同步性，既与中华文明紧密相连，同时也不失自身特色。

第二，北疆文化相比于其他区域文化来说的突出特征是极为强烈的波动性，这也源于北部边疆在历史时期中国疆域形成过程中的频繁波动。

历史时期中国疆域的波动性也与北部边疆的过渡地带性特征相关，那就是北部边疆分布着一条重要的过渡地带——农牧交错带。农牧交错带是我国疆域内的最不稳定地带，具有多变而不稳定的自然条件，敏感而脆弱的人地关系。⑤ 这条过渡地带的形成主要是受到气候波

① 崔思朋：《以优秀传统民族文化推动铸牢中华民族共同体意识——基于北方草原游牧生产方式及其生态价值分析视角》，《内蒙古大学学报》（哲学社会科学版）2022 年第 5 期。
② 阿诺尔德·汤因比：《人类与大地母亲》，徐波等译，上海人民出版社 2001 年版，第 78 页。
③ 《魏书》卷 100《契丹传》，中华书局 1974 年版，第 2223 页。
④ 《北史》卷 94《契丹传》，中华书局 1974 年版，第 3127 页。
⑤ 刘清泗等：《中国北方农牧交错带人类生存环境的过去、现在和未来》，《北京地质》1996 年第 1 期。

动、地质运动等自然要素的影响，这一过程出现在距今 3500—3000 年左右。① 农牧交错带的出现对以后北部边疆波动的影响极为深远，前文转述韩茂莉有关历史时期中国疆域波动阶段划分的第二个阶段也基本上是围绕着农牧交错带进行的，主要表现在农耕与游牧两种文明在接触地带②（即农牧交错带）的碰撞与交融的历史。③

在北部边疆，农耕与游牧混合经济（主要表现在农耕与游牧经济之间）的互补性也更加巩固了这一过渡地带内各民族之间的密切联系，费孝通也指出："中原和北方两大区域的并峙，实际上并非对立，尽管历史里记载着连续不断的所谓劫掠和战争。这些固然是事实，但不见于记载的经常性相互依存的交流和交易却是更重要的一面。"④ 因此，农耕与游牧政权在北部边疆虽然呈现出碰撞与交融并存的关系，但最终也是在此过程中走向融合统一，最终汇聚成了多元一体的中华文明。薛晓辉指出："游牧文明与农耕文明的此消彼长是和农牧交错的边界变迁之间巧妙对应的：游牧文明占强势的时候，农耕界限向南推进；而农耕文明势力较强的时候，农牧界线就会呈现北上的态势。"⑤ 受此影响，北部边疆在历史时期波动过程中对北疆文化的影响则是对农耕与游牧经济利用方式的差异及由此对人类社会产生的影响，也正是北部边疆的过渡地带特征导致本地区孕育的人类文明呈现出波动性特征，那就是农耕与游牧的更迭或是并存。前文已指出北部边疆是历史时期中国疆域波动最为频繁的地区，这也导致北疆文化的分布区域及辐射范围也同样存在波动性特征。换句话说，北疆文化所指地域范围以今内蒙古地区为主，但又不止于此。在历史上，北疆文化涵盖的地域范围随着历朝历代的疆域变迁呈现出波动性的地域分布特征。⑥ 我们可以通过对比不同朝代北部边疆的地域分布加以说明。

秦朝建立时的疆域"北至河套、阴山、辽东"。⑦ 随着秦朝的建立，中国出现了第一个大一统中原王朝，"统治者又多有开疆拓土，扬威德于天下的雄心。于是，王朝国家强大的国力

① 史前时代，农牧交错带内广布着原始农业，畜牧业尚未出现或是依附于原始农业而存在。到公元前 2000 年前后，鄂尔多斯、西辽河地区的农业有了一定的发展。然而在公元前 2000—1000 年间，整个蒙古高原的自然环境及气候条件发生了剧烈变化，尤其是向着干旱、寒冷趋势转变，这一趋势到公元前 1000 年左右达到高峰，并导致从河湟地区—鄂尔多斯—西辽河流域沿线由农耕转向游牧，出现以此为界的南北农耕与游牧的分野，农牧交错带自此时期开始形成，在其形成之后的数千年里，带域范围及内部结构受气候及人口因素影响时有变动，在时间上表现为时农时牧，空间上表现为半农半牧，并经历过多次农牧业的兴替。参见崔思朋《气候与人口：历史学视域下"农牧交错带"研究基本线索考察及反思》，《重庆大学学报》（社会科学版）2020 年第 5 期。
② 冯玉新将农牧交错带概括为一条族群往来"纽带"，历史上早已成为众多民族交往的历史舞台和交通要道，是农牧两种不同经济形态共生互补的产物，有很强的"二元一体"特征。作为农牧交融的典型地带，不同文化的兼容并包、碰撞融合使其形成相对独立的地域文化。参见冯玉新《历史地理视域下的西北农牧交错带刍议》，《干旱区资源与环境》2019 年第 12 期。
③ 巴菲尔德：《危险的边疆：游牧帝国与中国》，袁剑译，江苏人民出版社 2011 年版，第 1—20 页。
④ 费孝通：《中华民族的多元一体格局》，费孝通主编：《中华民族多元一体格局（修订本）》，中央民族大学出版社 1999 年版，第 13 页。
⑤ 薛晓辉：《北方农牧交错带变迁对蒙古族经济文化类型的影响》，硕士学位论文，中央民族大学，2007 年，第 18 页。
⑥ 崔思朋：《北方农牧交错带与北疆文化研究》，《内蒙古大学学报》（哲学社会科学版）2023 年第 6 期。
⑦ 周平主编：《国家的疆域与边疆》，中央编译出版社 2017 年版，第 63 页。

和辉煌的文明，不仅对周边的其他民族产生了政治上的吸引力、军事上的威慑力，也具有经济上的影响力和文化上的感召力，从而导致周边的其他民族纷纷内附、归附、臣服、降服于中原王朝，由此便拓展了王朝国家的边疆"①。秦朝建立之后便开始经营北部边疆，在同匈奴斗争中占据了军事优势之后，便开始向北部边疆进行移民屯田，并设置郡县进行治理。《史记》中记述了两次规模较大的通过戍边屯田的方式开发利用北部边疆的历史事件。第一次，"当是之时，冠带战国七，而三国边于匈奴。其后赵将李牧时，匈奴不敢入赵边。后秦灭六国，而始皇帝使蒙恬将十万之众北击胡，悉收河南地。因河为塞，筑四十四县城临河，徙适戍以充之。而通直道，自九原至云阳，因边山险堑溪谷可缮者治之，起临洮至辽东万余里"。②史书中对这次屯田人数没有确切记载，但谭其骧认为"取河南地""筑四十四县""徙谪戍以充之"表明这次移民安置了几十个县，人数应在几十万人以上。③第二次出现于秦始皇三十六年（前211），即"迁北河榆中三万家"，④也即强迫三万户人家前往北河（今河套地区）、榆中地区（今后套地区及准格尔旗一带）。若以一家人口为三至五人的规模推算，那么此次向北部边疆移民的人口数量则超过了十万人。

自秦朝经略北部边疆开始至明朝的将近两千年里，北部边疆随着中原王朝统治区域的波动也相应地发生波动。如魏晋南北朝时期，因东汉末年三国分立，中原地区动乱给北方草原民族的崛起提供了契机，鲜卑族及羌胡等游牧民族实际控制区域向南扩展至35°N—40°N地区，40°N沿线基本上是游牧民族的实际控制区域。⑤在并州塞外，以游牧经济为主要类型的鲜卑族成为蒙古草原绝大部分地区的实际控制者，以盛乐为中心的鲜卑拓跋部势力最为强大。⑥根据马大正的考察，到曹魏政权之后，在曹魏并、雍二州之北，即河套及大漠南北，仍然是胡狄的游牧居住地。在漠南阴山原匈奴故地，已为从大鲜卑山（今黑龙江阿里河大兴安岭）迁徙至此的鲜卑拓跋部，在迁徙过程中因征服了其他族的部落而逐渐强大。⑦北部边疆在此时期为游牧民族实际控制。

隋唐时期结束了中国大地上近400年的纷争，再次进入大一统王朝时期。这一时期游牧民族政权的控制区域又恢复到秦汉时期的状态，甚至突破超过了秦汉时期中原王朝所能直接控制疆域的最北端。隋朝控制下的疆域最北端是44°N，115°E（今内蒙古锡林郭勒盟阿巴嘎旗南），唐朝控制下的疆域最北端是43°30′N，115°E（今内蒙古锡林郭勒盟查干诺尔）。⑧唐

① 周平主编：《国家的疆域与边疆》，第63页。
② 《史记》卷110《匈奴列传》，第2886页。
③ 谭其骧：《何以黄河在东汉以后会出现一个长期安流的局面——从历史上论证黄河中游的土地合理利用是消弭下游水害的绝对性因素》，《谭其骧全集》第1卷，人民出版社2015年版，第400页。
④ 《史记》卷6《秦始皇本纪》，第259页。
⑤ 谭其骧主编：《中国历史地图集：三国·西晋时期》，中国地图出版社1982年版，第3—4页。
⑥ 马大正：《中国边疆经略史》，武汉大学出版社2013年版，第114页。
⑦ 马大正：《中国边疆经略史》，第102—103页。
⑧ 王会昌：《2000年来中国北方游牧民族南迁与气候变化》，《地理科学》1996年第3期。

太宗时期，将西起阴山、北至大漠的广阔区域纳入唐朝版图之内，并在原突厥部设置 5 府 19 州；① 与此同时，回纥部也与唐朝取得了联系，回纥部的部分部众南下、部分部众西迁，唐朝则在原回纥部设置 9 府 18 州。② 由是，唐朝在北部边疆的实际控制区域——北起安尔加河，东到额尔古纳河，西至巴尔喀什湖，南邻居延泽。③ 这一时期游牧民族控制的区域范围较之魏晋南北朝时期大范围北退，中原王朝将移民及农业种植范围不断向北及西北地区拓展。至 9 世纪时，东起振武军（托克托县），西至中受降城（包头）地区内，"凡六百余里，列栅二十，垦田三千八百余顷，岁收粟二十万石，省度支钱二千余万缗"④。

唐朝覆灭之后，中国再一次陷入混战状态，北部边疆的草原民族将统治区域继续向更广阔区域（尤其是向南方）拓展，北部边疆发生了剧烈波动，五代十国时至 39°24′N，115°E（今河北省涞源县塔崖驿），北宋时至 39°6′N，115°E（今河北省易县南管头），南宋时至 32°18′N，115°E（今河南省息县临河镇）。⑤ 这一时期草原游牧民族实际控制区域向南大幅度推进，尤其是辽政权建立之后，控制了北部边疆的大部分地区，其疆域范围，北抵 55°N 及以北的外兴安岭地区，东抵 144°E 的萨哈林岛（今库页岛），西抵 80°E 的额尔齐斯河及鄂毕河的下游，南抵 38°N 的大同府及析津府地区（今北京周边地区）。⑥

元朝是由蒙古族建立的大一统国家，而蒙古族在古代又几近是单纯从事游牧经济的草原民族，也是元代以来蒙古草原上唯一人口众多、势力强盛的游牧民族。元朝确立起对全国的统治之后，北部边疆仍为蒙古族发展游牧经济的沃土，如《蒙古秘史》对元代蒙古族生产及生活场景的记述："豁里剌儿台·蔑儿干由于豁里·秃马惕地区自相禁约，不得捕猎貂鼠等野兽，感到烦恼。他成为豁里剌儿氏，因不尔罕·合勒敦山为可捕猎野兽的好地方，便迁移到不尔罕·合勒敦山的开辟者（《秘史》原文为'孛思合黑三'，旁译误作人名，其实并非专名，而为普通词语，意为'建立、创立、开辟者'）兀良孩部（即'兀良合惕部'）的哂赤·伯颜处来。"⑦ 厚和与高晓明根据《蒙古秘史》对当时蒙古族经济类型分布区进行研究指出："十二世纪的蒙古部落大致可分为两群，即'草原畜牧部落'与'狩猎部落'，'畜牧部落'分布在呼伦贝尔湖起直到阿尔泰山脉西支一带的广大草原上，在此区域内进行游牧；'狩猎部

---

① 5 府 19 州：定襄都督府，领阿德、执失、苏农、拔延 4 州；云中都督府，领舍利、阿史那、绰州、思壁、白登 5 州；桑乾都督府，领郁射、执失、卑失、叱略 4 州；呼延都督府，领贺鲁、葛逻、跌跌 3 州；坚毗都督府；新黎州；浑河州；狼山州。

② 9 府 18 州：燕然州；鸡鹿州；鸡田州；东皋兰州；烛龙州；燕山州；达浑都督府，领姑衍、步讫、嵊弹、鹄州、低粟 5 州；安化州都督府；宁朔州都督府；仆固州都督府；榆溪州；置颜州；居延州；稽落州；舍吾州；浚稽州；仙萼州；瀚海都督府；金微都督府；幽陵都督府；龟林都督府；坚昆都督府。

③ 马大正：《中国边疆经略史》，第 178—179 页。

④ 《新唐书》卷 54《食货志》，中华书局 1975 年版，第 1379 页。

⑤ 王会昌：《2000 年来中国北方游牧民族南迁与气候变化》，《地理科学》1996 年第 3 期。

⑥ 谭其骧主编：《中国历史地图集·宋·辽·金时期》，中国地图出版社 1982 年版，第 3—4 页。

⑦ 余大钧译注：《蒙古秘史》，内蒙古大学出版社 2014 年版，第 13 页。

落'分布在贝加尔湖、叶尼塞河上游和额尔齐斯河沿岸。这两个部落有时也会以对方的生活方式来补充自己部落的生存需求。"①

随着元朝的衰落与明朝的建立，中国再一次被以农业为主的汉族所建立的国家统治。在明朝内敛型边疆经略思想的影响下，北部边疆在明朝主要表现为长城时代的边疆治理特征，但明朝的严格防范与对立政策并没有阻止蒙古诸部的南下侵扰。刘景纯依据《明实录》《明通鉴》及翦伯赞《中外历史年表》等资料统计指出：自1426—1619年的194年里，蒙古诸部侵扰九边达359次，平均1.9次/年，其侵扰时间的分布规律是：秋季最高，春季次之，冬季又次之，夏季最低。②需要指出的是，明朝虽然人为地建造了隔绝中原与北方草原的地理障碍，但无法杜绝双方之间的往来，民族间的交流融合在部分地区也已出现而且十分深入。③如归化城土默特地区，据《九边图说》载："大边之外即为丰州，地多饶沃。先年虏虽驻牧，每遇草尽则营帐远移，乃今筑城架屋，东西相望，咸称板升，其所群聚者，无非驱掠之民与夫亡命之辈也。"④但此类现象仅是出现在局部地区，在更广阔的北部边疆仍旧是以游牧经济为主，绝大部分蒙古族处于"无定居，无定名；骋强力相雄长；弓骑剽为生业，亦无定业；狼心野性，故亦无定性。是故类族以领之，居方以别之"⑤的生存状态。

就疆域波动的影响来看，北部边疆作为历史时期中国疆域波动最为频繁的地区，直到清代在条约体系影响下形成了明确的边疆分布界线外，以往历朝历代的北部边疆都呈现出波动性特征。随着清朝对北部边疆的实际有效治理及通过条约体系确立的边界，北部边疆出现了繁荣稳定发展的新局面，前文有关清朝疆域及北部边疆治理成效的叙述就是直接体现。也正是自清代开始，北部边疆的繁荣稳定发展奠定了今日我们重新审视北部边疆及北疆文化辐射地域范围的基本轮廓。纳日碧力戈对此指出："'北疆'一词具有相当的延展性，它既专指内蒙古，也泛指我国北部超出内蒙古的广大地域，尤其是新中国成立以后的新疆、内蒙古、黑

---

① 厚和、高晓明：《〈蒙古秘史〉中的蒙古族经济关系及经济形态初探》，内蒙古自治区蒙古族经济史研究组编：《蒙古族经济发展史研究》第1集，内部刊行，1987年，第11页。需要指出的是，元朝建立时的北部边疆并非单纯发展游牧经济，元朝统治者也在元大都、上都（今内蒙古正蓝旗）等地区进行戍边屯田，根据瞿大风的统计，至元二十九年（1292年），大同路开始设立屯田府，开垦荒田2000顷；大德十一年（1307），改侍卫亲军都指挥使司，仍领屯田；元仁宗时，有田5000顷；延祐二年（1315），迁红城屯军于古北口、太平庄屯种；延祐七年（1320），复迁中都卫军800人，于左都威卫所辖地内别立屯署。此外，腹里所辖大同屯储府在大同、山阴县屯田，有9900人，屯田5000顷。参见瞿大风《元朝时期的山西地区——政治·军事·经济篇》，辽宁民族出版社2005年版，第65—67页。

② 明朝时，蒙古诸部万人以上规模的侵扰有确切记载的是69次，季节分布为：春季14次、夏季10次、秋季27次、冬季18次，秋季为长城以南地区农业收获的季节，因而这一时期也是蒙古族南下侵扰的多发期。参见刘景纯《明代九边史地研究》，中华书局2014年版，第30—36页。

③ 在归化城土默特地区出现了大量定居的"板升"聚落，板升作为北方草原上的半农半牧聚落，对汉蒙民族的交融至为重要，表面意义是农耕经济对游牧经济的补充，但深层意义则是汉族与蒙古族之间血缘的混同。参见曹永年《阿勒坦汗和丰州川的再度半农半牧化——阿勒坦汗研究之一》，《内蒙古大学学报》（哲学社会科学版）1980年第Z1期。

④ 霍冀：《九边图说·大同镇图说》，薄音湖、王雄点校：《明代蒙古汉籍史料汇编》第2辑，内蒙古大学出版社2000年版，第37页。

⑤ 张雨：《边政考（节录）》，薄音湖、王雄点校：《明代蒙古汉籍史料汇编》第1辑，内蒙古大学出版社1994年版，第183页。

龙江等整个北部边疆，也可以细化到东至大兴安岭，西至阿尔泰山，南至河北、山西北部和河套南部，北至外兴安岭以西由漠北向西延伸至阿尔泰山一带。"① 无论是广义还是狭义的北部边疆，其地域范围都是自清代以来基本确立的并一直延续至今，但是自秦汉以来北部边疆的波动性也导致北疆文化同样具有显著的波动性特征。

第三，北疆文化的特殊之处是受到北部边疆作为边疆民族地区的直接影响，边疆民族地区不同于中国辽阔疆域内的其他区域，有着自身的独特性，这导致国家在治理过程中予以区别对待。

边疆地区在国家治理中有着特殊的意义，周平指出："国家发展离不开有效的治理。在谋求发展的过程中，一定规模的国家，往往将国家疆域中与核心区存在差异的边缘性部分区分出来，有针对性地采取特定的方式（包括军事战略和军事部署）加以治理……国家疆域中这个有意划定并对其采取特殊的方略和政策进行治理的边缘性区域，就是国家的边疆。"② 对于中国这类疆域辽阔的国家而言，疆域辽阔也意味着拥有漫长的边疆地区。"中国历史上边疆的形成，与中央集权制的王朝国家的形成和治理有着不可分割的联系。秦统一六国建立起统一而庞大的中央集权制国家之后，便面临着对疆域内差异巨大的不同区域采取特殊政策进行治理的问题。"③ 也正是在边疆地区的治理过程中，加之北部边疆又是多民族聚居之地，为北疆文化增添了许多新的内涵。回顾中国历史可以发现，"无论哪一朝哪一代，都面临着边疆问题，统治者也都为巩固统治而制定边疆政策，展开边疆经略。边疆经略是历代王朝对边疆地区的开拓与经营，边疆政策是实施边疆经略的指导方针与具体措施，而治边思想则是制定边疆政策的重要前提之一。边疆政策的正确与否，边疆经略的成败得失，治边思想能否符合时代潮流，不仅直接影响一个朝代的兴衰存亡，而且对于作为整体的统一多民族中国的形成、发展也产生重大影响"。④ 边疆问题的解决及对边疆地区的实际有效治理不仅关系到国家治理与长治久安，更是影响到中国疆域、统一多民族国家及多元一体中华文明格局的形成与发展，北疆文化就是在这一过程中逐渐形成的。中国古代各封建王朝对北部边疆的治理方略虽然一脉相承但也各有差异，我们可以通过对比差异极为显著的明清两朝有关北部边疆的治理情况及产生的历史影响来理解这一问题。

纵观明朝历史可以看出，北部边疆是其国家治理的重要区域。在内敛型边疆经略思想的影响下，明朝成立之初便在北部边疆大修长城，明朝也是古代对长城修缮最勤、修筑历史最长的朝代。若从洪武二年（1369）徐达修居庸关开始算起，至万历三年（1575）戚继光在蓟

---

① 纳日碧力戈：《论作为中华民族现代文明组成部分的北疆文化》，《内蒙古大学学报》（哲学社会科学版）2023 年第 6 期。

② 周平主编：《国家的疆域与边疆》，中央编译出版社 2017 年版，第 56 页。

③ 周平：《边疆在国家发展中的意义》，《思想战线》2013 年第 2 期。

④ 马大正：《中国疆域的形成与发展》，《中国边疆史地研究》2004 年第 3 期。

辽边外修筑墩台为止，明代修筑长城的时间约有二百年，其间各守边将领也多次对长城进行修筑或修缮。明代长城是个十分浩大的工程，西起嘉峪关，东抵鸭绿江畔，绵延一万余里，学界也将明代中国的时代特征概括为"明长城时代"。明朝也通过在长城沿线设立卫所、推行移民屯田等方式守卫北部边疆，如《明史》载："天下既定，度要害地，系一郡者设所，连郡者设卫。大率五千六百人为卫，千一百二十人为千户所，百十有二人为百户所。"[1] 同时也通过烧荒的方式防御蒙古诸部侵扰，顾炎武指出："翰林院编修徐程，亦请每年九月尽敕坐营将官巡边，分为三路：一出宣府抵赤城、独石，一出大同抵万全，一出山海抵辽东。各出塞三五百里，烧荒哨瞭。如遇边寇出没，即相机剿杀。此先朝烧荒旧制，诚守边之良法也。"[2] 明朝对北部边疆如此大费周章地进行经营，但从取得的实际效果来看，并不能称得上是成功，因为"长城作为防御方案，无法主动、彻底解决北方族群的威胁，守军在长期消极循环中，反而呈现战斗力下降的战略劣势，最终在长城边疆社会的'反噬效应'下，政权瓦解"。[3] 明朝虽然对北部边疆投入了巨大的人力物力财力，但北部边疆危机终明一代都始终存在，也因经营策略不当导致北部边疆成为明朝统治的最大威胁，明朝统治危机的出现及最终走向灭亡也都是受到北部边疆危机的直接影响。[4] 伴随着长城的修筑，长城以外的北部边疆地区被严重边缘化。如洪武时期，"明朝将山西民众大规模迁往河北，甚至山东，却丝毫未及一河之隔、荒无人烟的河套地区，从而与秦汉、隋唐时期开国之初都向河套大规模移民垦殖，形成鲜明对比，由此可见河套在明代北疆战略布局中的边缘地位"。[5] 明朝成立之初，洪武至成祖时期的明朝相比于北退回草原的蒙古政权来说占有明显的军事优势，但明朝对北部边疆蒙古诸部的优势持续时间并不长，芮乐伟·韩森指出："明朝将视线从海洋转向草原，在那里，其劲敌蒙古人已重新集结。蒙古人在明太祖和永乐皇帝时代已构成外患，但在明朝前两位皇帝时代，蒙古人尚未大规模组织起来。在永乐帝去世之后的数年间，一位名为也先的首领（去世于1455年）统一了蒙古瓦剌部，开始袭击中国边境。"[6] 最终明朝也因北部边疆治理不当失去了统治优势，北部边疆也成为压倒明朝的致命一环。

与明朝北部边疆治理形成鲜明对比的是清朝。巴菲尔德指出："在明朝于17世纪中叶被

---

① 《明史》卷90《兵二·卫所》，第2193页。
② 顾炎武：《日知录》卷29《烧荒》，严文儒、戴扬本点校：《顾炎武全集》第19册，上海古籍出版社2012年版，第1111页。
③ 赵现海：《明代的王朝国家之路》，第598页。
④ 就"烧荒"对明朝与蒙古诸部的影响来说，烧荒并非单纯起到防范蒙古诸部南下侵扰的目的，明朝也因此耗费了大量人力、物力、财力，因而黄仁宇认为："烧荒，是使农耕民族与游牧民族都遭受巨大损失，且损失惨重，令人黯然伤神"的举措。参见黄仁宇《放宽历史的视界》，生活·读书·新知三联书店2001年版，第146页。
⑤ 赵现海：《明代的王朝国家之路》，第452页。
⑥ 此处提到的"中国边境"并非是以长城为界限分裂中国，而是指的明朝直接控制边疆的北部地区，表述为中原农耕区的北部边缘地区或明长城一线而准确，也更恰当。参见芮乐伟·韩森《开放的帝国：1600年前的中国历史》，梁侃、邹劲风译，江苏人民出版社2009年版，第365页。

汉人起义推翻之后，是满洲人而非蒙古人征服了中原并建立起清朝。与早期的东北来的统治者一样，清朝采用了一种双重行政结构并通过指派蒙古首领及将其部落划分为在满洲人控制之下的更小单位的方式，成功地实现了草原的政治统一。"① 清朝入主中原确立起对全国的统治之后，在边疆治理过程中也继承了以往各朝的基本手段同时也有自己的进一步发展，这也是清代北部边疆取得显著治理效果的关键。② 相比于明朝长城时代的北部边疆治理手段而言，清朝在北部边疆采取了"以藩为屏"的治理策略。康熙帝指出："昔秦兴土石之工修筑长城，我朝施恩于喀尔喀，使之防备朔方，较长城更为坚固。"③ 清朝将整个蒙古草原视为北部边疆，通过人为塑造的带状边疆取代线性的边界线或对立的草原部落，这是清朝与以往中原王朝治理北部边疆的最大不同。清末岑春煊指出："我朝圣武布召疆宇，恢拓所当，视为轻重缓急者，尤与前代不同，前代以阴山、大漠为塞，我朝则以外兴安岭、阿尔泰山为塞；前代以匈奴、突厥、回纥、鞑靼为敌，我朝则以俄罗斯为敌国。"④ 清朝处理边疆民族问题时也继承了前代的治理政策。就北部边疆治理而言，在行政管理方面，清朝在中央政府设立了理藩院专理蒙古族等民族事务，在地方设立盟旗制度进行管理；在联姻方面，清朝统治者从蒙古王公家族中选择后妃，二是清朝统治者把公主下嫁给蒙古王公；在经济开发方面，清朝对蒙古草原及新疆等地的开发建设较之其他历史时期都更为深入。因此，通过羁縻政策、和亲政策可以发现清朝推行的军府制、盟旗制、满蒙联姻等政策措施产生、发展的历史轨迹，也可以看到康熙大帝一改历代固守长城、消极北防政策的雄才大略以及产生的积极历史影响。⑤ 雍正帝曾对此指出："历代以来，各蒙古自为雄长，亦互相战争。至元太祖之世，始成一统，历前明二百余年，我太祖皇帝开基东土，遐迩率服，而各蒙古又复望风归顺，咸禀正朔，以迄于今。是中国之一统始于秦氏，而塞外之一统始于元代，而极盛于我朝。自古中外一家，幅员极广，未有如我朝者也。然各蒙古之所以统一者，亦皆天时人事之自然，岂人力所能强乎？"⑥ 雍正帝在《大义觉迷录》中进一步总结指出："自古中国一统之世，幅员不能广远，其中有不向化者，则斥之为夷狄……自我朝入主中土，君临天下，并蒙古极边诸部落俱归版图，是中国之疆土开拓广远，乃中国臣民之大幸，何得尚有华夷中外之

---

① 巴菲尔德：《危险的边疆：游牧帝国与中国》，袁剑译，第 20 页。
② 古代中国边疆政策的基本内容（或手段）包括"羁縻与怀柔""行政管理与军事部署""从和亲到联姻"及"经济开发"等几个方面。
③ 《清圣祖实录》卷一五一，康熙三十年五月庚寅，载《清实录》（第 5 册），中华书局 1986 年版，第 677 页。但也有学者指出：以蒙古为长城的边防策略虽然"适应了当时的历史发展需要"，但却不能"准确全面地反映清朝前期的边防思想。康熙所指的'不设边防''不修长城'，是针对清以前所出现的农耕文明与草原文明的对峙及历代中原王朝的'夷夏之防'的边防政策"。参见马大正主编《中国边疆经略史》，第 419—425 页。
④ 《岑春煊奏为垦开晋边蒙地屯垦以恤藩属而弭隐患折并朱批（光绪二十七年四月二十日）》，内蒙古自治区档案馆编：《清末内蒙古垦务档案汇编》，内蒙古人民出版社 1999 年版，第 1 页。
⑤ 马大正：《中国疆域的形成与发展》，《中国边疆史地研究》2004 年第 3 期。
⑥ 中国第一历史档案馆藏：《雍正起居注》第 4 册，雍正七年六月二十六日，中华书局 1993 年版，第 2910 页。

分论哉！"他提出了"天下一统，华夷一家"的观点。① 邹逸麟对此评价指出："清朝对蒙古地区推行'远交近攻'之策，以'厚赏'、'联姻'并杂以武力方式，完成了对漠南蒙古诸部的统一。1688 年漠北外喀尔喀蒙古举旗投清，外蒙古进入版图。中国历史上除了蒙元朝，蒙古高原从未真正与中原王朝统一在一个政权之下，内外蒙古进入清朝版图，确为旷古未有之盛事。"②

通过对比明清两朝对北部边疆的治理情况及取得的实际成效可以看出，由于各个中原王朝针对北部边疆推行的不同边疆治理策略及由此导致北部边疆的人类文明发展也带有明显的阶段性特征。就明清两朝来说，以长城的利用为线索就可以明显看出北疆文化在两个朝代的不同发展阶段特征。这一结论放置于整个中国历史发展进程来说也同样适用，那就是因各个中原王朝的不同治理方略导致北部边疆的人类文明形态呈现出差异显著的阶段特征。比较而言，清朝针对北部边疆采取了较之以往各朝代而言更为恰当的治理策略，由此促使清朝时的北部边疆出现了最为稳定且繁荣发展的关键阶段，前文有关清代中国疆域的诸多积极评价就是较好的例证。也正是因为清朝对北部边疆的实际有效治理，导致北疆文化在清代迎来了繁荣发展，是北疆文化发展的关键阶段。

第四，从发展阶段来看，清代是北疆文化的重要发展时期，对比以往各个朝代，清朝时的北疆文化进入了繁荣发展的历史阶段，是古代北疆文化发展的鼎盛时期。

清朝建立之后将北部边疆纳入中国疆域并进行了实际有效治理，这为北疆文化的繁盛发展提供了地理空间基础。③ 而清朝统治者推行的民族政策是促进北部边疆各民族出现深度交融的关键所在，徐珂在《清稗类钞》中就入关之前太祖、太宗关于满、蒙、汉等几个人数较多民族之间关系的认知指出："天命乙丑，太祖谕诸贝勒，有'满、蒙、汉人今如同室，然惟和洽，乃各得其所'之训。太宗则云：'朕于满、蒙、汉人视同一体，譬诸五味调和，贵得其宜'。"④ 且清朝统治者认为汉满蒙回藏五个人口较多的民族是同源，即"汉、满、蒙、回、藏五族人民之血统，同出于一"。⑤ 此外，清朝统治者的思想中没有"贵中华，贱夷狄"的民族等级概念，⑥ 清朝统治者的中国多民族一体的理念也逐渐导致

---

① 雍正：《大义觉迷录》卷1，中国社会科学院历史研究所清史研究室编：《清史资料》第4辑，中华书局1983年版，第5页。

② 邹逸麟：《论清一代关于疆土版图观念的嬗变》，《历史地理》第24辑，第41—53页。

③ 明朝建立之初，朱元璋站在"内华夏而外夷狄"的地缘立场，主张放弃对蒙古高原的统治，并指出："元起朔方，世祖始有中夏，乘气运之盛，理当自兴。彼气运既去，理固当衰，其成其败，俱系于天。若纵其北归，天命厌绝，彼自渐尽，不必穷兵追之。但出塞之后，即固守疆圉，防其侵扰耳"。（参见《明太祖实录》卷32，洪武元年六月庚子朔）因此，即便是在明朝初期明朝相比于退回漠北的蒙古政权占据极大优势的情况下，明朝统治者也没有乘胜追击，而是多次明确表达与北元以长城为界，南北分治的政治立场，随着蒙古各部势力的日渐恢复，明朝也逐渐丧失了对北部边疆的优势，最终也影响到明朝的历史发展，明朝的覆灭也同北部边疆经营不当直接相关。

④ 徐珂：《清稗类钞》第4册《种族类》，中华书局2010年版，第1899页。

⑤ 徐珂：《清稗类钞》第4册《种族类》，第1894页。

⑥ 吴楚克：《中国边疆政治学》，中央民族大学出版社2005年版，第105页。

其在施政过程中日益淡化了民族之间的差别，尤其是对待满汉民族之差异时更为显著。徐珂对此指出："吏、户、礼、兵、刑、工各部各署皆有匾，上书某年谕满大臣等，宜时至大内某宫敬谨阅看某朝所立御碑。后各部多失去，其存者，亦大率以纸糊之。光绪时，某部尚书某以其署翻造大堂，乃见之。旋知宫中所立碑，乃专谕满大臣，略谓本朝君临汉土，汉人虽悉为臣仆，而究非同族，今虽有汉人为大臣，然不过用以羁縻之而已。我子孙须时时省记此意，不可轻授汉人以大权，但可使供奔走之役而已。"① 但以今日之视角来看，徐珂所述清朝对汉族人的羁縻政策无非是既用且防心态下的产物，也即强调满族作为统治者的突出地位及对汉族人的提防。但随着清朝统治的逐渐巩固，在清代统治者的施政理念中，已无明显的民族之别，视当时中国疆域内各民族为统一国家内部问题，而非是将各民族视为相互对立的关系。

清朝对北部边疆的治边策略及取得的实际效果也较为明显，生活在北部边疆的各民族出现了广泛深入的交流融合。康熙帝谕曰："柔远能迩之道，汉人全不理会，本朝不设边防，以蒙古部落为之屏藩耳，蒙古终年无杀伤人命之事，即此可见风俗醇厚，若直隶各省人命案件不止千百件，缘人多亦习尚浇漓使然也。"② 蒙古诸部接受了清朝统治并出现了长期和平稳定的局面，即"蒙古稽首臣服，乐为内附，且屏藩中朝"，出现"蒙古臣服，统入八旗，如行内地矣"的稳定局面。③ 张鹏翮在途经蒙古草原时也记述道："自宣府迤东至辽镇一千余里……历代防守，靡费金钱而人法不能兼善。我朝威治广被，如天之无不覆，如地之无不载，如日月之无不照临，凡大荒绝域、戴发含齿之伦，莫不来享、来王。幅员之广，亘古未有。九塞悉属内地，班固云'边城宴闭，牛马布野，数世无犬吠之惊，黎庶无干戈之役'，何幸于今日遭之矣。"④ 钱良择也指出："本朝内外一家，边庭无事，驻防甲士数千而已。"⑤ 清代长期维持了长城内外的和平稳定局面，前所未有地向北部边疆大规模移民及土地开垦。随着移民大量迁入及土地开垦面积逐渐增加，清政府为了适应大量定居人口及农业生产，便开始在部分农业人口较多且土地垦种较为深入的地区增设府州厅县⑥等适于农耕社会的各级行政建制进行管理，如清人姚锡光所言："耕种与游牧的适用社会治理模式并不相同，耕种者宜于郡县，而

---

① 徐珂：《清稗类钞》第 4 册《种族类》，第 1899—1900 页。

② 《清圣祖实录》卷 275，康熙五十六年十一月丙子，《清实录》第 6 册，中华书局 1986 年版，第 700 页。

③ 张鹏翮：《奉使倭罗斯日记》，毕奥南整理：《清代蒙古游记选辑三十四种》，东方出版社 2015 年版，第 10 页。

④ 张鹏翮：《奉使倭罗斯日记》，毕奥南整理：《清代蒙古游记选辑三十四种》，第 7 页。

⑤ 钱良择：《出塞纪略》，毕奥南整理：《清代蒙古游记选辑三十四种》，第 43 页。

⑥ 清代府厅州县的行政体系经历了一个逐渐形成的过程，清初承袭明制，顺治、康熙年间对各级行政机构的佐贰官缺数量有较大裁撤。雍正年间，随着直隶州的推行，所有的属州（散州）不再领县。雍正、乾隆年间，厅制形成并推广，至嘉庆《清会典》编纂时被正式载入典籍。由此，形成了直隶厅、厅和直隶州、州制度，行政层级为省—府—县（厅、州）、省—直隶州—县的三级制和省—直隶厅的两级制两种形式，是为清乾隆时期的"府厅州县"制度。参见傅林祥等《中国行政区划通史（清代卷）》，复旦大学出版社 2013 年版，第 53 页。

可集权于中央以治之者也。"① 在蒙古草原上设立府州厅县的历史至迟可以追溯至雍正时期，如《察哈尔与绥远》所载："内地汉人因为有利可图，遂不顾一切地纷纷向口北移殖了，最初是山东、河北人的开发东三省、热河一带，后来又有山西人垦殖归化城一带，蒙汉既已杂处，以生活习惯各异之故，纠纷日多，不能不另设汉官以理庶政了，故自雍正间起，内蒙各地，逐渐设置厅道州县，官制一如内地。"②

府厅州县设立的最初诱因是因为内地汉族人口数量的逐渐增多，导致蒙汉之间的纠纷愈演愈烈，"清廷为确保边疆稳定和政权巩固，便于蒙汉杂居后社会纠纷的调解，陆续在内蒙古中西部地区设置了厅、县行政管理机构，形成了内地厅、县与蒙古盟、旗制并行的二元管理体制"。③ 但从实际效果来看，推行两种行政体制并存的地方行政管理体系有力推动了北部边疆与内地的一体化进程。纵观中国历史来看，清朝北部边疆与内地一体化进程也堪称是历史上北部边疆各民族交流融合最为深入的关键时期。闫天灵对此评价道：

> 从中国边疆多民族格局的形成过程来看，清代及民国时期的内蒙古地区具有典型性。清代及民国时期，以汉族为主体的内地人口，向内蒙古地区大规模迁徙定居，历时三百余年。从迁移范围看，在东起辽东边墙，西至嘉峪雄关的万里长城一线，呈全线迁移之势，移民源横跨鲁、冀、晋、陕、甘五大内地行省，涉地之广，在中国近代移民史上独一无二。到19世纪初，内蒙古地区的汉族人口增加到100万人左右。民国初，汉族人口又进一步增至400万人左右，相当于蒙古族人口的4.5倍。到1949年，仅现在内蒙古自治区范围内的汉族人口已达到515.4万人，相当于蒙古族人口的6.17倍。随着内地移民源源北上，省县建置不断增扩。清初，内蒙古全为盟旗所覆盖，无一州一县。1911年，内蒙古府州厅县建置达到50个。到1936年，进一步增至3省70余县的设治规模，县治数远超过蒙旗数，县辖区占有内蒙古总域的很大比例。④

由以上所述可见，清代北部边疆各民族之间深度交融是北疆文化在此时期蓬勃发展的关键所在，这一局面的出现也是得益于清朝对北部边疆的实际有效治理。在此背景下，北部边疆长期和平稳定局面的形成促进了区域间人口的迁徙流动与区域间的交流互动。对此徐鑫指出："在北疆文化的发展过程中，清代是一个重要时期。北部边疆汉蒙交错的人口分布及汉蒙之间的深度交融关系正是在清代形成的。"⑤

---

① 姚锡光：《续呈实边条议以固北圉说帖（光绪三十一年八月上练兵处王大臣）》，姚锡光：《筹蒙刍议》，远方出版社2008年版，第27页。
② 纪霭士：《察哈尔与绥远》二《察绥历史沿革·政治区划》，远方出版社2017年版，第331页。
③ 段友文：《走西口移民运动中的蒙汉民族民俗融合研究》，商务印书馆2013年版，第214—215页。
④ 闫天灵：《汉族移民与近代内蒙古社会变迁研究》，民族出版社2004年版，前言，第1页。
⑤ 徐鑫：《清代民族交往交流交融与北疆文化》，《内蒙古大学学报》（哲学社会科学版）2023年第6期。

正是清代以来北部边疆各民族在不断交流融合的一体化进程中走向统一，为近代以来北部边疆各民族紧密团结起来共同抵抗外来侵略奠定了基础。自 1840 年鸦片战争开始，中国在西方列强的多次侵略战争中相继失败并签署了一系列丧权辱国的不平等条约，即便是在中法战争中中国战胜，但同样签署了不败而败的不平等条约，国内也掀起了多次规模浩大的农民起义，内忧外患的局面将中国逼入了生死存亡之际。但即便如此，外来侵略并没有中断或是覆灭中华民族的历史与中华文明。中华民族作为一个有机整体，不仅体现出中国的发展历史与现实国情，在国家危难时期更能体现出中华民族作为多元统一有机整体的重要意义。在中国共产党成立之前，接受马克思主义的早期进步国人就已经意识到中国作为统一多民族国家的基本国情，这也是把马克思主义普遍真理与中国实际情况相结合，探索民族独立与国家领土主权完整须臾不可废离的关键环节。如毛泽东同志于 1919 年发表《民众的大联合》，在文章中高扬"中华民族"旗帜时说道："我们中华民族原有伟大的能力！压迫愈深，反动愈大，蓄之既久，其发必速。我敢说一怪话，他日中华民族的改革，将较任何民族为彻底。中华民族的社会，将较任何民族为光明。中华民族的大联合，将较任何地域任何民族而先告成功。"①1937 年抗日战争全面爆发后，毛泽东提出"全中国人民动员起来，武装起来，参加抗战，实行有力出力，有钱出钱，有枪出枪，有知识出知识"，要"动员蒙民、回民及其他少数民族，在民族自决和自治的原则下，共同抗日"。②

历史事实也表明，那些来自内蒙古的各族党员及进步群众为抗日战争取得胜利作出了卓越贡献。1919 年五四运动爆发时，在京津两地求学的部分来自内蒙古地区的进步青年加入集会和示威游行的队伍，李大钊更是重视对内蒙古地区革命力量的培养，亲自到蒙藏学校和同学们交谈。1921 年中国共产党成立之后，内蒙古地区在中国共产党的领导下建立了民族地区最早的党组织，发展了大批党员。经历了 1927 年大革命失败的惨痛教训，内蒙古地区重新建立党组织，克服重重险阻，继续推动革命事业向前发展。在此过程中，包括乌兰夫同志在内的内蒙古籍各民族共产党员积极投身到反帝爱国运动中，在中共中央的直接领导下，取得了抗日战争的胜利，粉碎了国民党反动派的破坏活动，成功践行了中国共产党的民族区域自治制度，建立了我国第一个少数民族自治区。③

此外，生活在北部边疆的各个民族形成的不可分离的密切关系也是中国共产党统一战线民族政策的形成与发展完善的重要基础。④ 在"抗日民族统一战线"提出之前，中国共产党

① 中共中央文献研究室、中共湖南省委《毛泽东早期文稿》编辑组编：《毛泽东早期文稿（1912 年 6 月—1920 年 11 月）》，湖南人民出版社 2008 年版，第 359 页。
② 毛泽东：《为动员一切力量争取抗战胜利而斗争》（一九三七年八月二十五日），《毛泽东选集》第 2 卷，人民出版社 1991 年版，第 355 页。
③ 于宏建：《内蒙古的红色文化发掘与北疆文化研究》，《内蒙古大学学报》（哲学社会科学版）2023 年第 6 期。
④ 周振光：《中国共产党"统一战线"民族政策在北部边疆的历史实践》，《内蒙古大学学报》（哲学社会科学版）2023 年第 6 期。

就已经十分注重团结内蒙古各民族一致抗日。1935 年 11 月，中共中央抵达陕北不久后，即以中共西北中央局的名义作出《关于开展抗日反蒋运动工作的决定》，提出要"加紧少数民族的工作，特别是蒙古人民中的工作，发动他们反对日本帝国主义的侵略与汉人官僚军阀的奴役，同他们一切的反日反汉奸军阀的武装队伍订立作战协定"。[①] 这里明确指出内蒙古地区的工作中心和首要任务是联合各种武装力量建立抗日民族统一战线。1935 年 12 月 10 日，瓦窑堡会议召开前夕，中共中央以中华苏维埃人民共和国中央政府主席毛泽东的名义，发表了《对内蒙古人民的宣言》，明确提出号召蒙古各民族在抗日旗帜下团结起来，反对日本帝国主义和国民党反动派。[②] 随着抗日民族统一战线工作的开展，中共中央根据绥远敌占区抗日斗争需要，指示将动委会逐步过渡到抗日民主政权，大力发动群众开展抗日斗争。1940 年 8 月，中共绥远省委为了统一大青山抗日游击根据地各族、各界、各党派团结抗日的步调，推动抗日民主政权建设，在绥西武归县小西梁村召开了绥察人民代表会议，成立了晋绥第二游击行政公署驻绥察办事处。1941 年 4 月 15 日，中国共产党领导下的绥察行政公署正式成立。同年 7 月 1日，绥察行政公署发布了《关于动员各党派、各民族、各阶级爱国人士组成抗日民族统一战线的布告》，公开声明："本政府且必与各党、各派、各民族、各阶级暨绥察人民始终合作，共度甘苦，领导绥察人民坚决执行抗日民族统一战线，以与日寇抗战到底。"[③] 因此，在近代中国内忧外患的局面下，生活在北部边疆的各民族能够紧密团结起来共同抵御侵略，也是基于历史时期形成的紧密相连、不可分离的民族关系，而清代以来北部边疆各民族的深度交流融合无疑是发挥了重要历史作用。

第五，从地理方位来看，北部边疆作为沟通中国与世界的重要通道，北疆文化也体现出中西交汇的文化特征并有着深远的世界影响。

北疆文化虽然是中国辽阔疆域内一个重要的区域性人类文明及文化类型，但也同样有着深远的世界影响，这就需要跳出北部边疆作为中国边疆地带的地域束缚，站在全球视角来重新审视北部边疆，因此北部边疆的学术意义也有着全球性影响。之所以认为位于北部边疆的蒙古草原在中国边疆中最具典型性，不仅是因为这一区域对中国历史的影响巨大，而且在这个地区，不同民族之间、中西方不同国家与地区之间的交流互动频次也特别高，体现出中西交汇的特征。

就整个欧亚大陆的地理条件而言，东西方向的交往十分不易。在北亚，寒冷的苔原和亚寒

---

① 《中共西北中央局关于开展抗日反蒋运动工作的决定（1935 年 11 月 13 日）》，中共中央统战部编：《民族问题文献汇编》，中共中央党校出版社 1991 年版，第 319 页。

② 《中华苏维埃共和国中央政府对内蒙古人民的宣言（1935 年 12 月 10 日）》，中共中央文献研究室、中央档案馆编：《建党以来重要文献选编》第 12 册（一九二一——一九四九），中央文献出版社 2011 年版，第 509 页。

③ 《绥察行政公署关于动员各党派、各民族、各阶级爱国人士组成抗日民族统一战线的布告（1941 年 7 月）》，中共内蒙古自治区委员会党史资料征集研究委员会、中国人民解放军档案馆、内蒙古自治区档案馆编：《大青山抗日游击根据地资料选编》，内蒙古人民出版社 1986 年版，第 245 页。

带针叶林很难适合人类的生存；在中亚，高耸入云的崇山峻岭和荒芜干燥的戈壁沙漠，构成了一道道巨大的天然屏障，阻碍了人们的来往。只有欧亚大陆的腹地，大约 40°N—50°N 之间的中纬度地区（这一区域正是中国北部边疆的核心地带及毗邻地区）较为平缓的地形且少有高山大川及水域等天然屏障的阻碍，才比较有利于东西向的交通。从地形地貌景观来看，这是一条东西横贯的辽阔草原地带，它起自蒙古高原，向西经过南西伯利亚平原和中亚北部地区，进入黑海北岸的南俄草原，直到喀尔巴阡山脉为止。在这一大片延绵不绝的狭长草原上，除了阿尔泰山脉及哈萨克丘陵地带，地势都比较平坦，气候、植被等自然条件也基本相同。所以，这是一条连接东西方的天然通道，它的西端与中亚及东欧相连接，它的东南端则可通往东亚文明的中心——中国的中原地区。东西方之间的最初交往，主要就是通过这个通道实现的。[①] 在这条大通道上也形成了历史时期中国与外部世界交流互动的一条重要通道，也即通常所说的"草原丝绸之路"。在丝绸之路的众多线路中，位于北方的草原丝绸之路不仅开辟时间最早，其产生的历史影响也十分深远。斯塔夫里阿诺斯指出："它为由欧亚大陆边缘地区向外伸展的各文明中心进行交往提供了一条陆上通道。靠大草原养活的游牧民们总是赶着他们的牧群，到处迁徙，并随时准备着，一有机会，就去攫取北京、德里、巴格达和罗马的财富。肥沃的大河流域和平原创造了欧亚大陆古老的核心文明，而大草原则便利了这些文明之间的接触和联系。"[②] 杰利·本特利等对这条沟通欧亚大陆的大通道及其历史意义也指出：在地理大发现与新航路开辟以前，尽管非洲撒哈拉沙漠以南地区、美洲地区的人类文明和商业也很繁荣，但基本上都是处于各自大陆地区的内部交流状态。但欧亚大陆（包括地中海沿岸的北非地区）内部，由于草原丝绸之路的存在和南方海上丝绸之路的补充，其联系更加紧密，商品贸易交流也更加发达。[③]

在丝绸之路的各条线路中，以北方草原丝绸之路的开辟时间为最早，持续时间也最长。[④] 考古材料表明，草原丝绸之路在史前时期就已经出现，古希腊历史学家希罗多德在《历史》一书中较早关注到这条线路。根据黄时鉴的考证，希罗多德笔下描述的这条欧亚通道，西起多瑙河，东到巴尔喀什湖，是一条宽广的草原通道，中间需要越过第聂伯河、顿河、伏尔加河、乌拉尔河或乌拉尔山等地。再往东，与蒙古高原相通的道路大致有三道：第一道，在东及巴尔喀什河西缘时，通道从东南折向楚河谷地，而后进入伊犁河流域，从博格达山北麓向北，古代游牧民又可以走向蒙古高原的西部（后来的巴里坤道）。第二道，从伊犁河流域偏向东北进至准

---

① 龚缨晏：《远古时代的"草原通道"》，《浙江社会科学》1999 年第 5 期。

② L. S. 斯塔夫里阿诺斯：《全球通史——1500 年以前的世界》，吴象婴、梁赤民译，上海社会科学院出版社 1988 年版，第 59 页。

③ 杰利·本特利、赫伯特·齐格：《新全球史 1000—1800 年》，魏凤莲译，北京大学出版社 2014 年版，第 34 页。

④ 一般来说，丝绸之路包括海上与陆上两类主要线路，到了明清时期，丝绸之路继续延伸和发展，不再限于传统的海上与陆上两条经典之路，而是形成了纵横交错的八条线路，李国荣指出：陆上丝绸之路分为东面过江之路、南面高山之路、西面沙漠之路、北面草原之路四条线路，海上丝绸之路分为东洋之路、南洋之路、西洋之路、美洲之路四个方向。参见李国荣《明清国家记忆：15—19 世纪丝绸之路的八条线路》，《历史档案》2019 年第 1 期。

噶尔盆地，直抵阿尔泰山西南山麓，斯基泰—塞人从东钦察草原东进至额尔济斯河中游，沿其支流的河谷和宰桑湖南缘进至阿尔泰山。在绵亘的阿尔泰山脉上，有不止一处可以越过的通道，著名的达坂有三个：乌尔莫盖提、乌兰和达比斯。以后的历史又告诉我们，匈奴、柔然、突厥、回鹘、契丹、蒙古等生活在北方的以游牧见长的草原民族都曾走过这些通道。第三道，从东钦察草原的东缘东行，渡过额尔济斯河抵达鄂毕河后，沿着鄂毕河上游卡通河谷地进入蒙古草原，但走这条道路必须通过阿尔泰山与唐努乌梁山之间的崎岖山地，相当艰险。相对而言，第一道最易通行，这一道是后来著名的丝绸之路北道的一部分。中西之间的通道，草原之路与绿洲之路的密切关系，首先是在这一点上表现出来的。① 近年来的考古发现与研究表明，至少从旧石器时代中晚期开始，东西方的人群就已经通过希罗多德笔下的这条通道有了来往，但旧石器时代东西方之间通过草原丝绸之路的文化交流还是相对微弱的。

从新石器开始至青铜时代，草原丝绸之路逐渐成为一条独特的游牧经济带，东西方文化通过这条通道进行了更加频繁的交流互动。尤其是到了青铜器时代，北欧亚草原的青铜器经此通道传至中国。20世纪60年代，苏联考古学界根据出土青铜器样式就提出了中国商代的兽型纹饰物与北欧亚草原有着密切联系，殷墟出土的青铜器可能是受到乌拉尔南部地区的塞伊玛类型青铜器的直接影响，这些文化传播的途径无疑也是草原丝绸之路。② 近年来，中国学界也普遍认为："至迟在公元前2000年，中国北方游牧地区与黑海沿岸之间已经存在着一定的文化交流；中国中原地区已经通过草原通道与欧洲的最东部发生了某种文化联系。"③ 在以后的历史发展进程中，草原丝绸之路逐渐繁荣并呈现出显著的阶段性特征。杜晓勤总结指出，周穆王西征传说的地理背景应是此道，秦始皇修建的"直道"为此道的畅通奠定了基础，汉与匈奴之间的丝绸贸易主要赖于此道，魏晋时期此道西段的"北新道"开始兴盛，唐代的"参天可汗道"辐射范围更为辽阔，"安东道"将之往东北亚延伸，"渤海道""日本道"则与"海上丝绸之路"连通。辽元时，此道进入鼎盛时期，之后此道渐趋冷落。辽代时，因为西夏政权占据着河西走廊，导致辽与西方的交流只能依靠草原丝绸之路进行，辽代草原丝绸之路有南线和北线之分，基本把辽朝的各个城市连接起来，促进了北部边疆的经济文化繁荣发展。由北线西行可与草原丝绸之路西段相接，由上京西北上边防河董城（乌兰巴托南）、西南至皮被河城（蒙古境内）、西行至塔懒主城（额尔古纳河侧）、西行至镇州，途经防州、维州（均在乌兰巴托西北），经招州（鄂尔浑河西岸），西北经乃蛮部、辖嘎斯国，再转西南经金山、精河、八喇沙衮，回人阿萨兰回鹘。元朝疆

---

① 黄时鉴：《希罗多德笔下的欧亚草原居民与草原之路的开辟》，黄时鉴：《东西交流史论稿》，上海古籍出版社1998年版，第10—11页。

② C. B. 吉谢列夫：《C. B. 吉谢列夫通讯院士在北京所作的学术报告》二《苏联境内青铜文化与中国商文化的关系》，阮西湖口译，《考古》1960年第2期。

③ 龚缨晏：《远古时代的"草原通道"》，《浙江社会科学》1999年第5期。

域辽阔，横跨欧亚大陆，建立起一个从漠北至西伯利亚、西经中亚远达欧洲的极为发达的草原大通道，在草原丝绸之路的推动下，元上都成为当时名副其实的国际性大都会，来自西域各国和欧洲的使者、旅行家、商人、传教士的数量，远远超过了中国历史上以往的任何一个朝代，其中不少人就是沿草原丝绸之路东来的，这在意大利佛罗伦萨人裴哥罗梯的《通商指南》、威尼斯人马可·波罗的《马可·波罗行纪》、法国里昂人威廉·鲁不鲁乞的《鲁不鲁乞东游记》等文献中都有反映。①

元朝的覆灭无疑给草原丝绸之路造成了巨大破坏。明朝建立后，蒙古族北退回蒙古草原，蒙古诸部与明朝之间多是处于对立冲突的严峻局面，这种对立关系直接导致草原丝绸之路在明代出现了衰落。明代蒙古草原上的丝绸之路贸易通道受到阻断，逐渐被长城沿线的"互市贸易"取代。明朝将蒙古地区的贸易限制于长城沿线边镇，那些深入蒙古腹地及穿越蒙古草原后抵达更北或更西北地区的商业通道被阻断。清朝建立后，又再次兴起了以万里茶道为代表的新的沟通中西方的草原丝绸之路。万里茶道形成于 17 世纪中后期，起自福建崇安，途经江西、湖南、湖北、河南、河北及内蒙古诸省，向北进入蒙古草原后从伊林（二连浩特市）进入蒙古国境内，穿越蒙古沙漠戈壁后经库伦（乌兰巴托）抵达中俄边境口岸恰克图，继续向北进入今俄罗斯境内，然后由东向西延伸，依次经过伊尔库茨克、新西伯利亚、秋明、莫斯科、彼得堡（"圣彼得堡"的别称）等十几个城市，全程长约 1.3 万公里。② 万里茶道作为一条重要的世界性商路，也是清代全球最具经济效益的商贸通道之一。尤其是到了 19 世纪末期，万里茶道成为蒙古草原乃至中国被动地参与资本主义全球市场的重要通道。乌拉吉米索夫指出："十九世纪的后半叶看见俄国的商业资本及部分的产业资本以蒙古的满洲'过境地带'为主，北蒙古喀尔喀，呼伦贝尔、科布多地区，更进而往新疆进出。至十九世纪末及二十世纪的时候日本和欧洲的工商各界的关心注意到南蒙古及东南蒙古。于是全体蒙古人完全卷入于世界资本主义市场的势力范围里面了。"③ 因此，万里茶道极大地促进了清代中国与沙俄等国之间的经济及文化往来，也推动了沿线城市带的兴起与发展，成为清代草原丝绸之路新的发展阶段。万里茶道不仅成为近代中国引进外资、对外开放的有益尝试，而且为沿线国家近代工业化的原始积累做出了突出贡献，极大地推动了中俄、中欧之间的经济文化交流与社会发展。

通过对北部边疆在中西方交流历史中的作用进行梳理可以发现，古代中国与世界也同样存在广泛交流互动，但中国在早期西方的历史叙述中却是略显保守。黑格尔是西方世界较早且较为深入考察研究中国历史的代表性学者，他在《历史哲学》一书中指出："历史必须从中华帝国说起。因为根据史书的记载，中国实在是最古老的国家，它的原则又具有

---

① 杜晓勤：《"草原丝绸之路"兴盛的历史过程考述》，《西南民族大学学报》（人文社会科学版）2017 年第 12 期。
② 王世英：《"万里茶道"与内蒙古》，《实践》（思想理论版）2016 年第 6 期。
③ 乌拉吉米索夫：《蒙古社会制度史》，瑞永译，蒙古文化馆 1939 年版，第 395 页。

那一种实体性，所以它既然是最古老的同时又是最新的帝国。中国很早就已经进展到它今日的情状。但是因为它客观的存在和主观运动之间仍然缺少一种对峙，所以无从发生变化，一种终古如此的固定的东西代替了一种真正的历史的东西。"① 在黑格尔的眼里，中国是封闭的、是停滞不前的。他对此进一步指出："这个民族拥有自远古以来至少长达5000 年前后相连、排列有序、有据可查的历史，记述详尽准确，与希腊史和罗马史不一样，它更为翔实可信。世界上没有任何国家拥有这样一部连续翔实的古老历史。这个帝国始终保持自立，始终像它以往那样存在着。"② 站在今天的视角来看，黑格尔以人的绝对意志和人类精神的发展作为衡量历史发展的标尺，一方面高度评价了中国历史，充分肯定了历史悠久且辉煌灿烂的中华文明，并把中国视为伦理实体是客观精神现实化的有力证明；另一方面，由于中国的历史发展没有按照黑格尔式的概念发展道路前进，以致呈现出"保守"与"封闭"的特征。

黑格尔对中国历史的观点影响了以后近一个多世纪欧洲历史学家对中国的历史叙事，尤其是"保守"与"封闭"特征几乎成为欧洲历史学界对中国的普遍认知。直到 20 世纪七八十年代，人们才开始站在世界历史的角度来重新看待中国历史，尤其是通过贸易沟通的明清中国与世界之间的联系，③ 重新评价中国的对外交流互动情况。许多中外学者对此做了大量的探索，如彭慕兰认为：1800 年以前是一个多元的世界，没有一个经济中心，"1800 年以前欧洲的物质资本并没有积累起决定性的优势"，只是 19 世纪欧洲工业化充分发展以后，一个占支配地位的西欧中心才具有了实际意义。④ 也有学者通过调查报告资料与中西方文献来论述这一时期的世界中心是多元的，即中国的历史和世界贸易的历史通过各种途径发生联系。对此马立博举例指出："作为一个农业帝国，中国能够生产自己所需的大部分东西，虽然它的确不得不通过贸易换取马匹、一些原材料、珠宝以及白银。在大多数情况下，帝国统治者们认为对外贸易是有用的，因为它能给国家带来财富的增加，或者满足消费者对黑胡椒（已变成中国人厨房中不可或缺的一部分）以及诸如燕窝、海参等其他异域食品的需求。中华帝国的统治者发现这些进口品大部分是有益的，但也认识到中国商人和外国商人巨大的潜在威胁，所以大部分时间里中国通过官方垄断的朝贡贸易体系控制对外贸易，附带的结果是为帝国的国库获得了大量的税收。"⑤ 这种交换也体现出古代中国广泛存在着对外交流互动，通过经济视角来审视古代中国与世界的关系也吸引了较多学者的关注并形成了系列影响深远

---

① 黑格尔：《历史哲学》，王造时译，生活·读书·新知三联书店 1956 年版，第 160—161 页。

② 黑格尔：《黑格尔全集》第 27 卷第 I 分册《世界史哲学演讲录（1822—1823）》，刘立群等译，张慎等校，商务印书馆 2014 年版，第 114 页。

③ 鱼宏亮：《明清丝绸之路与世界贸易网络——重视明清时代的中国与世界》，《历史档案》2019 年第 1 期。

④ 彭慕兰：《大分流：欧洲、中国及现代世界经济的发展》，史建云译，江苏人民出版社 2010 年版，第 18 页。

⑤ 马立博：《现代世界的起源：全球的、环境的述说，15—21 世纪（第三版）》，夏继果译，商务印书馆 2017 年版，第 52 页。

的学术著作。① 而经过北部边疆的草原丝绸之路也是中西方经济交往的一条重要通道，发生在北部边疆的北疆文化也因此而带有显著的中西交汇特征。

四　北疆文化发掘的重要学术价值

北疆文化的核心在于北部边疆丰富的人文底蕴与厚重的文化内涵，是长期的中国历史发展进程中孕育形成的一个重要区域文化类型，也即区域史研究的学术价值。由于历史总是发生在一定的时空范围之内，因而近些年来国内外史学研究的"地方化"倾向逐渐明显，这对反思既往中国史研究范式无疑将会起到巨大的冲击。尤其是在中国这样疆域辽阔且民族众多的土地之上，不同地区之间差异显著的自然条件及受此影响形成的区域性人类文明形态，需要在开展中国史研究时既要关注到统一性，同时也要注意到不同区域的特殊性。杨国安对此指出："过去的中国通史过于强调全国的统一性，事实上各个地方都有它自己发展的可能性与活力。史学界对历史发展的空间性差异的重视导致了近年来区域社会经济史的兴起。恰当地指出不同区域的社会特色是论述不同历史时期社会发展变迁的重要内容。"② 因而对某一特定地域历史的考察研究与自下而上的研究视角的运用，对于理解更广阔相近区域社会的内部关系无疑都具有重要意义，尤其是对于中国这类疆域辽阔且各地区自然条件差异显著的国家来说，这种研究范式更为重要。英国人文地理学家约翰斯顿也说道："我们不需要区域的地理学，但我们需要地理学中的区域。"③ 这段论述也体现出选定特定区域作为研究对象开展具体且深入研究的重要学术价值，这也是北疆文化重要学术价值的体现。

在中国，随着改革开放以来学术研究的逐渐繁荣，学科门类也呈现出日渐多元化的发展趋势，即便是在同一学科之内，也逐渐出现了更具体的研究方向与更新的研究范式。在此时代背景下，以社会经济史研究为契机，带动了区域历史研究的兴起。李根蟠指出："社会经济史的区域研究逐渐形成了潮流，不少部门史和专题史的研究也以地区为单位进行，研究的区域遍及全国。"④ 赵世瑜在反思中国史研究范式时也指出："传统中国区域社会研究的目的之一，就是要努力了解由于漫长的历史文化过程而形成的社会生活的地域特点，以及不同地区

---

① 参见彭慕兰《腹地的构建：华北内地的国家、社会和经济（1853—1937）》，马俊亚译，上海人民出版社 2017 年版；王国斌、罗森塔尔：《大分流之外：中国与欧洲经济变迁中的政治》，周琳译，江苏人民出版社 2018 年版；彭慕兰、皮托克：《贸易打造的世界：1400 年至今的社会、文化与世界经济》，黄中宪等译，上海人民出版社 2018 年版等。

② 杨国安：《国家、地方与社会互动视野下的明清基层社会研究》，杨国安、周荣主编：《明清以来的国家与基层社会》，科学出版社 2013 年版，代序，第 Ⅳ 页。

③ R. J. 约翰斯顿：《地理学与地理学家：1945 年以来的英美人文地理学》，唐晓峰等译，唐晓峰校，商务印书馆 2010 年版，第 391 页。

④ 李根蟠：《二十世纪的中国古代经济史研究》，《历史研究》1999 年第 3 期。

的百姓关于'中国'的正统性观念。"① 区域史研究也即对特定区域历史开展更加具体而深入的考察，这也是目前较被学界关注的"自下而上"② 的研究视角，尤其是"华南学派"的区域史研究范式尤为值得关注，在国内外学术界均产生了深远影响。

通过"自下而上"研究视角审视国家与权力，为我们认识古代中国及中华文明提供了新的思路。赵世瑜指出：20 世纪 80 年代是中国思想学术界改革开放、恢复发展的重要时期，但在此之前，"对国家与社会关系的讨论是西方学术界的焦点之一，自启蒙时期的学者按照社会契约论的理解建构了国家与社会之间的关系后，这一问题就成为西方自由主义与保守主义、新自由主义与社群主义等派别论争的主题，与西方的国家与社会逐渐分离甚至二元对立模式不同，传统中国的国家与社会几乎一直处于胶合的状态，表现为一种相当复杂的互动关系。史学界从 80 年代末尤其是 90 年代以来开始大量地以国家与社会的关系作为分析模式，从单纯的基层社会研究转向以基层社会研究为切入点关注国家与社会之间的复杂关系，这对中国社会史研究走向更为整体、解释模式日益多元的研究态势意义重大"。③ 作者继续指出："这方面研究的突出成果总是与区域社会史研究结合在一起的，这是因为一个区域社会的建构过程可以比较清晰地反映出国家与民间社会之间的关系，反过来说，区域社会的建构过程应该通过对国家与社会关系的梳理而得到理解，然后再进一步理解这一过程在整个国家和整合过程中的作用，由此区域社会史成为中国史研究的一种方法论。"④

区域社会史研究的出现也促进了"自下而上"研究视角的发展及在学术研究中的广泛运用，尤其是社会史与人类学、社会学结合后出现的田野调查，开启了眼光向下关注基层社会人群的研究范式转向。行龙对此指出：自 20 世纪 90 年代中期以来，中国的社会史学界开始注意研究基层"社会空间"的构造及其转换问题，以区别于以往史学界对上层政治空间与制度安排的单纯关注。也因此而导致社会史研究在方法论意义上实现了"区域转向"，"区域社会史"研究逐渐成为中国社会史研究的主流方向，在学术界约定俗成地出现了诸如"华北模式""关中模式""江南模式""岭南模式"等一系列说法。⑤ "岭南模式"也是学术界常说的"华南学派"或"华南研究"，是目前在国内学术界颇具影响的学术流派，其治学方法与实践路径尤为值得关注。近三十年来，这

---

① 赵世瑜：《小历史与大历史：区域社会史的理念、方法与实践》，生活·读书·新知三联书店 2010 年版，前言，第 V 页。
② 苏智良与陈恒主编"专题文明史译丛"丛书的"译丛序言"中提到："20 世纪史学最突出的成就是新史学的发达。在新文化史家看来，'文化'并不是一种波动的因素，文化既不是社会或经济的产物，也不是脱离社会诸因素独立发展的，文化与社会、经济、政治等因素之间的关系是互动的；个人是历史的主体，而非客体，他们至少在日常生活或长时段里影响历史的发展；研究历史的角度发生了变化，新文化史家不追求'大历史'（自上而下看历史）的抱负，而是注重'小历史'（自下而上看历史）的意义，即历史研究从社会角度的文化史家转向文化角度的社会史家"。参见马克·B. 陶格《世界历史上的农业》，刘健、李军译，商务印书馆 2015 年版，译丛序言，第 3 页。
③ 赵世瑜：《小历史与大历史：区域社会史的理念、方法与实践》，第 35、47 页。
④ 赵世瑜：《小历史与大历史：区域社会史的理念、方法与实践》，第 47 页。
⑤ 行龙、杨念群主编：《区域社会史比较研究》，社会科学文献出版社 2006 年版，导言，第 1 页。

些被称为"华南学派"① 的历史学和人类学学者以"华南"区域作为他们的试验场，在实践中形成了一个较为稳定的学术群体。在研究中，他们一直有一个学术共识和理想——那就是通过地方调查的经验了解平民百姓的日常生活与想法，以此重新书写中国历史。华南学派史学理论的形成，植根于中山大学文科设立以来"眼光向下"与跨学科治学的学术传统与研究方向，主要是师承傅衣凌、梁方仲等在中国社会经济史领域的理论和方法，在此基础上积极吸收西方年鉴学派的史学理论，并在与海外学者长期的合作与交流中形成了共通的治学理念。② 王学典指出，华南学派称得上是"中国历史学和人类学界不多见的能够和世界学术前沿对话的群体"。③

无论是作为一种区域史还是区域文化研究，华南学派无疑都是取得了极大成功，对中国更广阔地域内的区域史或区域文化研究能够起到案例示范作用。但是中国的疆域辽阔，各不同区域的自然条件差异显著，进而影响到中华文明呈现出多元一体的起源与发展特征，并最终形成了多元一体的中华文明格局。如法国汉学家谢和耐针对中国乃至于东亚地区各不同区域内自然环境影响下形成的四类文化群：1. 以从事发达农业为主的定居人群。具有华夏文明的居民以及所有深受其影响的居民均属此种文化模式。2. 草原与沙漠地区的游牧人群。这片地区从西伯利亚泰加森林延伸至华北农业地带，自满洲伸展至伏尔加河下游流域。3. 喜马拉雅广阔山系及其附近地区半畜牧半农耕的山居人群。4. 将狩猎、畜牧与多少带点原始形式的农业结合起来的热带地区混合文化群。这种文化从前十分发达，现已日趋消失。为完整起见，除上述四大文化群之外，尚应加上中亚绿洲的定居居民与商人之群体。④ 北部边疆应属于第二类"草原与沙漠地区的游牧人群"，但生活在这一地区的人们又不完全是游牧人群，历史时期这一区域出现过多次农牧业更替或是交错分布（也即"农牧交错带"）。因而北部边疆的人类文明既具有地域性特征，同时也因地处不同人类文明区之间的过渡地带导致北部边疆区域性人类文明的特殊性更为显著，这也是北疆文化能够形成及有待进一步发掘的基础。

北部边疆除作为一个相对独立完整且较为特殊的地理区域而成为区域文化的研究对象外，当地作为边疆民族地区的特殊性也为这一区域文化研究增添了许多新内容。进入 21 世纪以来，有关历史时期中国边疆问题的研究受到学术界日渐广泛的关注。李大龙根据"中

---

① "华南学派"是目前在国内外学术界颇具学术影响的区域社会史研究流派，邱源媛对华南学派作了较高评价并指出："华南学派将传世文献与田野观察相结合，以自下而上及自中层行政组织向下的视角，对整体的社会历史过程进行重新认知，对长时段的区域史以及由此而至的社会、国家整体史的思考与研究将中国史学推进到了新的高度。"与此同时，"华南学者们关于'中国为什么是中国'的提问，得到了学界的积极响应，其影响逐渐向诸如华北、江南、江西、湖南、云南等各个地域辐射，此前既已经有相当积淀的区域社会史研究几乎成为社会史主流，与此不无关系。这样的学术关怀让看似固守一隅的区域史进入相互关联、对话的层面，学者们开始有意识地立足区域关注整体，华南学派的研究与思考给中国区域史研究注入了相当的活力"。参见邱源媛《华南与内亚的对话——兼论明清区域社会史发展新动向》，《中国史研究动态》2018 年第 5 期。

② 王传：《华南学派史学理论溯源》，《文史哲》2018 年第 5 期。

③ 王学典主编：《述往知来：历史学的过去、现状与前瞻》，山东大学出版社 2003 年版，第 242 页。

④ 谢和耐：《中国社会史》，黄建华、黄迅余译，江苏人民出版社 2010 年版，第 14 页。

国知网"收录的学术文章情况对 21 世纪以来学术界相关研究成果进行统计指出："自 2000 年始,题目中含有'边疆'二字的论文年度保持在 3 位数的水平,2015 年突破千篇大关,为 1045 篇。2016 年略有回落,为 925 篇,2017 年为 917 篇……从一个侧面显示边疆研究日益得到学界重视。而与此相伴,构建'中国边疆学'的呼声也由此日益高涨。"① 此处提及的另一个重要学术信息是当代学者构建"中国边疆学"的学术使命。袁剑在翻译《危险的边疆:游牧帝国与中国》时也指出:"中国的边疆属于中国,但中国的边疆研究却越来越受到全世界的关注,这不仅在于中国自身的悠久历史与文明塑造了中国边疆璀璨多姿的风采,而且也在于中国在世界格局中所占据的日渐重要的地位,正因为如此,中国的边疆研究更应该受到国内学术界的关注。"② 2013 年 3 月,习近平总书记在参加十二届全国人大一次会议西藏代表团审议时,提出了"治国必治边"的重要战略思想,成为新时代边疆治理的根本遵循。自党的十九大以来,边疆问题研究进一步走向繁荣,邢广程指出:"党的十九大为中国新时代背景下的边疆治理提出了一系列新思路、新理念和新方式,为中国边疆治理体系和治理能力现代化,以及边疆地区的安全、稳定和发展提供了政治遵循……新时代,中国要着力加快边疆发展,确保边疆巩固、边境安全;探索民族团结的新方法和新途径;坚决打击暴力恐怖活动、民族分裂活动和宗教极端活动,有效维护国家安全;坚持'一国两制',维护祖国统一;坚持陆海统筹,加快建设海洋强国。"③ 边疆治理也是维护中国统一多民族国家的重要环节,作为国家疆域不可分割的重要组成部分,边疆稳定与否关乎国家的整体发展与安定团结,因而作为边疆民族地区的特殊性又为北部边疆的区域文化研究(也即北疆文化研究)增添了新的内涵。

最后需要指出的是,选取中国特定区域开展具体而深入的考察研究也是了解和把握中国历史发展脉络的必要途径。如美国历史学家柯文的"中国中心观"指出:"中国的区域性与地方性的变异幅度很大,要想对整体中国有一个轮廓更加分明、特点更加突出的了解,就要把中国从空间上分解为较小的、较易于掌握的单位。在这个意义上,这种取向并不以中国为中心,而是以区域、省份或地方为中心,进行区域性的历史研究。"④ 这也体现出对北部边疆这一中国辽阔疆域内的具体区域文化进行研究的重要学术价值与现实意义,那就是北疆文化研究并非一种单纯的区域文化研究,对于北疆文化的发掘与理解中国历史也同样重要。尤其是作为边疆民族地区的北部边疆,对其区域文化的发掘于考察中国疆域与统一多民族国家形成的影响至为重要。此外,目前学界普遍存在过分强调发掘新材料、新理论及新方法的研究风气,尤以照搬照套西方已有观念与理论来解释中国历史最为典型。鱼宏亮就此指出:

① 李大龙:《"中国边疆"的内涵及其特征》,《中国边疆史地研究》2018 年第 3 期。
② 巴菲尔德:《危险的边疆:游牧帝国与中国》,袁剑译,"译者的话",第 1 页。
③ 邢广程:《新时代中国边疆治理的新思路》,《边界与海洋研究》2018 年第 2 期。
④ 柯文:《在中国发现历史——中国中心观在美国的兴起》,林同奇译,社会科学文献出版社 2017 年版,第 318 页。

"现代中国史学研究建立在某个特定转型期的历史观念或者文化观念之上，清代后期所经历的大冲击，导致了文化与历史观念上的大转型，用西方近代以来形成的观念来重构晚清政治思潮与文化观念是这种转型期的主要表征。而这种与中国古史发生断裂的历史观念却深深地影响了近代以来的国史叙事……如果不经谨慎地检讨，这些概念和理论会给中国古代的历史与文化建立一套扭曲的镜像，进一步遮蔽因时代的流逝而被淹没的历史。"[1] 因此，学术研究也要注重"本土性"。北疆文化是立足于中国实际与北部边疆这一特定地域空间提出的新概念，符合本地区的特征，同时也突出了这一区域文化的特殊性及与作为多元一体中华文明格局的重要组成部分，这也进一步体现出北疆文化研究的必要性与重要学术价值。

五　余论

中国疆域的形成过程也是统一多民族国家与多元一体中华文明的形成过程。邹逸麟从地理学视角对此分析指出，中国"地域辽阔（东西跨 62 经度，南北跨 50 纬度），不同的气候和地貌条件，在此范围内形成了东亚季风区、西北干旱半干旱区和青藏高寒区等三大自然地理区。这三大自然区内的先民们，根据自身所处的特定地理环境，逐渐形成了从事农耕、畜牧、采集和狩猎等三大经济区"。其中，能够发展农业的地区无疑是早期中国统治的核心区，也是疆域形成的起点，因而"从商周以降，农业生产逐渐占主要地位，到了公元前 221 年秦统一国家疆域的形成，基本上包含了所有农耕区。换言之，我国最早统一国家疆域的形成是建立在同一农业文明基础之上的"。[2] 特殊的地理环境与各地区差异显著的自然条件造成历史时期中国出现了农耕、畜牧、采集和狩猎三大类基本经济区，此三种经济类型也孕生了习于不同生产及生活方式的民族，也即历史时期的中原农耕民族与生活在疆域边缘地区（即边疆地区）的游牧及渔猎等非农耕民族。这种统一多民族国家与辽阔疆域的形成与发展在中国有着悠久的历史可以追溯，因而近代以来欧洲单一民族国家[3]理论并不适用于中国的特殊国情。

回顾历史可以发现，中国统一多民族国家及疆域形态在秦汉及以后开始形成并渐趋稳定。自此之后，中原王朝疆域变化主要发生在游牧民族活动的北部干旱区和半干旱区，也即本文所论的北部边疆。李鸿宾以唐朝为例对古代各中原王朝疆域的性质做了讨论并指出，在唐代，中国"疆域的意义就体现在以汉人为核心的政治集团构建了以农耕区为中心，并向四周非农

---

[1] 鱼宏亮：《历史研究中的权力、记忆与国家——基于 2015 年清史研究的述评》，《中国史研究动态》2016 年第 2 期。

[2] 邹逸麟：《论清一代关于疆土版图观念的嬗变》，《历史地理》2010 年刊总第 24 辑，第 41—53 页。

[3] 参见李大龙、李元晖《多民族国家建构视角下游牧与农耕族群的互动》，《青海民族大学学报》（社会科学版）2014 年第 1 期。

耕地带发展的势头之上"。① 在疆域由传统农耕区向外围地带拓展的过程中，北部边疆的重要性尤为值得注意。在北部边疆，自秦朝至明朝的将近两千年间，长城多被视为中原王朝防御北方草原民族南下侵扰的边界线，也即中原王朝控制疆域的北部界限所在。这种对中原王朝与北方草原政权之间关系的人为割裂，在传统中国史家的历史叙述中普遍存在，由此导致我们在相关的历史解释中出现困难或矛盾。

在中国，农耕民族记述历史的传统古已有之，但在记述时经常会出现扭曲历史真实的情况，容易贬低周边的游牧民族，往往"美化自己，丑化别人。使后人对游牧人的物质和精神生活产生了相当的错觉，甚至希罗多德和司马迁都在所难免"②。长期以来，对于游牧民族的刻板偏见却普遍存在，衫山正明指出："一直以来，不分东西方，总之只要提到游牧民，一般都会不分青红皂白地就直接作出负面印象的描述。从被世间称为名家的历史家或研究者，到民族学家、文明史家、评论家或作家等人士，也大致都以野蛮、杀戮等刻板印象来描述，几乎已经定型。"③ 马立博也指出："在遭遇新的环境和族群时，汉人和他们的编年史家总会陷入这样的叙述模式：蛮夷和他们的环境就应该被驯服和教化。持这种观点的历史学家，在他们的著作中总会有意无意地将汉人描述成一股积极进取的力量，而周边的其他族群及其生活的环境，则仅仅是被改造的对象。在这种'自然—文化'二元结构中，以汉人为中心的叙事模式总是将汉人置于'自然'之上或之外，而'自然'则是终将要被汉人'教化'的，其他的族群和环境也都应该接受汉人的改造，事实上也确实如此。但这种以汉人为中心的观点常常会忽略的是，周边的环境与族群也在通过一些方式改变着汉人。随着汉人从他们北方故土想不熟悉的更南面和更西面迁徙，在不同族群之间也开始了一段有趣的互动进程。"④ 在此思维模式的制约下，古代中国对农耕与游牧民族的认识差别也体现在其历史叙述时对北部边疆的形象塑造上。随着仰韶文化温暖期结束之后北部边疆草原自然环境的形成，游牧经济逐渐成为主要经济类型，由于北部边疆的人类文明形态与中原农耕区存在较大差别，故而北部边疆也常被刻画为落后、野蛮的形象。但是随着学术研究的逐渐深入，有关游牧经济的客观评价也逐渐增多，如英国历史学家汤因比便十分推崇游牧生产方式的生存智慧并指出："驯化动物显然是一种比驯化植物高明得多的艺术。因为在这里表现了人类的智慧和意志力对于一种

---

① 作者在文章中进一步强调，唐代疆域思想是先秦时期"普天之下莫非王土，率土之滨莫非王臣"的延续。这也是华夏统治集团普遍的思想观念，一旦条件具备，他们就将观念变成行动。与此对应，唐朝宗室的鲜卑拓跋血脉及其文化传统，也是促使他们突破进入草原的另一思想和观念。此种路径在北魏分裂为东、西之后尤其体现在宇文泰纠合各路诸侯和权贵组建关陇集团以抗衡东魏—北齐的追求中，并由此构建了此后的隋唐王朝政权，这也是学界流行的唐朝"拓跋国家"的根基所在。参见李鸿宾《疆域·空间：唐朝权力博弈的场所》，《民族史研究》第13辑，中央民族大学出版社2017年版，第22—36页。

② 项英杰：《中亚：马背上的文化》，浙江人民出版社1993年版，第2页。

③ ［日］衫山正明：《游牧民的世界史》，黄美蓉译，中华工商联合出版社2014年版，"自序——对于游牧民的负面印象几乎全部消失"第1页。

④ ［美］马立博：《中国环境史：从史前到现代》，关永强、高丽洁译，中国人民大学出版社2015年版，第5—6页。

更难控制的对象的胜利。牧人同农民相比，牧人是更高明的专家"，而千百年来"游牧民族设法依靠他们自己不能食用的粗草来维持生活，把粗草变成他所驯化了的动物的乳品和肉类"。[1]因此，当我们转变看待问题的视角，站在中华文明多元一体的角度看待农耕文明与游牧文明的共同性与差异性时，便能拨云见日，发现北部边疆的人类文明同样有着辉煌灿烂的一面，同样也是构成多元一体中华文明的重要组成部分。

需要指出的是，由于长城所处的特殊地理位置及其用于防御北方草原游牧民族南下侵扰的军事用途，故而在一些机械割裂中原王朝与北方草原政权关系的历史叙述的影响下，长城被赋予并演绎出了越来越多的身份与功能，尤其是将之视为某些古代中国王朝北部边界的观点影响最为深远，这无疑是有待商榷的。与此同时，在西方学界将长城视为中原王朝对抗草原政权分界线的观点下形成了影响深远的"内陆亚洲"学说。此学说的奠基者拉铁摩尔指出，长城是"国家要稳定边疆的一种努力，用以限制汉族的活动范围，并隔绝草原民族"。[2] 由此，拉铁摩尔也得出了"中国的长城线是世界的绝对边界之一"[3] 的结论。在近代的中国学界也有类似的叙述，如20 世纪30 年代张印堂说道："长城在历史上，是有定居的中国农夫之田地与蒙古迁徙无定的游牧民族支搭帐幕之草原的界限。"[4] 此外，近代日本企图瓜分中国领土时亦曾大肆鼓吹长城以外非中国的言论，并在学理上进行论证，如田村实造等借助美国学者魏特夫"征服王朝论"提出了"北亚历史世界"论。这一理论从地理因素出发，把中国历史分为"北亚历史世界"（长城以北）和"东亚历史世界"（长城以南），人为把长城以北的草原民族历史从中国历史中分离出来，为日本侵略中国开脱。[5] 上述有关长城以外非中国及长城是中国北部边界等说法在学术界产生了深远影响，对中国的领土主权及统一多民族国家均产生了极大的破坏性影响。但是真实的历史却并非如此，长城并非中国的北部边界，更不是中国封闭保守的藩篱，而是在农耕与游牧两种不同经济类型的交流互动过程中发挥了重要作用。如王绍东指出："长城是华夏民族的精神体现，而不是封闭保守的象征……长城从来没有束缚住农耕民族的手脚，反而成为农耕民族向北部边疆地区开拓的桥头堡。"[6] 就此维度而言，

---

[1] 阿诺尔德·汤因比：《历史研究》，曹未风等译，上海人民出版社 1985 年版，第 210—211 页。

[2] 拉铁摩尔：《中国的亚洲内陆边疆》，唐晓峰译，江苏人民出版社 2008 年版，第 17 页。

[3] 拉铁摩尔分别从长城内外水系、农业、语言及人口等方面差别论述了长城的边界线作用。水系：长城以南河流多汇入长江及黄河，那些不直接流入这些大河的沟渠也多属于它们的水系范围，这里的河流多流入大海。长城以北河流多是内陆河，它们或在河道中干涸，或流入没有出口的咸水湖沼。农业：长城以内农业发达，人口众多。长城以外人口较少，居民稀疏。语言习俗：长城以内各地区方言虽不同，但都说汉语，这里虽然还有些非汉族的小民族使用本族语言，但他们势力微弱，不能改变社会结构，顶多影响其表现形式，他们多半是被汉族同化的古代民族孑遗，只是还没有汉化，不能与汉族对抗。长城以北的满语、蒙古语和中亚突厥语却不是汉语"方言"，完全属于另外语系。参见拉铁摩尔《中国的亚洲内陆边疆》，唐晓峰译，第 17—19 页。

[4] 张印堂：《内蒙古经济地理辑要》，《地学杂志》1931 年第 19 卷第 3 期。

[5] 参见田村实造《中国の征服王朝について》，《中国の征服王朝研究》，日本东洋史研究会，1971 年，第 624、648 页。

[6] 王绍东：《长城非"华夏农耕民族封闭、保守象征"论——以战国秦汉时期为视角》，《南开学报》（哲学社会科学版）2017 年第 6 期。

"长城的修筑只不过是农业中国与草原地带及其游牧民族的表面界限而已"[1]，绝不是隔绝中原与草原的地理屏障。

中国历史也表明，包括北部边疆在内的各陆域边疆地区多是非农耕民族的聚居区。他们不仅守卫着中国边疆的安全，而且为巩固历史时期中国的广阔疆域也发挥了重要作用，是中国辽阔疆域与统一多民族国家格局中不可或缺的重要组成部分。因此，对历史时期中国疆域及相关问题的考察自然离不开对中国统一多民族国家的特殊国情的关注，这是须臾不可偏离的重要环节。就北部边疆来说，我们也不能简单地将长城视为横亘在中原与北方草原之间的地理分界线。因为在中间地带（也即北部边疆），双方并非以长城为分界线构成绝对对立，而是存在一条双方相互碰撞与交融的带状区域，该区域在地域景观上具有典型的农牧交错带的特征，出现于这一地带的人类文明也即北疆文化的核心与重要组成部分，代表了北疆文化的特殊之处。这一区域文化类型与中国辽阔疆域内的其他区域文化有密切联系但又存在极大不同，富有自身的独特之处。因此，对北疆文化的发掘也能够更好地展示中国辽阔疆域与统一多民族国家形成的历史脉络与中华文明的多元一体特征，其学术意义与现实价值都十分突出，同时也有广阔的开发空间。

〔作者：崔思朋，历史学博士，内蒙古大学铸牢中华民族共同体意识研究基地研究员，博士生导师；于宏建，历史学硕士，呼和浩特市社会科学联合会副主席；张梦晗，历史学博士，中国社会科学院大学历史学院副教授〕

---

[1]　马立博：《中国环境史：从史前到现代》，关永强、高丽洁译，第238页。

·新发现与新资料·

临淄区闻韶北幼儿园墓地发掘简报*

山东省文物考古研究院　临淄区文物考古研究所

摘　要： 2023年3月至4月，山东省文物考古研究院与临淄区文物考古研究所对临淄区闻韶北幼儿园墓地进行配合性发掘，共发掘竖穴土坑墓和土洞墓70座。墓葬年代自西汉延续至唐宋时期，以西汉为主，出土铜镜、铜钱、铁舀、铁带钩、陶罐、陶壶、陶碗、瓷壶、瓷碗等器物。该墓地的发掘为研究鲁北地区西汉至唐宋时期平民墓葬的形制和葬俗提供了重要的实物资料。

关键词： 临淄　西汉　隋　唐宋　墓葬

临淄区闻韶北幼儿园墓地位于淄博市临淄区闻韶街道办事处闻韶路与太公路交叉口西南角（图一），西邻闻韶园，北面与齐鲁石化体育场相对，南靠闻韶市场。2023年3月至4月，为配合闻韶北幼儿园项目建设，山东省文物考古研究院联合临淄区文物考古研究所，对项目用地范围内墓葬进行了发掘，现将相关情况简报如下。

一　墓地概况

临淄区闻韶北幼儿园墓地地处临淄区城区核心地带，原为齐鲁石化文化宫等文化娱乐场所，之后将在此处建设闻韶北棚户区改造配套幼儿园。根据现场发掘情况看，发掘区域第①层为扰土层，土质较为疏松，土色为浅灰色，土内多包含现代建筑垃圾和杂草，厚约0.35米，未见墓葬；第②层土质较致密，土色为灰褐色，含有少量砂砾，厚约0.3—1.1米，发现墓葬M47和M76应为唐宋时期的文化层；第③层土色为深褐色，土质致密且粘硬，土质较为干净少有包含物，厚约0.8—1.2米，墓葬多开口于该层，应该为汉代文化层，发现68座西汉墓葬。

---

　* 本文系淄博市社会科学规划研究项目"山东地区隋代墓葬及出土瓷器研究"（批准号：23ZBSK062）阶段性成果。

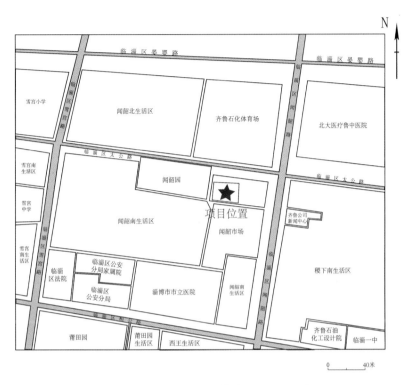

图一 临淄闻韶北幼儿园墓地项目位置示意图

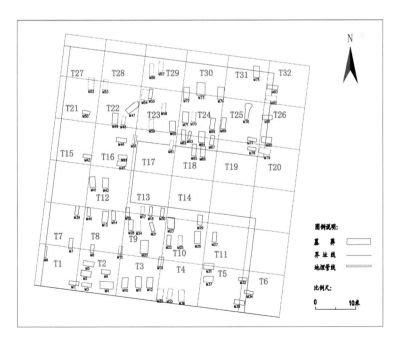

图二 临淄闻韶北幼儿园墓地墓葬分布图

如图二所示，该墓地发掘区内墓葬分布较为松散，几无打破关系，常见两座或三座并列分布，除部分墓葬被 20 世纪 80 年代房屋建设打地基破坏外，几乎未被盗。墓葬形制大致可分为两类，竖穴土坑墓和土洞墓，其中西汉竖穴土坑墓有 68 座，2 座土洞墓分别为隋代和晚唐至宋时期墓葬。

二　西汉墓葬及出土器物

该墓地共发掘 68 座西汉墓葬，根据墓葬结构及棺椁形制的不同可以分为三个类型。其中竖穴土坑砖椁墓 4 座，有生土二层台的墓葬 37 座，无椁无生土二层台葬具仅有一棺的墓葬 27 座。本节仅就出土器物较为丰富，墓葬年代较为明确的 19 座西汉墓简述如下。

（一）墓葬概述

A 型　竖穴土坑砖椁墓。该类墓在竖穴土坑墓的基础上在墓底四周砌砖为椁，顶部应盖以木板。此类墓在该墓地仅发现 4 座，年代应为西汉中晚期。以 M52 和 M54 为例。

M52 位于发掘区西北部，方向为 4 度，为长方形土坑竖穴砖椁墓，南北长 2.46、东西宽 1.32、深（距施工破坏面）约 2.26 米。墓壁较规整，有脚窝和壁面加工装饰，墓底较平整。该墓葬具为一棺一椁。棺保存较差，存在一定的底板、侧板、挡板痕迹，南北长 1.91、东西宽 0.81—0.76 米，北部略宽，残高 0.06 米。砖椁保存较好，南北长 2.36、东西宽 0.99、高 0.75 米。椁室底部砖呈人字形，四壁错缝垒砌，平铺青砖。西壁铺 14 层砖，东壁、北壁、南壁均铺 15 层砖。青砖长 0.34、宽 0.17、厚 0.04 米。棺内有人骨一具，骨骼腐朽严重。墓主为一 30—35 岁个体，仰身直肢葬，头向北，面向不详。棺外西南角发现一陶罐。在墓主左脚骨东侧有一面铜镜，背面向上。

M54 位于发掘区中部，方向为 15 度，为一长方形土坑竖穴砖椁墓。墓口南北长 2.62、东西宽 1.64—1.7 米，南部略宽，深（距施工破坏面）约 2.75 米。墓壁较规整。墓底较平整，南北长 2.72、东西宽 1.64—1.7 米。该墓葬具为一棺一椁。棺保存较差，存在一定的底板、侧板和挡板痕迹，棺南北长 2.5、东西宽 0.89—0.91 米，北部略宽，残高 0.05 米。砖椁保存较好，南北长 2.63、东西宽 1.44、高 1 米。椁室只有北壁、东壁、西壁三壁有砖。椁室底部砖呈"田"字形平铺，四壁呈"之"字形斜砌青砖，斜砌 3 层。再向上是平铺青砖，错缝垒砌的方法，平铺 6—8 层。青砖长 0.3、宽 0.15、厚 0.05 米。棺内有人骨一具，骨骼腐朽严重。墓主为仰身直肢葬，头向北，面向不详。在墓主头骨东侧发现一面铜镜，镜面向上，铜镜下叠压一支架。

B 型　有生土二层台的竖穴土坑墓。该类墓在接近墓底处留下一周或长方形墓葬两长墓壁内侧留生土二层台，二层台顶部应盖以木板，起到了一定椁的作用。此类墓葬在该墓地发

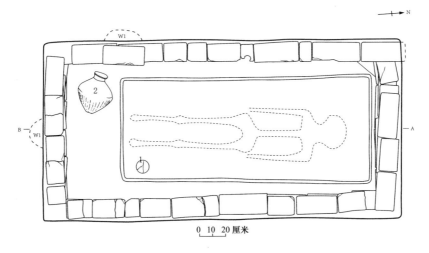

图三　M52 平面图

1. 铜镜（M52：1）　2. 陶罐（M52：2）

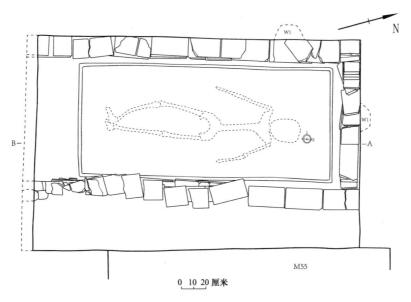

图四　M54 平面图

1. 铜镜（M54：1）　2. 铁支架（M54：2）

现较多，有 37 座，以 M17、M24、M25、M35、M36、M48、M51、M53、M58、M59、M61、M82 为例。

　　M17 位于发掘区西南部，方向为 6 度，为一南北向竖穴土坑墓。开口近长方形，南北长 2.12、东西宽 0.84、深（距施工破坏面）约 0.88 米。墓壁较为粗糙，墓底较为平整。该墓葬具为一棺，保存较差，南北长 1.99、东西宽 0.61、残高 0.20 米。棺内有人骨一具，头骨残缺，上身左侧缺失，左脚缺失。墓主为一成年个体，仰身直肢葬，头向北，面向不详。在墓主右臂上方发现铜镜一面，背面向上。在墓南部发现一陶碗和一陶罐，碗口向下，罐口向上。

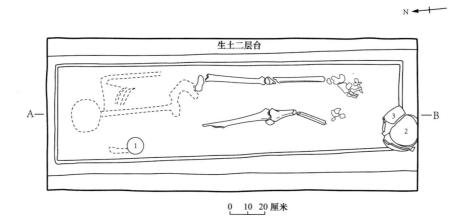

图五　M17 平面图

1. 铜镜（M17：1）　　2. 陶碗（M17：2）　　3. 陶罐（M17：3）

M24 位于发掘区南部，方向为 6 度，为一南北向竖穴土坑墓。开口近长方形，南北长 2.40、东西宽 1.18、深（距施工破坏面）约 1.62 米。墓壁微收，较为粗糙，有脚窝。墓底较为平整，南北长 2.24、东西宽 0.94 米。该墓葬具为一棺，南北长 1.90、东西宽 0.58、残高 0.05 米。棺内有人骨一具，头骨碎裂，躯干四肢已粉。墓主为仰身直肢葬，头向北，面向不详。在墓主左臂外侧发现铜镜一面，在右臂外侧发现铜钱一枚。

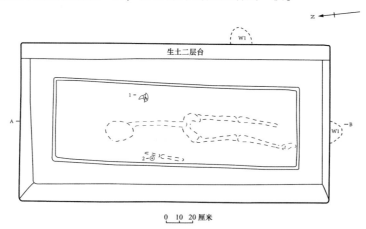

图六　M24 平面图

1. 铜镜（M24：1）　　2. 铜钱（M24：2）

　　M25 位于发掘区东南部，方向为 0 度，为一南北向竖穴土坑墓。开口近长方形，南北长 2.3、东西宽 1.1、深（距施工破坏面）约 0.9 米。墓壁斜内收，较为粗糙，口大底小。墓底较为平整，南北长 2、东西宽 0.85 米。该墓葬具为一棺，已腐朽为灰色或白色粉末，南北长 1.87、东西宽 0.66—0.7、残高 0.2 米。棺内有人骨一具，骨骼较为完整。墓主为一年龄 20—25 岁男性，仰身直肢葬，头向北，面向上。棺外东南角摆放一陶罐。棺内北侧头骨东侧放置一漆盒，内残留有一铜镜，竖立摆放，漆盒已严重腐朽。

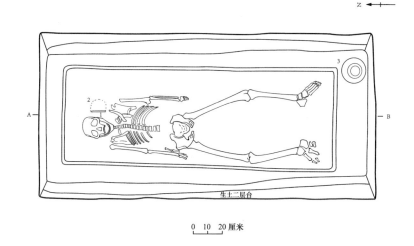

0　10　20 厘米

图七　M25 平面图

1. 铜镜（M25∶1）　2. 漆盒（M25∶2）　3. 陶罐（M25∶3）

　　M35 位于发掘区东南部，方向为 20 度，为一南北向竖穴土坑墓。开口近长方形，南北长 2.55、东西宽 1.2、深（距施工破坏面）约 2.43 米。墓壁微内收，有脚窝和加工痕迹。墓底较为平整，南北长 2.23、东西宽 0.81 米。该墓葬具为一棺，存在一定的底板和侧板痕迹，南北长 1.9、东西宽 0.63—0.66 米，南部略宽，残高 0.08 米。棺内有人骨一具，骨头已腐朽仅有轮廓。墓主为仰身直肢葬，头向北，面向不详。墓主头部西侧有一面铜镜，背面向上。墓东南角有一彩绘陶罐。墓西南角有一漆盒，内有兽骨，应为鸡骨。

　　M36 位于发掘区东南部，方向为 12 度，为一南北向竖穴土坑墓。开口近长方形，南北长 2.34、东西宽 1.12—1.24 米，南部略宽，深（距施工破坏面）约 2.25 米。墓壁东西壁微内收，南北壁微外张，有脚窝和壁面加工痕迹。墓底较为平整，南北长 2.33、东西宽 0.9 米。该墓葬具为一棺，存在一定的底板和侧板痕迹，南北长 1.95、东西宽 0.73、残高 0.28 米。棺内有人骨一具，保存较好。墓主为一 50—55 岁女性，仰身直肢葬，头向北，面向西。墓主头部西侧有一面铜镜，背面向上，铜镜上方有一支架。墓东南角有一彩绘陶罐。

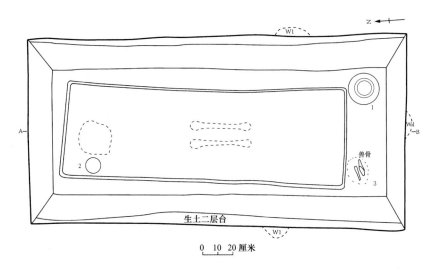

图八　M35 平面图

1. 陶壶（M35：1）　2. 铜镜（M35：2）　3. 漆盒（M35：3）

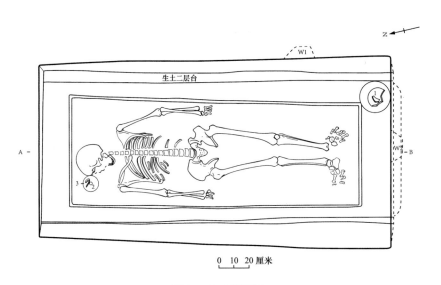

图九　M36 平面图

1. 陶壶（M36：1）　2. 支架（M36：2）　3. 铜镜（M36：3）

　　M48 位于发掘区北部偏西，方向为 16 度，为一南北向竖穴土坑墓。开口近长方形，南北长 2.1、东西宽 0.82、深（距施工破坏面）约 0.9 米。墓壁较为粗糙，向内微收，墓底较为平整，墓底南北长 2.01、东西宽 0.6—0.7 米。该墓葬具为一棺，均已腐朽，存在一定的底板和侧板痕迹，南北长 1.55、东西宽 0.5、残高 0.05 米。棺内有人骨一具，骨骼较为完整。墓主为一 6 至 8 岁的儿童，仰身直肢葬，头向北，面向上。在棺外北部发现一铁带钩，墓主右脚旁发现一漆盒，已腐朽，漆盒内有一铜镜，背面向上，墓主左右手下各放置铜钱一枚。

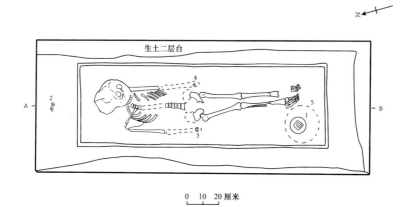

0 10 20厘米

图十 M48 平面图

1. 铜镜（M48：1） 2. 铁带钩（M48：2） 3. 铜钱（M48：3） 4. 铜钱（M48：4） 5. 漆盒（M48：5）

M51 位于发掘区中部偏北，方向为 16 度，为一南北向竖穴土坑墓。开口近长方形，南北长 2.21、东西宽 0.78、深（距施工破坏面）约 1.58 米。墓壁微收，较为粗糙。墓底较为平整，南北长 2.1、东西宽 0.61—0.67 米。该墓葬具为一棺，存在一定的底板和侧板痕迹，南北长 1.64、东西宽 0.48—0.55、残高 0.08 米。棺内人骨腐朽严重仅剩四颗牙齿。墓主为一 30 岁左右个体，仰身直肢葬，头向北，面向上。在墓室棺外西南角发现一陶壶，在棺内右侧发现一碎裂铜镜。

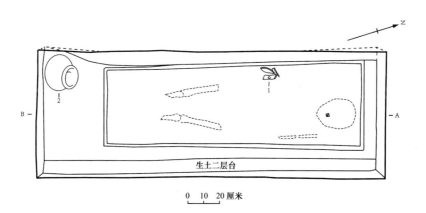

0 10 20厘米

图十一 M51 平面图

1. 铜镜（M51：1） 2. 陶壶（M51：2）

M53 位于发掘区南部，方向为 7 度，为一南北向竖穴土坑墓。开口近长方形，南北长 2.64—2.75、东西宽 1.2、深（距施工破坏面）约 1.84 米。墓葬平底，壁面较粗糙，向内斜收，有脚窝。墓底南北长 2.16、东西宽 0.6—0.65 米。该墓葬具为一棺，已腐朽为灰色或白色粉末，南北长 1.8—1.83、东西宽 0.6—0.65、残高 0.07 米。棺内有人骨一具，骨骼较为完整。墓主为一 30 岁左右的女性，仰身直肢葬，头向北，面向西。棺内东南角有一漆器残留，内有铜镜，背面向上，铜镜下有一铁支架。棺外西南角有一陶罐。

M58 位于发掘区北部，方向为 9 度，为一南北向竖穴土坑墓。开口近长方形，南北长 2.2、东西宽 0.9、深（距施工破坏面）约 0.95 米。墓壁较为粗糙，墓底较为平整。该墓葬具为一棺，均已腐朽为灰色粉末或白色粉末。棺平面呈长方形，南北长 1.87、东西宽 0.6—0.67、残高 0.15 米。棺内有人骨一具，骨骼较为完整。墓主为一 30 岁左右男性，仰身直肢葬，头向北，面向上，略偏西。在墓东南角发现一彩绘陶罐。南部发现一漆盒残留，内有一铜镜，背面向上，铜镜下有一镜刷。墓主头骨东侧有一漆器残留。

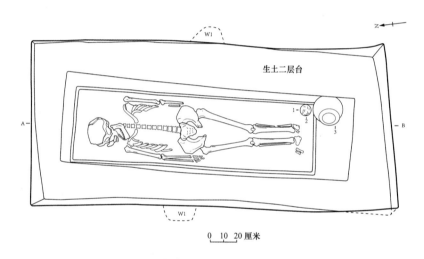

0 10 20 厘米

图十二　M53 平面图

1. 铜镜（M53：1）　2. 铁支架（M53：2）　3. 陶罐（M53：3）

M59 位于发掘区北部，方向为 7 度，为一南北向竖穴土坑墓。开口近长方形，南北长 2.15、东西宽 1.10—1.18、深（距施工破坏面）约 1.15 米。该墓口大底小，墓壁较为粗糙。墓底较为平整，墓底南北长 2.15、东西宽 0.71—0.76 米。该墓葬具为一棺，保存较差，南北长 1.99、东西宽 0.48—0.59、残高 0.05 米。棺内有人骨一具，骨骼腐朽严重。墓主为仰身直肢葬，头向北，面向不详。墓主头部左侧有一面铜镜，背面向上。铜镜北部为一支架，南侧发现一件铁器。墓主盆骨南侧两腿之间发现一件铁器，墓南部壁龛内有一陶壶。

M61 位于发掘区中部，方向为 8 度，为一南北向竖穴土坑墓。开口近长方形，南北长 2.40、东西宽 0.85—0.87、深（距施工破坏面）约 0.5 米。墓壁粗糙，墓底较为平整。该墓葬具为一棺，仅存在一定的底板和侧板痕迹，南北长 1.89、东西宽 0.49—0.60、残高 0.10 米。棺内有人骨一具，头骨、上身躯干腐朽成渣状，腿骨断裂。墓主为一成年个体，仰身直

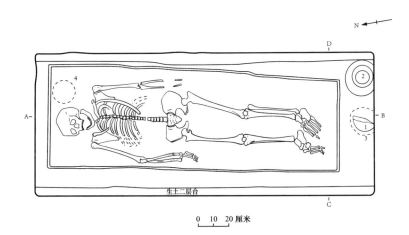

图十三 M58 平面图

1. 铜镜（M58:1） 2. 彩绘陶罐（M58:2） 3. 漆盒（M58:3） 4. 漆盒（M58:4）

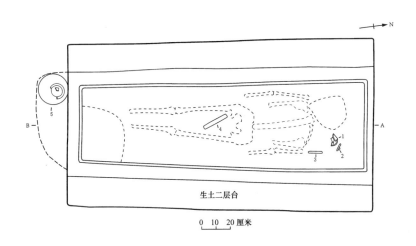

图十四 M59 平面图

1. 铜镜（M59:1） 2. 铁支架（M59:2） 3. 铁器（M59:3） 4. 铁器（M59:4） 5. 陶壶（M59:5）

肢葬，头向北，面向不详。在墓室棺外南端东壁处发现一陶壶。墓室南部棺外靠近西壁有一面铜镜，正面向上。

M82 位于发掘区东部，方向为 100 度，为一东西向竖穴土坑墓。开口近长方形，东西长 2.6、南北宽 0.92—1.07、深（距施工破坏面）约 1.92 米。墓壁微收，较为粗糙。墓底较为平整，东西长 2.28、南北宽 0.76—0.83 米。该墓葬具为一棺，仅存在一定的底板和侧板痕迹，东西长 1.89、南北宽 0.64、残高 0.05 米。棺内有人骨一具，保存很差。墓主为仰身直肢葬，头向东，面向不详。在墓棺外南部有一面铜镜，背面向上，旁边有一枚铜钱。

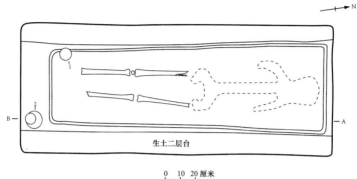

图十五　M61 平面图

1. 铜镜（M61：1）　2. 陶壶（M61：2）

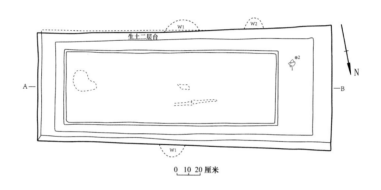

图十六　M82 平面图

1. 铜镜（M82：1）　2. 铜钱（M82：2）

C 型　无生土二层台、葬具仅有一棺的竖穴土坑墓。此类墓在该墓地数量较多有 25 座，以 M33、M56、M57、M70、M79 为例。

M33 位于发掘区南部，方向为 4 度，为一南北向竖穴土坑墓。开口近长方形，东西长 2.38、南北宽 1.07—1.15、深（距施工破坏面）约 1.91 米。该墓口大底小，墓壁斜内收，较粗糙。墓底平直，东西长 2.01、南北宽 0.84 米。该墓葬具为一棺，均已腐朽为灰色或白色粉末，南北长 1.76、东西宽 0.6—0.7、残高 0.1 米。棺内有人骨一具，骨骼部分腐朽。墓主为一 30—35 岁女性，仰身直肢葬，头向北，面向不明。墓南部壁龛内东部有一陶壶。壁龛内西部有一漆盒残留内有兽骨，应为鸡骨。墓葬左臂骨东侧有一漆盒残留，内有一铜镜，背面向上。

M56 位于发掘区北部，方向为 10 度，为一南北向竖穴土坑墓。开口近长方形，东西长 2.5、南北宽 1—1.1、深（距施工破坏面）约 2.8 米。该墓口大底小，墓壁斜内收，较粗糙，

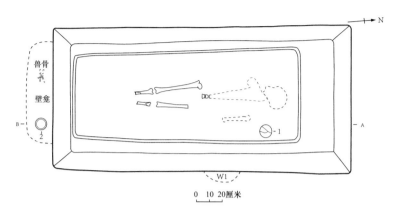

图十七 M33 平面图

1. 铜镜（M33：1）　　2. 陶壶（M33：2）

有脚窝。墓底平直，东西长 1.97、南北宽 0.8—0.89 米。该墓葬具为一棺，已腐朽为灰色或白色粉末。棺平面呈长方形，东西长 1.75、南北宽 0.72—0.78、残高 0.05 米。棺内有人骨一具，骨骼已腐朽。墓主为仰身直肢葬，头向北，面向不详。墓主左脚骨东侧有一漆盒残留内有一铜镜，正面向上。墓主左髋骨西侧有两枚铜钱，棺外西南角有一彩绘盖壶。

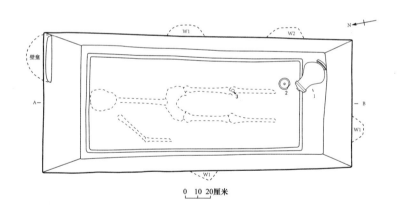

图十八 M56 平面图

1. 陶壶（M56：1）　　2. 铜镜（M56：2）　　3. 铜钱（M56：3）

M57 位于发掘区中部靠北，方向为 16 度，为一南北向竖穴土坑墓。开口近长方形，南北长 2.55、东西宽 1—1.1 米，南部略宽，深（距施工破坏面）约 1.7 米。墓壁微内收，壁面粗糙。墓底较为平整，长 2.19、宽 0.77—0.87 米，南部略宽。该墓葬具为一棺，仅存在一定的底板和侧板痕迹，南北长 1.83、东西宽 0.64、残高 0.05 米。棺内有人骨一具，已腐朽严重。墓主为一 40—45 岁个体，仰身直肢葬，头向北，面向不详，四肢平行于躯干，仅见人骨轮廓。墓主头部右侧有一面铜镜，背面向上。墓南部发现一件陶钵和一件陶壶，陶钵底向上盖于陶壶上。

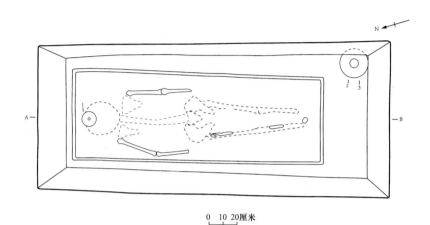

0   10   20厘米

图十九　M57 平面图

1. 铜镜（M57：1）　　2. 陶壶（M57：2）　　3. 陶碗（M57：3）

　　M70 位于发掘区北部偏东，方向为 10 度，为一南北向竖穴土坑墓。开口近长方形，南北长 2.17、东西宽 0.66、深（距施工破坏面）约 0.3 米。墓壁粗糙，墓底平整。该墓葬葬具为一棺，仅存在一定的底板、侧板和挡板的痕迹，南北长 1.83、东西宽 0.48、残高 0.09 米。棺内有人骨一具，保存较好。墓主为一 35—40 岁女性，仰身直肢葬，头向北，面向上，四肢平行于躯干。墓主头骨西侧有一面铜镜，正面向上。

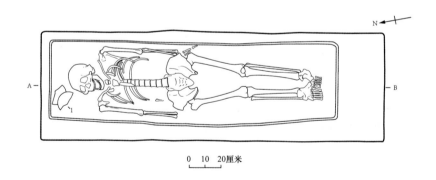

0   10   20厘米

图二十　M70 平面图

1. 铜镜（M70：1）

　　M79 位于发掘区东北部，方向为 115 度，为一东西向竖穴土坑墓。开口近长方形，东西长 2.29、南北宽 1、深（距施工破坏面）约 0.5 米。墓壁粗糙，墓底较为平整。该墓葬具为一棺，仅存在一定的挡板，侧板和底板的痕迹，东西长 2.1、南北宽 0.76—0.85 米，东部略宽，残高 0.06 米。棺内有人骨一具，骨骼腐朽严重。墓主为一 30 岁左右个体，仰身直肢葬，头向东，面向不详。墓主头部右侧有一面铜镜，背面向上。墓西南角有一件陶罐。

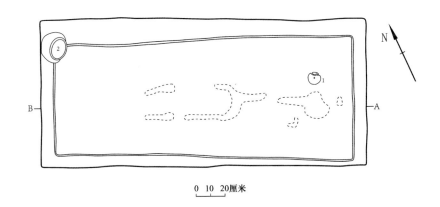

0　10　20厘米

图二十一　M79 平面图

1. 铜镜（M79：1）　 2. 陶罐（M79：2）

（二）出土器物

上文所报道发掘的 19 座西汉墓葬共出土器物 55 件，其中铜器 25 件，陶器 16 件，铁器 9 件，漆器 5 件均已严重腐朽。

1. 铜器

出土的 25 件铜器，包括 19 面铜镜，6 枚铜钱。

铜镜共出土 19 面，按照纹饰可分为蟠虺纹镜、蟠螭纹镜、铭文镜、草叶纹镜、花叶纹镜、星云纹镜 6 类。

蟠虺纹镜 4 面。

M17：1，直径 7.7、厚 0.1—0.25 厘米，重 34.9 克。三弦纽，纽外一周宽凹弧面圈带，圈带与内向十六连弧纹之间饰主纹，斜折线地纹上饰四乳四虺纹，四枚乳丁间蟠虺纹呈 S 形。宽素卷缘（图二十二，1）。

M48：1，直径 9.4、厚 0.1—0.2 厘米，重 54.5 克。三弦纽，纽外凹弧面方格及大方格，方格间为铭文带，大小方格内四角各饰一枚乳丁，每边各有二字铭文，铭文为"见日之光天下大阳"。大方格外四面在斜折线地纹上饰四蟠虺纹，虺纹由三个 C 形相连，中间 C 形大，两侧 C 形小，与大 C 形相反配置。素卷缘（图二十二，2）。

M53：1，直径 7.8、厚 0.1—0.2 厘米，重 36.9 克。三弦纽，纽外一圈宽凹弧面圈带，圈带与内向十六连弧之间饰主纹，斜折线地纹上饰四乳四虺纹，四枚乳丁间蟠虺纹呈 S 形。宽素卷缘（图二十二，3）。

M56：2，直径 9.2、厚 0.1—0.2 厘米，重 47.8 克。三弦纽，纽外一周宽凹弧面圈带，圈带与内向十六连弧纹之间饰主纹，斜折线地纹上饰四乳四虺纹，四枚乳丁间蟠虺纹呈 S 形。宽素卷缘（图二十二，4）。

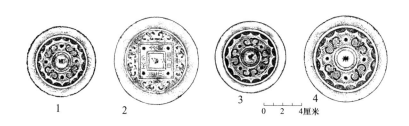

图二十二　蟠虺纹镜拓片

（1. M17：1　2. M48：1　3. M53：1　4. M56：2）

蟠螭菱纹镜 1 面。M59：1，直径 8.5、厚 0.1—0.25 厘米，重 55.4 克。三弦纽，纽外一周宽凹弧面圈带，圈带外两周弦纹间饰主纹，圆涡状云雷地纹上由三组蟠螭纹和折叠菱形纹组成，螭身相互缠绕在一起，并互相叠压相交。宽素缘，缘边上卷（图二十三，1）。

蟠螭纹镜 2 面。

M60：1，直径 8、厚 0.1—0.2 厘米，重 36.9 克。纽残，纽外一圈宽凹弧面圈带，圈带外两周弦纹间饰主纹，圆涡状云雷地纹上饰四组蟠螭纹，蟠螭由四大四小的 C 形正反连接而成，主纹中间被一周凹弧面圈带弦断，四枚乳丁均匀叠压在圈带上面。宽素缘，缘边上卷（图二十三，2）。

M70：1，直径 12.6、厚 0.14—0.3 厘米，重 139.1 克。三弦纽，纽外一圈宽凹弧面圈带，圈带外两周弦纹间饰主纹。圆涡状云雷地纹上饰四组缠绕变形的蟠螭纹，蟠螭由四大四小的 C 形正反环绕连接，主纹中间被一周凹弧面圈带弦断，四枚乳丁均匀叠压在圈带上面。宽素缘，缘边上卷（图二十三，3）。

日光连弧铭文镜 1 面。M35：2，直径 8.1、厚 0.15—0.35 厘米，重 94.7 克。圆纽，圆纽座，座外一周内向八连弧纹，两周短斜线纹之间为铭文带，字间用一个涡纹相隔，铭文为"见日之光长毋相忘"。宽素缘（图二十四，右）。

日光圈带铭文镜 1 面。M54：1，直径 6.8、厚 0.1—0.3 厘米，重 43.9 克。圆纽，圆纽座，座外一周凸圈带。其外两周短斜线纹间为铭文带，字间用一个涡纹相隔，铭文为"见日月心勿夫毋忘"。窄素缘（图二十四，左）。

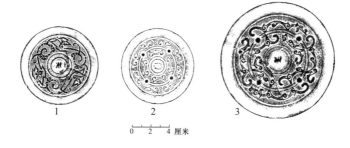

0 2 4 厘米

图二十三　蟠螭纹镜拓片

（1. M59：1　2. M60：1　3. M70：1）

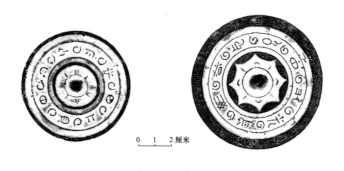

0 1 2 厘米

图二十四　铭文镜拓片

（左 M54：1　右 M35：2）

草叶纹镜 3 面。

M51：1，直径 10.3、厚 0.15—0.3 厘米，重 117.5 克。圆纽，四柿蒂形纽座，座外凹弧面小方格和细线大方格，大小方格内四角各有一枚乳丁，每边各有二字铭文，铭文为"见日之光长毋相忘"。大方格外中间饰四支对称的二叠式草叶纹，四角各伸出一花苞二叶花枝纹。内向十六连弧纹缘（图二十五，1）。

M52：1，直径 11.9、厚 0.2—0.4 厘米，重 205.4 克。伏兽纽，纽外凹弧面小方格和细线大方格，大小方格内四角有对称重叠式三角组成的正方形，每边各有二字铭文，铭文为"日出大光长乐未央"。大方格外中间饰四组对称的乳丁花苞纹，两侧为三叠式草叶纹，四角各伸出一支二叶花枝纹。内向十六连弧纹缘（图二十五，2）。

M57：1，直径 10.2、厚 0.15—0.25 厘米，重 121.9 克。圆纽，圆纽座，座外细线小方格和凹弧面大方格，大小方格内四角各有一花苞纹，每边各有二字铭文，铭文为"见日之光天下□□"。大方格外中间饰四组对称的乳丁花苞纹，两侧为单叠式草叶纹，四角各伸出一支二叶花枝纹。内向十六连弧纹缘（图二十五，3）。

花叶纹镜 1 面。M82：1，直径 10.2、厚 0.15—0.3 厘米，重 102.6 克。圆纽，四柿蒂形纽座，座外凹弧面大小方格，大小方格内四角各有一花苞纹，每边各有二字铭文，铭文为"日出大明天下大阳"。大方格外中间饰四组对称的乳丁花苞纹，四角各伸出一花苞二叶花枝纹。内向十六连弧纹缘（图二十五，4）。

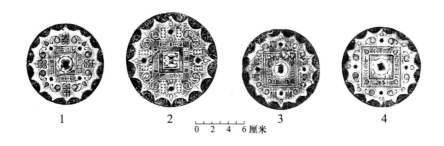

图二十五　草（花）叶纹镜拓片

1—3 草叶纹镜（M51：1、M52：1、M57：1）　4. 花叶纹镜（M82：1）

星云纹镜 6 面。

M24：1，直径 9.8、厚 0.15—0.3 厘米，重 126 克。连峰纽，纽外各有一周凸弦纹和内向十六连弧纹。其外两周凸弦纹之间饰主纹，四枚八连珠纹底座的乳丁将主纹分为四区，每区内各有七枚弧线相连的乳丁。内向十六连弧纹缘（图二十六，1）。

M25：1，直径 10、厚 0.15—0.3 厘米，重 124.9 克。连峰纽，纽外各有一周凸弦纹和内向十六连弧纹。其外两周凸弦纹之间饰主纹，四枚八连珠纹底座的乳丁将主纹分为四区，每区内各有七枚弧线相连的乳丁。内向十六连弧纹缘（图二十六，2）。

M33：1，直径 13、厚 0.2—0.5 厘米，重 307.2 克。连峰纽，纽外两周凸弦纹、一周内向十六连弧纹。其外两周凸弦纹之间饰主纹，四枚圆座乳丁将主纹分为四区，每区内各有七枚弧线相连的乳丁。内向十六连弧纹缘（图二十六，3）。

M36：3，直径 9.4、厚 0.15—0.25 厘米，重 97.4 克。连峰纽，纽外各有一周凸弦纹和内向十六连弧纹。其外两周凸弦纹之间饰主纹，四枚八连珠纹底座的乳丁将主纹分为四区，每区内各有七枚弧线相连的乳丁。内向十六连弧纹缘（图二十六，4）。

M58：1，直径 12.3、厚 0.15—0.35 厘米，重 195.1 克。连峰纽，纽外两周凸弦纹、一周内向十六连弧纹。其外两周凸弦纹之间饰主纹，四枚八连珠纹底座的乳丁将主纹分为四区，每区内各有七枚弧线相连的乳丁。内向十六连弧纹缘（图二十六，5）。

M79：1，直径10.7、厚0.15—0.4厘米，重148.5克。连峰纽，纽外各有一周凸弦纹和内向十六连弧纹。其外两周凸弦纹之间饰主纹，四枚八连珠纹底座的乳丁将主纹分为四区，每区内各有七枚弧线相连的乳丁。内向十六连弧纹缘（图二十六，6）。

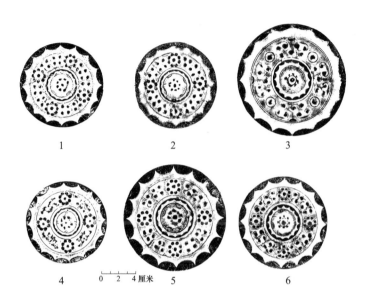

图二十六　星云纹镜拓片

（1. M24：1　2. M25：1　3. M33：1　4. M36：3　5. M58：1　6. M79：1）

铜钱共出土6枚，包括1枚"益六化"，3枚"半两"，2枚"五铢"。其中，"益六化"流行在战国晚期的齐国，出土于一西汉中期墓葬中。"半两"流行于战国晚期至西汉早期，均出土于西汉早期墓葬。"五铢"流行于西汉中晚期，出土于西汉中期墓葬。

M24：2"益六化"1枚，圆形，方穿，直径3.5、穿宽0.9厘米，重8.5克。面有内外郭，背平素。钱文篆书"益六化"，益字在右，六化二字在左，上下排列（图二十七，1、2）。

M48：3"半两"1枚，圆形，方穿，直径2.4、穿宽0.8厘米。钱面有外郭，背平素。钱文锈蚀严重，隐约辨别"半两"二字。

M48：4"半两"1枚，圆形，方穿，直径2.3、穿宽0.6厘米。面背均无内外郭。钱文锈蚀严重，半字辨别不清，两字字形不正，字形宽大。

M56：2"五铢"2枚，圆形，方穿，直径2.5、穿宽1厘米，面有外郭无内郭，背有内外郭。钱文篆书"五铢"二字，"五"字交笔略弯曲，上下横出头，"金"字头呈三角形，"朱"字头方折（图二十七，3、4）。

M82：2"半两"1枚，圆形，方穿，直径2.4、穿宽0.9厘米。面背均无内外郭。钱文小篆"半两",半字在右,两字在左(图二十七,5、6)。

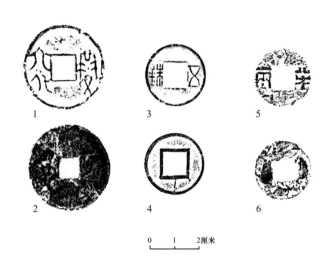

图二十七　铜钱拓片

(1、2. M24：2"益六化"正反面　3、4. M56：2"五铢"正反面　5、6. M82：2"半两"正反面)

2. 陶器

上文所报道的 19 座汉墓共出土陶器 16 件,其中陶罐 8 件、陶壶 6 件、陶碗 2 件,部分壶和罐有彩绘。

陶罐出土 8 件,均为泥质灰陶,根据腹部和底部的特征可以分为垂腹罐、鼓腹罐和平底罐 3 型。

A 型,垂腹罐 4 件,根据颈部和腹部的变化分为 4 式。

Ⅰ式,M25：3,敞口,盘口不明显,束颈,鼓腹,小平底略内凹。口径 13.2、底径 7.2、通高 28.4 厘米(图二十八,1)。

Ⅱ式,M53：3,敞口,方唇,窄平沿,喇叭形颈,弧肩,鼓腹,平底。最大径居中部,腹中部饰两周戳印,下腹部饰交错粗绳纹。口径 18.6、底径 6.6、通高 28.2 厘米(图二十八,2)。

Ⅲ式,M52：2,直口,平沿较窄,直颈较高,广肩,球形腹,最大腹径居中部,小平底。腹部饰二周中绳纹,下腹及底部饰横向细绳纹。口径 14.4、底径 7.8、通高 29.6 厘米(图二十八,3)。

B 型,鼓腹罐 2 件,根据底部的区别可分为 2 式。

Ⅰ式,圜底,M17：3,侈口,尖唇,短颈,圆鼓腹,下腹弧收,肩部饰横向对称的扁环耳。已残。口径14.6、通高15.5厘米（图二十八，4）。

Ⅱ式，平底，M79：2，敛口，斜沿，尖唇，短颈，圆鼓腹，最大径居中部，底部有按压痕迹。腹部饰三周中绳纹，下腹部及底部饰横向细绳纹。口径18.2、底径9.2、通高19厘米（图二十八，5）。

C型，平底罐3件，根据有无彩绘可分为2式。

Ⅰ式，无彩绘，共1件。

M58：2，侈口，平折沿较窄，沿面微凹。方唇，唇面微凹。束颈，溜肩，鼓腹，下腹斜收，大平底。腹部饰四周细绳纹。口径14.6、底径14.8、通高25.5厘米（图二十八，6）。

Ⅱ式，有彩绘，共2件。

M35：1，坡折沿较窄，沿面微凹，方唇，唇面微凹，鼓腹，平底。上腹部饰勾连纹彩绘，剥落严重。颈部饰二周凹弦纹，腹部饰三周中绳纹。口径15、底径16、通高27厘米（图二十八，7）。

M36：1，侈口，窄平沿，沿面微凹。方唇，唇面微凹。束颈，鼓腹，下腹斜收，大平底。下腹部饰数周横向中绳纹。颈肩部至腹部饰有红、黑彩绘。口径14.8、底径15.6，通高27厘米（图二十八，8）。

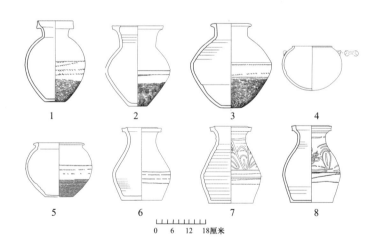

0 6 12 18厘米

图二十八　陶罐

1. A型Ⅰ式（M25：3）　2. A型Ⅱ式（M53：3）　3. A型Ⅲ式（M52：2）　4. B型Ⅰ式（M17：3）　5. B型Ⅱ式（M79：2）　6. C型Ⅰ式（M58：2）　7. C型Ⅱ式（M35：1）　8. C型Ⅱ式（M36：1）

陶壶出土6件，均为泥质灰陶，根据有无器盖和彩绘可分为2型。

A型，彩绘陶盖壶。

M56：3，覆斗形盖，素面。壶直口，略呈浅盘形，斜沿，方唇，长直颈，球形腹，最大径位于腹中部，下腹部饰四周细绳纹。圜底，圈足较矮，外撇呈喇叭形，饰三周凸弦纹。颈部及腹部遍饰白彩，间饰红、黑勾连纹、几何纹、弦纹等。口径 15.6、足径 11.5、通高 39.6厘米（图二十九，1）。

B 型，束颈壶，均为泥质灰陶，敞口，束颈，腹部略鼓，矮圈足，根据颈部和腹部变化可分为三式。

Ⅰ式 2 件，腹部较鼓，腹径较大。

M51：2，敞口，圆唇，沿面微内卷，束颈，颈部较粗，肩部斜直，折腹急收，腹底近平，腹部最大径位于下腹部。底近平，矮圈足外撇，略呈喇叭形。素面。口径 12.6、足径 10.6、通高 22 厘米（图二十九，2）。

M59：5，敞口，尖唇，束颈，颈部较细，扁折腹，下腹弧收呈圆底，圈足外撇，略呈盘状。素面。口径 10.4、足径 10.4、通高 23.1 厘米（图二十九，3）。

Ⅱ式 2 件，腹部略鼓，腹径略大。

M57：3，敞口，沿面微内卷，圆唇，束颈、扁折腹，折腹较明显，垂腹，最大径位于腹中部。下腹部弧收呈圆底。矮圈足外撇，呈喇叭形。素面。口径 10.8、足径 9.8、通高 23.2厘米（图二十九，4）。

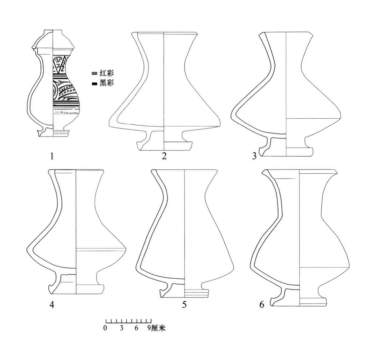

图二十九　陶壶

1. A 型彩绘陶盖壶（M56：3）　2—6. B 型束颈壶

2. Ⅰ式（M51：2）　3. Ⅰ式（M59：5）　4. Ⅱ式（M57：3）　5. Ⅲ式（M33：2）　6. Ⅲ式（M61：2）

Ⅲ式2件，短颈，腹部微鼓斜收。

M33：2，敞口，圆唇，束颈，颈部较粗，溜肩，垂腹，下腹弧收呈圜底，近平，矮圈足外撇呈喇叭形，底座饰三周凸弦纹。口径12.6、足径8.8、通高23.9厘米（图二十九，5）。

M61：2，敞口，尖唇，高领，束颈，颈部较粗，圆肩，垂鼓腹，最大径位于下腹部。下腹弧收呈圆底，圈足外撇，呈浅盘状。素面。口径14.4、足径10、通高25.4厘米（图二十九，6）。

出土的2件陶碗，均为泥质灰陶，根据口沿，腹部及底部可分为2型。

A型，M17：2，敞口，方唇，斜弧腹，内外壁均弧收，平底。口径21.4、底径8.4、通高6.4厘米（图三十，1）。

B型，M57：2，敞口，口沿微内卷，圆唇，弧腹斜收，较深，平底略内凹，底部有一周凹弦纹。内壁弧收成圆底，略凹。口径17.8、底径6.6、通高7厘米（图三十，2）。

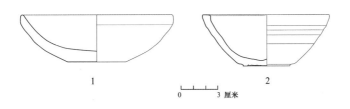

0   3 厘米

图三十　陶碗

1. A型 M17：2　2. B型 M57：2

3. 铁器

上文所报道的19座汉墓共出土铁器9件，其中带钩1件，支架4件，铁臿2件，难以辨认器形的铁器2件。带钩为墓主生前穿衣工具，支架多与铜镜相伴出。铁臿均出于填土中，为建造墓室的生产工具。铁器可能为日常生产工具。

M48：2，带钩，匙形，锈蚀严重，鸟首钩，鼓腹，平背，尾残，铆钉状纽近尾部。残长4.1、腹宽1.5厘米（图三十一，1）。

M36：3，支架，锈蚀严重，两端残缺。残长7.5、宽1.2、厚0.15厘米（图三十一，2）。

M53：2，支架，由铁板弯折而成，其余部分残缺。长7.9、宽1.3、厚0.2厘米（图三十一，3）。

M54：2，支架，锈蚀残缺严重，两端断缺，中间十字支架断。残长9.2、宽1.2—1.3、厚0.2厘米（图三十一，4）。

M59：2，支架，残长6.2、宽1.1、厚0.3厘米（图三十一，5）。

M52：4，铁耑，锈蚀严重，平面呈 U 型，銎槽纵截面呈三角形，宽弧刃，刃部末端外侈。长 7、刃宽 6.2、上宽 5.8、厚 1.9 厘米（图三十一，6）。

M54：3，铁耑，锈蚀严重，平面呈"U"形，銎槽纵截面呈"三角形"宽弧刃，双刃末端外侈。长 6.5、上宽 5.8、刃宽 6.5、厚 1.8 厘米（图三十一，7）。

M59：3，铁器，锈蚀，上厚下薄，断面呈近三角形。残长 10.6、宽 1.2、厚 1.5 厘米（图三十一，8）。

M59：4，铁器，残长 18.2、宽 1.8—2.9、厚 0.2—0.5 厘米（图三十一，9）。

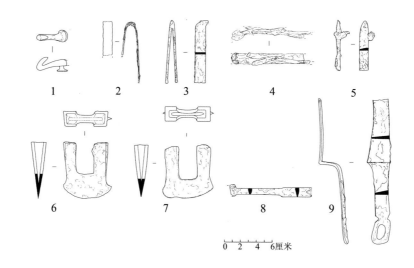

图三十一 铁器

1. 带钩（M48：2） 2—5. 支架（M36：2、M53：2、M54：2、M59：2）
6—7. 铁耑（M52：4、M54：3） 8—9. 铁器（M59：3、M59：4）

三 隋代洞室墓及出土器物

M47 位于发掘区西北部，方向为 248 度，为一带墓道的土坑洞室墓，由墓道和墓室组成。墓道长 1.23、宽 0.86 米，距墓口 0.34 米后墓道底部呈 25 度斜坡向下延伸，最深处为 0.96 米。墓室总体略呈半椭圆状，长 2.77、宽 0.46—1.31 米。墓室底部长 1.98、宽 0.45—1.30 米，略呈 15 度斜坡，距墓口 0.96—1.58 米。墓内葬具仅有一棺，长 1.94—1.99、宽 0.52—0.64、残高 0.10—0.27 米。墓主完全腐朽，未见人骨。在墓室东壁上发现一壁龛，距墓口 0.51 米。壁龛立面呈拱形，底面呈扇形，截面呈扇形，宽 0.70、高 0.47、进深 0.20 米。在墓室棺外东侧共发现一件陶罐、一件四系瓷壶和一件青瓷碗，在棺外北侧发现一件长方体石器，另在棺北、西、南三处各发现一枚铁棺钉。

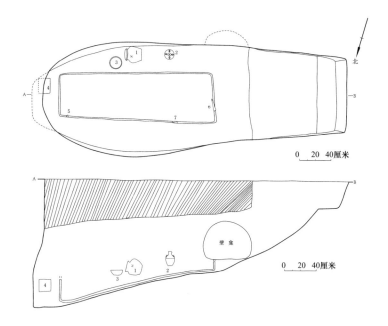

图三十二　M47 平剖面图

1. 双系罐（M47：1）　2. 四系瓷壶（M47：2）　3. 瓷碗（M47：3）　4. 石器（M47：4）　5—7. 棺钉
（M47：5、M47：6、M47：7）

M47：1，双系罐。侈口，折沿，尖唇，束颈，丰肩，平底。最大径位于上腹部。肩部饰对称的内凹形双系。腹部饰竖细绳纹，已模糊不清。内壁下腹部有刻划印痕。口径 14.4、底径 14、通高 26.2 厘米（图三十三，1）。

M47：2，四系瓷壶。黄褐胎，器表及内壁上部施青釉。口残。细颈较长，圆肩，下腹部斜收，至底部微外撇，小平底微内凹。颈部、肩部各饰一周凸棱，肩部有四个对称的环耳。底部有明显轮制痕迹。底径 7、残高 18.6 厘米（图三十三，2）。

M47：3，瓷碗。红褐胎。内壁施绿釉至口沿下。敞口，圆唇，沿下饰一周凹弦纹，内外均弧收，平底内凹，饼形足较矮。内壁有轮制痕迹，器身倾斜。口径 15、底径 6.4、高 6—7 厘米（图三十三，3）。

M47：4，石器。器身呈不规则长方体，顶部有近圆形的凹槽，平面形态为椭圆形，剖面形态呈 U 字形，内壁有竖向条形凹凸凿印。高 20.5、宽 18、厚 15 厘米（图三十三，4）。

M47：5，棺钉。顶帽呈圆形，中部凸起，呈伞状，钉身自上而下呈四棱锥形。残长 11.24 厘米（图三十三，5）。

M47：6，棺钉。铁质，锈蚀严重，钉帽残缺，钉身横截面呈方形。残长 15.2 厘米（图三十三，6）。

M47：7，棺钉。顶帽残缺，钉身上下残缺，中间部分锈蚀开裂，断面呈椭圆形。残长7.1 厘米（图三十三，7）。

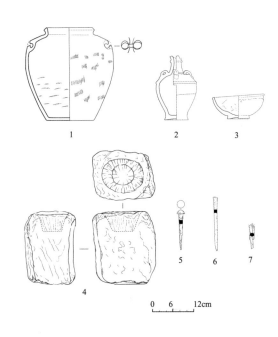

图三十三　M47 出土器物

1. 双系罐（M47：1）　2. 四系瓷壶（M47：2）　3. 瓷碗（M47：3）　4. 石器（M47：4）　5—7. 棺钉（M47：5、M47：6、M47：7）

四　唐宋洞室墓及出土器物

M76 为一带墓道的土坑洞室墓，位于发掘区东北部，方向为 187 度，南北长 1.95、东西宽 0.85、深（距施工破坏面）0.6—1 米。该墓葬有一墓道，墓道口呈长方形，南北长2.26—2.46、东西宽 0.8—0.9 米，墓道底长 2.1、宽 0.7—0.75、深 1.1—1.38 米。墓道北端发现一拱形木门，向北延伸至墓室，上口宽 0.48、下口宽 0.6、高 1.05、进深 0.28 米。墓室北部为一椭圆形墓室，长径 1.47、短径 1.17、高 1.08 米。在木门与墓室之间发现 10 块大小不等的砖块，可能为墓门的封门砖。墓室西侧有一壁龛，立面呈梯形，底面呈半圆形，截面呈半圆形，上宽 0.15、下宽 0.25、高 0.25、进深 0.2 米。在壁龛内发现两个瓷碗，小瓷碗底面向上扣于下面的大瓷碗，大瓷碗口向上，平行摆放。该墓棺保存较差，存在一定的底板和侧板痕迹，东西长 1.2、南北宽 0.4—0.5 米，西部略宽，残高 0.05 米。其中棺内保存人骨一具，人骨保存差，骨骼局部已腐杇，仰身直肢葬，头向西，面向不详，四肢平行于躯干。

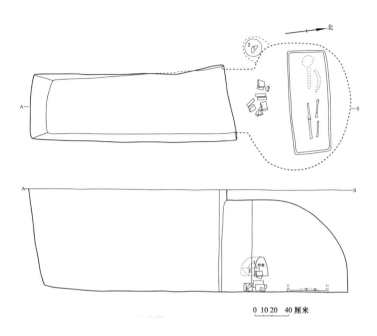

0 10 20　40 厘米

图三十四　M76 平剖面图

1. 瓷碗（M76∶1）　2. 瓷碗（M76∶2）

　　M76∶1，瓷碗。黄白胎，内外壁施青白釉，不及底，侈口，尖圆唇，内外壁均弧收，平底微内凹。饼形足较矮。口径11.4、底径4.6、通高4厘米。

　　M76∶3，瓷碗。灰白胎。敞口，圆唇，内外壁均弧收呈平底，矮圈足较粗，微外撇。碗身倾斜，下腹部有明显轮制痕迹。内壁施黄白釉。外壁施黄白釉不到底，剥落严重。口径19.8、足径6.6、通高7.4厘米。

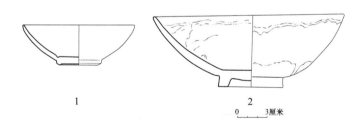

1　　　　　　　2　　0　　　3厘米

图三十五　M76 出土器物

1. 瓷碗（M76∶1）　2. 瓷碗（M76∶2）

五　结语

（一）墓葬年代

本文报道的 21 座墓葬均有随葬品出土，故根据随葬品可推断出墓葬的具体年代。

战国至秦汉时期，临淄地区为全国铜镜铸造的一大中心地区，其出土数量之大、种类之多、变化之频繁，使得铜镜成为该地区墓葬断代的重要依据之一。在上文所列 19 座西汉墓葬中，M17、M53、M56 出土的蟠虺纹铜镜纹样相同，均与临淄范家墓地淄江花园太公小学工地 M7 所出铜镜形制相同，故可判断这三座墓的年代为西汉早期。[1] M48 所出蟠虺纹铜镜中部有方格和铭文，与临淄范家墓地淄江花园 D 组团工地 M400 所出铜镜纹样和铭文均相同，故该墓年代应为西汉早期。[2] M59 所出蟠螭菱纹铜镜与永流墓地金鼎绿城三期 M884 出土铜镜形制相同，故该墓年代为西汉早期。[3] M61 出土蟠螭纹铜镜与刘家墓地棕榈城工地 M416 所出铜镜形制相同，故该墓年代为西汉早期。[4] M70 所出蟠螭纹铜镜与临淄范家墓地淄江花园高阳工地 M41 所出铜镜相同，故该墓年代为西汉早期。[5]

M54 所出日光圈带纹铭文铜镜与范家墓地淄江花园方正 2009 工地 M481 所出铜镜较为相似，故该墓年代应为西汉中晚期。[6] M51、M52、M57 所出土的草叶纹铜镜形制基本相同，仅中间铭文略有出入。这三面铜镜与官道墓地辛村工地 M307 所出铜镜形制相似，故这三座墓年代应为西汉中晚期。[7] M82 所出花叶纹镜与永流墓地金鼎绿城三期工地 M695 所出铜镜纹样相似，铭文略有不同，该墓年代应为西汉中晚期。[8] M33 所出土星云纹镜与商王墓地盛世豪庭工地 M405 出土铜镜形制相同，故该墓年代为西汉中晚期。[9]

M35 所出日光连弧铭文铜镜与临淄西关南墓地临淄中学工地 M33 所出铜镜纹饰和铭文均相同。[10] 该墓同出的彩绘平底壶，根据昌邑辛置墓地西汉墓葬分期可晚至西汉晚期，[11] 故该墓年代为西汉晚期。M24、M25、M36、M58 和 M79 所出土星云纹镜形制基本相同，仅

---

[1] 淄博市临淄区文物管理局编著：《山东临淄战国汉代墓葬与出土铜镜研究》，文物出版社 2017 年版，第 105 页。
[2] 淄博市临淄区文物管理局编著：《山东临淄战国汉代墓葬与出土铜镜研究》，第 113 页。
[3] 淄博市临淄区文物管理局编著：《山东临淄战国汉代墓葬与出土铜镜研究》，第 68 页。
[4] 淄博市临淄区文物管理局编著：《山东临淄战国汉代墓葬与出土铜镜研究》，第 80 页。
[5] 淄博市临淄区文物管理局编著：《山东临淄战国汉代墓葬与出土铜镜研究》，第 90 页。
[6] 淄博市临淄区文物管理局编著：《山东临淄战国汉代墓葬与出土铜镜研究》，第 391 页。
[7] 淄博市临淄区文物管理局编著：《山东临淄战国汉代墓葬与出土铜镜研究》，第 215 页。
[8] 淄博市临淄区文物管理局编著：《山东临淄战国汉代墓葬与出土铜镜研究》，第 62 页。
[9] 淄博市临淄区文物管理局编著：《山东临淄战国汉代墓葬与出土铜镜研究》，第 202 页。
[10] 淄博市临淄区文物管理局编著：《山东临淄战国汉代墓葬与出土铜镜研究》，第 340 页。
[11] 山东省文物考古研究院、昌邑市博物馆编著：《昌邑辛置——2010—2013 年墓葬发掘报告》，文物出版社 2021 年版，第 1067 页。

大小略有区别，其形制与范家墓地淄江花园峰尚国际工地 M92 出土铜镜形制相同，[①] 年代大致为西汉中晚期。其中，M79 所出的鼓腹罐与昌邑辛置墓地 M266 所出陶罐形制相同，年代应为西汉中期；[②] M25 所出的垂腹罐与昌邑辛置墓地 M682 所出土的陶罐形制相似，该墓年代可晚至西汉晚期；M36、M58 所出的平底壶，根据昌邑辛置墓地同类器物分期可晚至西汉晚期。[③]

另外，M47 出土的四系瓷壶与嘉祥徐敏行墓出土青瓷盘口壶较为相似，[④] 青瓷碗与周皆墓出土瓷碗较为相似，[⑤] 灰陶罐与吕仓墓出土灰陶罐相似，[⑥] 故判断该墓年代应为隋，至迟至初唐。根据 M76 所出土瓷碗的底部特征，推测该墓年代为晚唐至宋代。

（二）墓葬形制

本文所报道的 19 座西汉墓中，有 17 座葬具仅为一棺，2 座葬具为一棺一椁，椁为砖椁。无椁的墓葬中有 12 座有生土二层台可能充当椁的作用，墓葬较深者往往有脚窝和壁面加工装饰。这些墓葬特征均为鲁北地区西汉时期竖穴土坑墓所共有。[⑦] 无椁的竖穴土坑墓自西汉早期延续至晚期，有砖椁的竖穴土坑墓主要在西汉中晚期。这些墓葬中个别有壁龛，内多为陶器和兽骨。墓葬多为南北向，少数为东西向。南北向墓的墓主头向北，东西向墓的墓主头向东，均为仰身直肢葬，男女均有，年龄集中在 20—50 岁之间。M47 为临淄地区首次发现的隋代平民墓。1979 年在山东大学基本建设过程中曾发现两座类似的墓葬，当时被发掘者称为带斜坡墓道的土坑墓。[⑧] 土洞墓 M76 则为临淄地区较为常见的唐宋时期平民墓葬。

（三）随葬品组合

西汉墓葬随葬品相对较少。在该墓地发掘的 68 座汉墓中，有随葬品的有 40 座，占总数的 59%，其中随葬有铜镜的有 23 座，占总数的 34%。随葬品多为一罐或一壶。随葬有铜镜的墓葬除铜镜外，通常还有铜钱、漆盒或铜钱，个别会随葬铁质或石质工具。总体而言该墓地为一西汉平民墓地。M47 所随葬的四系瓷壶和青瓷碗虽然在山东地区较为少见，但在河南、江苏、安徽等周边地区同时期墓葬属于较为常见的组合。

---

① 淄博市临淄区文物管理局编著：《山东临淄战国汉代墓葬与出土铜镜研究》，第 187 页。
② 山东省文物考古研究院、昌邑市博物馆编著：《昌邑辛置——2010—2013 年墓葬发掘报告》，第 1065 页。
③ 山东省文物考古研究院、昌邑市博物馆编著：《昌邑辛置——2010—2013 年墓葬发掘报告》，第 1067 页。
④ 山东省博物馆：《山东嘉祥英山一号隋墓清理简报——隋代墓室壁画的首次发现》，《文物》1981 年第 4 期。
⑤ 宁荫棠：《山东章丘隋代周皆墓》，《考古与文物》1996 年第 1 期。
⑥ 济南市考古研究所：《济南隋代吕道贵兄弟墓》，《文物》2005 年第 1 期。
⑦ 宋蓉、滕铭予：《山东中北部地区两汉中小型墓葬初论》，《文物春秋》2008 年第 5 期。
⑧ 宋百川、刘凤君：《山东大学基建工地出土古代陶瓷器》，《山东大学文科论文集刊》1980 年第 2 期。

总之，本文所报道的 19 座汉墓为鲁北地区典型的西汉时期平民墓，保存相对较好，为研究临淄乃至鲁北地区西汉时期的墓葬形制、生业状况和社会习俗提供了重要的资料。1 座隋墓为临淄地区首见，对研究鲁北地区隋代平民墓葬形制和陶瓷器具有重要意义。

附记：本次发掘项目负责人为吴志刚，执行领队秦超超、陈魁，参与发掘人员有：荣若俊、路俊福、吴庆民、朱献政、徐立金、徐晗、焦清泉、孟凡亮、王宏伟等。器物修复由朱华伟、刘敬伟、常继文完成，人骨鉴定由厦门大学沈曲博士完成。淄博市临淄区文物局、临淄区文物保护中心在考古发掘和资料整理过程中给予了大力支持和帮助，在此一并表示感谢！

摄影：赵珍珍、张建斌
绘图：秦超超、李辉、王强、张建斌
拓片：荣若俊、陈魁、王强
执笔：秦超超、陈魁、赵珍珍、邢永超

· 新发现与新资料 ·

西安白杨寨 M1373 所见晚唐五代
墓葬壁画变迁

王　曾

摘　要： 西安东郊白杨寨 M1373 是 2022 年发掘的一座规格较高的晚唐时期墓葬，推断墓主为中晚唐权宦刘弘规家族子辈成员。该墓壁画继承了盛唐时期的题材与风格，开启了五代时期的新模式，对研究晚唐至宋辽时期墓葬壁画变化有着标尺价值和意义。本文以该墓为切入点，通过对盛唐至五代时期墓葬形制、壁画题材、壁画布局的收集与整理，分析晚唐至五代时期墓葬壁画的变迁，认为本座墓葬彰显了以长安为中心的唐文化在晚唐动荡时期及后世仍有强大的传播力和影响力。

关键词： 晚唐五代　墓葬形制　壁画题材　壁画布局

晚唐五代时期大型墓葬数量少，壁画多较为简单，研究也较为薄弱，而新发现的西安东郊白杨寨墓地 M1373 墓葬规模较大，壁画内容丰富，颇为罕见，是晚唐时期大型壁画墓的代表，对于研究晚唐五代墓葬壁画变化有着标尺意义。故本文以该座墓葬的发现为契机，通过对盛唐至五代时期墓葬的墓葬形制、壁画内容及布局等材料进行收集与整理，初步分析晚唐至五代时期墓葬形制、壁画题材等内容的变化。不妥之处，敬祈方家指正。

一　M1373 基本情况

2022 年 6—12 月，陕西省考古研究院在白杨寨墓地发掘了一座精美的壁画墓。该墓为晚唐时期较为典型的竖穴墓道单砖室穹隆顶墓（图一），位于刘氏家族墓地中部。墓葬虽被盗掘严重，未出土墓志，但根据墓葬形制、年代及墓位关系判断该墓年代在唐僖宗时期（公元 9 世纪末），推断墓主为刘弘规家族子辈成员，可能为刘弘规次子刘行深或其夫人。[①]

---

① 陕西省考古研究院：《陕西西安东郊白杨寨晚唐壁画墓 M1373 发掘简报》，《考古与文物》2024 年第 1 期。

《唐会要·葬》中对丧葬的有关规定有着较为详细的记载，其中在开元二十九年（741）、元和三年（808）、会昌元年（841）分别颁布有政令，对墓园大小、送葬明器数量、随葬品尺寸等内容加以规定。① 齐东方认为这些规定一次次重复原有内容，是在逐渐放宽、步步退让，唐后期厚葬之风反而日益严重。② 而宦官群体在中晚唐政治中参与度极高，尤其是刘弘规家族中有多位成员都曾深刻地影响到皇帝的废立。③ 本座墓的墓主很可能为刘行深，其更是拥立僖宗的主力。刘氏宦官家族作为皇帝的亲信，权倾朝野，在丧葬中与皇室看齐进行厚葬，出现各种僭越现象也不足为奇。

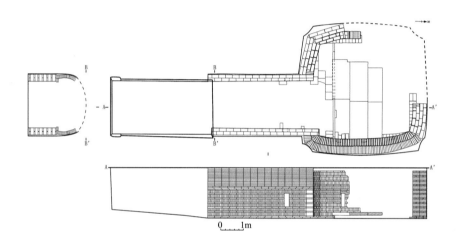

图一 M1373 平、剖面图

该墓绘制有内容丰富、画面精美的壁画。其中墓道东西两侧原应绘制有青龙、白虎图；甬道部分以壁龛为界，南侧东西两壁分别为由引路童子、出行主体和骑马仕女所构成的八人抬担出行图和牛车出行图，北侧东西两壁为侍女图，各绘有侍女两人，多面向墓室站立（图二、图三）；墓室东壁为乐舞图，画面以中间抬袖女舞者及右侧持钹舞者为中心，两侧吹竖笛、打拍板、击鼓的乐手对称分布（图四）；墓室北壁仅残存东侧，主体为一侍女持执壶立于火炉及桌子旁，为备茶图（图五）；墓室西壁残存南部一角，可见一副帷帐，其上绘有石笋（图六）；墓室南壁虽保存完整，但仅见一台阶式画面（图七）。本座墓葬壁画为近年来所罕见，年代为僖宗时期。壁画的布局和内容与此前发现的其他晚唐时期壁画差异较为明显，如甬道部分有多绘制于过洞及天井部分的出行图，出行图中两侧分别有牛车及抬担图像。部分

① （宋）王溥撰：《唐会要》卷 38《葬》，中华书局 1955 年版。
② 齐东方：《唐代的丧葬观念习俗与礼仪制度》，《考古学报》2006 年第 1 期。
③ 杜文玉：《唐代宦官刘弘规家族世系考述》，《唐史论丛》第 21 辑，三秦出版社 2015 年版，第 140—150 页。

题材如备茶图、八人抬担出行图等在五代、宋辽时期壁画墓中较为常见。因此该墓对于研究唐宋之际壁画题材及风格转变有着重要的节点意义。

图二　甬道东壁壁画

图三　甬道西壁壁画

图四　墓室东壁壁画

图五　墓室北壁壁画　　　　　　　　　　　图六　墓室西壁壁画

图七　墓室南壁壁画

二　晚唐壁画墓形制变化

墓葬是墓葬壁画的载体，墓葬的形制在很大程度上限制了壁画的内容与布局，因此分析其形制变化对于深化墓葬壁画研究十分重要。晚唐处于盛唐与五代之间，是一个十分明显的转折阶段，了解该时期壁画墓形制变化应综合考虑盛唐与五代的情况。

（一）盛唐至晚唐时期

唐代长安作为都城，人口众多，高峰时可达百万。这些人死后多埋藏于附近，因此长安地区的唐墓数量众多，城郊地区更是分布密集。目前这一地区已发掘的唐墓数以万计，发现的唐代壁画墓数量也是全国最多的，达百余座，[①] 其中盛唐至晚唐时期共计 38 座（盛唐墓例共 19 例，[②] 中唐墓例共 8 例，[③] 晚唐墓例共 11 例[④]）。其他地区唐墓壁画也有所发现。如洛阳地区有 6 座，均为长斜坡墓道带天井的砖室墓，形制较为接近，壁画内容均为青龙、白虎、侍者、牵马、牵驼等，墓主应均为与李唐皇室存在密切关系之人。[⑤] 这些墓葬与长安地区高等级墓葬极为相近。河北道地区发现有十余座唐代壁画墓，多为中唐至唐末时期，[⑥] 但其墓葬形制差异较大，特征不甚明显。河东道地区也发现有十余座唐代壁画墓，主要集中于现今太原地区，[⑦] 年代上多为唐初至盛唐时期，其"树下人物"故事题材有着一定的地方特色。陇右道地区唐墓壁画主要集中于现今固原地区和吐鲁番阿斯塔纳墓地。固原地区主要为史索岩墓、梁元珍墓，年代为初唐时期；[⑧] 阿斯塔纳墓地壁画内容多为六扇屏式的鉴诫图、生活情景图、

---

①　已有学者对已刊布关中地区唐代壁画墓进行了较为全面的收集，可见徐光冀主编《中国出土壁画全集（6—7·陕西）》，科学出版社 2012 年版，第 169—404 页；田蕊《关中平原唐墓壁画题材研究》，硕士学位论文，云南大学，2017 年。

②　分别为惠庄太子李㧑墓（开元十二年）、李邕墓（开元十五年）、韦慎名墓（开元十五年）、薛莫墓（开元十六年）、冯君衡墓（开元十七年）、武惠妃敬陵（开元二十五年）、李道坚墓（开元二十六年）、韩休墓（开元二十八年）、让皇帝李宪惠陵（天宝元年）、韦君夫人胡氏墓（天宝元年）、苏思勖墓（天宝四年）、雷内侍夫人宋氏墓（天宝四年）、张九思夫人胡氏墓（天宝六年）、张去奢墓（天宝六年）、张去逸墓（天宝七年）、张仲晖墓（天宝十二年）、高元珪墓（天宝十五年）、陕棉十厂唐墓（天宝年间）、金浮沱唐墓（天宝年间）。

③　分别为高力士墓（宝应二年）、韩氏墓（永泰二年）、贝国夫人墓（大历九年）、南里王唐墓（中唐前期）、唐安公主墓（兴元元年）、郯国大长公主（贞元三年）、惠昭太子李宁墓（元和七年）、刘弘规墓（宝历三年）。

④　分别为姚存古墓（太和九年）、郭仲文墓（会昌二年）、刘弘规夫人李氏墓（会昌三年）、梁元瀚墓（会昌四年）、高克从墓（大中元年）、杨玄略墓（咸通五年）、博陵郡夫人崔氏墓（乾符六年）、白杨寨 M1373（晚唐）、僖宗靖陵（文德元年）、韩家湾 M29（晚唐）、韩家湾 M33（晚唐）。

⑤　见徐婵菲《洛阳古代壁画墓考古百年收获》，《洛阳考古》2021 年第 4 期。

⑥　主要分布于现今北京、安阳及黑吉地区（此外现今河北地区还发现有平山崔氏墓，本文将其归于唐末五代时期讨论），其中北京地区数量最多，见于璞《北京地区唐墓壁画的分期与时代特征》，《文物春秋》2010 年第 6 期；安阳为安阳北关壁画墓，见安阳市文物考古研究所《河南安阳市北关唐代壁画墓发掘简报》，《考古》2013 年第 1 期；黑吉地区为高句丽及渤海国遗存，有吉林集安洞沟古墓群的数座墓、吉林和龙贞孝公主墓、黑龙江宁安三陵二号墓等。

⑦　李雨生《山西隋唐五代墓葬析论》，《西部考古》第 13 辑，科学出版社 2017 年版，第 110—136 页。

⑧　罗丰编著：《固原南郊隋唐墓地》，文物出版社 1996 年版。

花鸟图等。① 近年来在甘肃天水还发现有乾符四年（877）张简璋墓，② 其南壁所绘宴饮、寝室等内容与此前发现的唐墓差异较大，具有较明显的五代特征。但很可惜该墓保存极差且未经正式发掘，资料很不完整。

相较于其他地区，长安地区盛唐至晚唐时期壁画墓数量最多，画面内容也最为丰富。且长安地区的墓葬受到的管理最为严格，需较为严格地遵守"开元礼"，③ 墓葬形制变化较为明显，更能够体现唐代思想特征。因此本文关于盛唐至晚唐时期壁画墓墓葬形制、壁画布局与内容的分析针对长安地区进行。

20 世纪 80 年代孙秉根曾对当时所发现的 110 座带有墓志的墓葬进行了分期，其中包含有大量的壁画墓。④ 21 世纪，程义则根据当时的大批发掘资料，对唐代墓葬的演变规律进行了总结。⑤ 但近年来发现的郭仲文墓、⑥ 曲江博陵郡夫人崔氏墓、⑦ 刘弘规墓及夫人李氏墓、⑧ 白杨寨 M1373 等墓葬形制上与程义认为的"大约从公元 800 年左右开始，单室砖墓彻底消失，竖井墓道完全替代了长斜坡墓道"⑨ 差别较大。

唐代大中型墓葬原大多绘制有壁画，但因保存状况、盗扰破坏等，部分墓葬壁画已不存或仅存部分。研究现存壁画墓的形制变化对于分析墓葬壁画的内容与布局有着参考意义。因此本文在相关研究的基础上，统计和分析开元至晚唐时期壁画墓的形制、壁画内容与布局。

从墓主等级上看，盛唐、中唐、晚唐三个时期均有皇帝、太子、大长公主等高等级墓葬，又有四品以下及无品级的低等级的墓葬，差别较大，但综合来说壁画墓的墓主普遍等级较高。从墓主身份上看，盛唐时期多为皇室成员及高等级品官，中唐时期宦官所占比例增多，晚唐时期则多为宦官及其家族成员（图八，1）。

从墓道形制上看，盛唐的 19 座壁画墓均为斜坡墓道。中唐的 8 座墓葬中带斜坡墓道的有 5 座，而新出现的带竖穴墓道的墓葬有 3 座。晚唐的 11 座墓葬有 3 种墓道形制，其中带竖穴墓道者为 8 座，数量最多，占同时期墓葬的比例明显增高；斜坡墓道者仅有 3 座，数量和比例明显降低，其中杨玄略墓年代明确为咸通五年（864），⑩ 韩家湾 M29 发掘者推断

① 见郭永利、姚蔚玲、于志勇《甘肃、宁夏、新疆地区出土壁画概述》，徐光冀主编：《中国出土壁画全集（9·甘肃·宁夏·新疆）》，科学出版社 2012 年版，第 V 页。

② 吴荭、王山、赵亚君：《甘肃天水伯阳唐张简璋墓略考》，《大众考古》2023 年第 5 期。

③ 转引自李雨生《唐墓研究中的三个问题》，《西部考古》第 12 辑，科学出版社 2016 年版，第 385—398 页。

④ 孙秉根：《西安地区隋唐墓葬的形制》，《中国考古学研究》编委会编：《中国考古学研究——夏鼐先生考古五十年纪念论文集》，文物出版社 1986 年版，第 151—190 页。

⑤ 程义：《关中唐代墓葬初步研究》，博士学位论文，西北大学，2007 年。

⑥ 陕西省考古研究院、西安市文物保护考古研究院：《西安凤栖原唐郭仲文墓发掘简报》，《文物》2012 年第 10 期。

⑦ 西安市文物保护考古研究院：《西安曲江唐博陵郡夫人崔氏墓发掘简报》，《文物》2018 年第 8 期。

⑧ 陕西省考古研究院：《唐宦官刘弘规及夫人李氏墓发掘简报》，《中原文物》2023 年第 4 期。

⑨ 程义：《关中唐代墓葬初步研究》，博士学位论文，西北大学，2007 年。

⑩ 杨玄略墓发掘报告未出，可参见宿白《西安地区唐墓壁画的布局和内容》，《考古学报》1982 年第 2 期；孙秉根《西安地区隋唐墓葬的形制》，《中国考古学研究》编委会编：《中国考古学研究——夏鼐先生考古五十年纪念论文集》，第 151—190 页。

其年代为晚唐时期，[①] 但其年代应较早；僖宗靖陵（888）作为帝陵，采用斜坡阶梯式墓道，[②] 较为特殊（图八，2）。

从使用葬具上看，由于墓室形制总体变化不大，壁画墓多为单砖室穹窿顶墓，而墓室内变化最大的主要在于葬具部分。这些壁画墓的葬具依照材质主要可以分为石质、砖质两种。三个时期石质葬具和砖质葬具的数量及比例有所不同：盛唐及中唐时期石质葬具的数量均高于砖质葬具；晚唐时期砖质葬具的数量高于石质葬具，甚至出现一定比例的生土棺床。石质葬具使用者的身份也有变化：盛唐时期多为皇室成员及功臣；中晚唐时期宦官使用石质葬具的比例逐渐提高，说明此时宦官群体出现大量僭越现象，墓葬的等级制度产生了极大的混乱（图八，3）。

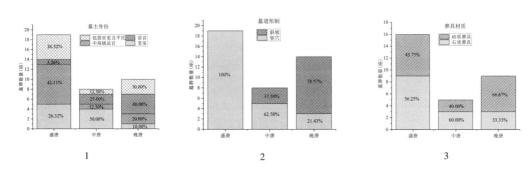

图八　盛唐、中唐、晚唐墓主身份、墓道形制、葬具材质情况图

晚唐时期的壁画墓在墓道形制、葬具材质上较盛唐时期均有明显的简化。僖宗靖陵作为帝陵竟仅为土洞墓，甚至存在着使用乾陵陪葬墓的石碑作为棺床的现象。墓葬形制及规模上的简化对于墓葬壁画绘制的内容和布局会产生巨大的影响。

（二）唐末至五代时期

五代时期，长安失去了首都地位。该区域大型墓葬数量少，墓葬内的壁画、砖雕更为少见，地方典型性特征不强。对全国范围内发现的五代时期壁画（砖雕）墓进行梳理统计可知，该时期的壁画（砖雕）墓仅 14 座。[③] 这一时期全国的壁画（砖雕）墓不仅数量少，分布也较

---

① 陕西省考古研究院：《西安韦曲韩家湾村两座唐代壁画墓发掘简报》，《文博》2017 年第 5 期。

② 靖陵发掘报告未出，墓葬大体形制及壁画内容可参见陕西省考古研究院编《壁上丹青：陕西出土壁画集（上）》，科学出版社 2009 年版，第 391—397 页。

③ 分别为石家庄平山王母崔氏墓（天祐元年）、成都前蜀王建墓（光天元年）、保定王处直墓（同光元年）、宝鸡李茂贞夫人墓（开运二年）、洛阳孙璠墓（天福五年）、南京李昪钦陵（昪元七年）、咸阳冯晖墓（广顺二年）、洛阳孟津新庄墓（五代）、洛阳龙盛小学墓（五代）、洛阳邙山营庄墓（五代）、内蒙古清水河塔尔梁 M1、M2（五代）、洛阳苗北村墓（五代至北宋初）、南京李璟顺陵（建隆三年）。

为分散：洛阳地区数量最多，也仅发现 5 座；① 内蒙古清水河塔尔梁发现 2 座；② 江苏南京发现有南唐二陵；③ 其余地区如咸阳、宝鸡等均仅发现 1 座。

　　唐末五代时期壁画（砖雕）墓的形制与晚唐时期差异明显。墓道形制上，晚唐时期盛行的竖穴墓道突然消失，墓葬多采用斜坡墓道和台阶式墓道，王陵多因山为陵。墓室形制上，唐代流行的方形或弧方形墓室消失，圆形砖墓成为中小型壁画墓的主流，而大型墓葬多为多室墓。葬具上墓室内多用石板或青砖整体铺地，作为棺床或地面。棺床多为砖砌，石板棺床只存在于王陵之中（图九）。

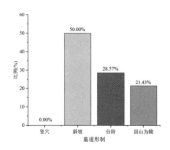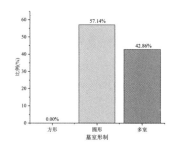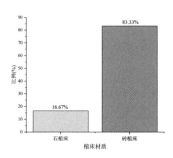

图九　唐末五代不同墓葬形制占比图

　　综上所述，盛唐至晚唐时期社会经济产生了巨大变化，壁画墓数量减少，墓道由斜坡变为竖穴；五代时期与唐代差异较大，斜坡墓道回归、墓室变为圆形、棺床形制及位置发生了变化。导致这些变化的原因是多样的，有唐后期丧葬活动重点由地下转为地上、④ 经济衰落、控制力减弱等时代性因素，也有使用人群变迁⑤和地方传统不同等地域性因素，但这些变化对壁画的内容和布局都产生了巨大的影响。

三　晚唐至五代壁画变迁

（一）壁画题材变迁

　　M1373 残存的壁画可以分为七个题材，分别为青龙白虎图、出行仪仗图、侍女图、乐舞

---

　　① 5 座分别为伊川后晋孙璠墓、孟津新庄墓、龙盛小学墓、邙山营庄墓、苗北村墓，详见徐婵菲《洛阳古代壁画墓考古百年收获》，《洛阳考古》2021 年第 4 期。
　　② 内蒙古师范大学科学技术史研究院、内蒙古文物考古研究所：《内蒙古清水河塔尔梁五代壁画墓发掘简报》，《文物》2014 年第 4 期。
　　③ 南京博物院编著：《南唐二陵发掘报告》，文物出版社 2009 年版。
　　④ 具体变化见齐东方《唐代的丧葬观念习俗与礼仪制度》，《考古学报》2006 年第 1 期。
　　⑤ 使用人群上，盛唐至唐末壁画墓多见于长安地区，其多为皇室成员、皇帝身边近臣等，受"大唐开元礼"等约束较大；而晚唐五代使用人群分布于各地，多为地方势力甚至地位较低的人群，受到的约束较小。

图、备茶图、帷帐（屏风）图、"台阶式画"。这些多为盛唐至五代时期的典型题材，但在不同时期出现情况不一。故笔者将以这些题材为线索，分析晚唐至五代壁画题材的变迁。

1. 青龙白虎图：青龙白虎是唐代墓道壁画中的常见图样，一般出现在斜坡墓道的前部，隐含有升仙、守卫的功能，好似可以告诉观者墓主跟随青龙、白虎的引导而向广袤的天空前进。[1] 在晚唐时期，青龙白虎图发现较少，较为典型的有郭仲文墓、[2] 杨玄略墓、[3] 韩家湾 M29。[4] 本座墓葬也绘制有青龙白虎图，但画面较为紧凑，应是受到竖穴墓道长度较短的限制，无法像盛唐时期那样自由舒展。在五代时期，青龙白虎图罕见。内蒙古清水河塔尔梁 M1 中虽然存在青龙，但无白虎，与其对应的是伏羲女娲图样，[5] 与唐代的青龙白虎纹样象征意义上已不同。

2. 出行仪仗图：出行仪仗图在唐代亦是壁画常见题材。盛唐时期的出行仪仗多为骑马出行图，罕见牛车及担子。晚唐时期出行仪仗图数量减少，题材仍多为骑马出行。而在五代时期，出行仪仗图样仍旧存在，如五代李茂贞夫人墓中的牵马、牵驼、两人轿子、八人轿子等砖雕表现的都是出行仪仗情况。本墓出行仪仗图的东西两侧出行队伍风格基本一致，在主体乘舆前有引路童子，后面则跟随骑马者。两侧的主体乘舆不同，东侧为牛车，西侧为八人抬担。

关于犊车和担子的使用制度，《新唐书·车服志》记载，文宗时期规定："外命妇一品、二品、三品乘金铜饰犊车，担舁以八人，三品舁以六人。"[6] 可见唐代中后期对于牛车和担子的使用有着明确的规定，使用金铜饰犊车和八人抬担者应为品级较高的女性。此外胡元超先生通过对昭陵已发掘的 7 座留有乘舆壁画墓进行分析，认为"唐时朝廷官员普遍乘马"，"东西两壁不同的乘舆内容可能反映的是男女不同的乘舆制度情况"。[7] 本座墓葬所绘主体乘舆虽为女性所使用的犊车和担子，但这并不能说明墓主为女性。根据杜文玉之考证，刘行深宝历二年（826）已为彭城县开国公，于乾符四年（877）致仕，[8] 其间有 51 年，而县开国公并非低等爵位。综合考量，刘行深致仕时至少已年近耄耋，犊车、担子作为其出行工具，绘制于壁画之中也是能够理解的。

3. 侍女图：侍女图样在唐代各个时期均为常见题材，出现的频率很高，或手持物品，或

---

① 巫鸿：《黄泉下的美术——宏观中国古代墓葬》，生活·读书·新知三联书店 2010 年版，第 222—224 页。

② 陕西省考古研究院、西安市文物保护考古研究院：《西安凤栖原唐郭仲文墓发掘简报》，《文物》2012 年第 10 期。

③ 杨玄略墓发掘报告未出，壁画可参见宿白《西安地区唐墓壁画的布局和内容》，《考古学报》1982 年第 2 期；孙秉根《西安地区隋唐墓葬的形制》，《中国考古学研究》编委会编《中国考古学研究——夏鼐先生考古五十年纪念论文集》，第 151—190 页。

④ 陕西省考古研究院：《西安韦曲韩家湾村两座唐代壁画墓发掘简报》，《文博》2017 年第 5 期。

⑤ 内蒙古师范大学科学技术史研究院、内蒙古文物考古研究所：《内蒙古清水河塔尔梁五代壁画墓发掘简报》，《文物》2014 年第 4 期。

⑥ 《新唐书》卷 24《车服志》，中华书局 1975 年版，第 532 页。

⑦ 胡元超：《试析昭陵唐墓壁画反映的乘舆制度》，《文博》2016 年第 3 期。

⑧ 杜文玉：《唐代宦官刘弘规家族世系考述》，《唐史论丛》第 21 辑，第 140—150 页。

单独站立，或嬉戏打闹。关于其研究也较多，主要集中于绘画艺术、①所持物品②等方面。本墓中侍女脸上都绘有几道红彩，在唐代壁画中较为罕见，目前仅在安阳赵逸公墓③中有较多的发现。申文喜认为其应为"有一些'檀妆'或'血晕妆'特征的斜红妆"。④侍女图样由于绘制简单，占用空间小，因此在五代时期依旧常见，出现的频率很高。

4. 乐舞图：乐舞图在唐代墓葬壁画中亦较为常见。周杨认为玄宗时代乐舞题材壁画的设置具备一定等级和身份的指向性，墓主身份均为体制内部的上层，乐舞题材的设置与墓主生前对音乐的喜好无关。⑤不同时代的乐舞图中的乐器、舞蹈、姿态也存在差异。盛唐时期乐舞图数量较多，其中保存较为完整的纪年墓有李道坚墓、⑥韩休墓、⑦李宪墓、⑧苏思勖墓⑨等，乐器主要有竖箜篌、曲项琵琶、筝、笙、横笛、拍板、铜钹等。这些乐器以弹拨类乐器和吹奏类乐器为主，少量为打击类乐器。乐伎多坐于地毯之上，中部的舞者多站立于舞筵之上，动作以手部动作为主。中晚唐时期绘制乐舞图的墓葬数量明显减少，可见墓例有博陵郡夫人崔氏墓、⑩杨玄略墓⑪。这些墓葬中乐器均较少，且不甚清晰。博陵郡夫人崔氏墓可见乐器有竿篥、琵琶、琴等，杨玄略墓可见腰鼓。周杨总结该时期的特点为："对以往胡、俗之乐的代表性的减省，以散乐题材替换了燕乐组合，燕乐已经俗乐化，雅俗界限已然不明，礼制与礼俗亦开始走向接通。"⑫本墓中的乐舞图雅俗界限已然不明，具有明显的戏剧风格，所绘的乐器较之前数量减少和组合简略，只有笛子、拍板、大鼓、铜钹等吹打类乐器，没有了盛唐时期墓葬壁画中所常见的箜篌、琵琶、筝、排箫、竿篥等乐器。乐伎奏乐时均为站姿，女舞者舞姿为抬袖踏足，与冯晖墓中的砖雕舞者相近，更接近五代时期风格。乐舞图中的乐伎虽然均头戴襆头，身着圆领长袍，但均面容清秀，且脸部涂有斜红状，口部为

---

① 如胡元超：《唐昭陵李震墓侍女壁画艺术研究》，《西北美术》2021 年第 2 期；董朝霞：《唐新城长公主墓〈捧烛台侍女图〉壁画赏析》，《文物天地》2022 年第 11 期；金紫琳：《唐墓壁画〈持花侍女图〉赏析》，《文物天地》2023 年第 12 期等。

② 如张维慎、李聪、张红娟：《唐房陵大长公主墓壁画"托果盘侍女图"正名》，《文博》2014 年第 4 期；张维慎：《论唐墓壁画中侍女所持"丁"字形杖的用途》，《文博》2017 年第 2 期等。

③ 安阳市文物考古研究所：《河南安阳市北关唐代壁画墓发掘简报》，《考古》2013 年第 1 期。

④ 申文喜：《晚唐魏博镇女性形象的考古学观察——以安阳晚唐墓壁画为例》，《文物春秋》2020 年第 3 期。

⑤ 周杨：《唐宋间墓葬图像中的散乐组合及其时代内涵》，《古代文明》第 16 卷，上海古籍出版社 2022 年版，第 165—194 页。

⑥ 井增利、王小蒙：《富平县新发现的唐墓壁画》，《考古与文物》1997 年第 4 期。

⑦ 陕西省考古研究院、陕西历史博物馆、西安市长安区旅游民族宗教文物局：《西安郭庄唐代韩休墓发掘简报》，《文物》2019 年第 1 期。

⑧ 陕西省考古研究所编著：《唐李宪墓发掘报告》，科学出版社 2005 年版。

⑨ 陕西考古所唐墓工作组：《西安东郊唐苏思勖墓清理简报》，《考古》1960 年第 1 期。

⑩ 西安市文物保护考古研究院：《西安曲江唐博陵郡夫人崔氏墓发掘简报》，《文物》2018 年第 8 期。

⑪ 杨玄略墓发掘报告未出，壁画可参见宿白《西安地区唐墓壁画的布局和内容》，《考古学报》1982 年第 2 期；孙秉根《西安地区隋唐墓葬的形制》，《中国考古学研究》编委会编：《中国考古学研究——夏鼐先生考古五十年纪念论文集》，第 151—190 页。

⑫ 周杨：《唐宋间墓葬图像中的散乐组合及其时代内涵》，《古代文明》第 16 卷，上海古籍出版社 2022 年版，第 165—194 页。

十字樱桃小口，或许为女饰男装。五代时期墓葬壁画中乐舞图较少，但出现砖雕乐舞图，如王处直墓、①李茂贞夫人墓、②冯晖墓。③乐器有方响、筚篥、拍板、答腊鼓、羯鼓、横笛、笙簧、方响、大鼓等，乐队规模和用乐组合有所扩大与丰富。乐伎多为站立，中间的舞者则是"以手袖为容，踏足为节"④。

5. 备茶图：备茶图是指表现备茶、进茶场景的相关图像。墓葬壁画中备茶图题材多流行于宋、辽、金时期。⑤这类题材唐代较为罕见，此前有明确纪年的仅天祐元年（904）平山王母崔氏墓一例。⑥本墓备茶图画面主体为一人一桌，东侧为一侍女，持执壶立于风炉旁，炉上为茶镀；西侧则为一茶案，其上摆有盏托、茶瓶、茶瓯等茶具。该幅壁画表现的是侍者手持茶具面向桌面的备茶场景。本座墓葬年代为僖宗时期，因此本墓所绘备茶图为目前已知最早的备茶图，是在对已有壁画布局、内容的继承基础上，对晚唐茶道盛行的反映。⑦五代、宋、辽金时期饮茶之风在民间更加普及，备茶图壁画大规模流行且内容更加丰富，分布地域上也有所变化，以山西、河北等北方地区为主，如太原第一热电厂北汉天会五年壁画墓、⑧张家口宣化下八里辽墓中的茶道图、⑨北京石景山八角村金皇统三年赵励墓中的备茶图⑩等。

6. 帷帐（屏风）图：唐代墓室内一直流行多扇屏（六扇屏最为常见）式的屏风画，分布范围遍布陇西、关中、河东等地区。画面内容主要有仕女、树下人物、山水等，相关研究也较为丰富。⑪不同地区各具地方性特征，晚唐时期出现了一些新的题材，例如梁元瀚墓屏风中

① 河北省文物研究所、保定市文物管理处：《五代王处直墓》，文物出版社 1998 年版。

② 宝鸡市考古研究所编著：《五代李茂贞夫妇墓》，科学出版社 2008 年版。

③ 咸阳市文物考古研究所编著：《五代冯晖墓》，重庆出版社 2001 年版。

④ 孙亚青：《唐墓出土乐舞图的考古学研究》，硕士学位论文，河北师范大学，2017 年。

⑤ 黄剑波：《"备茶图"考——以墓室壁画为观察中心》，上海大学美术学院美术考古工作坊课题组主编：《十院校美术考古研究文集》，上海大学出版社 2013 年版，第 268—302 页。

⑥ 河北省文物研究所、石家庄市文物保护研究所、平山县文物保护管理所：《河北平山王母村唐代崔氏墓发掘简报》，《文物》2019 年第 6 期。

⑦ 陈爱东、王曾、李鑫：《西安白杨寨晚唐墓 M1373 "备茶图"研究》，《考古与文物》2024 年第 1 期。

⑧ 壁画内容见徐光冀主编《中国出土壁画全集（2·山西）》，科学出版社 2012 年版，第 114 页。

⑨ 宣化辽墓中茶道图数量较多，较为典型的有：河北省文物研究所、张家口市文物管理处、宣化区文物管理所：《河北宣化辽张文藻壁画墓发掘简报》，《文物》1996 年第 9 期；河北省文物研究所、张家口市文物管理处、宣化区文物管理所：《宣化辽代壁画墓群》，《文物春秋》1995 年第 2 期；宣化区文物管理所：《河北宣化下八里辽韩师训墓》，《文物春秋》1992 年第 6 期；张家口市文物事业管理所、张家口市宣化区文物保管所：《河北宣化下八里辽金壁画墓》，《文物》1990 年第 10 期等。

⑩ 王清林、周宇：《石景山八角村金赵励墓墓志与壁画》，北京市文物研究所主编：《北京文物与考古》第 5 辑，北京燕山出版社 2002 年版，第 179—198 页。

⑪ 如张建林《唐墓壁画中的屏风画》，陕西省考古研究所编：《远望集——陕西省考古研究所华诞四十周年纪念文集》，陕西人民美术出版社 1998 年版，第 720—729 页；赵超：《"树下老人"与唐代的屏风式墓中壁画》，《文物》2003 年第 2 期；徐辉：《唐墓屏风式树下人物图研究》，硕士学位论文，中国美术学院，2019 年。

为花鸟；① 高克从墓残存的一屏为鸽子；② 杨玄略墓则为云鹤；③ 博陵郡夫人崔氏墓为一大二小三扇屏风，中间为牡丹花草。④ 该墓墓室西壁画面则是屏风画的一种变体，其并不是简单地用红框或黑框分割出屏风的形状，而是用黄色条带和红色宝相花组成纹样，完全分割出了一块独立的空间。底部的弯折增强了画面的立体感，是对简单屏风画的一种提升、一种具象。五代时期，墓室多圆形，整个墓室被条栏分成不同部分，这些分栏或起到屏风的作用。

7. 台阶式画：唐代墓室南壁与墓室北壁西侧多对称分布有朱雀和玄武，而本座壁画南壁上基本空白，只有简单的台阶形画面，所表意义不明，或表达一种墓主向上飞升的意味。

盛唐时期墓葬壁画题材较为固定，题材主要包括四神形象、出行仪仗、侍女、乐舞、屏风等。中晚唐时期壁画题材与盛唐时期变化不大，墓室内新增了仙鹤、鸽子、花鸟盆池、备茶、备酒等形象。本墓年代虽为晚唐至唐末期，但其风格上体现了很多五代时期特征，如八人抬担形象与五代李茂贞夫人墓⑤中砖雕八人抬轿形象几乎相同；乐舞题材与五代时期的风格相近，具有戏剧风格，乐伎均为站姿演奏，乐器种类上简化，多为吹打类乐器，出现节鼓等新的乐器，舞者形象与五代冯晖墓⑥砖雕十分相似。

盛唐时期壁画的内容具有程式化的特点，壁画的布置需严格遵守唐王朝的"葬制"，⑦ 反映现实生活的题材少见。晚唐时期因丧葬活动重点的转移以及管理制度的放宽，壁画题材能够反映一定的现实生活。而到五代、宋元时期，反映现实生活的题材成为墓葬壁画的主流。五代时期墓葬的表现方式与题材和唐代差异较大：因地域传统不同，画面表达上善用仿木结构砖雕，采用砖雕与彩绘结合的方式；题材上既有童子迎宾、侍女侍奉、弹唱宴饮、开箱取物等复杂的生活场面，也有牡丹、蔷薇、祥云、仙鹤等简单花鸟题材，画面表现上更加注重对日常生活的体现。

（二）壁画布局变迁

墓葬的空间是有限的，所以画师在绘制壁画前对于整体布局会有全面的思考。宿白在 20

---

① 梁元瀚墓发掘报告未出，壁画可参见宿白《西安地区唐墓壁画的布局和内容》，《考古学报》1982 年第 2 期；孙秉根《西安地区隋唐墓葬的形制》，《中国考古学研究》编委会：《中国考古学研究——夏鼐先生考古五十年纪念论文集》，第 151—190 页。

② 高克从墓发掘报告未出，壁画可参见宿白《西安地区唐墓壁画的布局和内容》，《考古学报》1982 年第 2 期；孙秉根《西安地区隋唐墓葬的形制》，《中国考古学研究》编委会：《中国考古学研究——夏鼐先生考古五十年纪念论文集》，第 151—190 页。

③ 杨玄略墓发掘报告未出，壁画可参见宿白《西安地区唐墓壁画的布局和内容》，《考古学报》1982 年第 2 期；孙秉根《西安地区隋唐墓葬的形制》，《中国考古学研究》编委会：《中国考古学研究——夏鼐先生考古五十年纪念论文集》，第 151—190 页。

④ 西安市文物保护考古研究院：《西安曲江唐博陵郡夫人崔氏墓发掘简报》，《文物》2018 年第 8 期。

⑤ 宝鸡市考古研究所编著：《五代李茂贞夫妇墓》，科学出版社 2008 年版。

⑥ 咸阳市文物考古研究所编著：《五代冯晖墓》，重庆出版社 2001 年版。

⑦ 郭美玲：《西安地区玄宗时代墓室壁画经营与布局》，《西部考古》第 13 辑，科学出版社 2017 年版，第 230—248 页。

世纪80年代曾根据当时所发现的24座出土有墓志的唐代壁画墓，对西安地区唐墓壁画的布局和内容进行分析，将其分为五个阶段。[①] 21世纪郭美玲则对西安地区玄宗时代和中晚唐时期壁画的布局进行了研究。[②] 综合他们的研究成果以及近年来的新发现，笔者试对西安地区盛唐至唐末壁画墓布局进行整理。

盛唐墓葬壁画布局最为典型，墓道两侧分别为青龙、白虎；较高等级的墓葬在墓道、过洞、天井处存在出行仪仗、列戟等内容；甬道部分为男女侍从；墓室南壁、北壁西侧多分别为朱雀、玄武；墓室东壁为乐舞图；墓室西壁为屏风画，内绘树下高士、山水、花草等内容；墓室北壁东侧区题材变化较大。为更清楚了解中晚唐壁画布局较盛唐发生的变化，本文统计墓道、过洞天井（甬道）、墓室南壁及北壁西侧、墓室东壁、墓室西壁中典型题材出现的比例，比较盛唐与中唐、晚唐的差别（图一〇）[③]。

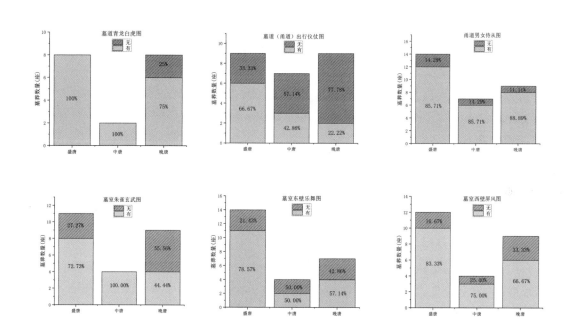

图一〇　盛唐、中唐、晚唐墓葬不同位置典型题材出现比例图

从图一〇可以看出，这些典型题材在中唐时期、晚唐时期依旧是常见题材，大部分出现

①　宿白：《西安地区唐墓壁画的布局和内容》，《考古学报》1982年第2期。
②　郭美玲：《西安地区玄宗时代墓室壁画经营与布局》，《西部考古》第13辑，科学出版社2017年版，第230—248页；郭美玲：《西安地区中晚唐壁画墓研究》，《考古学研究（十一）》，科学出版社2019年版，第434—473页。
③　受不同时代的发掘理念和方式、壁画保存情况等影响，某一区域可能绘制有壁画，但未能发现或不能辨识题材。本文所统计的占比为某一题材占对应区域保存有画面的墓葬比例。

比例在 50% 以上，但不同题材间存在着一定的差异。墓道的青龙白虎布局较为固定，出现的频率一直较高；墓道（甬道）出行仪仗出现的比例明显下降；甬道绘制男女侍从的情况在盛唐、中唐、晚唐均较为普遍，且比例变化不大；墓室南壁及墓室北壁西侧朱雀玄武较为常见（中唐时期墓室绘制朱雀玄武虽然是对盛唐时期的继承，但出现比例达到 100%，应与此时期对应位置发现壁画的墓例较少，仅有 5 例有关）；墓室东壁乐舞图在三个时期虽均是常见题材，但中晚唐时期出现的频率较盛唐有明显下降；西壁屏风画虽在盛唐、中唐、晚唐均较为普遍，但在中唐、晚唐时期出现比例稍有下降；此外晚唐时期壁画布局更加多样，出现墓室整体为屏风画的墓葬。

巫鸿认为墓道作为墓室外部的"展览空间"而被寄予了越来越大的展示功能，这也源于人们对墓室之外"展览空间"日益强烈的需要。① 根据《开元礼撰》中的墓仪，墓室内要进行陈设和祭祀，丧家要到墓室中进行最后的献祭。② 斜坡墓道方便大量人员进出，同时作为展览空间自然要绘制大量精美壁画，故在盛唐时期多在墓道绘制烦琐的出行仪仗题材壁画。而在晚唐时期，丧葬活动的重点由地下转为地上，墓室不再需要大量的人员出入，墓葬地下部分不再是重要的参观空间。大部分墓葬墓道由斜坡式变为竖穴式，没有了过洞与天井，出行仪仗题材也就没有了绘制空间和绘制需求，故该题材基本不见。正如齐东方所说："安史之乱后，人的思想与行为发生了改变，墓葬本身及其内部表现失去了魅力，整个丧葬活动的外化的形式得到了前所未有的重视。"③

本墓将八人抬担出行图和牛车出行图等绘制在甬道处，可能与该墓甬道部分较长有关。本墓充分利用甬道的空间，不再以封门作为墓室外部"展览空间"与墓室内部墓主"生活空间"的边界，而是以甬道壁龛作为界线：壁龛以南为外部的"展览空间"，从墓道开始分别绘制了青龙白虎图及出行仪仗图；壁龛及以北区域则是墓主"生活空间"，表现墓主死后的生活场景，包括以十二个壁龛所代表的十二神生肖信仰，④ 面向墓室侍奉墓主的四个仕女。本墓的这一布局在以往晚唐墓葬中罕见，具有一定创新性。

本墓墓室布局没有完全突破"玄宗时代以来墓室壁画的布局"⑤。棺床虽占据整个墓室，但墓室壁画依旧按照墓主位于墓室西侧的情况来布置。墓室东壁的乐舞图面向墓主，为墓主进行表演。北壁虽绘制有备茶图这种新的题材，但从布局上讲，北壁东侧的题材一直是较为灵活的，正如赵晶所说："如何在有限的空间内恰当地显示出个性，可能也是墓室北壁东侧壁画内容存在不同的原因。"⑥ 西壁的帷帐则是屏风的一种变体，位于墓主身后，代表所背靠的

① 巫鸿：《黄泉下的美术——宏观中国古代墓葬》，生活·读书·新知三联书店 2010 年版，第 210—224 页。
② 转引自李梅田《"过渡礼仪"——解读墓室壁画的一个视角》，《南方文物》2021 年第 4 期。
③ 齐东方：《唐代的丧葬观念习俗与礼仪制度》，《考古学报》2006 年第 1 期。
④ 董海鹏：《唐代生肖图像的艺术特征》，《陕西历史博物馆论丛》第 29 辑，2020 年，第 234—239 页。
⑤ 郭美玲：《西安地区玄宗时代墓室壁画经营与布局》，《西部考古》第 13 辑，科学出版社 2017 年版，第 230—248 页。
⑥ 赵晶：《西安南郊金浮沱村唐代壁画墓的发现与研究》，《考古与文物》2019 年第 1 期。

屏障。墓室北壁西侧已经不存，无法判断是否绘有玄武。

　　盛唐时期受"大唐开元礼"限制，长安地区墓葬壁画布局较为固定。而晚唐时期，皇帝统治力减弱、宦官把持朝政、藩镇割据严重，皇帝所颁布的所谓规范屡屡被突破。由墓葬所代表的"葬"失去魅力，"丧"和"祭"更加受到重视。墓葬重心由地下的墓葬规模、陪葬品、壁画等转为地上的喧嚣热闹的仪式，豪华而庞大的墓道与墓室不再必要，壁画布局也产生了变化。本座墓葬墓道及甬道部分便进行了创新，但墓室部分仍继承了盛唐时期的主要布局。五代时期中小型壁画墓多为圆形，没有明确的四壁限制，其画面布局更加随意，能够展现更多画面，例如洛阳邙山镇营庄北五代壁画墓在内径仅 4.75 米的圆形墓室中展示了童子迎宾、侍女劳作、弹唱宴饮等九组画面。[①]

四　结语

　　白杨寨 M1373 是晚唐时期高等级墓葬的代表，有近年来西安地区发现的最为精美的晚唐墓葬壁画。该墓壁画在风格上延续了盛唐时期的丰富华丽；在题材上不仅有对盛唐题材之继承，也为五代墓葬壁画等提供了范本；在布局上虽依照盛唐，但也有一定创新，打破了原有的封门界限，对画面进行重新分配，充分利用了甬道的空间。白杨寨 M1373 对于研究晚唐至五代墓葬壁画如何在内容与布局上进行过渡有着节点性的作用。此外，该墓壁画中的部分题材从西安地区向外扩散，对其他地区产生了巨大影响。这种影响不仅存在于晚唐五代时期，甚至一直延续到辽金时期。这反映出以长安为中心的唐文化即使在动荡的晚唐时期及后世依旧有强大的传播力和影响力。

　　晚唐时期壁画墓多分布于长安地区，多为竖穴墓道弧方形砖室墓，墓主多为皇室成员及高等级官员，宦官所占比例较高；五代时期壁画墓分布较为分散，多为斜坡墓道圆形砖室墓，部分墓主身份较低。晚唐时期墓葬壁画更多的是对盛唐时期壁画内容和布局的继承和简化，同时引入少量生活化题材进行创新；五代时期画面则布局更加随意，环绕式展示多幅画面，题材更加注重现实生活。墓葬形制及壁画布局的变化，不仅有时代和地域的原因，在一定程度上反映了丧、葬、祭间重点的转移及对原有观念习俗及礼仪制度的突破。

〔作者王曾，陕西省考古研究院助理馆员〕

---

　　① 洛阳市文物考古研究院：《洛阳邙山镇营庄村北五代壁画墓》，《洛阳考古》2013 年第 1 期。

二里头铸铜作坊居葬关系补议

李金鑫

摘　要：结合二里头铸铜作坊 20 世纪 60 年代和 80 年代的发掘材料，本文分析认为二里头铸铜作坊的生产居住空间和墓地空间自二里头二期至四期基本重合，各期（阶段）居址遗存和墓葬均呈交错纷杂的分布形态，其居葬关系始终为居葬合一。

关键词：二里头铸铜作坊　生产居住空间　墓地空间　居葬合一

一　引言

铸铜作坊的核心功能是生产，具体操作的生产者则是作坊的基础。因此生产者的生产居住空间和埋葬空间的关系是铸铜作坊研究的重要内容。深化居葬空间关系的研究，对于揭示铸铜的作坊的布局结构、组织方式、延续时间等方面具有重要的作用。

多位学者已经对先秦铸铜作坊的居葬关系开展过研究。雷兴山认为周原李家铸铜作坊居址遗存的年代为西周早期偏晚至西周晚期偏晚，其中多出土铸铜遗物，可确定与铸铜作坊相关，使用者为铸铜工匠或参与铸铜的生产者。与居址遗存共处一地的墓葬中，M2 随葬有铸铜陶管，M29 随葬有刻画青铜器纹样的陶豆，年代为西周晚期，可知墓主身份为铸铜工匠。文献记载商周时期的"百工"聚族而居、聚族而葬，由此可推知整个西周时期李家铸铜作坊的居址和墓葬属于同一人群，其居与葬均在一个作坊区之内。[1] 首次提出西周手工业作坊内居葬共处一地的观点，后来简称为"居葬合一"。郭士嘉采纳了这一认识，并在其博士学位论文中对李家铸铜作坊的居葬关系进行了详细分析。[2] 何毓灵认为殷墟的手工业作坊中，同样是居葬合一的模式。[3] 孔

---

① 雷兴山：《论周原遗址西周时期手工业者的居与葬——兼谈特殊器物在聚落结构研究中的作用》，《华夏考古》2009 年第 4 期。

② 郭士嘉：《西周铸铜业研究》，博士学位论文，北京大学，2021 年。

③ 何毓灵：《殷墟近十年发掘的收获与思考》，《中原文物》2018 年第 5 期。

德铭等指出辛店铸铜作坊中生产空间和墓地空间的分布，亦为居葬合一。[①]

学界普遍认为二里头遗址是夏代晚期的都邑性遗址，其铸铜作坊是中原地区目前年代最早的。研究该作坊的居葬关系对理清商代和西周时期铸铜作坊居葬关系的来源十分重要。冉宏林认为郑州商城铸铜作坊的居葬关系为居葬合一，其源头可追溯到二里头铸铜作坊。[②] 我们赞同这一结论，但他对于二里头铸铜作坊居葬关系的分析较少，较为笼统和粗略。一是该文分析的遗迹单位仅有 84YL ⅣF9 一座，对其他遗迹没有涉及，不能涵盖整个作坊；二是该文没有在平面图上标明居址和墓葬的位置进行分析，对不同阶段的居葬关系等细节的讨论有所不足。因此，本文在此基础上进一步分析二里头铸铜作坊不同阶段的居葬关系，进而综合考虑整个作坊的居葬关系，以期能够对以往结论有所补充。

二　两种类型的居葬关系及划分标准

目前所见的先秦铸铜作坊中生产居住空间和墓地空间的划分，有二者基本重合（居葬合一）和二者相互独立（居葬分离）两种现象。[③] 一个铸铜作坊内既有居葬合一，又有居葬分离的现象，目前尚未发现。

居葬分离的关系相对容易判断，墓地空间和生产居住空间互相独立，其间存在空白地带便可确定。即使两者在空间边缘有小范围的重合，也不影响其独立的实质。

居葬合一的关系则需要更多标准进行界定。雷兴山、蔡宁等指出，"居葬合一"指居址遗存与墓葬同处一处，共时存在，两类遗存互有打破关系，属于同一特定人群。[④] 所谓的居址是指灰坑、房址等遗存，既可用于居住，亦可用于生产。

由此，我们可以将铸铜作坊中居葬合一的标准，细化为以下四条：

1. 居址（生产居住）空间与墓地空间同处一地，分布范围基本重合；

2. 居址和墓地的延续时间基本相同，延续时间可以分期或划分为堆积阶段，每期或每个阶段均有居址和墓葬遗存；

3. 墓葬与居址遗迹呈插花式分布，不同堆积阶段的居址和墓葬遗迹可能存在打破关系。整体呈现出居址遗迹和墓葬交错纷杂的一种平面形态；

4. 居址的使用人群和墓地埋葬人群相同。

---

① 孔德铭、孔维鹏：《论安阳辛店商代晚期铸铜作坊的布局》，《南方文物》2020 年第 4 期。

② 冉宏林：《郑州商城手工业者居葬关系研究》，郑州中华之源与嵩山文明研究会、中国社会科学院考古研究所主编：《中华之源与嵩山文明研究》第 2 辑，科学出版社 2015 年版，第 288—296 页。

③ 居葬分离等概念，参看雷兴山、种建荣：《周原遗址商周时期聚落新识》，湖北省博物馆编：《大宗维翰——周原青铜器特展》，文物出版社 2014 年版，第 18—29 页。

④ 参看蔡宁：《商系墓地形态探索》，博士学位论文，北京大学，2020 年；蔡宁、种建荣、雷兴山：《陕西周原云塘制骨作坊"居葬合一"论》，《四川文物》2022 年第 2 期。

第 4 条标准具体的落实方式，目前是以墓葬中是否随葬与生产相关的工具为依据。通过铸铜工具可以判定墓主身份为工匠，由此确定铸铜居址的使用者和墓主属于同一人群。但我们认为只要满足前 3 条标准，无论墓葬中是否出土与生产相关的遗物，都可证明墓主与生产活动相关。[①] 原因主要有二，一是先秦铸铜作坊的管理是比较严格的，甚至是相对封闭的。在这样一个严格管控的地域，与铸铜无关的人群理应不能埋入生产区域。偶然的单座墓葬或有可能，但整片墓地应是不太可能的。其次是先秦时期（战国之前），墓地流行族葬制，工匠系统为世工世族制，即工匠墓地中的人群存在血缘和业缘的关系。出土铸铜工具的工匠墓，已经在多座墓地中发现，证明整个墓地的人群基本与铸铜相关，但墓地中大部分墓葬是不随葬铸铜工具的。因此我们认为铸铜作坊的墓地，即使墓葬内没有随葬铸铜工具，也能定性其为铸铜生产者的墓地。

此外还需要界定的是墓葬的概念，墓葬指正常埋葬的成人墓葬。诸如小孩墓、祭祀坑、乱葬坑、地层中发现的人骨等，均不是"居葬合一"所界定的墓葬。

三 二里头铸铜作坊居葬关系分析

二里头铸铜作坊位于二里头遗址的 IV 区，生产持续的时间为二里头二期至四期。20 世纪 60 年代和 80 年代分别有过两次主要的发掘，发表较为完整的是 1960—1963 年的发掘材料，其余材料只零星发表，因此我们以 60 年代的材料为主进行居葬关系分析。这些材料主要发表在《偃师二里头：1959—1978 年考古发掘报告》[②] 中。

已有学者对该报告写过书评，[③] 指出报告存在没有按照遗迹发表材料，缺乏遗迹总平面图和遗迹登记表，遗迹选择性发表和遗迹描述不加探方号等问题，这导致对于铸铜作坊内遗迹遗物进行空间分析较为困难。因此，我们只能通过将信息较为明确的墓葬、铸铜遗物等重新定位至探方中，进而分析其空间分布形态和居葬关系。铸铜遗迹相比于铸铜遗物来说，具有不可移动的特点，对于探索铸铜作坊的空间规划更有指向性。但限于材料发表的问题，我们也需要利用遗物的空间分布情况进行分析，其分析结果可能会有不甚准确的地方。我们用于空间分析的铸铜遗迹和遗物，共有三类：一类是与铸铜明确相关的遗迹遗物，比如陶范、坩埚残片、铜渣、铸铜遗物坑等；第二类是可能与铸铜相关的遗迹遗物，如陶窑、烧灶、烧土

---

① 这一认识，雷兴山、孙周勇、马赛等已经提出。参看雷兴山：《论周原遗址西周时期手工业者的居与葬——兼谈特殊器物在聚落结构研究中的作用》，《华夏考古》2009 年第 4 期；孙周勇：《西周手工业者"百工"身份的考古学观察——以周原遗址齐家制玦作坊墓葬资料为核心》，《华夏考古》2010 年第 3 期；马赛：《聚落与社会——商周时期周原遗址的考古学研究》，博士学位论文，北京大学，2009 年。

② 中国社会科学院考古研究所：《偃师二里头：1959—1978 年考古发掘报告》，中国大百科全书出版社 1999 年版。

③ 方酉生：《评〈偃师二里头〉及相关问题》，《殷都学刊》2001 年第 1 期；李京华：《〈偃师二里头〉有关铸铜技术的探讨——兼谈报告存在的几点问题》，《中原文物》2004 年第 3 期；杜金鹏：《读〈偃师二里头〉》，《考古》2000 年第 8 期。

面等；第三类是铸造的产品或工具，即各种铸铜作坊内发现的铜器，如铜刀、铜锥等。分析铸铜作坊内的生产区域时，以第一类遗迹遗物为主要标准，后两类遗迹遗物可作为参考。

二里头二期的铸铜作坊中，在 T2H29 和 T2⑦层中发现有陶范，IVT3⑦层中有范缝扉边残块，T7⑤A、T3H17 和 T21⑤中发现有坩埚碎片，T3H17 中发现有铜渣 2 块，这些均为明确的铸铜遗物。H17 出土的铸铜遗物较为集中，应是一个铸铜相关遗迹。此外，还有数块坩埚碎片、铜渣的出土地点不明，报告中没有披露。T21⑤层和 T6H50 中有铜刀，T2⑤层中发现有铜锥，可能为铸铜的产品或工具，其分布范围与铸铜遗物的分布范围基本相同（图一）。报告还提到有一座陶窑 Y12、两座灶址 K9 和 K10，可能与铸铜活动相关，但其所属的探方不明。

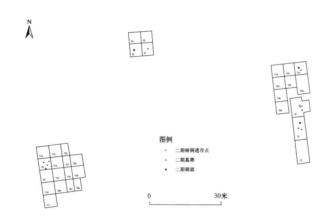

图一　二里头二期铸铜作坊内铸铜遗存、墓葬和铜器分布情况

二期的墓葬中，7 座为正常的成人墓葬。所在探方明确的墓葬有 2 座，为 M18 和 M14，均位于 T8 南部，M14 打破了 M18。M18 的头向为南向，报告提到头向为南向的墓葬均分布在铸铜作坊区，且墓葬有集中分布的现象，比如有 5 座墓分布在约 30 平方米范围之内，"墓的方向一致，排列整齐，深度也大致相同。墓葬往往和房址、灰坑杂处"。从墓葬登记表可见，作坊区头向南的墓葬共有 5 座，分别为 M6、M8、M9、M11 和 M18，可知其为报告所描述的 5 座集中分布的墓葬。M18 位于 T8 内，T8 探方面积为 25—30 平方米，因此我们将上述 5 座墓葬定位于 T8 中，加上 M14 则一共有 6 座墓位于 T8 中。剩余一座墓 M19 位置不明。此外，陈国梁将报告中定为一期的墓葬 M26 的年代重新判定为二期，[①] 其所属探方位置不明。

从空间分布范围来看，二里头二期的铸铜生产遗存主要分布在发掘区的东部探方区，中部探方也有少量分布，而西部探方为多座墓葬的集中分布区，不见铸铜遗物。作坊的生产空间和墓地空间没有重合，呈相对独立的状态，因此其居葬关系似属于居葬分离。但是如上文

---

① 陈国梁：《二里头遗址铸铜遗存再探讨》，《中原文物》2016 年第 3 期。

所述，较多的铸铜遗物没有报道出土位置，而且报告前已提到墓葬往往和房址、灰坑等居址生产遗存杂处，因此不能排除居葬合一的可能。

　　二里头三期的铸铜作坊中，H76、T6⑤和H3中出土有陶范，H22、T11H40、T3④、T6⑤、T2③中发现有坩埚碎片，其中H22出土2片，H22、H9和T13H55中出土有铜渣，H76中还出土有锡片、三棱状铜块，应该也是铸铜遗物。H22、H3和H9的探方位置虽然不明，但陈国梁指出其均在1960年发掘，① 同时指出在60年还发现有一座用于浇铸生产的遗迹F2。F2中发现有大量烧土堆积。根据烧土的面积、质量及其包含物来看，烧成温度较高，还发现有用于铸铜的陶范、大量铜渣和草拌泥包裹的坩埚残片，因此推测该房址为冶铜场地，但是在报告中没有报道。60年发掘的探方仅有T1、T2和T3，因此我们将这四个遗迹所涉及的点较为均匀地定位在这三个探方中，T1中为H22、T2中为F2，T3中有H3和H9。可能与铸铜生产相关的遗迹还有窑址T6Y2、T6Y3和Y12，灶址和烧土面有T18K8、T29K9、T18K1和T19K1，Y12与二期的窑址重号，且探方位置不明。铜器中，铜刀在T6⑤、H74、T13H57、T31③、T7④都有发现，铜镞发现于T6⑤和H12中，铜锯在H57、鱼钩在T6⑤层、铜锛在T13H57中有发现（图二）。铜器的分布范围与铸铜遗存的分布范围仍大致重合，不少铜器也没有公布信息。

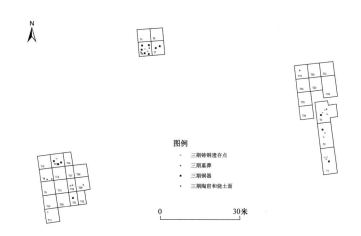

图例
　。　三期铸铜遗存点
　▲　三期墓葬
　■　三期铜器
　◆　三期陶窑和烧土面

0　　　　　30米

图二　二里头三期铸铜作坊内铸铜遗存、墓葬和铜器分布情况

　　三期正常的成人墓葬共3座，M16和M17位于T8南部，延续二期的墓地布局，M7则位于东部探方的T3中。

　　二里头三期时，铸铜作坊中铸铜遗存的分布范围明显扩大，之前仅分布于东部和中部探方中，此时西部探方区也有发现，覆盖了整个发掘区，铜器的分布范围与之相同。正常的墓

---

① 陈国梁：《二里头文化铜器研究》，中国社会科学院考古研究所编：《中国早期青铜文化——二里头文化专题研究》，科学出版社2008年版，附表八，第242—243页。

葬仅有 3 座，样本量很少，但是其不仅分布于西部探方区，而且开始出现于东部探方区，墓葬的分布范围与铸铜遗存的分布范围相同，且呈现出插花式分布的形态，因此其居葬关系基本符合居葬合一的标准。

二里头四期的铸铜作坊中，T1③和 H1 中发现有陶范，T20④、T22④、H73、T3③、T11②中均发现有坩埚碎片，T14③、T11②和 T21④中出土有浇道铜，是浇铸大型铜器时，在浇口残留的铜块，T11②层还出土有残铜块，T11 坑中发现有铜渣，这些均为铸铜生产遗存。与铸铜可能相关的遗迹有烧土面 F5、烧灶 T11K1、T9K4、T9K5 等，F5 的探方位置不明。铜器中，铜凿在 T23④、T24④B 和 T21④有发现，铜刀发现于 T22④、T19②、T22③、T13②A 和 T13②等单位，铜锥见于 T24④B、T1③A 等，H91 出土有细铜条等，H91 所属探方位置不明，铜器的分布范围亦与铸铜遗存的分布范围基本相同（图三）。

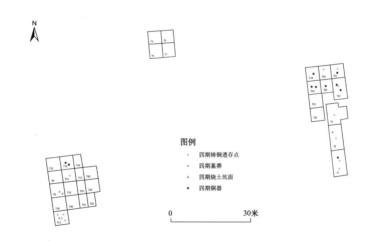

图三　二里头四期铸铜作坊内铸铜遗存、墓葬和铜器分布情况

四期正常的成人墓葬仅有 2 座，M12 位于东部探方 T2 中，延续三期的墓地布局，M20 位置不明。

二里头四期时，铸铜遗存的分布范围与三期相比，东部探方和西部探方的分布没有明显变化，但中部的四座探方中不见铸铜遗存。墓葬发现的样本量更少，仅有一座，位于东部探方中，还有一座墓葬位置不明。但是该墓与铸铜遗存呈插花错杂分布的形态，其居葬关系是居葬合一，只是墓葬数量太少。

分析可见，二里头铸铜作坊中，三期和四期的居葬关系为居葬合一，二期似为居葬分离，但无法排除居葬合一的可能。我们认为二期亦为居葬合一，理由有二：

一是居葬关系的分析是将墓地和居址遗存当作一个整体，按照考古学文化的分期方法划分阶段，反而割裂了墓地和居址遗存的发展过程。墓地的发展是一个长期稳定的过程，墓地中的墓葬是紧密相连的。只有整个墓地才能代表墓地空间，某一期或某一段的墓葬并不能代表墓地空间。铸铜生产也是，即使某一阶段生产空间发生过一定的转移，但其均属同一个作坊，具有连续性。从 60 年代发掘的二里头铸铜作坊的整体情况来看，铸铜遗存和墓葬遗存的分布范围基本是重合的，二者呈插花式分布（图四）。

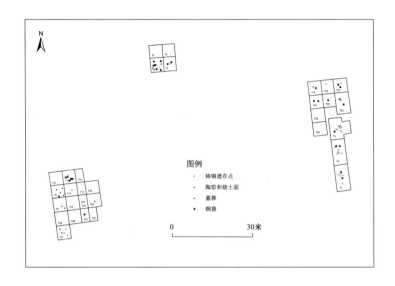

图四　二里头铸铜作坊内铸铜遗存、墓葬和铜器分布情况

另外，整个铸铜作坊内的墓葬包括东探方区和西探方区两个墓区，西探方区的墓区在二期、三期阶段持续使用，东探方区墓区出现于三期，沿用至四期。两个墓区持续使用，表明其人群没有发生变化。

由此可知整个铸铜生产遗存的使用者、墓地的埋葬者自二至四期始终没有变化，为同一批人群，因此其居葬关系理应没有变化。

二是前已叙及，报告指出二期墓葬"往往和房址、灰坑杂处"，而且在西探方区二期的墓葬上直接叠压有三期的房址和灰坑。可见其堆积形态确属居葬合一。只是这些遗迹中或未发现铸铜遗物，或报告没有公布材料，因此很难将其论定。但这些遗迹分布于铸铜作坊内，即使没有出土铸铜遗物，其功能也应与铸铜生产具有一定的联系，符合居葬合一的堆积条件。

或有学者会认为按期划分的各期居址和墓葬会不会不是居葬合一，而是处于近距离的"居葬分离"状态？我们认为这一观点不能成立。一是前已证明二里头三期、四期墓葬和铸铜遗存呈插花式分布，二期同样也是墓葬和房址、灰坑插花式分布，甚至互有打破关系，并不存在单纯墓地和单纯居址，这一点在 80 年代发掘的材料中体现得更为明显。二是 80 年代发掘的材料表明有在二里头二期、三期持续使用的铸铜有关房址上不断埋墓的现象（详下文），这更能证明其不存在单纯居址和墓地，其居葬关系不是居葬分离。

因此，对60年代发掘的材料分析表明，二里头铸铜作坊的居葬关系从二期至四期始终为居葬合一。

依据当前的研究成果可知，60年代二里头铸铜作坊的发掘区实际上处于作坊的边缘地带（图五），[①] 因此发现的铸铜遗迹和遗物、墓葬数量较少也在情理之中。80年代对铸铜作坊的发掘位于60年代发掘三片探方之间，反映了铸铜作坊中心区域的居葬关系，从目前零星发表的材料中可以窥得一二。

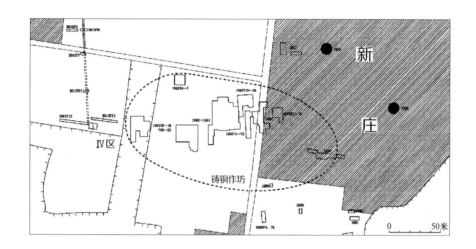

图五 铸铜作坊的范围及历年发掘区位置图

1983年，在铸铜作坊区内发现一个二期偏晚的浇铸遗迹，是一座浅穴式建筑，可分为先后建造和使用的三个层面，上、中、下各层的地面上均散布有红烧土面和铜绿锈，还有一些柱洞和墙体。上层地面的北半部和东南部分布着十几座南北向同期的墓葬，东西向排列，中层北部边缘有一座东西向墓葬，下层红烧土面北有一座南北向墓葬。在其东南还发现有二期偏晚和三期偏早的铸铜遗迹各一座。附近的沟和灰坑中，出土有坩埚、陶范、铜渣、木炭等遗物。灰坑共清理了60多座，其中出土陶范数量多，年代全，从二期至四期都有，二期较大的一件是刀范，四期有花纹范。还发现陶窑1座，水井2口，发掘区南部有壕沟1条，宽16米左右，年代为二期偏早。1982—1983年在Ⅳ区共发掘墓葬近50座，主要聚集在偏西北的数方内，皆为小墓。除发掘区东部的六座墓头向北外，余下的成人墓和儿童墓都头向南，这

---

① 陈国梁：《略论二里头遗址的围垣作坊区》，中国社会科学院考古研究所编：《夏商都邑与文化（二）——纪念二里头遗址发现55周年学术研讨会论文集》，中国社会科学出版社2014年版，第92—108页。图五改自该文。

些南向的墓葬似为一个独立的墓区，而且"此墓区的墓葬与铸铜遗址夹杂、交错在一起"①。

1984 年，中国社科院考古所继续清理 1983 年发掘的 2 座铸铜遗迹，同时新发现 2 座铸铜遗迹。84YLⅣF9 为一浅穴式建筑，始建于二期，并在二期时发生过修整和改建，三期时又经第三次改建。每次改建后的工作面上都发现红烧土硬面和铜液泼洒形成的铜渣层，其中还夹杂少量铜渣、铜片、坩埚熔炉碎片，可确切证明这是经长期使用的铸铜场地，至二里头四期才废弃。F9 初建时，工作面上埋有成人墓 1 座。第一次整修后工作面中部埋入成人墓 3 座。第二、三次整修后工作面上各埋入成人墓 2 座。上述不同层的墓葬方向一致，排列有序，均属正埋葬。在 F9 南面，另有三座铜器浇铸场，分别编号为 Z1、Z2、Z3，均为浅穴式建筑。Z1 和 Z3 浇铸场内是层层叠压的路土，路土面上分布着许多红烧土面、铜液凝固面等遗迹，出土有熔炉残片、铜渣、小铜块等遗物。路土层间夹杂分布有 M64、M85、M86 等多座成人墓葬。浇铸场周围的灰坑中出土有较多的块状铜渣、小件铜器、坩埚残片、大量的木炭和一些陶范。在 Ⅳ 区铸铜作坊内还清理墓葬 40 余座，分为南北二区，成人墓均头向南，儿童墓多向西，向东和北者较少。北区成人墓除一座向南外，其余均向北，儿童墓情况基本同于南区。墓葬年代多数为二期，少数为三期、四期。②

从 80 年代二里头铸铜作坊的发掘成果来看，铸铜遗存和墓葬发现的数量均较多。墓葬总数近百座，即使假定有一半为儿童墓和非正常埋葬墓，也有 50 余座正常的成人墓埋葬在作坊区中，年代与铸铜遗存相同，为二里头二期至四期。这些墓葬常与铸铜遗存交杂分布在一起，分布范围相同，可知其居葬关系为居葬合一。从具体的遗迹来看，F9、Z1 和 Z3 的居葬合一现象更为明显，每层工作面上都发现有正常的成人墓，与浇铸场建造、改建的时间同时，证明从二期开始，二里头铸铜作坊中就存在居葬合一的现象，这种现象在三期、四期得到了延续。这为我们将 60 年代发掘区中二里头二期的居葬关系确定为居葬合一提供了佐证。

综上所述，结合二里头铸铜作坊 20 世纪 60 年代和 80 年代的发掘材料可知，二里头铸铜作坊内的生产居住空间和墓地空间自二期至四期基本是重合的，墓葬和居址遗存呈交错纷杂的分布形态，同期（同阶段）的墓葬和居址遗存较少见而不同期（阶段）的墓葬和居址遗存常见打破关系。因此二里头铸铜作坊内的居葬关系自二期至四期始终为居葬合一，应是为早商时期郑州商城铸铜作坊居葬合一的来源之一。

〔作者李金鑫，北京大学考古文博学院博士研究生〕

---

① 郑光、杨国忠、张国柱、杜金鹏：《偃师县二里头遗址》，中国考古学会编：《中国考古学年鉴（1984）》，文物出版社 1984 年版，第 128—129 页。杜金鹏：《二里头遗址第二期考古的主要成就》，《中原文物》2020 年第 4 期。

② 郑光：《偃师县二里头遗址》，中国考古学会编：《中国考古学年鉴（1985）》，文物出版社 1985 年版，第 162—163 页。中国社会科学院考古研究所：《中国考古学夏商卷》，中国社会科学出版社 2003 年版，第 112 页。

试论先周文化探索中的四种模式

宋　殷

摘　要：通过梳理商周考古学术史，本文提出在先周文化探索过程中曾经存在过四种模式，即后冈模式、郑州模式、王湾模式、吴城模式。后冈模式源于梁思永后冈"三叠层"的发现，强调地层学的运用。郑州模式源于邹衡对郑州地区早商文化的研究，强调地层学和类型学相结合。王湾模式源于北大考古系对洛阳王湾的发掘，强调从小遗址看区域文化变迁。吴城模式源于李伯谦对吴城文化的分析研究，强调文化因素分析法对族属判断的应用。

关键词：先周文化　后冈模式　郑州模式　王湾模式　吴城模式

雷兴山曾经将在他之前研究先周文化的学者所使用的方法分为"都邑法"和"追溯法"，[①] 这一看法抓住了先周文化研究乃至中国青铜时代由考古学文化追溯特定人群及族属的最主要的相互对立统一的两种方法。概言之，"都邑法"即由文献中的中国早期国家都邑的地理位置与相应的考古发现相对证，以确定与特定族属相对应的考古学文化；而"追溯法"即将不同时期特征明显的陶器群在类型学上的演进过程落到地图上，以确定与特定族属相对应的考古学文化。即一是形成文献—都邑—文化—族属的逻辑链条，一是形成典型陶器的演变—典型陶器群的演变—文化—族属的逻辑链条。

然而，从学术史的角度去看就会发现实际情况远比雷兴山所划分的"都邑法"和"追溯法"要复杂。笔者认为在先周文化的探索过程中曾经存在过四种模式，即"后冈模式""郑州模式""王湾模式"和"吴城模式"。这四种模式或曾被应用于早商、先商、夏文化的探索，或曾被应用于对周边地区考古学文化的探索。先周文化探索中这四种模式的出现恰恰反映了特定研究方法对不同研究领域的影响。对这四种模式进行深入剖析有助于反思中国青铜时代考古中的年代、考古学文化、族属、政策等一系列问题。

因此，本文将以这四种模式中涉及的主要研究者和他们的研究成果为例对这四种模式进

---

①　雷兴山：《先周文化探索》，科学出版社 2010 年版，第 14—24 页。

行深入探讨，而不拟对先周文化探索中涉及的所有学者和学术观点进行详细综述。① 本文在介绍每种模式时将分别从该模式的出现背景、内涵以及在先周文化探索中的应用三个角度展开，并在最后一节余论中总结四种模式的得失。

一　追溯法的两个途径——"后冈模式"与"郑州模式"

中央研究院历史语言研究所对殷墟的十五次发掘确定了商代晚期都城的所在，为进一步探讨早商以及先商文化确立了基点。而以殷墟为基点追溯早商及先商文化的方法途径却因两次考古发现及其相关研究被分成了两支，即梁思永对后冈"三叠层"的发现和解读② 以及郑州二里冈遗址的发现③ 和邹衡的《试论郑州新发现的殷商文化遗址》，④ 笔者特将此两种途径分别称为"后冈模式"与"郑州模式"。

（一）后冈模式

"后冈模式"顾名思义是以梁思永发现后冈"三叠层"并确立了仰韶文化、龙山文化和小屯殷商文化的相对序列为标志，强调了地层学证据在考古学研究中的重要作用。

李唯曾对梁思永发现后冈"三叠层"的背景、经过、影响及意义进行过深入探讨。⑤ 李唯将梁思永发现后冈"三叠层"的背景分为"现实背景"和"学术渊源"两部分。

安特生（J. G. Andersson）凭借对于仰韶村出土彩陶的研究提出了中华文化"西来说"的假说，而中国本土的考古学家为了回应这一假说发掘了山东城子崖遗址并确信"替殷墟一部分文化的来源找到一个老家"⑥。然而，"城子崖的发掘依旧没有为龙山与小屯的早晚关系提供直接的地层证据，也未能解释龙山与仰韶以及小屯与仰韶的相对年代关系"。安特生对仰韶村的发掘、中央研究院历史语言研究所对河南安阳小屯的发掘以及对山东城子崖的发掘使得三者所代表文化之间的相互关系这一问题被带到了学术界面前。

另一方面，虽然安特生和李济在发掘仰韶村和西阴村时都自觉应用了地层学和类型学，但在实际发掘过程中均采用水平层发掘法。"囿于时代的局限，当时在中国工作的考古学家尚

---

① 宗礼（田仁孝）、刘栋（刘军社）：《先周文化研究六十年（1933—1993）》，《周秦文化研究》编委会编：《周秦文化研究》，陕西人民出版社 1998 年版，第 268—285 页；雷兴山：《先周文化的探索历程》，《考古学研究（五）》，科学出版社 2003 年版，第 787—798 页。

② 梁思永：《后冈发掘小记》，《梁思永考古论文集》，科学出版社 1959 年版，第 99—106 页；梁思永：《小屯龙山与仰韶》，《梁思永考古论文集》，第 91—98 页。

③ 河南省文化局文物工作队：《郑州二里冈》，科学出版社 1959 年版。

④ 邹衡：《试论郑州新发现的殷商文化遗址》，《考古学报》1956 年第 3 期。

⑤ 李唯曾经以《梁思永与后冈"三叠层"的发现》为题在北京大学考古文博学院开设的研究生课程"考古年代学技术与方法"课上做过报告，并未正式发表相关论文。

⑥ 孙庆伟：《商从哪里来——先商文化探索历程》，《追迹三代》，上海古籍出版社 2015 年版，第 205—270 页。

且不能完全摆脱地质学传统的桎梏，表现在不能以人类行为产生的文化堆积作为考古发掘的单位，故无法区分开自然层与文化层，更无法理解遗迹单位之间复杂的'相对时间'关系，直接造成了类型学研究在很长一段时间内因为缺乏地层证据而无法进一步完善和提升方法论。"

然而最为关键的一点，也是李唯认为的"梁思永率先以文化层为单位发掘后冈遗址并最终发现后冈'三叠层'的首要原因"，即梁思永在美国哈佛大学求学期间的导师祁德（A. V. Kidder）"是上世纪二三十年代西方考古学界'地层学革命'的领袖人物，他主张根据文化层自然堆积状况的'自然层'发掘，反对传统的'水平层'发掘方法"。

由于李唯已对梁思永发现后冈"三叠层"的经过进行了详细的分析，本文不拟在此处进行展开，只是想谈一谈笔者对于梁思永发现后冈"三叠层"的解读以及其对新中国成立后商周考古发掘与研究的影响。

虽然在梁思永发现后冈"三叠层"之前，地层学和类型学方法在中国国内都有所实现：如李济在发掘西阴村时曾"在第四探方竟然把 4 米左右的地下堆积划分为 33 层"，但正如陈星灿所指出，李济"并未发现文化层本身的打破关系"且对小层划分过细"不能有助于对文化层的本质了解"；[1] 梁思永为西阴村出土的陶片划分了五个等级标准，并"以第四探方出土陶片为主……统计了各类陶片在第四探方 33 个亚层和 4 个大层出土的数量和百分比"，"为了了解器物的形态特征，梁思永把陶片分解成口缘、器底、柄或把四个种类，并对每一类进行了型式学的划分"。[2] 但是梁思永的幸运之处在于后冈地理位置特殊，可以在不同层位找到仰韶、龙山、小屯三类特征鲜明的文化，而这三类文化在当时是可以被辨识出来的。虽然梁思永囿于当时的"东西二元对立"观念的影响没有正确认识到仰韶文化与龙山文化之间的关系是所属时代不同而非地域不同，但如尹达所说，"这好像是一把钥匙，有了它，才能打开中国考古学中这样关键问题"[3]。但是需要注意的是，这种方法只能搭建一定区域内史前文化变迁的大框架。事实上，正如孙庆伟所指出，梁思永也注意到了后冈"三叠层"在解释小屯殷商文化来源时的局限性：

> 龙山文化和小屯文化不是衔接的，小屯文化的一部分是由龙山文化承继得来，其余不是从龙山文化承继来的那部分大概代表了一种在黄河下游比龙山晚的文化。这文化在它没有出现于小屯之前必定有一段很长的历史。要想解决殷代青铜、文字、兽形装饰的问题，还有待于这（小屯文化前身的）文化的遗存的发现。[4]

---

① 陈星灿：《中国史前考古学史研究（1895—1949）》，生活·读书·新知三联书店 1997 年版，第 148—150 页。
② 陈星灿：《中国史前考古学史研究（1895—1949）》，第 158 页。
③ 尹达：《悼念梁思永先生》，《梁思永考古论文集》，第 1—3 页。
④ 梁思永：《小屯龙山与仰韶》，《梁思永考古论文集》，第 91—98 页。

随着 1950 年梁思永出任中国科学院考古研究所副所长，由后冈"三叠层"而得出的通过地层序列获得区域文化变迁的"后冈模式"潜移默化地影响着新中国的考古学家们。

如根据孙庆伟对夏文化探索的学术史梳理：安金槐通过比较二里岗、郑州人民公园出土陶器和层位关系，得出"二里岗与人民公园的下层为早期，二里岗的上层与人民公园的中层为中期，人民公园的上层为晚期"，通过将出土陶器与殷墟出土陶器进行比较，认为"人民公园的上层（晚期）……和安阳小屯殷墟的出土物比较接近，也可能是时间相距不远，而人民公园下层（中期和早期）又相当于二里岗文化层，所以二里岗殷商文化层也可能早于安阳小屯殷墟文化层"。而董砦遗址的地层关系揭示出洛达庙商文化层要早于二里岗期商文化。①

因此通过洛达庙—二里岗、人民公园中、下层—人民公园上层这一地层堆积序列，安金槐建立了他的商文化分期体系，而这无疑是"后冈模式"在商代考古中的实践。

1951 年，苏秉琦带队的中国科学院考古研究所陕西省调查发掘团"在沣河两岸找到了史前、早周和周、战国秦等三个时段的遗迹遗物……上述三个时期文化层的相互叠压，则让苏秉琦将他们与梁思永的'后岗三叠层'联系起来"②。这一地层上的相互叠压关系再加上器物上的一些相似之处直接导致徐锡台将先周文化的来源指向了客省庄第二期文化：

> 周文化与客省庄第二期文化的关系，通过渭水和泾水流域的调查发掘，使我们得知叠压在仰韶文化层上边为客省庄第二期文化（又称陕西龙山文化），叠压在客省庄第二期文化之上的是周文化，在周文化和客省庄第二期文化之间，再没有文化遗存……由于上述早周文化遗存存在着客省庄第二期文化中的某些因素和特征，再根据周文化遗存直接叠压着客省庄第二期文化遗存的关系，因此，我们认为早周文化可能是在客省庄第二期文化的基础上接受了齐家文化的一些因素发展起来的。换言之，早周文化起源于客省庄第二期文化……③

这堪称是"后冈模式"对先周文化研究中最大的影响。

（二）郑州模式

"郑州模式"的标志性事件是邹衡对于二里岗文化和殷墟商文化之间关系的研究以及在此基础上建立的商文化分期体系。不同于"后冈模式"中对于地层学证据的依赖，所谓"郑州模式"既注意了地层证据，也注意了典型器类的演变规律，并将地层学证据作为验证器物类型学变化的依据。

---

① 孙庆伟：《考古学的春天——1977 年"河南登封告成遗址发掘现场会"的学术史解读》，《追迹三代》，第 103—152 页。
② 孙庆伟：《联裆鬲还是袋足鬲——先周文化探索的困境》，《追迹三代》，第 501—572 页。
③ 徐锡台：《早周文化的特点及其渊源的探索》，《文物》1979 年第 10 期。

如孙庆伟对夏文化探索过程的梳理,[①] 邯郸涧沟和龟台寺的发掘以及洛阳东干沟和王湾的发掘使邹衡意识到早商文化有其不同于二里头文化的来源。而理解这一不同来源的关键恰恰和韩维周区分玉村下层文化和二里岗文化的主要着眼点相同,即陶鬲。

中国考古学界对于陶鬲关注已久。杨晶对于这段研究史有过详细的梳理,[②] 孙庆伟对邹衡的郑州和殷墟陶器分期也有过详细的研究,[③] 本文不拟在此复述二位学者的研究,只想谈一谈笔者的心得体会。

如果说邹衡在《试论郑州新发现的殷商文化遗址》一文中结合地层学证据粗线条地勾勒了从郑州到小屯陶器的演变过程,《试论殷墟文化分期》一文则是以陶鬲的类型学演变为线索串联起了不同地层。邹衡认为的殷墟陶鬲的变化规律主要取决于通高与器宽比、足根占通高百分比、裆部高矮等测量数据,并利用陶鬲这把标尺去衡量其他陶器的演变。正如孙庆伟所注意到的:

> 从器物编号上即可看出上述 7 件器物的出土地点不同,因此它们相互之间不可能发生打破关系,而实际上,在邹衡梳理出来的各组地层关系中并不包括这些遗迹单位,这也说明确定 Aa 型陶鬲序列的地层依据是相当薄弱的。[④]

由此可见,作为互为依托的两篇文章,《试论郑州新发现的殷商文化遗址》与《试论殷墟文化分期》的侧重点各不相同,前者更注重地层证据而后者更注重典型陶器的类型演变,当然这也与邹衡参与了二里岗发掘更加熟悉材料而没有参与殷墟的发掘有关。然而值得深思的是,在邹衡用先陶器分期后铜器分期再确定各期绝对年代这一方法去研究先周文化时,[⑤] 却遭遇了滑铁卢。如梁星彭在《〈论先周文化〉商榷》一文中指出:

> 在统计范围内的全部陶鬲中,宽/高比值最小的是姚家河 M1：3,为 0.87：1,器身显得瘦长;宽/高比值最大的是 SCKM145：6,为 1.23：1,器身显得肥矮。前者由于同出的铜簋形制、花纹均近似于可以作为分期断代标准的史臣舌簋,所以被定为康王时期。后者则同出有与张家坡早期居址所出的相同器形的陶簋、陶豆等,故被认为属于西周早期的第一期墓葬。两者年代大体接近。可是陶鬲宽/高比值却有很大差距,说明单纯依靠宽/高比值大小来分期是不够科学的。[⑥]

① 孙庆伟,《考古学的春天——1977 年"河南登封告成遗址发掘现场会"的学术史解读》,《追迹三代》,第 103—152 页。
② 杨晶:《中国陶鬲研究综述》,故宫博物院编:《中国陶鬲谱系研究》,故宫出版社 2014 年版,第 493—544 页。
③ 孙庆伟:《著史与分期——李济与邹衡的殷墟文化研究比较》,《追迹三代》,第 391—468 页。
④ 孙庆伟:《著史与分期——李济与邹衡的殷墟文化研究比较》,《追迹三代》,第 391—468 页。
⑤ 邹衡:《论先周文化》,《夏商周考古学论文集》,文物出版社 1980 年版,第 297—356 页。
⑥ 梁星彭:《〈论先周文化〉商榷》,《考古与文物》1982 年第 4 期。

据雷兴山的研究成果，高领袋足鬲的演变规律在于口部由直口微敛口到侈口，足根由鸭嘴状到扁柱状到椭圆柱状到扁锥状再到圆锥状，绳纹由细绳纹到中绳纹再到粗绳纹，领部由直行绳纹到斜行绳纹，而高领袋足鬲的演变规律与领高占通高比例或器宽/器高没有关系。[①]

仔细比较邹衡对郑州殷商遗址的研究和对先周文化的研究，可以发现在先周文化研究中邹衡可以利用的地层关系太少，而马王村 H10 叠压在马王村 H11 之上只提供了先周文化的下限。由于当时主要可以参考的经过发掘的西周、先周遗址多集中在沣河流域的客省庄、张家坡等地以及其他一些零星考古发现，在地层上缺少更早的先周文化这一上限，故而无法确定有着坚实地层学依据的陶鬲的演变规律，对于陶鬲的追溯只能是见仁见智。而且邹衡主要通过铜器的年代来定先周文化每一期的绝对年代，而铜器的沿用时间可以很长。

徐锡台也曾对先周遗存的年代进行了判断，但判断方式也是通过与安阳的铜器进行对比以确定墓的年代从而确定墓中随葬陶器的年代，再与没有出铜器的墓中随葬的陶器进行比较。[②] 胡谦盈将周文化陶鬲分为袋足类、"瘪裆"类和"仿铜"类三类并进行了型式划分。胡谦盈推测了三类陶鬲的不同式别的分布地域及流行年代，而判断陶鬲为先周时期的主要依据也是客省庄南 H10 打破了客省庄南 H11（引者按：客省庄南 H11 和 H10 即马王村 H11 和 H10）。[③] 需要注意的是，胡谦盈所划分陶鬲的式别序列也没有地层学依据，仅依据类型学将袋足类陶鬲上溯到了泾河上游而与寺洼文化进行衔接。

研究上的需要使得一些考古学家意识到要想追溯更早的先周文化，需要到文献记载中的周人早期都邑所在地域去寻找。学术研究上的需要和几项重要考古发现标志着先周文化探索步入"王湾模式"。

二　从中心到周边——"王湾模式"

"王湾模式"的决定性事件是"1959 年秋、冬，北京大学考古专业生产实习队配合中国科学院考古研究所洛阳工作站的工作，曾经在河南洛阳东干沟、王湾、史家湾以及伊洛地区进行了大规模的考古发掘和大范围的考古调查试掘，取得了极其丰富的考古资料"[④]，并出版考古发掘报告《洛阳王湾——考古发掘报告》。[⑤]

根据王湾的发掘资料，邹衡"把王湾和伊洛地区的新石器时代到早商（指以郑州二里

---

① 雷兴山：《先周文化探索》，科学出版社 2010 年版，第 46—47 页。
② 徐锡台：《早周文化的特征及渊源的再探索——兼论文、武时期青铜器的特征》，《考古学研究》编委会编：《考古学研究——纪念陕西省考古研究所成立三十周年》，三秦出版社 1993 年版，第 280—320 页。
③ 胡谦盈：《姬周陶鬲研究——周族起源探索之一》，《考古与文物》1982 年第 1 期。
④ 邹衡：《试论夏文化》，《夏商周考古学论文集》，第 95—182 页。
⑤ 北京大学考古文博学院：《洛阳王湾——考古发掘报告》，北京大学出版社 2002 年版。

冈为代表的早商文化）以前的诸文化遗址分为四大期和 11 小段（或 12 小段）"[1]。其中四大期包括仰韶期 1、2 段，过渡期 3、4、5 段，龙山期 6、7、8 段和二里头期 9、10、11、12 段。由于邹衡通过王湾的分期解决了中原地区新石器时期从仰韶文化到龙山文化的相对年代关系，其成果堪比梁思永发现后冈"三叠层"，也得到了夏鼐、苏秉琦等考古学家的高度评价。[2]

然而，对王湾遗址的发掘和研究有其特点和优势，即一方面，商周考古的各大型都邑遗址均有中国科学院考古研究所设立的工作站负责发掘和研究，名不见经传的小遗址成为高校进行考古发掘和研究的唯一选择；另一方面，小遗址的特点是文化面貌简单，对于堆积丰富的小遗址的发掘可以确立区域的文化谱系从而研究不同文化之间的进退。因此，选择小遗址并安排自己的研究生去发掘研究成为邹衡"宏观着眼，微观着手"，"定点布局"以验证自己的商周学术体系的方法。邹衡应用"王湾模式"来进行先周文化的再研究的过程可以参看孙庆伟的《联裆鬲还是袋足鬲——先周文化探索的困境》一文的第四节。[3]

客观地讲，"王湾模式"虽然最初是在一定的考古学认识体系指导下进行的发掘和研究，但同时这种模式也为后续考古研究积累了大量的资料，从而在某种程度上修正或彻底改变了原有的考古学认识体系。如果说"后冈模式"和"郑州模式"重在对地层学和类型学方法的具体应用，"王湾模式"则伴随着新中国成立后大量生产建设过程中发现的遗址以及高校开展的自主考古发掘和研究，从中心走向周边、从点走向面、从一元走向多元，并直接导致了苏秉琦"区系类型"理论的建立。

本文不拟对先周文化研究中涉及的所有遗址的发掘和研究进行展开，仅打算以碾子坡遗址、郑家坡遗址、朱马嘴遗址等为例，结合胡谦盈、刘军社和张天恩的研究成果阐明"王湾模式"在先周文化探索中的应用。

关于胡谦盈率领中国社会科学院考古研究所泾渭考古队复查碾子坡遗址[4]的动机胡谦盈说得很明确：

> 要揭开周族起源与早期发展历史的奥秘，如果仅仅从传说中的文献记载中去加以探讨和研究，是很难整理出一个眉目的，它必须结合考古调查和发掘的研究成果来加以探索和复原。但截至目前，先周文化——即周朝建立以前的周文化遗址和墓葬的调查与发掘工作做得不多，尤其是周先王古公亶父迁都岐邑以前的周遗址和墓葬的考古与研究工作，在我们发掘陕西省长武县碾子坡村先周文化居址和葬地之前，它基本上还是学术上的一个空白

---

① 邹衡：《试论夏文化》，《夏商周考古学论文集》，第 97 页。
② 张立东、任飞：《手铲释天书——与夏文化探索者的对话》，大象出版社 2001 年版，第 48 页。
③ 孙庆伟：《联裆鬲还是袋足鬲——先周文化探索的困境》，《追迹三代》，第 501—572 页。
④ 孙庆伟，《联裆鬲还是袋足鬲——先周文化探索的困境》，《追迹三代》，第 501—572 页。

点。所以，有目的、有计划地大力开展西周以前特别是周人迁都岐邑以前的先周遗址和墓葬的考古调查与发掘，应是我们进行探索和弄清楚周人早期物质文化面貌以及周族兴起与发展历史的研究工作中的第一步，它同时也是我们探讨周族早期文化面貌及其相关历史必须遵循的一种基本研究方法和唯一有效的工作途径。①

由此可知，碾子坡遗址是探索岐邑之前的先周文化的第一次尝试，胡谦盈果然在碾子坡遗址收获颇丰：

> 我们发掘居地面积达 7000 多平方米，发现先周房址 21 座，铜器窖藏 1 座，灰坑 177 个，灰沟 1 道和烧陶窑址 7 座。与居址同时期的茔地，在居地北边高出遗址 63—73 米的斜坡上，仅发现 92 座墓葬，大约有 100 座墓在建筑大路和修梯田时遭破坏。另一茔地在第一发掘地点内，共清理 138 座墓，约有 60 座墓葬在修梯田时遭破坏。138 座墓的墓穴均挖破先周居址堆积，说明此处先周文化居址废弃后又成为年代较晚的先周居民的葬地。与第一发掘地点茔地同时期的居住址在遗址南半部，它因水土流失和近人挖掘窑洞居室被破坏了。②

居址和墓葬中出土的陶鬲均以高领袋足鬲为主并有少量瘪裆鬲，从侧面证明了胡谦盈认为的高领袋足鬲和瘪裆鬲均为姬姓周人创造的物质文化这一观点。③ 而对于碾子坡遗址的年代判断，胡谦盈认为："早期遗存年代为公元前 1200 年前后，内容有丰富的居住遗存和大批的墓葬。晚期只发现了 130 多座墓葬，墓穴均挖破先周居址堆积，约属周人迁岐前夕或稍晚的遗存，年代为公元前 12 世纪后半期。"④

且不论胡谦盈将碾子坡出土的陶簋（H134：3）和陶器盖（H507：4）与殷墟二期偏晚墓葬出土器物相比较来确定碾子坡早期年代以及从七个碳十四测年数据中只选择了一个⑤这样的行为是否恰当，胡谦盈将碾子坡遗址和"豳"联系起来有着深刻的学术背景，即在"王湾模式"发展早期研究者的认识仍脱离不了"郑州模式"的影响。这在胡谦盈对刘家墓葬和郑家坡遗址的认识上体现得更为明显。⑥ 胡谦盈甚至认为郑家坡遗址和刘家墓葬的发现均是"一

---

① 中国社会科学院考古研究所编著：《南邠州·碾子坡》，世界图书出版公司 2007 年版，第 1 页。
② 中国社会科学院考古研究所编著：《南邠州·碾子坡》，前言，第 1 页。
③ 胡谦盈：《姬周陶鬲研究——周族起源探索之一》，《考古与文物》1982 年第 1 期。
④ 中国社会科学院考古研究所编著：《南邠州·碾子坡》，前言，第 1 页。
⑤ 中国社会科学院考古研究所泾渭工作队：《陕西长武碾子坡先周文化遗址发掘记略》，《考古学集刊》第 6 集，中国社会科学出版社 1989 年版，第 123—142 页。
⑥ 孙庆伟：《联裆鬲还是袋足鬲——先周文化探索的困境》，《追迹三代》，第 501—572 页。

种考古学文化的一个侧面资料"，不能称之为两种文化。[1]

要想达到建立区域文化序列，了解考古学文化的发展过程这一"王湾模式"的目标，需要从"纵"和"横"两方面着力，"纵是指对某一种假定为先周文化的考古学文化的源流进行考察，横则是将此种考古学文化与邻近地区的同时期文化进行横向比较，只有通过这种纵横的观察，才有可能辨认出先周文化"。[2] 而刘军社[3]和张天恩[4]的共同之处是均在这两方面下功夫。

相比较而言，刘军社的先周文化研究的缺陷是虽然在判定郑家坡文化各期的绝对年代时尚可使用壹家堡、耀县北村和殷墟的材料，在判定刘家文化的各期绝对年代则更多的是假定其和商文化陶器的演进速率相同，直接将每一期对应商文化的一期。[5] 一方面，因为郑家坡文化所分布的漆水河流域位于关中西部的偏东位置，相比位置偏西的刘家文化受到更多商文化的影响；另一方面，刘家文化除纸坊头遗址以外几乎没有居址的发现，而墓葬之间的叠压打破关系很少，确定刘家文化的分期缺少地层学依据。用水系分布来试图复原古族、古国是一项创举，[6] 但刘军社将考古学文化与出土铜器群结合，通过铭文与族徽复原古族、古国仍然存在一定问题，即无法解决这些古族或古国如散国、夨国、戈族、酉族、崇国、骊山氏等的聚落结构和社会形态且无法确定这些族或国的确切活动范围，而要解决这些问题需要大面积的系统调查和考古发掘。

而张天恩就要幸运得多。由于发掘了内涵丰富且有多种文化并存的朱马嘴遗址，张天恩一举解决了郑家坡文化和刘家文化的年代上限问题。蔡家河和园子坪的发掘也使得碾子坡文化的分期问题更加明朗。文化因素分析法的运用也使得张天恩在分析复杂遗址和研究不同文化之间的进退方面游刃有余。[7]

但是更多的问题也随之而来。用商文化衡量郑家坡文化和刘家文化的缺陷是超出关中西部地区商文化上限的部分该怎么追？"郑家坡文化孙家类型"是否能够提供足以支撑"豳"

---

① 胡谦盈：《南邠碾子坡先周文化居住址和墓葬发掘的学术意义》，《周秦文化研究》编委会编：《周秦文化研究》，第153—162页。

② 孙庆伟：《联裆鬲还是袋足鬲——先周文化探索的困境》，《追迹三代》，第501—572页。

③ 刘军社：《郑家坡文化与刘家文化的分期及其性质》，《考古学报》1994年第1期；刘军社：《再论郑家坡遗址的分期与年代》，《考古与文物》1996年第2期；刘军社：《试论先周文化与相邻诸文化的关系》，《考古与文物》1994年第4期；刘军社：《水系·古文化·古族·古国论——渭水流域商代考古学文化遗存分析》，《华夏考古》1996年第1期；刘军社：《试论岸底遗址的分期及相关问题》，《周秦文化研究》编委会编：《周秦文化研究》，第174—187页；刘军社：《先周文化研究》，三秦出版社2003年版。

④ 张天恩：《高领袋足鬲的研究》，《文物》1989年第6期；张天恩：《周原遗址殷商时期文化遗存试析》，《中原文物》1998年第1期；田仁孝、张天恩、雷兴山：《碾子坡类型刍议》，《周秦文化研究》编委会编：《周秦文化研究》，第163—173页；张天恩：《关中西部商文化研究》，《考古学报》2004年第1期；张天恩：《关中商代文化研究》，文物出版社2004年版。

⑤ 刘军社：《先周文化研究》，三秦出版社2003年版。

⑥ 刘军社：《水系·古文化·古族·古国论——渭水流域商代考古学文化遗存分析》，《华夏考古》1996年第1期。

⑦ 张天恩：《关中商代文化研究》，文物出版社2004年版。

地的证据？[①]"邰"地是否存在周人的早期都邑？周人早期都邑的聚落结构特征如何？虽然都是通过追溯陶器谱系加寻找文献中的周人早期都邑来追溯先周文化，无论是胡谦盈还是刘军社、张天恩都缺少一锤定音的证据。当每个研究者都试图将自己研究的考古学文化与姬周族联系起来的时候，却发现考古学上对于一个族群所创造和使用的物质文化包括氏族结构在考古学文化面貌上的反映都没有明确的界定。考古学家缺少通过民族学、人类学等理论上对于族属判定的探讨，在缺少文字资料发现的前提下谁也不能说服对方。

三　考古学文化与族属——"吴城模式"

如果说 1980 年邹衡的《夏商周考古学论文集》交付出版社正式出版标志着邹衡以中原为中心的夏商周考古学体系的建立，那么几乎同时，1981 年苏秉琦和殷玮璋发表的《关于考古学文化的区系类型问题》[②]和李伯谦发表的《试论吴城文化》[③]则正式标志着夏商周考古学开始从中原走向周边。由于这其中李伯谦的《试论吴城文化》具有研究方法上的重要意义，笔者将以此类研究方法为代表的研究称为"吴城模式"。

虽然"王湾模式"是以从"中心到周边"为其标志，但其在主要研究方法和理论指导上仍不能脱离"郑州模式"的影响。然而"吴城模式"的出现则可以被视为研究视角上的转变，将周边地区由"受中原文化影响"的被动视角转化为"以周边地区为主体"的主动视角。

"吴城模式"的核心是文化因素分析法。而文化因素分析法并非一种新方法，如李伯谦所梳理：

> 早在 1939 年，梁思永在《龙山文化——中国文明史前期之一》的论文中关于三个区域的划分已经明确含有文化因素分析的内容。1965 年苏秉琦《关于仰韶文化的若干问题》对仰韶文化半坡类型、庙底沟类型及其与邻境同期文化关系的科学论断，实际上也运用了文化因素分析的方法。这个方法至 70 年代末 80 年代初逐步趋于成熟。[④]

但是，"吴城模式"在运用文化因素分析法时注意引入了"量"的概念，使文化因素法

[①]　近年发掘的淳化县枣树沟脑遗址为寻找"豳"地提供了线索，相关情况可参看钱耀鹏、李成、魏女《淳化县枣树沟脑遗址调查发掘的主要收获》，《西北大学学报（哲学社会科学版）》2008 年第 4 期；王振、陈洪梅：《陕西淳化枣树沟脑遗址 2008 年度发掘的主要收获》，《西北大学学报（哲学社会科学版）》2010 年第 6 期；西北大学文化遗产与考古学研究中心、陕西省考古研究院、淳化县博物馆：《陕西淳化县枣树沟脑遗址先周时期遗存》，《考古》2012 年第 3 期；西北大学文化遗产与考古学研究中心、陕西省考古研究院、淳化县博物馆：《陕西淳化枣树沟脑遗址 2007 年发掘简报》，《文物》2013 年第 2 期。

[②]　苏秉琦、殷玮璋：《关于考古学文化的区系类型问题》，《文物》1981 年第 5 期。

[③]　李伯谦：《试论吴城文化》，《中国青铜文化结构体系研究》，科学出版社 1998 年版，第 218—230 页。

[④]　李伯谦：《论文化因素分析方法》，《中国青铜文化结构体系研究》，第 297—299 页。

为某一文化定性并与历史上的族群进行系联，将考古学研究上升到历史学研究。李伯谦对于为何需要引入"量"的概念有着清楚的表述：

> 考古学文化所含诸文化因素既有质的不同，又存在量的差别，考古学文化的性质正是由其中占主导地位的因素决定的。进行文化因素分析，既要对其所含不同文化因素定性，即确定这些不同文化因素原来所属文化系统；又要引入量的概念，做量的统计和对比，即定量分析，从而分清各不同文化因素的轻重主次，正确判定该考古学文化的性质。①

可以看出，对考古学文化进行"定量分析"既有考古发掘和整理中实际进行的对典型单位中出土器物的数量进行统计的实践需要，又有着"抓主要矛盾""抓主要矛盾中的主要方面""量变引起质变"等哲学上的考量。

在随后的若干年中，李伯谦发表了一系列文章，② 毫无疑问这些文章都运用了文化因素分析方法并注意做数量上的统计。③ 由于篇幅所限，笔者不拟对所有文章进行详细综述，仅想在此提出李伯谦在这一系列文章中所使用的研究路径：

1. 综述某一区域考古学发现情况。

2. 运用地层学和类型学方法对上述考古发现进行分期研究。

3. 在文化分期的基础上运用文化因素分析方法对这一考古学文化或某考古学文化下的一个类型进行分组研究，并对每一组进行定量统计。

4. 将每一组与周边地区的考古学文化进行比较，以确定每一组的文化来源。以占数量优势的某一组作为主体文化因素，并追溯其渊源。

5. 进行文献梳理，以判断这一文化因素所可能对应的古代族属。

李伯谦通过这一方法发现了某一考古学文化中的复杂构成，并将这种方法用于研究中原地区的二里头文化。在《二里头类型的文化性质与族属问题》一文中，李伯谦比较了二里头文化二里头类型中的部分器物与山东龙山文化中的部分器物，发现二里头类型中有部分文化因素来自山东；通过结合碳十四测年数据和从文献中推导出的夏代积年，李伯谦得出了二里头类型是"后羿代夏"以后的夏文化这一结论。④

通过这篇论文，李伯谦将传统上将考古学文化与族属进行一一对应的认识模式撕开了一

---

① 李伯谦：《论文化因素分析方法》，《中国青铜文化结构体系研究》，第297—299页。
② 李伯谦：《中国青铜文化结构体系研究》。
③ 李伯谦认为，"有时甚至觉得一旦离开文化因素分析方法，我可能一篇文章都写不出来"，参看李伯谦：《中国青铜文化结构体系研究》，前言，第ii页。
④ 李伯谦：《二里头类型的文化性质与族属问题》，《中国青铜文化结构体系研究》，第64—71页。

个口子，而更加关注族群迁徙、战争、政策变化等对于考古学文化面貌的影响。李伯谦在《论夏家店下层文化》中将这一认识进行了总结：

> 考古学文化与族的共同体是既有联系又有区别的两个不同的概念。一个考古学文化可以是一个部族创造和使用的文化，也可以是两个或两个以上部族创造和使用的文化，甚至不排除在一定条件下，一个部族也可以使用两种不同的考古学文化。①

作为李伯谦的研究生，雷兴山的《先周文化探索》② 成为在"吴城模式"影响下诞生的作品。

由于受到朱马嘴遗址年代下限的限制，关中西部地区仍然缺少殷墟二期以后的年代标尺，而北大等单位于 1999 年重启的数个季度的周原发掘建立了周原遗址从商代到西周的文化分期。雷兴山凭着周原的材料建立了关中西部地区殷墟二期至商末周初的年代标尺，通过与朱马嘴遗址进行续接树立了关中西部地区商时期统一的年代分期体系。凭着这把尺子，雷兴山量出了关中西部地区诸商时期居址和墓葬的准确时间跨度。而这正是李伯谦"吴城模式"研究的第一步。

接下来，雷兴山对这些居址和墓葬遗存进行了分类并试图将居址和墓葬进行对应。在对典型单位进行陶片的数量统计后雷兴山发现，周原遗址在统一分期的第 5 段至第 9 段均为以高领袋足鬲和袋足分裆甗等器物占主体，联裆鬲和联裆甗所占比例极少，而进入统一分期的第 10 段联裆鬲和联裆甗的比例开始超过袋足鬲和袋足甗，且这一变化趋势同样出现在周公庙和孔头沟。

为了解释这一变化出现的原因，雷兴山引入了"考古背景"分析方法，即比较在发生这一转变过程中聚落结构是否发生变化从而判断到底是人群的更替还是同一批人群更换了所使用的器物。然而判断结果是聚落结构没有发生巨大变化，证明文化面貌的大规模变化不是因为人群的替代。通过将文化因素分析方法和考古背景方法相结合，雷兴山得出了碾子坡文化而非郑家坡文化为先周文化的结论。

应该注意到，虽然在商时期周原遗址以碾子坡文化为主体看似是使雷兴山得出上述结论的诱因，但真正决定性的证据来自周公庙遗址的发掘。甲骨文确定了周公庙遗址为周公采邑，为明确的姬姓周人所居住的聚落，从而使雷兴山舍弃了以沣西 H18 为代表的"沣西类"遗存而将周公庙作为他的追溯法基点。通过比较周公庙和周原、孔头沟等遗址的考古学文化面貌变化，雷兴山领悟到从以高领袋足鬲为主体的文化转换到以联裆鬲为主体的文化是遍布各遗址的时代变化的反映，而不是人群更替导致的。

① 李伯谦：《论夏家店下层文化》，《中国青铜文化结构体系研究》，第 124—142 页。
② 雷兴山：《先周文化探索》。

但是，"吴城模式"依赖的文化因素分析方法并非无懈可击。考古发掘本质上是一种抽样行为，发掘所获得的考古材料与真实情况之间存在一定的概率关系。应该注意到文化因素分析所赖以存在的陶片数量统计是建立在抽样发掘基础上的，而文化的分布不可能是均匀的，总有某地区一种文化因素占主导而另一区域另一文化因素占主导的可能性的存在。因此，忽略了空间分析的文化因素分析法是片面的，而雷兴山提出的"背景本位"研究取向正是呼应文化因素分析方法的这一缺陷。另一方面，陶片的数量统计实质上反映了一个聚落的人口和家族结构，其最终目的是恢复人群和家族在聚落的分布情况，只有在此基础上才可以分析文化面貌的变化是由简单的人群迁徙或人口增长所导致还是原来使用高领袋足鬲的人群转而使用了联裆鬲。因此雷兴山的结论可能是正确的，但论证过程则不能囿于仅凭统计数据说话，而跳出考古学文化看考古学文化要求新一代的考古学家更加注重聚落考古的实践。

四　余论

通过上文的梳理可以看出先周文化研究是考古学研究的一个方面，其研究方法不可避免地受到其他研究方向的影响。而四种模式之间也存在着相互继承的关系：从"后冈模式"到"郑州模式"意味着考古类型学的成熟，从"郑州模式"到"王湾模式"意味着考古学文化概念的深入人心，从"王湾模式"到"吴城模式"则意味着研究者们开始关注考古学文化之间的相互影响和族属问题。未来是否会有新的模式以替代"吴城模式"仍然不好确定，但是聚落考古的实践和科技考古方法的融入正在更新着现在的考古学研究理念。因此，先周文化探索必将迎来新的研究高潮。

附记：本文最初原型是 2016 年选徐天进老师开设的本科生课程"中国考古学·中一·夏商周考古"的课程作业。由于是自己写的第一篇和传统考古有关的学术史文章，行文不乏稚嫩、莽撞之处，虽是基于当时可以阅读到的文献写就，但也不乏个人的臆想成分。所幸本文得孙庆伟和李伯谦两位先生垂青，得以发表在北京大学考古文博学院的内部刊物《古代文明研究通讯》2016 年 6 月总第 69 期。七年过去了，回看这篇文章，虽然可能有不成熟之处，但其中的一些思考自己依然很珍惜，也代表了自己在学术道路上前进的脚印。希望这篇文章可以借在《青年史学论坛》上正式发表的机会，接触到更多的读者，并推动大家的思考、推动学术的进步。我想，本文中所涉及这些学者们是不会怪罪于我的。

〔作者宋殷，历史学博士，北京大学中国考古学研究中心、北京大学考古文博学院研究员、助理教授〕

·古史探索·

西周中晚期马车实用场景及其配套组织试析*

刘逸鑫

摘　要：西周是商周马车的鼎盛时代。以往学界对西周马车的实用场景及其配套的社会分工、官僚组织关注不足。实际马车交通的运作须配套道路、马匹、车舆、徒卒等要素。对其相关金文、传世文献展开缕析，可为西周"三司"制度提供新的、结构化的研究视角。

关键词：马车实用场景　三司　西周中晚期

一　马车实用场景的四要素提取

马车自晚商被引入中原地区以来，对商周社会政治、军事、经济、交通等各方面产生了重大且深远的影响。以往学界对商周马车在形制规格、丧葬礼仪、军事等方面用力颇多，而对彼时马车在实际生产、使用过程中，[1] 其配套技术、人员组织层面所必需的若干要素关注较少。杰西卡·罗森等指出，马车作为当时最新的军事技术，需一套完整的社会系统支撑才能正常运作。[2] 本文拟以马车实用场景要素提取为切入口，结合金文与传世文献记载，试析背后支撑马车交通运作的官僚组织架构。

2002 年，洛阳市文物工作队在洛阳市唐城花园清理了一座 C3M434 西周中晚期墓葬。[3] 该墓为长方形竖穴土坑墓，墓室长 2.85、宽 1.38 米，一棺一椁。随葬品置于墓主头侧棺椁之间，簋 2、罐 3，共计 5 件。其中 M434：1 陶簋见刻画符号，为马车在西周中晚期社会生活中

---

* 本文是国家社会科学基金项目《两周曾国墓地研究》（19BKG007）阶段性成果。本文在修改过程中，得张昌平教授、张国硕教授、王一凡兄指教，在此一并谨致谢忱。

[1] 首先需说明的是，本文所言"实用场景"之"实用"与"使用"含义有别。西周马车具有驾乘、赏赐、陪葬、祭祀等多种用途。但"实用"特指驾乘这一种使用方式。

[2] 杰西卡·罗森等：《从殷墟葬式再看商文化与欧亚草原的联系》，《青铜器与金文》第 4 辑，上海古籍出版社 2020 年版，第 31 页。

[3] 洛阳市文物工作队：《河南洛阳市唐城花园西周墓葬的清理》，《文物》2007 年第 2 期。

的实用情景，提供了目前唯一已知与西周马车相关的第一手图像资料（图一）。

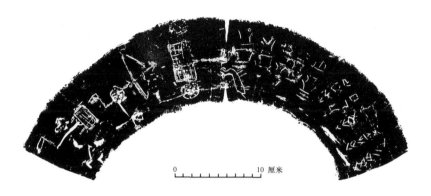

图一　洛阳唐城花园 M434：1 陶簋拓片

　　基于 M434：1 陶簋刻画符号，对西周马车实用场景作如下界定：马车循道而行，并有徒卒随行。车舆是运输人员或货物的部分，[1] 也是交通运输视角下马车的最核心要素，舆上或置旂（旗）。[2]

　　可从马车实用场景中提取道路、马匹、车舆、徒卒四要素。

　　而需强调的是，受车舆空间限制，商周马车的交通运输能力有限。马车车队若作西周金文中常见的跨区域长途跋涉，[3] 随行徒卒自有司职，远距离搬运、负重能力有限，车队的后勤物资供给难以自足。

　　我们知道，西周是马车的鼎盛时代，车马用具不仅有实用功能，更具等级化、礼仪性的政治特征。若要探寻支撑西周贵族车队运行的人员组织，仍需从官僚组织入手，续作分析。

二　马车四要素与"三司"职能的关联性分析

　　马车作为商周社会最复杂的机械，涉及马匹驯养、木工生产维修、车马器、兵器铸造、驭手驾乘、道路养护等多领域的组织分工协作，是一套极其综合化的系统。金文及传世文献所见西周中晚期能与之配套的官僚系统，唯有"三司"，即司徒、司马、司工。下文即对马车四要素与"三司"职能的关联性展开分析。

---

　　① 李零：《"车马"与"大车"（跋师同鼎）》，《考古与文物》1992 年第 2 期。

　　② 西周马车车舆常置旂（旗），西周金文中对此有丰富记载。参见刘逸鑫《交通视域下西周东土研究》，硕士学位论文，郑州大学，2022 年；曹建墩：《三礼名物分类考释》，商务印书馆 2021 年版，第 294—299 页。

　　③ 如贤簋（铭图05067）、肃卣（铭续0882）、士百父盨（铭图05665）等，可见西周贵族跨区域进行的政治、经济、军事活动。

①道路
②马匹　　A司徒
③车舆（旆）　B司马
④徒卒　　C司工

（一）道路

①→A：

沿途各级司徒提供行道粮。裘锡圭指出，① 金文所见"粮"非泛指粮食，而指军粮或其他行道所用之粮。②

①→B：

道路为西周长距离、跨区域军事行动中的必备载具马车提供路径支持。《考工记》载"凡察车之道，必自载于地者始也"。③ 冢司马为王朝最高军事长官。韩巍指出，金文所见各师氏与司马存在明显的"右者"联系。④

①←C：

《国语·周语》载："周制有之曰：'列树以表道，立鄙食以守路'。"⑤ 如雷晋豪所述，两周、秦代常见种植行道树，历代文献对此有丰富记载。行道树不仅利于遮阴行旅，更有利于保护路基。⑥ 而司工负责道路的养护和沿途行道树的种植，《国语·周语》载："道茀不可行也，候不在疆，司空不视涂。"⑦

（二）马匹

②←A：

司徒下司"牧"职，⑧ 掌牧场，负责马源供给。郑牧马受簋盖（集成 03878）载："郑牧马受作宝簋。"陈梦家认为"牧马"为职官名，为负责照顾马的圉师。松井嘉德更认为"牧马"为《周礼》所记地官大司徒属官，职能与林衡、山虞、泽虞和牧人近似。⑨

---

① 裘锡圭：《西周粮田考》，中国社会科学院甲骨学殷商史研究中心编辑组编：《胡厚宣先生纪念文集》，科学出版社 1998 年版，第 221—227 页。

② 扬簋所记"司工官司粮田甸"，如前所述，应是司徒（土）与司工在土地管理方面常见的权力交叉，司徒主掌藉田与民人的粮食生产环节，"粮田"的生产，不应是司工的主要职事。

③ 闻人军：《考工记译注（增订本）》，上海古籍出版社 2021 年版，第 14 页。

④ 韩巍：《册命体制与世族政治——西周中晚期王朝政治解析》，《九州学林》2011 年春季号，上海人民出版社 2012 年版，第 2—31 页。

⑤ 徐元诰撰，王树民、沈长云点校：《国语集解（修订本）》，中华书局 2002 年版，第 66 页。

⑥ 雷晋豪：《周道：封建时代的官道》，社会科学文献出版社 2011 年版，第 337—342 页。

⑦ 徐元诰撰，王树民、沈长云点校：《国语集解（修订本）》，第 61 页。

⑧ 张亚初、刘雨：《西周金文官制研究》，中华书局 1986 年版，第 10—11 页。

⑨ 菊地大树等：《西周王朝的牧业经营》，《南方文物》2022 年第 4 期。

②→B：

司马下司"走（趣）马"职，[1] 负责马匹驯养。近年马匹骨骼的研究成果显示，[2] 周人对马匹的性别、年龄、体格皆有严格的筛选与把控，呈现出专门化、集中化驯养的特征。马强亦指出，[3] 周人在泾水流域布控的众多聚落，应为西周王朝的军马场所在。结合盠尊（集成11812）所见周王"执驹礼"，可知西周王朝对马匹来源及其质量的重视。

②←C：

司工下设"鲍人""攻金"等职，[4] 可能负责马辔等铜质、皮革质马具的专门化生产。

（三）车舆（旗）

③→A：

建旗致民，与司徒重民的职能相合。[5] 在西周前期金文中"旅"多作"𱈛"，与西周前期利用马车开展的武装封殖紧密相关。[6]《周礼·春官·司常》载："凡军事，建旌旗；乃致民，置旗，弊之。"郑玄注："始置旗以致民，民至仆从，诛后至者。"[7]《周礼·夏官·大司马》："中春，教振旅，司马以旗致民，平列陈，如战之陈。"郑玄注："以旗者，立旗期民于其下也。"[8] 冯时指出，建立旗聚众必立表计时，否则便无所谓"后至者"，故建旗、立表共为一事。[9] 另一方面，根据何努、武钰娟的理论，[10] 旂（旗）显为西周国家社会象征图形符号系统的重要组成部分，具有强化基层民众国家认同的功能。

③→B：

马车车舆为军事长官指挥作战的平台，舆上之旗为指挥作战的工具。《国语·晋语》载："三军之心，在此车也，其耳目在于旗鼓。车无退表，鼓无退声，军事集焉。"表，旌旗也。[11]

③←C：

---

① 张亚初、刘雨：《西周金文官制研究》，第20—21页。另，虎簋盖（铭图05399）亦见"驭人"一职，与"走马"相类，同为管理马政的官员，直隶于师氏。参见何景成《西周王朝政府的行政组织与运行机制》，光明日报出版社2013年版，第176页。

② 刘一婷等：《陕西孔头沟遗址马坑出土马骨的鉴定与研究》，《南方文物》2022年第6期；菊地大树等：《西周王朝的牧业经营》，《南方文物》2022年第4期。

③ 马强：《泾水流域西周聚落与社会研究》，博士学位论文，南京大学，2019年。

④ 闻人军：《考工记译注（增订本）》，上海古籍出版社2021年版，第42、69页。

⑤ 张磊、张蕊：《以民为重：司徒与周代分封考论——从〈湆嗣徒逨簋〉说起》，《杭州师范大学学报（社会科学版）》2018年第2期。

⑥ 刘逸鑫：《交通视域下西周东土研究》，硕士学位论文，郑州大学，2022年。

⑦ 郑玄注、贾公彦疏：《周礼注疏》卷27《司常》，阮元校刻：《十三经注疏》，中华书局2009年版，第1785页。

⑧ 郑玄注、贾公彦疏：《周礼注疏》卷27《司常》，阮元校刻：《十三经注疏》，第1805页。

⑨ 冯时：《前掌大墓地出土铜器铭文汇释》，中国社会科学院考古研究所编著：《滕州前掌大墓地》，文物出版社2005年版，第587页。

⑩ 何努、武钰娟：《国家社会象征图形符号系统理论框架——国家社会象征图形符号系统考古研究之一》，《南方文物》2021年第1期。

⑪ 徐元诰撰，王树民、沈长云点校：《国语集解（修订本）》，第382页。

其一，司工下设"轮人""舆人""辀人"，负责车辆的专门化生产，轮、舆、辀亦为甲金文中"车"字的基本构形；其二，陈汉平指出，闭硕鼎载"王命闭硕司旂井（型）"，即掌旂旗法度之事，知西周有严格的旂旗制度，为舆服制度的组成部分。① 此是否属司工职事，未详。

（四）徒卒

④←A：

西周征兵制度为兵农合一，② 徒兵一般应由各级司徒负责提供兵源。

④→B：

金文所见"仆""射""士"等作为徒兵，③ 皆应下摄于司马。举两篇金文例证。其一，班簋（集成 05401）载："王令毛公以邦冢君、徒、驭、□人伐东国。"一般认为，西周军队参战主力仍为徒兵，④ 即步兵；其二，趞簋（集成 04266）载："趞，命汝作𤔌师冢司马適官仆、射、士。"此外，《荀子·王制》记："司马知师旅甲兵乘白之数。"⑤

④←C：

其一，司工下设"筑氏""冶氏""桃氏""函人"与"弓人"等职，⑥ 负责提供徒卒所用兵器、甲具的专门化生产；其二，考古材料常见铜工具与车马器同出，杰西卡·罗森等、杨博指出，⑦ 殷周墓内常见随葬的斧、锛、凿铜器组合，可能是用于修车的工具。此是否属司工职事，未详。

三　交通工程学视角下的西周"三司"制度发微

西周三司制度是学界长期的热点议题。郭沫若、⑧ 斯维至、⑨ 张亚初、刘雨、⑩ 白川静、⑪ 尹

---

① 陈汉平：《西周册命制度研究》，学林出版社 1986 年版，第 278 页。
② 杨宽：《西周史》，上海人民出版社 2016 年版，第 445—446 页。
③ 裘锡圭：《说"仆庸"》，《古代文史研究新探》，江苏古籍出版社 1992 年版，第 366—386 页；裘锡圭：《珊生三器铭文新释》，《中华文史论丛》2021 年第 4 期。
④ 刘逸鑫：《西周东都区域交通价值新探——基于行军速率的分析》，《湖南博物院院刊》第 19 辑，岳麓书社 2024 年版，第 392—437 页。
⑤ 王先谦撰，沈啸寰、王星贤点校：《荀子集解》卷 5《王制》，中华书局 1988 年版，第 166 页。
⑥ 闻人军：《考工记译注（增订本）》，第 45—51、65—68、146—166 页。
⑦ 杰西卡·罗森等：《从殷墟葬式再看商文化与欧亚草原的联系》，《青铜器与金文》第 4 辑，第 1—38 页；杨博、申红宝：《西周诸侯墓葬青铜车马器的器用——以叶家山曾侯、北赵晋侯及濋阳岭应侯墓地为例》，《北京文物与考古》第 8 辑，2021 年，第 126—151 页。
⑧ 郭沫若：《周官质疑》，《郭沫若全集·考古编》第 5 卷《金文丛考》，科学出版社 2002 年版，第 49—81 页。
⑨ 斯维至：《两周金文所见职官考》，《斯维至史学文集》，陕西师范大学出版社 2009 年版。
⑩ 张亚初、刘雨：《西周金文官制研究》，中华书局 1986 年版，第 8—26 页。
⑪ 白川静：《西周史略》，三秦出版社 1992 年版，第 80—81 页。

盛平①等首先利用金文材料对西周整体官制进行讨论，虽对司徒（土）、司马、司工（空）的具体职能存有一定分歧，但基本确定了司徒主田土民人、司马主军事、司工主工程的职务分工。而后李峰、②何景成③指出，西周不止于卿事寮设三司，在主要城市与地方也设有三司，即三司系统存在扩大与分层现象，并有上下级隶属关系。另一方面，关于三司职务在土地、军事等方面的权力交叉与关联，王娜先生对"互为廷礼佑者"及"职能改任"的现象进行了归纳，④刘源先生将此类现象定性为西周贵族政治运作中的"重臣合议"制度，⑤也是切要的。

而杨宽指出，在西周册命金文中作为"右"者的"卿"一级大臣中，三司属外朝大臣；太宰、公族属内朝大臣。⑥《尚书·立政》载：

> 任人、准夫、牧作三事；虎贲、缀衣、趣马、小尹、左右携仆，百司庶府；大都、小伯、艺人、表臣、百司、太史、尹伯、庶常吉士；司徒、司马、司空（工）、亚、旅；夷、微、卢、烝、三亳阪尹。⑦

自"虎贲"至"庶常吉士"，属内臣系统；三司以下至"三亳阪尹"，属外臣系统。⑧清人王鸣盛认为，三司自是军中有职掌之人。⑨杨宽从之，并据令彝铭文指出，三司作为卿事寮属官，主管"三事""四方"。⑩西周东都即设有卿事寮，西周的广大东土皆统摄于东都王畿所设三司之下。另，西周中央机构的特点显是军政合一，但学界受金文材料局限，对三司职务的研究，长期侧重在土地民人方面，⑪尤对司徒（土）着力过深，⑫对于司马、⑬司工⑭则有所不逮。

如此则难解释三司分别所主田土民人、军事和手工业、工程职务，是如何构成一个政治

① 尹盛平：《西周史征》，陕西师范大学出版社2004年版，第186—187页。
② 李峰：《西周的政体：中国早期的官僚制度和国家》，吴敏娜等译，生活·读书·新知三联书店2010年版，第89页。
③ 何景成：《西周王朝政府的行政组织与运行机制》，光明日报出版社2013年版，第174—177页。
④ 王娜：《西周"三有司"职司研究》，硕士学位论文，陕西师范大学，2012年。
⑤ 刘源：《从亲簋铭文谈西周王朝三有司的任用》，《青铜器与金文》第1辑，上海古籍出版社2017年版，第90—97页。
⑥ 杨宽：《西周史》，上海人民出版社1999年版，第356页。
⑦ 顾颉刚、刘起釪：《尚书校释译论》第4册，中华书局2005年版，第1674—1675页。
⑧ 张利军：《商周服制与早期国家管理模式》，上海古籍出版社2020年版，第259—260页；王一凡：《西周王畿的考古学观察——以关中地区为对象》，硕士学位论文，中国社会科学院大学，2021年。
⑨ 王鸣盛撰，顾宝田、刘连朋校点：《尚书后案》，北京大学出版社2012年版，第516页。
⑩ 杨宽：《西周史》，上海人民出版社2016年版，第343—346页。
⑪ 如李学勤指出，司徒掌管土地户口，司马管理军赋，司空管理土地度量，他们在土地转让中都参与其中。参氏著《西周金文中的土地转让》，《李学勤集》，黑龙江教育出版社1989年版，第107页。
⑫ 沈长云：《周代司徒之职辨非》，《中国史研究》1985年第3期；张磊：《周代司徒述论》，《聊城大学学报（社会科学版）》2007年第1期；张磊：《曶壶与周代司徒军事职掌新论》，《中国历史文物》2010年第2期；张磊：《识簋"司土（徒）职掌研究"》，《齐鲁学刊》2011年第5期；张磊：《以民为重：司徒与周代分封考论——从〈淲嗣徒逨簋〉说起》，《杭州师范大学学报（社会科学版）》2018年第2期；张磊：《司徒与西周中后期社会变动探析》，《东岳论丛》2021年第4期。
⑬ 王贵民：《商周制度考信》，台北：明文书局1989年版，第227—229页。
⑭ 沈长云：《谈古官司空之职——兼说〈考工记〉的内容及作成年代》，《中华文史论丛》1983年第3辑。

经济系统，并进行制度运作的。

而上文基于马车实用场景要素的提取，为"三司"的系统运作提供了一个新的、结构化视角，① 通过西周马车四要素与三司各自主职间的关联性分析，可对三位一体的三司制度作出如下概述：

> 司徒为马车交通提供马源、兵源，负责行道所需的粮食供给；司马总领跨区域军事行动与马队管理；司工为马车交通提供道路保障，负责车辆、兵甲等器具的专门化生产。

马车交通与三司制度的关系，总体符合"以交通流为中心，以道路为基础，综合处理道路交通中人、车、路、环境四者之间的时间和空间关系，通过交通规划、设计、运营管理等方法，提高道路的通行能力和运输效率"的交通工程学定义。② 三司制度，殷商至西周早期不见，为中期及其后周人的首创，③ 也是中国早期国家对外政治经济制度的革新与发展。

另一方面，马克思曾指出：

> 在亚洲，从远古的时候起一般说来就只有三个政府部门：财政部门，或者说，对内进行掠夺的部门；战争部门，或者说，对外进行掠夺的部门；最后是公共工程部门。气候和土地条件……使利用水渠和水利工程的人工灌溉设施成了东方农业的基础。④

结合三司制度可作如下建构：各级司徒掌握田土、民人，征收赋税，即财政部门，负责对内掠夺；冢司马为最高军事长官，总领跨区域的对外军事行动，即战争部门，负责对外掠夺；司工为公共工程部门。财政与公共工程部门为战争部门提供兵马来源、后勤供给与道路支持；战争部门又为财政部门的对内掠夺提供军事保障，通过对外掠夺为公共工程部门提供资源。

三者互为表里，共同构成西周中晚期对外扩张中经济政治运作的基本制度框架，此亦即是交通工程学视角下的三司制度发微。

综上所述，马车的实际使用，须配套综合的社会生产、管理分工来考察。马车交通的实际运作，与"三司"职能紧密相关，是西周国家对外扩张中经济、政治运作的重要物质基础。

〔作者刘逸鑫，武汉大学历史学院博士研究生〕

---

① 宋江宁：《无角度、不（非）学术——对考古学学科性质和中国考古学学科发展的思考》，《南方文物》2020 年第 6 期。
② 于德新：《交通工程学》，北京理工大学出版社 2019 年版，第 4 页。
③ 记载王朝三有司的金文，主要集中在西周中晚期。刘源：《从親簋铭文谈西周王朝三有司的任用》，《青铜器与金文》第 1 辑，上海古籍出版社 2017 年版，第 90—97 页。
④ 《马克思恩格斯选集》第 1 卷，人民出版社 2012 年版，第 850 页。

清华简《皇门》与"周公为大宰"新释

薛孟佳　张怀通

摘　要：《皇门》有传本与简本两种，文字语句各有优长，可以相互参照，研究相关史实。《皇门》发布的对象是"群门""大门宗子"等，是姬姓大家族之长，地点是"闳门"，或称"皇门"，即"路寝左门"，也叫"左巷门"，时间是周公致政成王之后，此时此地周公的身份是王邦王家的大宰。因为性质是王家私事，所以《皇门》没有被孔子选编进《尚书》之中。

关键词：《皇门》　闳门　群门　大门　势臣　大宰

《皇门》是今本《逸周书》的第四十九篇，由于"大似今文《尚书》，非伪古文所能仿佛"，[①] 所以古今学者对其都非常重视，进行了深入探讨。2010 年清华简《皇门》刊布，激发了学界进一步研究《皇门》的兴趣，学者纷纷将传本与简本相结合，校订《皇门》文本，考察《皇门》所载史实，取得了很多重要成果。学者讨论较为集中的议题主要有三个：一是《皇门》的主旨。二是周公发布《皇门》的时间、地点、对象。三是《皇门》与其他"尚书"篇章的关系。综观学者的研究，笔者发现，大家似乎忽略了一个问题：《皇门》既然与《大诰》《多士》《多方》等篇章的思想相近，价值相当，[②] 那么为什么没有被孔子选编进《尚书》之中呢？

对于这个问题，就笔者目力所及，只有少数学者作了回答，例如杜勇说："《皇门》未能和其他周公诰辞一起被后世编入《尚书》，而是散落至《逸周书》中，或许与其成

---

　　① 朱右曾：《逸周书集训校释》，宋志英、晁岳佩选编：《〈逸周书〉研究文献辑刊》第 8 册，国家图书馆出版社 2015 年版，第 10 页。

　　② 蒋善国说："《皇门解》……与《尚书·多方》、《多士》的体裁和意指均相同。"见氏著《尚书综述》，上海古籍出版社 1988 年版，第 442 页。刘光胜说："清华简《皇门》与《尚书·大诰》两篇文章作者相同、撰作时间接近，而且均发布于周公东征之前，指向三监之乱。清华简《皇门》是'内弭父兄'，对内呼吁加强姬姓贵族内部团结；《尚书·大诰》是'外抚诸侯'，向外谋求加强与友邦诸侯及其官员的团结。……在这种意义上说，两篇文章是内容密切相关的'姊妹篇'，清华简《皇门》的史料价值可与《尚书·大诰》等观。"见氏著《清华简与中国早期文明研究》，山东友谊出版社 2022 年版，第 181 页。

篇稍晚、影响较小有关。"① 杜勇才思敏捷，视野宽阔，值得钦佩，但给出的答案却不能令人满意。现在笔者尝试以杜勇提出的问题为起点，将传本、简本结合起来，在充分借鉴前贤时哲校订成果的基础上，重新对《皇门》的主旨，《皇门》发布的对象、时间、地点，以及《皇门》涉及的周公某些作为等，进行初步探讨。不妥之处，敬请方家批评指正。

一 "群门" 是众多大家族长申说

上面所列《皇门》的三个问题，有一个关键之"点"，即《皇门》发布的对象。抓住这个关键点，其他问题可以随之解决。传本《皇门》开头云：

> 维正月庚午，周公格左闳门，会群门。②

其中的"群门"是动词"会"的宾语，显然是周公讲话的对象。卢文弨云："'群门'，族姓也。篇中曰'宗子'，曰'私子'，皆为大家世族。"③ 潘振云："'群门'，族姓之正室，代父当门，或继有采地，或有守土者也。"④ 庄述祖云："'群门'，诸卿大夫适子也。"⑤ 三位学者的意思，稍微有一些差异，但总起来粗略地说，就是：群门是从族姓的角度称呼参加周公召集的会议、听取周公讲话的众多大家族之长。

王念孙不同意以上学者的观点，认为："'会群门'三字义不可通，当为'会群臣'。后序云：'周公会群臣于闳门，以辅主之格言（"以"上疑脱"诰"字），作《皇门》。'是其证。今本'臣'作'门'者，涉上句'左闳门'而误。《玉海》九十二、百六十九引此并作'会群臣'。"⑥ 丁宗洛、朱右曾等学者从之。⑦

两相比较，笔者认为，卢文弨等学者的主张较为合理。首先，较早的《逸周书》版本，如元代至正十四年嘉兴路儒学本、明代嘉靖二十二年四明章檗本等，都是"群门"。⑧ 其次，

① 杜勇：《清华简〈皇门〉的制作年代及相关史事问题》，《中国史研究》2015 年第 3 期。

② 孔晁注，程荣校：《逸周书》，《汉魏丛书》，吉林大学出版社 1992 年版，第 280 页。

③ 孔晁注，卢文弨校：《逸周书》，宋志英、晁岳佩选编：《〈逸周书〉研究文献辑刊》第 1 册，国家图书馆出版社 2015 年版，第 171 页。

④ 潘振：《周书解义》，宋志英、晁岳佩选编：《〈逸周书〉研究文献辑刊》第 2 册，国家图书馆出版社 2015 年版，第 80 页。

⑤ 庄述祖：《周书记》，转引自黄怀信等撰《逸周书汇校集注》，上海古籍出版社 2007 年版，第 544 页。

⑥ 王念孙撰，徐炜君等校点：《读书杂志》，中华书局 2014 年版，第 35 页。

⑦ 丁宗洛：《逸周书管笺》，宋志英、晁岳佩选编：《〈逸周书〉研究文献辑刊》第 6 册，国家图书馆出版社 2015 年版，第 148 页；朱右曾：《逸周书集训校释》，宋志英、晁岳佩选编：《〈逸周书〉研究文献辑刊》第 8 册，第 131 页。

⑧ 章宁：《逸周书疏证》，三秦出版社 2023 年版，第 335 页；黄怀信等撰：《逸周书汇校集注（修订本）》，上海古籍出版社 2007 年版，第 543 页。

下文中的"大门宗子""朕遗父兄"等词语与"群门"照应。① 第三,"经作'群门',序作'群臣',并不相背"。② 清华简《皇门》的开头作"惟正【月】庚午,公格在库门",没有"会群门"句。即便如此,鉴于传本与简本各有优劣的情况,也不能否定传本有"会群门",而且"群门"含义是大家族之长语境的成立。

能够证明"群门"是众多大家族之长的内在依据,是下文的"大门宗子""有分私子""朕遗父兄""毋作祖考羞哉""沈人"等词语。卢文弨等学者已经部分地指出了这一点,现在有必要做进一步的考察与申述。

(1)"大门宗子"与"有分私子"。这两个词语在清华简本《皇门》中的语境是这样的:

> 我闻昔在二有国之哲王则不恐于恤,乃惟大门宗子迩臣,懋扬嘉德,迄有宝,以助厥辟,勤恤王邦王家。乃旁求选择元武圣夫,羞于王所。自釐臣至于有分私子,苟克有谅,罔不懔达,献言在王所。③

这段话的大意是,周公以夏商二代做类比,希望"群门"以两个朝代的"大门宗子、迩臣"与"釐臣至于有分私子"为榜样,帮助辟王,治理邦家。其中的"迩臣""釐臣"及相关问题,容下文详述,此处暂且不论。"大门宗子",孔晁于传本《皇门》注云:"大门宗子,适长。"陈逢衡亦于传本《皇门》中注云:"大门,犹《梓材》所云'大家宗子',公族公姓也。"④ 清华简整理者李均明云:"门,门户。大门,指贵族。大门宗子,即门子。《周礼·小宗伯》:'其正室皆谓之门子,掌其政令。'郑注:'正室,适子也,将代父当门者也。'孙诒让《正义》:'云"将代父当门者也"者,明以父老则适子代当门户,故尊之曰门子,……盖详言之曰大门宗子,省文则曰门子,其实一也。"⑤ 古今学者的解释都非常正确,可以信从。

---

① 笔者按:王连龙说:"本篇周公训诰对象与'大门'、'宗子'、'势(迩)臣'等人相类,皆属宗族成员,称'群门'也未尝不可。"见氏著《〈逸周书·皇门篇〉校注、写定与评论》,复旦大学出土文献与古文字研究中心网站,http://www.gwz.fudan.edu.cn/SrcShow.asp?Src-ID=1065。除了"势(迩)臣"需要另作解释外,王连龙的观点大体上值得肯定。

② 笔者按:俞樾云:"《尚书·尧典》'辟四门',《诗·缁衣》篇正义引郑曰:'……四门者,卿士之私朝,在国门。后世东门襄仲、桐门右师,取法于古也。'又《周官·大司马》职'帅以门名',郑注曰:'军将皆命卿。古者军将盖为营治于国门,鲁有东门襄仲,宋有桐门右师,皆上卿为军将者。'然则此篇所云'会群门'者,言会众卿士也。序云'周公会群臣于闳门',经作'群门',序作'群臣',并不相背。《玉海》九十、二百六十九两引此经,并作'会群臣',则后人不达门字之义,而据序以改经也。篇内云'乃维其有大门宗子势臣,罔不茂扬肃德',可证门字之非误。朱氏右曾本从《玉海》作'会群臣',失之矣。"见氏著《周书平议》,宋志英、晁岳佩选编:《〈逸周书〉研究文献辑刊》第8册,第313—314页。俞氏将"群门"解释为"众卿士"似宽泛一些,不如"宗族成员"或"家族之长"准确,但对于"门"的解释可作参考。

③ 清华大学出土文献研究与保护中心编,李学勤主编:《清华大学藏战国竹简(壹)》,中西书局2010年版,第164页。

④ 孔晁注、陈逢衡补注:《逸周书补注》,宋志英、晁岳佩选编:《〈逸周书〉研究文献辑刊》第3册,国家图书馆出版社2015年版,第504页。

⑤ 清华大学出土文献研究与保护中心编,李学勤主编:《清华大学藏战国竹简(壹)》,第166页。

"有分私子"。传本《皇门》孔晁注云："私子，庶孽也。"陈逢衡注云："分，分土也。有分私子，谓有采邑之庶孽。"① 清华简整理者李均明采纳了孔、陈二氏的解释。正确。"有分私子"与"大门宗子"相对，反证后者及与后者意义照应的"群门"指的是大家族之长。

（2）"朕遗父兄"与"毋作祖考羞哉"。这两句话在清华简本《皇门》中的语境是这样的：

> 呜呼！敬哉，监于兹。朕遗父兄眔朕荩臣，夫明尔德，以助余一人忧，毋惟尔身之懔，皆恤尔邦，假余宪。既告汝元德之行，譬如主舟，辅余于险，临余于济。毋作祖考羞哉。②

这段话的大意是，周公要求"父兄"与"荩臣"以商周二代"后嗣立王"及所作譬喻"戎夫""梏夫""媚夫""疑夫"等为借鉴，与自己勠力同心，共克时艰。"荩臣"容下文作解，此处暂且不论。"朕遗父兄"泛指周公自己的父祖兄弟，不必是亲父祖、亲兄弟，大概是虢仲、虢叔、召公奭、南宫括之类的人物，显然是"大门宗子"，是"群门"。"毋作祖考羞哉"是周公为讲话作结的嘱托语句，说明讲话对象是祖考的全体子孙。"祖考"既与"父兄"照应，也与文本中的"大门宗子"照应，更与讲话开头的"群门"照应，共同指明"群门"的含义是大家族之长，而且是同姓的大家族之长。

（3）"冲人"。这是周公的自称，其在清华简本《皇门》中的语境是：

> 肆朕冲人非敢不用明刑，惟莫开余嘉德之说。③

这句话的大意是，我作为"冲人"不是不采用明慎的刑罚，只是没有【耆考】对我进行美好道德的说教。"冲人"，传本作"沈人"。董珊说："'沈人'亦当读为'冲人'"，是常见的商王周王的自我称呼，犹如"童子""小子"，兼有自谦与实际幼小两义，"迁殷时的盘庚和伐纣时的武王年龄都不幼小，其言'冲子''冲人'，当是特定场合下的谦辞。上举铜器（它簋，西周早期，《集成》8.4330）铭文所见的'沈子''乃沈子''乃鹝沈子'，都是作器者相对已故父考的自称，这与武王胜殷之后告庙祝辞中对于祖先文考自称'冲子'相似，其犹诸侯祭祀天地神祇祖先时自称'小子'。其余诸例（《召诰》《雒诰》）之'冲子''冲人'当实指年龄幼小。"④ 清华简《皇门》中的这个"冲人"，前面有一个"朕"字，后面隔着数字

---

① 孔晁注、陈逢衡补注：《逸周书补注》，宋志英、晁岳佩选编：《〈逸周书〉研究文献辑刊》第 3 册，第 505—506 页。
② 清华大学出土文献研究与保护中心编，李学勤主编：《清华大学藏战国竹简（壹）》，第 164—165 页。
③ 清华大学出土文献研究与保护中心编，李学勤主编：《清华大学藏战国竹简（壹）》，第 164 页。
④ 董珊：《释西周金文的"沈子"和〈逸周书·皇门〉的"沈人"》，《出土文献》第 2 辑，中西书局 2011 年版，第 29—34 页。

还有"余""我"两个字，肯定是周公的自称。此时周公已是居于政治舞台中心的大人物，而之所以自称"冲人"，是因为面对的，一是眼前的"父兄"，一是逝去的"祖考"。由此可证，"群门"确实是众多姬姓大家族之长。

二 "势臣"与"荩臣"新释

"群门"，以及与"群门"照应的"大门宗子""父兄""祖考"等，说明周公讲话的对象是大家族之长，都是姬姓自家人。能够证明这一推断成立的词语，还有"势臣""荩臣""耆耇"等。

（1）"势臣"。势，繁体作"勢"。孙诒让于传本《皇门》注云："'勢'读为'埶'，古文假借。《国语·楚语》云：'居寝有埶御之箴'，韦注云：'埶，近也。''埶臣'犹云'近臣'。"① 埶，清华简《皇门》中两见，一是此处的"埶臣"，二是一般表述"有埶亡远"，李均明将这两个"埶"都隶释为"迩"。② 所谓"势臣""迩臣"，就是身边的臣，侍奉的臣。二位学者的解释，正确可从。

（2）"荩臣"。这个词语也出现在《诗经》中，《大雅·文王》云："假哉天命，有商孙子。商之孙子，其丽不亿。上帝既命，侯于周服。侯服于周，天命靡常。殷士肤敏，裸将于京。厥作裸将，常服黼冔。王之荩臣，无念尔祖。"对于其中的"荩臣"，朱熹注云："荩，进也。言其忠爱之笃，进进无已也。"③ 认为其意思如同"忠臣"。马楠结合《诗经·周颂·有瞽》、清华简《芮良夫毖》、清华简《郑武夫人规孺子》等材料，重新进行了解释，认为"荩"通"烬"，"荩臣"就是先王遗臣、遗老。④ 笔者认为马楠的解释依据较为充分，更为符合上下文，可以采信。

但李均明、马楠的解释都忽略了"势臣""荩臣"之"臣"的意思，因而有必要进一步深入考究。臣，在后世语言词汇中与公卿相当，但在商周，乃至春秋时代，是一个与公卿严格区分的带有一定贬义的词语。臣的主要来源是俘虏，公卿则来自世家大族；臣的重要职责之一是家内侍奉，与王是主仆关系，公卿则是王朝的高级执政，与王是匹偶的关系；商周青铜器铭文中公卿时常将自己比况为臣，但从不自称臣，传世文献中西周早期有公卿自称"小臣"的个别现象，如《召诰》中的召公奭，但绝大多数情况下二者界限分明。⑤ 寒峰说："'臣'从奴隶的专一概念过渡到君臣意义的专一概念，中间经历了整个奴隶制社会的发展

---

① 孙诒让：《周书斟补》，宋志英、晁岳佩选编：《〈逸周书〉研究文献辑刊》第 8 册，第 433 页。
② 清华大学出土文献研究与保护中心编，李学勤主编：《清华大学藏战国竹简（壹）》，中西书局 2010 年版，第 164 页。
③ 朱熹：《诗集传》，中华书局 1958 年版，第 176 页。
④ 马楠：《〈诗毛传〉指瑕四则》，《中国经学》第 16 辑，广西师范大学出版社 2015 年版，第 97—101 页。
⑤ 张怀通：《〈洪范〉"三德"章新释》，《中国经学》第 24 辑，广西师范大学出版社 2019 年版，第 123—145 页。

到崩溃的历史时代，其中又表现为臣的概念多项化的过程，实际上就是反映了奴隶发展过程中随着社会的进展，奴役形式的多样化。奴役形式相对地逐渐缓和，臣字原有的贬义也逐渐减少，最后变为只作对官员的称呼，这已经是封建制社会确立的时候了。"① 寒峰所说"封建制社会确立的时候"指的是战国时代。《礼记·缁衣》云："大臣不治，而迩臣比矣。故大臣不可不敬也，是民之表也；迩臣不可不慎也，是民之道也。君毋以小谋大，毋以远言近，毋以内图外，则大臣不怨，迩臣不疾，而远臣不蔽矣。"②《孔子家语·入官》云："君上者，民之仪也。有司执政者，民之表也。迩臣便僻者，群仆之伦也。"③ 所用词汇表现出战国时代以后的含义混合交叉的特征，但所要表达的"迩臣"的性质、职责、地位等，大致符合本来的意义。

这就是说，商周时代的臣，包括"势臣""莀臣"，是内侍奴仆，确切地说是内侍奴仆的首领、头目。周公提到他们时，一则说"大门宗子、势臣"，再则说"朕遗父兄罟朕莀臣"，都是与世家大族之长相对，扮演的正是高级贵族家族内部大管家的角色。

（3）"善臣"或"釐臣"。"善臣"是传本《皇门》中的词语，陈逢衡注云："善臣，犹莀臣也。"④ "釐臣"是简本《皇门》中的词语，李均明注云："釐臣，治国大臣。"⑤ 古今学者的解释，都较为笼统含混。由上文对于商周春秋时代"臣"的性质的分析可知，所谓"善臣""釐臣"还是以解释为内侍奴仆或内侍奴仆头目为长。西周晚期的逆钟铭文（《集成》1.60—63）云："叔氏若曰：逆……用总于公室仆庸、臣妾、小子室家。"其中的"小子室家"或与"有分私子"相当，而"逆"与"小子室家"的关系，或可以成为我们认识"自釐臣至于有分私子"含义的重要参照。

（4）"耇老"或"耆耇"。"耇老"是传本《皇门》中的词语，"耆耇"是简本《皇门》中的词语，二者意义相同。孔晁于传本《皇门》注云："耇老，贤人也。"唐大沛注云："耇老，谓年高德邵者。"⑥ 基本正确。但这只是字词表面的意思，如果放在《皇门》的具体语境中，还需要进一步深入考察。

"耇老"或"耆耇"与"群门""大门宗子""朕遗父兄""祖考"等共出并列，这提示我们，其含义应该从贵族大家族的角度进行考虑。《国语·晋语八》云："范宣子与和大夫争田，久而无成。……叔向闻之，见宣子曰：'闻子与和未宁，遍问于大夫，又无决，盍访之訾祏。訾祏实直而博，直能端辨之，博能上下比之，且吾子之家老也。吾闻国家有大事，必顺

① 寒峰：《商代"臣"的身份缕析》，胡厚宣主编：《甲骨文与殷商史》，上海古籍出版社 1983 年版，第 36—59 页。
② 王文锦：《礼记译解》，中华书局 2001 年版，第 830 页。
③ 王肃注：《孔子家语》，《四部丛刊》初编子部，商务印书馆 1922 年版，第 58 页。
④ 孔晁注，陈逢衡补注：《逸周书补注》，宋志英、晁岳佩选编：《〈逸周书〉研究文献辑刊》第 3 册，第 506 页。
⑤ 清华大学出土文献研究与保护中心编，李学勤主编：《清华大学藏战国竹简（壹）》，第 167 页。
⑥ 唐大沛：《逸周书分编句释》，宋志英、晁岳佩选编：《〈逸周书〉研究文献辑刊》第 7 册，国家图书馆出版社 2015 年版，第 72 页。

于典刑，而访咨于耇老，而后行之。’……訾祏死，范宣子谓献子曰：‘鞅乎！昔者吾有訾祏也，吾朝夕顾焉，以相晋国，且为吾家。’”① 韦昭于“家老”之下注云：“家臣，室老。”② 訾祏作为范宣子的家臣室老，以备顾问咨询，以佐助治理家国，与周公提到的“耇老”或“耆耇”，无论地位，还是作用，都非常相似，因此具有与“群门”“大门宗子”等相同的性质，即贵族大家族的重要组成人员，而不管是否同姓。

三　“周公为大宰”新释

“群门”“大门宗子”等词语、“势臣”“茍臣”等词语，以及与之相对的“冲人”“耆耇”等词语，尽管彼此含义有所差异，但有着较大的交集，即西周初年的高级贵族大家族，也就是周公口中多次以不同方式提到的“王邦王家”。这提示我们，《皇门》是周公在姬姓大家族之长集会上的一篇讲话，③ 主旨是要求各位家族长与自己同舟共济，治理好王邦王家，完成父兄的未竟大业。

如此一来，这就涉及此时此地周公的身份问题。笔者认为，此时此地的周公是王邦王家的“大宰”。《左传》定公四年记载卫国祝佗的话说：“昔武王克商，成王定之，选建明德，以蕃屏周。故周公相王室，以尹天下，于周为睦。……武王之母弟八人，周公为大宰，康叔为司寇，聃季为司空。”④ 仔细体会祝佗的意思，周公为大宰是在大规模封邦建国之后，经过一段时间的治理，天下已经安定，国家各级统治机构有所调整，康叔、聃季由地方侯卫改任中央王朝要职之时。这个时间节点，由于目前材料所限，不能精确计算，但大概估计，应该是在周公致政成王的当口。

周公致政之后，既接着任王朝公卿，又做王邦王家大宰，引起了召公奭的猜疑与不满，于是周公与召公面对面交谈，倾诉衷肠，这便是《君奭》。杨筠如说：“《史记》成王既幼，周公摄政，当国践阼。召公疑之，作《君奭》。按此篇次于《无逸》之后，而史公以为摄政之时，相去过远，疑未可信。《后汉·申屠刚传》注周公既还政成王，宜其自退，今复为相，故不说也。还政之说，虽未可据，而以此篇作于《雒诰》之后，则疑本诸古文家说。《中论》召公见周公既反政而犹不知退，疑其贪位。周公为之作《君奭》，然后悦。亦以为在反政之后。徐干于《金縢》采取古文之说，不以雷电风雨，为周公死后之事，则此当亦本古文之说，

---

① 上海师范大学古籍整理研究所校点：《国语》，上海古籍出版社 1988 年版，第 455—460 页。
② 韦昭解：《宋本国语》第 3 册，国家图书馆出版社 2017 年版，第 44 页。
③ 笔者按：王连龙说：“周公在‘闳门’举行的训诰实际为一次宗族聚会。”见氏著《〈逸周书·皇门篇〉校注、写定与评论》，复旦大学出土文献与古文字研究中心网站，http://www.gwz.fudan.edu.cn/SrcShow.asp? Src-ID = 1065。刘光胜先生说：“从大门宗子、有分私子及遗父兄这些称谓看，周公训诰的对象主要是居于宗周的姬姓贵族子弟。”见氏著《清华简与中国早期文明研究》，山东友谊出版社 2022 年版，第 176 页。大致是这个意思，可以互相参考。
④ 杨伯峻：《春秋左传注（修订本）》，中华书局 1990 年版，第 1536—1541 页。

故与《史记》不同。"① 既然是古文家的传统说法，必定渊源有自，应该谨慎肯定。但在此需要进一步探究的是，"周公既还政成王，宜其自退，今复为相"，笔者认为，就是"为大宰"。传本《皇门》、简本《皇门》共有的"以家相厥室，弗恤王邦【国】王家"② 句中的"相"字，传本《祭公》的"汝无以家相乱王室而莫恤其外"③ 与简本《祭公》的"汝毋各家相乃室，然莫恤其外"④ 句中的"相"字，以及与"相"共处同一语境中的"室""邦""国""家"等，也指向周公的"复为相"为管理周王家族内部的事务，做王邦王家的大宰。

西周王邦王家的大宰多以同姓担任，且有很大的权力。至于王邦王家，在毛公鼎（西周晚期，《集成》5.2841）中从王的角度则称"我邦我家"。朱凤瀚说："'我邦'可能是指王畿地区，是一种政治区域的概念。'王家'……不仅可以指亲族组织，同时亦可以指称一个有固定规模的政治与经济的实体，此种词义近同于一般所说的'王室'。"⑤ 西周青铜器铭文中记载"王家"机构与事务较为完备的辞例是西周晚期的蔡簋（《集成》8.4340）："唯元年既望丁亥，王在雍应。旦，王格庙，即位。宰𩵋入右蔡，立中廷。王呼史敖册命蔡，王若曰：'蔡，昔先王既令汝作宰，司王家，今余唯申就乃命，命汝眔𩵋纘胥对各，从司王家外内，毋敢有不闻。司百工，出入姜氏令。厥有见有即令，厥非先告蔡，毋敢疾有入告，汝毋弗善效姜氏人，勿使敢有疾止纵狱。"由蔡簋可知，王家的宰有不同的层级，郭沫若认为："本铭有二宰，宰𩵋在王之左右当是大宰，蔡'出纳姜氏命'，盖内宰也。"⑥ 这个说法未必完全正确，但足资参考。王家之宰的出身，据已有青铜器铭文可知，"是以同姓贵族任宰，职掌王家"，与一般贵族多用异姓有所不同，"比较注重同姓宗亲关系"⑦。所听命之人有周王，还有王后。管理的事务很宽泛，总体上是"王家外内"，具体讲有"百工"，还有刑狱等。周公的王叔身份天然地符合了王邦王家大宰的要求，同时大宰管理的范围很广，权力很大，加之同时担任王朝公卿，无怪乎周公遭到同僚的猜忌了。

周公的后代在西周春秋时期，有的任王朝公卿，例如西周早期的"周公子明保"，受王命"尹三事四方，授卿事寮"（矢令方彝，西周早期，《集成》16.9901），有的做王室大宰，例如春秋早期的"宰周公"，于葵丘之会后受周襄王命"赐齐侯胙"。杨伯峻说："宰周公即

① 杨筠如：《尚书核诂》，陕西人民出版社 1959 年版，第 242 页。笔者按：蒋善国："《皇门解》与《尚书·君奭》的结构也相同。《皇门解》是周公诰群臣的话，语直而详尽，《君奭》是周公告召公的话，词和而委婉。"见氏著《尚书综述》，上海古籍出版社 1988 年版，第 442 页。

② 孔晁注、程荣校：《逸周书》，《汉魏丛书》，第 280 页；清华大学出土文献研究与保护中心编，李学勤主编：《清华大学藏战国竹简（壹）》，第 164 页。

③ 孔晁注、程荣校：《逸周书》，第 287 页。

④ 清华大学出土文献研究与保护中心编，李学勤主编：《清华大学藏战国竹简（壹）》，第 175 页。

⑤ 朱凤瀚：《商周家族形态研究（增订本）》，天津古籍出版社 2004 年版，第 331 页。

⑥ 郭沫若：《两周金文辞大系图录考释（二）》，《郭沫若全集·考古编》第 8 卷，科学出版社 2002 年版，第 224 页。

⑦ 朱凤瀚：《商周家族形态研究（增订本）》，天津古籍出版社 2004 年版，第 333 页。

《传》之宰孔，食邑于周，为周王室之大宰，故称宰周公。"① 或做王朝公卿，或做王室大宰，可能都是以周公为榜样根据各自禀赋而有意安排的人生路线与政治蓝图。

《大诰》是周公摄政之初为即将进行的东征而向天下发布的诰命，《多士》《多方》的第二部分是周公致政成王之后以公卿身份而向殷遗、方国发布的诰命，《皇门》则是周公致政成王之后向世家大族发布的做王邦王家大宰的宣言书。《皇门》之后，《无逸》是周公履行王邦王家大宰职责而对子弟所作训诫，《君奭》是周公为自己做王邦王家大宰而向召公坦露心迹之语。六篇共同勾画了处于西周初年政治舞台中心的周公前后两个阶段的心路历程，《皇门》在其中无疑居于枢纽的地位。

四 《皇门》的落选

从"周公为大宰"的角度看《皇门》，一些疑难问题可以得到合理而顺适的解释。

其一，《皇门》发布的地点。传本作"闳门"，简本作"耆【库】门"。孔晁于传本注云："路寝左门曰皇门。'闳'，音'皇'也。"② 李学勤对此有所疑惑："传世本的'闳门'，孔晁注云：'路寝左门曰皇门，"闳"音"皇"也。'朱右曾已指出'未详所据'。'闳'的意思是巷门，这位公为什么在左巷门会群臣，是很难理解的。"然后对不同于传本的简本作出解释："简文作'耆门'，'耆'字从'古'声，属见母鱼部，可读为溪母鱼部的'库'，库门是周制天子五门（皋、库、雉、应、路）的第二道门，这也表明公的地位。"③ 清华简整理者采纳了李学勤的观点，④ 有的学者分别在"闳门""库门"的基础上又引申出库门是明堂宗庙之大门的说法。⑤

杜勇、孔华二位学者另辟蹊径，将传世文献与出土材料相结合认为，周制天子三门三朝，即路门、应门、皋门，内朝、治朝、外朝。路寝是国君的正式居室，内朝即在居室前面的庭院进行，是天子处理宗族事务或举行庆典的地方。清华简《皇门》中的耆，本字为路，一借为耆，再借为闳，三借为皇，于是周公诰辞本作于路门。⑥ 二位学者的主张给笔者以很大启发。将传本与简本比较，初步判断，传本的"闳门""皇门"优长，孔晁的注解可取。李学

---

① 杨伯峻：《春秋左传注》，中华书局1990年版，第324、326页。

② 孔晁注、卢文弨校：《逸周书》，宋志英、晁岳佩选编：《〈逸周书〉研究文献辑刊》第1册，国家图书馆出版社2015年版，第170—171页。

③ 李学勤：《清华简九篇综述》，《三代文明研究》，商务印书馆2011年版，第171—181页。

④ 清华大学出土文献研究与保护中心编，李学勤主编：《清华大学藏战国竹简（壹）》，第165页。

⑤ 王连龙：《〈逸周书·皇门篇〉校注、写定与评论》，复旦大学出土文献与古文字研究中心网站，http://www.gwz.fudan.edu.cn/SrcShow.asp? Src-ID=1065；林文华：复旦大学出土文献与古文字研究中心研究生读书会《清华简〈皇门〉研读札记》（复旦大学出土文献与古文字研究中心网站，http://www.gwz.fudan.edu.cn/SrcShow.asp? Src_ID=1345，2011年1月5日）之下2011年1月8日评论。

⑥ 孔华、杜勇：《清华简〈皇门〉与五门三朝考异》，《天津师范大学学报》2015年第2期。

勤对"闳门""皇门"的疑惑，恰恰反证了传本的正确与孔注的贴切。《国语·鲁语下》云："公父文伯之母如季氏，康子在其朝，与之言，弗应，从之及寝门，弗应而入。康子辞于朝而入见，曰：'肥也不得闻命，无乃罪乎？'曰：'子弗闻乎？天子及诸侯合民事于外朝，合神事于内朝；自卿以下，合官职于外朝，合家事于内朝；寝门之内，妇人治其业焉。上下同之。夫外朝，子将业君之官职焉；内朝，子将庀季氏之政焉，皆非吾所敢言也。'"[①] 周公在"路寝左门"即"左巷门"召集姬姓大家族之长开会并发表讲话，正是"合家事于内朝"，完全符合此时此地"周公为大宰"的特殊身份。

其二，《皇门》落选《尚书》的原因。《皇门》是周公以王邦王家大宰的身份而召集姬姓大家族之长"合家事于内朝"的讲话，与周公摄政时发布的《大诰》，做王朝公卿时发布的《多士》《多方》等具备了完全不同的性质——王家私事，不是天下公事。与《君奭》相比，二者虽然是共生的关系，但《皇门》是王家私事，而《君奭》是两位开国公卿的交谈，商议谋划的是天下公事。与《无逸》相比，二篇中周公的身份虽然都是大宰，但《无逸》训诫的对象是包括了成王在内的周家子弟，关注着意的也是天下公事。王家与天下、公事与私事，截然分明。孔子选编《尚书》，大量地采纳了周公的篇章，而唯独舍弃了这篇周公表达自己对于王邦王家耿耿忠心的"大似金文《尚书》"的《皇门》，究其原因，笔者认为，当是《皇门》讲述的是王家私事而不是天下公事。

用今天的眼光来看，《皇门》的史料价值丝毫不逊色于《尚书》中的《大诰》《多士》《多方》等周公诸篇，因为它从一个侧面还原了西周初年的重大史实，丰富了周公的光辉形象，因而值得高度重视。

〔作者薛孟佳，河北师范大学历史文化学院硕士研究生；通讯作者张怀通，历史学博士，河北师范大学历史文化学院教授，博士生导师〕

---

① 上海师范大学古籍整理研究所校点：《国语》，第 203—204 页。

· 史料研析 ·

《逸周书·尝麦》"祠大暑"诸祀及
篇章性质考论[*]

夏虞南

摘　要：《逸周书·尝麦》"箴，太史乃藏之于盟府，以为岁典"一段位置当接续"正刑书"仪式后。根据语词分析"大正""太史"职司，梳理《尝麦》文本的结构和"正刑书"等仪式环节，将文本分为"尝麦于太祖""正刑书""祠大暑"诸祀三段。西周金文所见"大禴（禴）"和《逸周书·世俘》"禴祭"是"祠大暑"诸祀的仪式来源，具有明显的传承关系。结合礼书和新出文献理解"尝麦于太祖""祠大暑"等祭祀仪式的时间、内容及内在关系，可以揭示《尝麦》的"记事"性质。与"月令"类文献的比较和辨疑可知，《尝麦》并非真正意义上的"月令"文献，而属理想的"以月系事"的政事模板。

关键词：《尝麦》　祠大暑　禴祭　"月令"文献　文本性质

　　《尝麦》篇属于《逸周书》中文本分层较多的篇章，其中保留了较多对早期律法、政令的记载。清人庄述祖已经将《尝麦》篇列入《尚书记》。[①] 李学勤认为此篇引述黄帝、蚩尤以及启之五子等事，与《尚书·吕刑》记载穆王讲蚩尤作乱、苗民弗用令等相互呼应。[②] 皆突显出《尝麦》篇具有较为重要的史学价值。黄怀信、周宝宏、牛鸿恩、张怀通等学者都指出其中时代较早的因素。[③] 但诸家对其成篇时代仍存在分歧，这些说法"都基于'《尝麦》全篇为前后连贯且均匀的文献'这一共同前提"[④]。事实上，《逸周书》诸篇均存在由若干组来源、性质皆不同文本构成的情况。《尝麦》篇则呈现出更为复杂的文本构成特征。张怀通对《尝

---

　　* 本文系 2024 年中国社会科学院博士后创新项目"《逸周书》与西周史新探"、"古文字与中华文明传承发展工程"古代史所博士后科研项目"从清华简出发的西周史再探"阶段性成果。

　　① 庄述祖：《尚书记》七卷，《云自在龛丛书》本。
　　② 李学勤：《〈尝麦〉篇研究》，《古文献丛论》，上海远东出版社 1996 年版，第 91 页。
　　③ 黄怀信：《〈逸周书〉源流考辨》，西北大学出版社 1992 年版，第 116 页；周宝宏：《〈逸周书〉考释》，社会科学文献出版社 2001 年版，第 342 页；牛鸿恩：《新译〈逸周书〉》，台北：三民书局 2015 年版，第 503—504 页；张怀通：《肃卣之邑与〈尝麦〉年代新证》，《青铜器与金文》第 5 辑，上海古籍出版社 2020 年版，第 117—125 页。
　　④ 章宁：《〈尝麦〉编纂考》，《经学文献研究集刊》第 26 辑，上海书店出版社 2021 年版，第 57 页。

麦》文辞的分析结合文本所记载的职官系统，指出全篇存在西周中期的材料，但以孟夏纪月，与西周金文不用四时或四时记月连用的规律不合，说明有后人加工的痕迹，并非史官的原始记录。①

《尝麦》篇题当取自文本首句"维四年孟夏，王初祈祷于宗庙，乃尝麦于太祖"②中"尝麦"二字。全篇记载了四月一月之内王之政事，并举"祈祷于宗庙""尝麦""正刑书""祠大暑""祠风雨"等祭祀诸事。清人唐大沛已经对《尝麦》进行了结构性的分层："当时太史编录于孟夏月，先纪祈祷一事，又纪尝麦一事，而独详纪正刑书一事。后类纪群祭，以皆是月之事，故并为一篇录之。"③故传统诸家认为其时间、地点似不属连，因皆纪是月（四月）之事，故录为一篇。孙诒让云："此篇记成王于尝麦之月格庙，命大司寇正刑书以逆刑罚之中，遂以策书敕戒司寇及群臣州伯之事，旧释皆不得其义。"④此说值得重视。

除过往研究外，统合全篇内容，文本的段落分布相对明显，材料来源也有不同。因此，不以某段文本、语词所体现的时代特点考察篇章所处时代，才能有效梳理《尝麦》篇章中的语词，进一步判断其篇章性质。

一 《尝麦》文本结构厘析

李学勤早已注意到《尝麦》的"讹脱"情况，认为其语词层面保留了金文特征，虽很难确定是哪一代周王的史事，但可能与穆王时史事相关。⑤从内容分布的情况看，目前有主张将《尝麦》的内容分为三段或四段的两类说法。一种认为当按照职、礼、策、贞进行划分，将全文文句编次进行重新梳理，但扰动原文顺序较深。⑥另一种按照原文内容对篇章进行划分，有分成三段或者四段的处理方法。⑦从内容看，第一段记录"尝麦"之礼，"维四年孟夏，王初祈祷于宗庙，乃尝麦于大祖"。第二段记述"是月，王令大正正刑书"和其仪式过程。第三段为"士师乃命大宗序于天时，祀大暑，乃命少宗祀风雨百享……享祠为施，大夫以为资"，记

---

① 张怀通：《〈逸周书〉新研》，中华书局 2013 年版，第 148—163 页。

② 《逸周书》各家注本校本所据底本不同，句读、校释各有差异，本文所用《逸周书》原文根据笔者博士论文，以元至正十四年（1354）刘廷干刻嘉兴路儒学本（简称元刊本）为底本，参以元至正十四年（1354）序刊明印本，即静嘉堂文库藏本（简称静嘉本），卢文弨《抱经堂丛书》等 20 余诸本合校，对照《逸周书汇校集注》《〈逸周书〉疏证》校订。参见黄怀信、张懋镕、田旭东《逸周书汇校集注（修订本）》，上海古籍出版社 2007 年版；章宁疏证，晁福林审定：《逸周书疏证》，三秦出版社 2023 年版。

③ 唐大沛：《〈逸周书〉分编句释》，《〈逸周书〉文献研究辑刊》第 7 册，国家图书馆出版社 2015 年版，第 83 页。

④ 孙诒让著，许嘉璐主编，雪克点校：《大戴礼记斠补：外四种》，中华书局 2010 年版，第 250 页。

⑤ 李学勤：《〈尝麦〉篇研究》，《古文献丛论》，第 94 页。

⑥ 章宁：《〈尝麦〉编纂考》，《经学文献研究集刊》第 26 辑，第 58—59 页。

⑦ 唐大沛：《〈逸周书〉分编句释》，宋志英、晁岳佩编：《〈逸周书〉文献研究辑刊》第 7 册，第 83 页；张闻玉：《逸周书全译》，贵州人民出版社 2000 年版，第 240—246 页；黄国伟：《岁典与月令——〈逸周书·尝麦〉性质研究》，《新经学》第 10 辑，上海人民出版社 2022 年版，第 232 页。

述了对"大暑""风雨"的祭祀活动。第四段是"箴，太史乃藏之于盟府，以为岁典"，言太史藏典册、刑书于盟府。

第二段是《尝麦》的主体部分，因涉及周代令典的制作和颁布，学界关注较多，但对整篇文本结构尚未提出令人信服的解释。解决这一问题需注意对第四段"箴，太史乃藏之于盟府，以为岁典"句中"箴"和"之"两字的释读。

"箴"字在《逸周书汇校集注》所用底本明嘉靖二十年（1543 年）四明章檗刊本中作"緘"，其余诸本皆作"箴"。杨树达据《尚书》等其古书用例曾训"箴"为"终"。① 诸家据此引申释"箴"为"皆"。② 刘师培曾据《玉海》卷六十七引文做"太史乃箴之于明府"，以为"箴"即藏之异文错书也，当删其首字。③ 其说径直删字，值得商榷，但将"箴"释读为"藏"，给此句提供了新的理解途径。

"箴""緘"音近相通。依《说文·竹部》"箴，缀衣箴也。从竹，咸声"，"箴"当从"咸"得声。古书中多有箴、咸通用之例，如《尚书·立政》有"咸"用作"箴"的辞例："周公若曰：拜手稽首告嗣天子王矣。用咸戒于王曰：'王左右常伯、常任、準人、缀衣、虎贲。'"传统注说一般将"咸"训"皆"，但放诸文意明显不通。杨筠如《尚书覈诂》已经意识到此处"咸"有"箴诫"义，指出"咸，疑即'箴'之假字"。新出文献中亦多见"咸""箴""緘""![字]"字通用之例。如叔夷镈（《集成》00285.4）铭曰："余命汝緘（箴）左卿为大史。"清华简伍《汤处于汤丘》简 4："汤反复见小臣，归必夜。方惟闻之乃![字]（箴）：……"④ 清华简玖《廼命一》简 1："乃命辟御率共厥事，念之哉，毋我狎，朕唯箴汝：……"⑤《周易》咸卦卦名"咸"马王堆帛书本及上博简《周易》本皆作"钦"。咸卦在清华简肆《别卦》中的相应卦名则写作"![字]"。⑥ 安大简《诗经·黄鸟》"谁从穆公，子车咸虎"，毛诗作"子车鍼虎"。整理者引用《左传》"鍼宜咎"人名异文为据，指出："'咸''鍼'谐声可通。"⑦ 赵平安先生分析"![字]"字从个从![字]，而![字]是毛公鼎铭文![字]（緘）字的省形，其中"个"是"达"字的初文，像治病针砭。⑧ 邬可晶、施瑞峰从音理上否定了"｜"为"针"字初文的观点，主张"![字]"所从"个"可能正是"针石"之"针/针"表意初文。⑨ 黄甜甜指出咸卦卦名和爻辞最初用字

① 杨树达：《积微居小学述林全编》，上海古籍出版社 2013 年版，第 342 页。
② 张闻玉：《逸周书全译》，第 246 页；章宁疏证，晁福林审定：《逸周书疏证》，第 485 页。
③ 刘师培：《周书补正》，宋志英、晁岳佩选编：《〈逸周书〉文献研究辑刊》第 9 册，国家图书馆出版社 2015 年版，第 523 页。
④ 清华大学出土文献研究与保护中心编，李学勤主编：《清华大学藏战国竹简（伍）》，中西书局 2015 年版，第 135 页。
⑤ 黄德宽编，清华大学出土文献研究与保护中心编：《清华大学藏战国竹简（玖）》，中西书局 2019 年版，第 171 页。
⑥ 清华大学出土文献研究与保护中心编，李学勤主编：《清华大学藏战国竹简（肆）》，中西书局 2013 年版，第 130 页。
⑦ 黄德宽、徐在国主编：《安徽大学藏战国竹简（一）》，中西书局 2019 年版，第 110—111 页。
⑧ 之所以演化成从"竹"的"箴"字，是左上角"个"与"竹"形近相讹，误为"竹"之省，进一步繁化为竹字头。见于氏著《"达"字"针"义的文字学解释——从一个实例看古文字字形对词义训诂研究的特殊重要性》，《语言研究》2008 年第 2 期；《箴字补释》，《青铜器与金文》第 1 辑，上海古籍出版社 2017 年版，第 172—175 页。
⑨ 邬可晶、施瑞峰：《说"朕""弅"》，《文史》2022 年第 2 辑。

正是从口弍声的"箴",随着"咸"可用作"箴"的用字习惯出现,从口弍声的"箴"字逐渐被"咸"字所取代。[1]这类说法都认为"箴"有针砭之义,可引申为"箴诫"。

"箴"的字义除"咸""箴诫"外,还存在其他含义,如与"缄"字义相近。李零认为上博简《周易》、马王堆帛书《周易》咸卦爻辞中的"咸"都作"钦","钦"有禁止之义,则"咸"当读作"缄",并引《说文·糸部》"缄,所以束箧也",指出缄有封、束之义。咸卦上六《小象》"咸其辅颊、舌,滕口说也"亦可证明"咸"字应读"金人三缄其口"(见《金人铭》)的"缄"字,引申义是束缚、控制。[2]《汉书·外戚传上》"满一箧缄封",颜师古注:"缄,束箧也。"[3]上博简、马王堆帛书本"钦"字与"禁"音近可通。禁即禁止、约束之义,《管子·山权数》:"人心,禁缪而已矣",集校引马元材云:"禁,禁止。"[4]

箴、咸、缄皆有封束、约束之义。诸家以为"箴"当释为"终",盖受金文影响,将《尝麦》第二段和第四段所见两例用"箴"皆用为"咸,某命某作……"或"咸,某呼某作……",故以为其为副词,表达"最终",这种理解还可讨论。第二段中"□箴大正曰:'钦之哉,诸正!敬功尔颂,审三节,无思民因,顺尔临狱无颇,正刑有掇……'"此"箴"当理解为"箴戒"。如《左传》宣公十二年"箴之曰",杜预注:"箴,诫。"[5]"□箴大正"与"钦之哉,诸正"的"正"相合,即"大正"为受箴戒的对象。后接"太史乃降。太(大)正坐,举书,乃中降,再拜稽首",言太史策刑书九篇后,升阶授"刑书"于大正,本向"左还自两柱之间",此时太史仍旧位于堂上,大正受箴戒结束,太史降阶,大正举太史所修正的"刑书"中降,再拜。可以推测,箴戒大正之人当为王,王箴戒大正,以告"临狱无颇,正刑有掇",既符合仪式环境,文辞更为顺畅。故此"箴"当作动词义理解。

《尝麦》第四段为"箴,太史乃藏之于盟府,以为岁典",章宁以为此句或当上承"王则退"一句,接续在"正刑书"之事后,强调其事皆终,太史藏刑书于盟府。[6]认为此句当接续在"王则退",此说可从,但"箴"当不作副词理解,有作动词"缄"的可能。

要与第二段接续,则需了解《尝麦》主体部分第二段的具体内容。第二段末句为:"太史乃降。太正坐,举书,乃中降,再拜稽首。王命太史正升,拜于上,王则退。"此处"太史正"丁宗洛以为"正"前脱一"大"字,"太史大正"即前文所说"乃命太史尚,太正即居于户西,南向"和"太史乃降。太正坐,举书"的"太史"和"太正",《尝麦》记述的是两种职官。太史即西周金文之"大史",如大史觏(《集成》09809)铭:"大(太)史作尊彝。"另,《商誓》篇和《尚书·酒诰》亦见"太史友",《左传》襄公十八年、昭公十七年

① 黄甜甜:《"咸"与"箴"字际关系考论——兼论〈周易·咸卦〉本义》,《汉语字词关系研究》第 3 辑,待刊。
② 李零:《死生有命 富贵在天:〈周易〉的自然哲学》,生活·读书·新知三联书店 2014 年版,第 186—187 页。
③ 《汉书》卷 97《外戚传上》,中华书局 1962 年版,第 3965 页。
④ 黎翔凤撰,梁运华整理:《管子校注》,中华书局 2004 年版,第 1314—1315 页。
⑤ 杜预注,孔颖达疏:《春秋左传正义》,阮元校刻:《十三经注疏》,中华书局 2009 年版,第 4082 页下栏。
⑥ 章宁疏证,晁福林审定:《逸周书疏证》,第 485 页。

亦多见"太史"职官，乃史官无疑。《周礼·春官·大史》"大史，掌建邦之六典，以逆邦国之治理掌法以逆官府之治，掌则以逆都鄙之治，凡辨法者考焉，不信者刑之"①，可为大史职司的补充。

太正即大正，《尝麦》第二段始称"王命大正正刑书"，可见其为掌刑之官，庄述祖、孙诒让皆以为是大司寇，属"六卿之通称，此正刑书，则宜为大司寇"。② 大正一职亦见于西周金文，如叔良父匜（《近出殷周金文辑录》1016）铭曰："圣公大正叔良父作淳匜"，吴镇烽以为叔良父为祝（铸）国的大正。③ 梁其钟甲、丙、戊（《集成》00187、00189、00191）铭皆存"邦君大正"一职，或与大正有关，当属"出入王命，联系邦君"。④ 杨宽早已结合《尝麦》对"册命礼"中的"大正""大史"相关职司进行考证，"册命之书为典"，史即金文的"作册"秉书执策。⑤ 故可知大正、太史分司不同，太正正刑书，太史掌"䌛"（读）、⑥ 书改策书、"藏之盟府"。这亦说明西周中期王朝官僚体系已发展到司寇、太史在刑罚之事上有明确分工，"具体司法者为司寇，而大史则提供法典以为参照"，表明"法律与典藏法律的责任已经分而为二了，这是个合理化了的分工关系"。⑦ 归纳《尝麦》所记大正、太史的相关活动依顺序如表一：

表一　　　　　　　　　　　　《尝麦》所见大正、太史仪式活动顺序

大正（太正）	太史（大史）	同时
A 是月，王命大正正刑书。		
	B 乃命太史尚，太正即居于户西，南向。	
C 宰坐，尊中于大正之前。		
		D 王若曰："宗揜、大正，昔天之初，□作二后，乃设建典，命赤帝分正二卿，命蚩尤于宇少昊以临四方，司□□上天末成之庆。
E 以甲兵释怒，用大正顺天思序，纪于大帝，用名之曰绝辔之野。		
F 众臣咸兴，受大正书，乃降。		
	G 太史筴刑书九篇，以升，授大正，乃左还自两柱之间。	

①　郑玄注、贾公彦疏：《周礼注疏》，阮元校刻：《十三经注疏》，中华书局 2009 年版，第 1764 页上栏。
②　孙诒让：《大戴礼记斠补：外四种》，第 251 页。
③　吴镇烽：《金文人名研究》，周秦文化研究编委会编：《周秦文化研究》，陕西人民出版社 1998 年版，第 441 页。
④　赵诚：《金文的"君"》，《纪念文集》编辑组编：《吕叔湘先生九十华诞纪念文集》，商务出版社 1995 年版，第 254 页。
⑤　杨宽：《"册命礼"的仪式》，《西周史》，上海人民出版社 2019 年版，第 872—873 页。
⑥　王国维：《史籀篇证序》，《观堂集林》卷 5，中华书局 1961 年版，第 252—253 页。
⑦　阎步克：《乐师与史官：传统政治文化与政治制度论集》，生活·读书·新知三联书店 2001 年版，第 45—47 页。

续表

大正（太正）	太史（大史）	同时
H□〔王〕箴大正曰："钦之哉，诸正！敬功尔颂，审三节，无思民因，顺尔临狱无颇，正刑有掇……		
	I 太史乃降。	
J 太正坐，举书，乃中降，再拜稽首。		
		K 王命太史（太）正升，拜于上，王则退。
	L 箴，太史乃藏之于盟府，以为岁典。	

从上表所梳理的第二段仪式顺序看，"太正坐，举书"之"书"包括了即前文所言 F 部分"受大正书"和 G 部分"太史笑（策）刑书九篇"之"书"两种，即第二段 D 部分"王若曰"的"作策诰书"和 G 部分太史所书修改的刑书两类典册。《左传》僖公五年："室藏于盟府"，杜预注曰："盟府，司盟之官。"①《左传》襄公十一年："夫赏，国之典也，藏在盟府，不可废也。"杜预注曰："司盟之府，有赏功之制。"② 有观点认为盟府所藏"岁典"当指"史所掌之典中无疑有与农时年岁相关的材料，这种以农时制事的典，很可能就是月令类文献"，③ 这种说法仍可探讨。

李学勤指出策勋行赏等事皆有盟誓，其载书即由司盟收藏。④ 太史藏"之"，"之"即代词，代指前文的典册和刑书，更符文本原义。笔者得出这一结论的主要原因有二。其一，第二段主体部分为"正刑书"，王诰策书的内容讲述了黄帝杀蚩尤（"执蚩尤，杀之于中冀"）和五观之乱（"其在启之五子……遂兄厥国"）的故事，强调对叛乱的征伐。后又讲述殷商覆灭（"有殷□辟"）的事迹，因此当正刑罚，明典刑，才能"勿畏多宠，无爱乃罡，亦无或刑于鳏寡罪罪。惠乃其常，无别于民"。第二段主体内容与"序天时"的关系并不明显，也并未提及农时。

其二，刑书本与时节相关，正刑罚而明节令的可能性是存在的。但《尝麦》第三段文本涉及"祠大暑""祠风雨"的记述并不详细，并未直接提及这些仪式过程中册典的使用方式，缺乏"藏之"的具体内容。李学勤推测："士师以至国、野、采邑执行刑书，在祭祀时也有盟

---

① 杜预注，孔颖达疏：《春秋左传正义》，阮元校刻：《十三经注疏》，第 3897 页上栏。
② 杜预注，孔颖达疏：《春秋左传正义》，阮元校刻：《十三经注疏》，第 4235 页上栏。
③ 黄国伟：《岁典与月令——〈逸周书·尝麦〉性质研究》，《新经学》第 10 辑，第 239—240 页。
④ 李学勤：《〈尝麦〉篇研究》，《古文献丛论》，第 93 页。

誓。"① 从层级属性看，《尝麦》第三段内容为"国—邑②—野—采"由上自下逐层所行的"序天时""祠大暑""祠风雨""供百享"等仪式。"太史"藏之盟府的典册，虽然也可能是周时已有自地方向中央汇总的文书行政习惯，存在藏"采—野—邑—国"各级档案至盟府的可能，但藏刑书和王为正刑书而制的策诰文书入盟府似更为可信。且刑书和策诰文书并不能直接表明与农时有关，《尝麦》所提及多为"序天时"，明显缺乏与"农时"相关信息，难以与后世的"月令"文献直接关联。清人庄述祖对"岁典"的理解，值得重视，其云："篇中记孟夏祈祷于宗庙于社，自王以下宫府邑野皆有归祭享祠，谓之岁典，斯正雩礼也。"③ 孙诒让则认为这部分"谓上正刑书受中及命祭祀诸事咸备成，大史乃总藏其典于盟府"。④ 二者观点均认为是正刑书和祭祀之礼诸事完备之后，藏册典于盟府。虽皆是在"箴"训为"终"的基础上进行阐释，但孙诒让并未指出"岁典"的性质。

若依前文论述，当接续第四段于第二段末句，其文作："太史乃降。太正坐，举书，乃中降，再拜稽首。王命太史正升，拜于上，王则退。箴，太史乃藏之于盟府，以为岁典。"而"箴"字通假"缄"，为"束箧"之义。"箴，太史乃藏之盟府"，即在"是月，王命大正正刑书"仪式完成后，将正刑书后的策诰文书作为正式档案以及此次修改的重要法典"刑书"束封，由太史藏于盟府保存，此即"岁典"。从西周的册命制度看，既然要藏于盟府，当有用于记录盟誓的相关文书，比如邢侯簋（《集成》04241）铭所记载的福盟，还有册命所赐的部分东西，比如旗子一类的物品。⑤ 西周早期的大盂鼎（《集成》02837）铭曰："易（锡）乃且（祖）南公旂，用遒（狩）。"天子分封盂，所赐之物有其祖南公的旗子。同样西周中期的善鼎（《集成》02820）记载周王册命大臣善的时候也赐给了其祖先的旗子，让善继承祖先的职事，其铭曰："易（锡）女（汝）乃且（祖）旂，用事。"甚至还有册命大臣师兑时赏赐其祖先的巾、五衡、赤舄的相关记载，见于元年师兑簋（《集成》04275）铭"易（锡）女（汝）乃且（祖）巾、五黄（衡）、赤舄"。可见这些旗子、巾、五衡、赤舄一类的物品与所赐之臣并非同时，时王赏赐之时才取之于盟府。所以，盟府不仅要收藏盟约，还要保管具有标识等级身份的物品。这种赏赐甚至需要达到"国之典"的层次才能得到足够的重视。

故《尝麦》篇中的"岁典"不单指修正后的刑书，还应该包括正刑书仪式过程中王策诰的册书，即"岁典"当包含"刑书""策诰文书"两部分。牛鸿恩称"刑书""策诰文书"

---

① 李学勤：《〈尝麦〉篇研究》，《古文献丛论》，第 93 页。
② 根据肃卣、鄩簋所记载的职官之"邑"和叔夷钟等铭文所见野鄙系统中的"邑"，张怀通认为《尝麦》所记载的"邑"属国都中的基层组织长官，也是野鄙行政系统中的基层组织，与县、鄙、都组成系统的野鄙系统，这一观点值得重视。参见张怀通《肃卣之邑与〈尝麦〉年代新证》，《青铜器与金文》第 5 辑，第 118—125 页。
③ 庄述祖：《读尝麦》，《珍蓻宦文钞》卷 2，嘉庆味初堂刻本。
④ 孙诒让撰，许嘉璐主编，雪克点校：《大藏礼记斠补：外四种》，第 261 页。
⑤ 黄国辉：《邢侯簋新论》，出土文献与中国古代文明研究暨中国先秦史学会第十二届年会论文，武汉，2023 年 9 月，第 272—275 页。

两者为"本年的典籍"。① 事实上，这种理解从逻辑上更能自洽。正刑书后，自"国—邑—野—采"逐级推行，且使"士师—邑之官长（闾率、里君等）—野宰—采君"祭祀之时受胙（"受其戒"）皆有所依凭，易于自上而下全面地推行所正岁典。

由此，《尝麦》文本当分为三段，② 第一段记录"尝麦"之礼，"维四年孟夏，王初祈祷于宗庙，乃尝麦于大祖"。第二段记述"是月，王令大正正刑书"和仪式过程，包括了"藏之盟府，以为岁典"。第三段为"士师乃命大宗序于天时，祀大暑，乃命少宗祀风雨百享……享祠为施，大夫以为资"，记述了对"大暑""风雨"的祭祀活动。

二 "祠大暑"诸祀源流考证

有观点认为全文所记事当与"尝麦"无关，③ 此说可商榷。事实上"尝麦"从字面理解当为夏季荐麦，即向祖先庙祭，荐新物于庙，其时间和礼制皆与"祠大暑"祭祀关系密切。刘源指出西周贵族于农作物收获之后举行的年度祭祖活动，并无定时，当属于常祀，而"享""祀""烝""尝"都属于祭祀祖先的活动。烝尝与礼书中认为的秋、冬二季对祖先的时祭有别，当属于祭祖活动的固定内容。④ 后世礼书文献对商周祭祀的细节、时间多有着墨。董仲舒《春秋繁露·四祭》："四祭者，因四时之所生孰，而祭其先祖父母也。故春曰祠，夏曰礿，秋曰尝，冬曰烝……祠者，以正月始食韭也；礿者，以四月食麦也；尝者，以七月尝黍稷也；烝者，以十月进初稻也。"⑤ 依董氏说法，当以夏历四月"食麦"，即"礿礼"也。

《尝麦》第三段首句为："是月，士师乃命太宗序于天时，祠大暑，乃命少宗祠风雨百享。"是月，当从"孟夏"即"四月"也。祠者，祭也。《诗·小雅·天保》"禴祠烝尝"，毛传云："春曰祠。"⑥《尔雅·释诂》"祀、祠，祭也"，黄侃训曰："祀、祠声通同训。"⑦《战国策·齐二·昭阳为楚伐魏》"楚有祠者"，高诱注云："祠，祭也。"⑧"祠大暑"即"祀大暑""祭大暑"，属于一种应时祭礼。"士师乃命太宗序于天时"，也可知其祀与"天时"相关。庄述祖已经指出"天时尊，大宗而秩之，以昭大号，大礼大暑"，并引《礼记·月令》："仲夏之月，命有司为命，祈祀山川百源大雩，帝用盛乐，乃命百县雩祀百辟，卿士有益于民

---

① 牛鸿恩：《新译〈逸周书〉》，第 500 页。
② 杨宽曾指出此篇当为三段不同的断简连缀而成，但其论述简略，本文考据当为补足。参见杨宽《论〈逸周书〉》，《西周史》，第 924 页。
③ 章宁疏证，晁福林审定：《逸周书疏证》，第 465 页。
④ 刘源：《商周祭祖礼研究》，商务印书馆 2004 年版，第 48—50 页。
⑤ 苏舆撰，钟哲点校：《春秋繁露义证》，中华书局 1992 年版，第 406 页。
⑥ 毛亨传，郑玄笺，孔颖达疏：《毛诗正义》，阮元：《十三经注疏》，中华书局 2009 年版，第 118 页下栏。
⑦ 黄侃著，黄焯辑，黄延祖重辑：《尔雅音训》，中华书局 2007 年版，第 18 页。
⑧ 刘向辑录，范祥雍笺证，范邦瑾协校：《战国策笺证》，上海古籍出版社 2018 年版，第 566 页。

者以祈谷实。"① 庄氏认为"祠大暑"之礼与"雩"祭相类，此说颇有见地。陈逢衡则以为"序天时"当为"正时令"，孙诒让则从《礼记·祭法》所言，认为当从郑玄笺注"寒于坎，暑于坛"，即"埋少牢于泰昭，祭时也；相近于坎坛，祭寒暑也"。②

由此可知"祠大暑"当是孟夏之祭。《尝麦》文本并未提及其具体仪式，从礼书记载中能探寻一二。《周礼·春官·龠章》："掌土鼓、豳龠。中春，昼击土鼓、吹豳诗，以逆暑。中秋夜迎寒亦如之。"郑玄注曰："吹之者，以籥为之声。《七月》言寒暑之事，迎气歌，其类也。"贾公彦疏曰："郑知'吹之者'以籥为之声者，以发首云：'掌土鼓，豳籥'故知诗与雅颂皆用籥吹之也。"③ 逆，即迎也。《尚书·吕刑》："尔尚敬逆天命。"孔颖达疏云："逆，迎也。"④ 可知迎暑之礼当以土鼓、吹籥以祭祀，并且所奏曲目或与《七月》等农事、农时相关。当是强调暑热之临，以乐祭祀。"大暑"当与今之大暑时节有别。此时"大暑"并非节气之名，而是对夏、暑的泛称。章宁以为此所言"中春"本或作"四月"，当是言孟夏之事，《周礼》撰者以周正，误四月为周正四月，故改作"中春"。⑤ 除此外，撰者或以为中春与中秋一暑、一寒，时间相对，各自中分半年，故当为周历四月，此处不是《周礼》撰者改写，而是汉儒并未改动月份，留存了文本早期来源的痕迹。

《尝麦》"祠大暑"的时间为"是月"，与第一段"尝麦于太祖"的"孟夏"同月。杨宽早已指出，其时当处夏历四月。⑥《逸周书·世俘》篇所载"用籥于天位"的"禴祭"仪式时间亦为夏历四月，此四月亦非周历四月，亦是经后世整理者修改的夏历四月，即孟夏之时，与"祠大暑"月份、性质皆相合。但其具体的时间仍存不同记载，有春季说，亦有夏季说。《诗·小雅·天保》："禴祠烝尝。"毛传："春曰祠，夏曰禴，秋曰尝，冬曰烝。"⑦《周礼·春官·大宗伯》："以祠春享先王，以禴夏享先王，以尝秋享先王，以烝冬享先王。"孙诒让以为："禴与礿同。"⑧《礼记·王制》郑注"此盖夏殷之祭名，周则改之，春曰祠，夏曰礿"，郑玄认为"禴"祭是殷商时期的春祭，周之夏祭，但其名仍有更替。郭沫若指出："《王制》'夏曰禘'当是后起之制。"⑨ 若不论易名，而依郑玄、孔疏之说，当为"殷之春祭""周则正之"，此说当以周正改换岁首而祭时有别。士上尊（《集成》05999）铭"唯王大禴（禴）于宗周……在五月既望辛酉"为证，当在周历五月左右，"大禴"与金文所称专门祭祀的由王主

---

① 郑玄注，孔颖达疏：《礼记正义》，阮元校刻：《十三经注疏》，中华书局 2009 年版，第 2965 页上栏。
② 孙诒让撰，许嘉璐主编，雪克点校：《大戴礼记斠补·外四种》，第 259 页。
③ 郑玄注，贾公彦疏：《周礼注疏》，阮元校刻：《十三经注疏》，中华书局 2009 年版，第 1731 页上栏。
④ 孔安国传，孔颖达疏：《尚书正义》，阮元校刻：《十三经注疏》，第 530 页上栏。
⑤ 章宁疏证，晁福林审定：《逸周书疏证》，第 482 页。
⑥ 杨宽：《论〈逸周书〉》，《西周史》，第 924 页。
⑦ 毛亨传，郑玄笺，孔颖达疏：《毛诗正义》，阮元校刻：《十三经注疏》，第 118 页下栏。
⑧ 孙诒让著，汪少华整理：《周礼正义》，中华书局 2015 年版，第 1601 页。
⑨ 郭沫若：《臣辰盉铭考释》，《燕京学报》1931 年第 9 期。

持、参加的礼仪一般，以大冠称，如"籍田礼、始乘舟与祷祭礼、射礼等，均可冠以大字"。① 刘源指出："'隹王大禴于宗周'，其字通禴，本像用口吹编管乐器，用为祭祀动词。"② 可见禴祭当处春末、夏初之时，与应时"逆暑"的性质相吻合。这也解释了为何《尝麦》所载"祠大暑"为夏历四月，而金文所记当在周历"五月"。《礼记·月令》："仲夏之月，……帝用盛乐，乃命百县雩祀百辟。"仲夏当处夏历五月，庄述祖亦认为在孟夏之月，与《尝麦》四月相合。"雩祀"未必与"禴祭"或"祠大暑"内容完全一致，但性质或是相近的，当强调以"乐"祭祀。

"禴祭"与汉儒以为的"食麦"之"礿祭"也是一类。《汉书·郊祀志下》引《周易》既济卦九五爻辞"东邻杀牛，不如西邻之禴祭，实受其福"作"西邻之瀹祭"，③ 实为"禴"之假借字。上海博物馆藏战国楚竹书本《周易》此处作"酌"，当读为"礿"。④《礼记·王制》："天子诸侯宗庙之祭，春曰礿，夏曰禘，秋曰尝，冬曰烝。"郑玄注："此盖夏殷之祭名，周则改之，春曰祠，夏曰礿。"⑤ 南宋陈澔曰："礿，薄也。春物未成，祭品鲜薄也。"⑥《公羊传·桓公八年》："夏曰礿。"何休解诂："荐尚麦苗，麦始熟可礿，故曰礿。"⑦ 王充《论衡·祀义》也是以"禴"为"礿"。"禴""礿"音近义同，同义换读。马王堆帛书《易经》本作"濯"，当属音近假借。

由此可知，战国秦汉间"酌""濯""礿"皆指"禴"，即"禴祭"。虽其本义和仪式细节并无定说，但从《逸周书·世俘》四月辛亥至乙卯之间五日的祭祀仪式"用籥于天位"可推测一二。⑧ 据《世俘》原文可知，禴祭对象是天、上帝和周人祖先神。《尝麦》开篇即"祷于宗庙，尝麦于太祖"，与此性质相近。根据《世俘》所载"禴祭"五日连续祭祀的过程中多次、频繁出现了专属掌禴的"籥人"。《周礼·春官·宗伯》有"籥师"，郑玄注曰："籥，舞者所吹。"贾公彦疏曰："其职云'掌教国子，舞羽吹籥'，则此籥师所掌以教国子文乐。左手执籥，右手秉翟，故名官为籥师也。"⑨ 其后亦有"籥章"一职下设"中士二人，下士四人，府一人，史一人，胥二人，徒二十人"，郑玄注曰："吹籥以为诗章。"贾公彦疏云："其职云'掌土鼓，豳籥'，亦是乐事，故列职于此。"⑩ 可知《春官·宗伯》之"籥章"即《春官·禴章》之"禴

---

① 袁俊杰：《两周射礼研究》，科学出版社 2013 年版，第 130 页。
② 刘源：《商周祭祖礼研究》，第 57 页。
③《汉书》卷 25《郊祀志下》，第 1262 页。
④ 濮茅左：《上海博物馆藏战国楚竹书〈周易〉》，马承源主编：《上海博物馆藏战国楚竹书（三）》，上海古籍出版社 2002 年版，第 133—215 页。
⑤ 郑玄注，孔颖达疏：《礼记正义》，阮元校刻：《十三经注疏》，第 2891 页下栏。
⑥ 陈澔：《云庄礼记集说》卷 3，清文渊阁《四库全书》本。
⑦ 何休解诂，徐彦疏：《春秋公羊传注疏》，阮元：《十三经注疏》，中华书局 2009 年版，第 4816 页下栏。
⑧ 夏虞南：《厚祀与乐祭的殷周之际转向——从卜辞"乡禴"到西周"禴祭"》，待刊。
⑨ 郑玄注，贾公彦疏：《周礼注疏》，阮元校刻：《十三经注疏》，第 1627 页上栏。
⑩ 郑玄注，贾公彦疏：《周礼注疏》，阮元校刻：《十三经注疏》，第 1627 页上栏。

章"。籥人当包括执籥起舞,能够以舞以籥的籥师,还有专擅演奏的籥章之师。

籥师、籥章等籥人所使用、演奏的首选乐器很有可能就是《说文》所说的籥类竹管乐器,整个仪式即"用籥于天位"。裘锡圭对大丰簋铭文新释:"文王德赫赫,丕显王作眚,丕僭王作庸",其将🀄字隶定为"眚",并释为"笙","庸"释"镛",此与《世俘》癸酉日"王奏庸"相类。[1]"笙""庸"作为古代非常重要的乐器,出现在祭典仪式中实属应当。"笙"为多管类乐器,当与"籥"形制有关。以籥演奏或是充当迎神曲,表示祭祀的开始,是"禴祭"的典型特点。[2] 这也与郑玄注"吹之者,以籥为之声"的"逆暑"仪式相同。

"禴祭"所用祭物,从《世俘》原文看并未强调荐麦,或者薄物。但自汉儒以降,何休、陈澔等都以为"禴"当强调"薄",即春物未成,麦始熟可禴,此时祭祀当为"禴",与《春秋繁露》所指"四月食麦"一致,而此时祭祀以序天时,即应时"禴祭"。《吕氏春秋·孟夏纪》:"农乃收麦升献。天子乃以彘尝麦,先荐寝庙。"高诱注云:"麦始熟,故言尝。"[3] 可见汉之"禴"与《尝麦》之"尝麦于太祖"之义更近。而《世俘》篇"禴祭"强调"用籥于天位",其时位处甲子伐商、征讨庶国,大获全胜的时候,其场合、背景不同,侧重不同。在连续五日的祭祀仪式结束后,乙卯当天还有献馘礼,即献俘礼,其祭祀对象与《尝麦》第三段祭祀仪式亦有相关性,可与《尝麦》第三段对读,兹列其文于表二:

表二   《世俘》《尝麦》仪式对比

《世俘》	《尝麦》
翼予冲子,断牛六,断羊二。庶国乃竟。告于周庙曰:"古朕闻文考修商人典。"以斩纣身,告于天、于稷。用小牲羊犬豕于百神、水土于誓社。曰:"惟予冲子绥文考,至于冲子。"用牛于天、于稷五百有四。用小牲羊豕于百神、水土社二千七百有一。	是月,士师乃命太宗序于天时,祠大暑,乃命少宗祠风雨百享。士师用受其藏,以为之资。邑乃命百姓遂享于富,无思民疾,供百享归祭,闾率、里君以为之资。野宰乃命冢邑县都祠于太祠,乃风雨也。宰用受其职藏,以为之资。采君乃命天御丰稿,享祠为施,大夫以为资。

《世俘》"告于天"与《尝麦》"序于天时"相近;《世俘》用小牲祭祀百神、水土,《尝麦》于邑一级的"供百享",百享当从朱右曾校为"百神在祀典者",与《世俘》所祭"百神"类似,即群神。"百神"多见于西周金文,如宁簋盖(《集成》04022)铭曰:"其用各百神";《钦钟》(《集成》00260)铭曰:"惟皇上帝、百神保余小子"。清华简拾贰《参不韦》简2:"乃命参不韦摄天之中,秉百神之机,播简百艰,审义阴阳。"[4]《荀子·礼论》:"郊

---

① 裘锡圭:《甲古文中的几种乐器名称——释"庸""丰""鞀"》,《古文字论集》,中华书局1996年版,第196—209页。
② 李炳海:《殷周之际的禴祭漫议》,《文史知识》2023年第1期。
③ 吕不韦编,许维遹集释,梁运华整理:《吕氏春秋集释》,中华书局2009年版,第87页。
④ 清华大学出土文献研究与保护中心编,黄德宽主编:《清华大学藏战国竹简(拾贰)》,中西书局2022年版,第110页。

者，并百王于上天而祭祀之也。"杨倞注云："百王，百神也。或'神'字误为王。言社稷唯祭一神，至郊天则兼祭百神，以喻君兼父母者也。"①

《世俘》祭祀"水土"与《尝麦》祭祀"风雨"当为一类物。《世俘》孔晁注"水土"云："百神，天宗。水土，山川。誓，告也。"孔晁以山川训水土，《国语·周语上》："夫水土演而民用也。"其后文曰："夫国必依山川，山崩川竭，亡之徵也，川竭山必崩。"② 可见以水土与山川相对。《礼记·祭法》："四坎坛，祭四时也。山林、川谷、丘陵，能出云为风雨，见怪物，皆曰神。"③ "风雨"由山林、川谷、丘陵而起，"云气非常见之物"，当与山川相关。且百神、山川多同时祭祀，《尝麦》祭"风雨百享"与文献中"百神山川"同祭相应。④ 如清华简《参不韦》简 32 - 32："参不韦曰：'启，而不闻天之司马丰隆之徇于几之阳，罚百神、山川、溪谷、百草木之不周。"⑤ 长沙子弹库帛书《四时》："民勿用，起起百神，山川溪谷，不钦敬行，民祀不歆，帝将卟以乱达之行。"⑥ 亦有观点以为百神当为数百种山川之神，如《诗·周颂·时迈》"怀柔百神"，郑玄笺云："王行巡守，其至方岳之下，来安群神，望于山川，皆以尊卑祭之。"

可以认为，《世俘》除祭"社""稷"与《尝麦》不同外，在四月孟夏所祭之礼基本相类，即郊天，祭祀山川、百神，以"禴祭"迎神，与《尝麦》"祠大暑""祠风雨"的时间和仪式环节有较强关联。从名称"禴祭""禴祭""礿祭"的沿用和祭祀对象皆为天、山川、百神等，时间皆处春末夏初等相关性看，《尝麦》"尝麦于太祖""祠大暑"与"禴祭"当为同类祭礼。

三 《尝麦》与"月令"文献关系辨疑

《尝麦》篇毫无疑问是研究西周时代律法、政令问题的重要文献。前文论及其文本可能存有两种甚至两种以上的材料来源，亦存在明显的分层。⑦ 但这类文本与《礼记·月令》等"月令"文献有明显的差别，因其文字尚属连贯，且三段内容为一月之事的记载，性质非依月行令而是对当月政事的记述。有观点认为《尝麦》属于早期的"月令"文献，此说已非常敏锐地注意到"以月系事"的特点，并认为"岁典"即"月令"文献。⑧ 但前文已经明确了

① 王先谦撰，沈啸寰、王星贤点校：《荀子集解》，中华书局 1988 年版，第 375 页。
② 左丘明撰，徐元诰集解：《国语集解》，中华书局 2002 年版，第 26—27 页。
③ 郑玄注，孔颖达疏：《礼记正义》，阮元校刻：《十三经注疏》，第 3445 页下栏。
④ 毛亨传，郑玄笺，孔颖达疏：《毛诗正义》，阮元校刻：《十三经注疏》，第 1269 页上栏。
⑤ 清华大学出土文献研究与保护中心编，黄德宽主编：《清华大学藏战国竹简（拾贰）》，第 120 页。
⑥ 李零：《长沙子弹库战国楚帛书研究》，中华书局 1985 年版，第 62 页。
⑦ 杨宽：《论〈逸周书〉》，《西周史》，第 924 页。
⑧ 黄国伟：《岁典与月令——〈逸周书·尝麦〉性质研究》，《新经学》第 10 辑，第 245 页。

《尝麦》文本中的“岁典”包括“刑书”“策诰文书”两部分，这与重要的“国之典”的仪式文书或册命文书的性质更近，而非“月令”。另外，“祠大暑”等祭祀过程还需再探，譬如王行“尝麦”之礼时，是否必须正刑书、祠大暑、祠风雨、百享等。这些活动属于礼制规范上的依月行令还是对当月政事的记述，是需要分辨的。

《尝麦》的韵语和时代特征不会太晚，文本成篇可能在春秋末年、战国初年，但仍保留了西周早期的部分材料。① 依月叙事或依月编联相关政事和祭祀，无疑为后世的月令类文献提供了非常理想的记述政事的模板。即便《大戴礼记·夏小正》《礼记·月令》两篇作为公认的先秦月令类文献，亦包含了对天象、物候规律的总结和对应时农事的指导，最后才是对王朝政务的记述。

《尝麦》篇并不涉及对当月天象、物候的描述和应时农事的具体指导，这是与后世月令文献的根本不同之处。为便于理解，将《夏小正》《礼记·月令》《吕氏春秋·十二月纪》②《淮南子·时则》《逸周书·时训》等月令文献所涉物候和农事梳理于文末附录，可为参考。这些文献虽然同属“月令”，当指依月行令，但因记述内容也有不同侧重，也需要甄别。

传世文献中较为综合的物候历当属《夏小正》，但需要注意其经传合编的特点。朱熹《仪礼经传通解》已将其解析为经传两部分，在篇末附录《汲冢周书》对《周月》的记载。《国语·周语》中单子称述《夏令》的文字，《国语·鲁语》里革称述有类于《月令》的文字，《孔丛子·杂训》中县子问子思，子思言“三统之义，夏得其正”的文字，可以对传文来源与时代断限进行补充。从语言、词汇系统看，《夏小正》传文部分极有可能是孔子弟子及再传弟子相传，经秦汉经师“师说”“口传”不断附益，最后至戴德整饬经文、传文，略加补苴并入《大戴礼记》的结果。③ 从经、传分剖的结果看，《夏小正》每月的文本大致符合以“月名＋物候现象＋政令＋以物候记事的节点＋星象”为主体的结构。以正月为例，正月为月名；启蛰、雁北乡、雉震呴、鱼陟负冰、田鼠出、獭献鱼、鹰则为鸠、柳稊、梅杏杝桃则华、缇缟、鸡桴粥等皆为物候现象；农纬厥耒、初岁祭耒、农率均田、初服于公田、寒日涤冻涂、采芸皆为政令，虽与农事相关，采芸则用芸蒿献于宗庙，乃祭祀需要；囿有见韭、时有俊风、农及雪泽则以此物候强调时节，需要从事某事，如“农及雪泽”则是农事开始的信号，故后言“初服于公田”；鞠则见、初昏参中、斗柄县在下等皆为星象。④《夏小正》所记每月详略不同，但大致内容应包含以上几类总结，六月、十月的记载似有缺失，其物候信息和政令内容都不甚丰富，十二月中以正月的记述最为详细。“国之大事，唯祀与戎”，“采芸”“祈麦

---

① 夏虞南：《〈逸周书〉文本与成书新论》，博士学位论文，清华大学，2022 年。

② 为行文方便，以下简称《吕纪》。

③ 虞万里：《从〈夏小正〉传文体式推论其作者》，《中国经学》第 9 辑，广西师范大学出版社 2012 年版，第 69—86 页。

④ 夏虞南：《出土文献视野下的二十四节气探源》，北京出版社 2023 年版，第 39 页。

实"等不纯属农事，亦有政令之实。

编纂时代相对明确的《吕氏春秋·孟夏纪》则记述了"农乃收麦升献。天子乃以彘尝麦，先荐寝庙""劳农劝民，无或失时""命农勉作，无伏于都"，强调此月当"断薄刑，决小罪，出轻系"。《仲夏纪》记述了"命乐师修鼗鞞鼓，均琴瑟管箫，执干戚戈羽，调竽笙埙篪，饬钟磬柷敔"，"命有司为民祈祀山川百原，大雩帝，用盛乐"，"命百县雩祭祀百辟卿士有益于民者，以祈谷实。农乃登黍"等政事。《孟夏纪》《仲夏纪》可分别与《尝麦》第一段"尝麦"，第三段"祠大暑""祠风雨百享"等政事对应，但已分属两月。且《孟夏纪》《仲夏纪》开篇皆是对当月天象、物候的记述，存在从早期的物候历传抄会、汇集的可能。依郑玄理解《礼记·月令》当本自《吕纪》之首章。① 张晓稳对《月令》的星象、五行系统研究表明，其中的五行观念晚出于战国，但其星象记录则反映春秋早期甚至更早的时代特征。② 肖军则基于对古天象学的研究指出《吕纪》中的天象年代经过了改篡，"历史上月令的持续应用，现在看到的月令中的天象实际上是以东汉时期的天象记录为基准，上至公元前 620 年，下至公元 900 年的长时间观测记录的整合"。③ 这也从侧面反映出《吕纪》中的天象记载部分的加工时间较长，最后形成稳定、成熟的月令系统仍是综合加工的结果，甚至并非一朝一代之功。《尝麦》一篇虽然也有编纂、加工的痕迹，但其成篇时代不会晚至两汉，记述内容也相对单一，只记当月政事，既无天象，亦不涉农时，并非真正意义上的"月令"文献，但却属非常理想的"以月系事"的政事模板。

此外，《逸周书·大聚》"禹之禁，春三月山林不登斧，以成草木之长；夏三月川泽不入网罟，以成鱼鳖之长。且以并农力执，成男女之功"，《文传》"山林非时不升斤斧，以成草木之长，川泽非时不入网罟，以成鱼鳖之长。不麛不卵，以成鸟兽之长，畋渔以时，童不夭胎，马不驰骛，土不失宜"与睡虎地秦简《秦律十八种·田律》"春二月，毋敢伐材木山林及雍（壅）堤水不 < 泉 >。不夏月，毋敢夜草为灰，取生荔麛（卵）鷇，毋□□□□□毒鱼鳖，置穽罔（网）。到七月而纵之"④ 文本内容接近。李学勤指出这类文献与《周礼·地官·山虞》等篇内容关系密切，且《周礼》的具体规定早于秦律、汉律。⑤ 从文本性质上看，《大聚》《文传》这类文句与秦汉律令中涉及的依月行令和依月行律文本近似，更符合"月令"文献的特点。

除零散句子外，《逸周书》中已有与月令、节气内容直接相关的篇章，包括标准的节气文献《时训》和月令文献《月令》《周月》两篇。结合今本《逸周书》目录以及《月令》的序

---

① 郑玄注，孔颖达疏：《礼记正义》，阮元校刻：《十三经注疏》，第 2927 页上栏。
② 张小稳：《月令源流考》，《中国史研究》2020 年第 4 期。
③ 肖军：《解析〈吕氏春秋〉十二纪中的天象年代》，《天文学爱好者》2022 年第 1 期。
④ 睡虎地秦墓竹简整理小组编：《睡虎地秦墓竹简》，文物出版社 1978 年版，第 26 页。
⑤ 李学勤：《竹简秦汉律与〈周礼〉》，《李学勤文集》第 18 卷《简帛学研究（一）》，江西教育出版社 2023 年版，第 324—332 页。

录来看，诸篇章次序变动不大，但因经过汉儒及刘向、歆父子校书后的文本变动较多，有附益的可能。《月令》篇位于今本第五十三，正文已经亡佚，孔晁有无作注亦不得知。此篇存两条佚文，一处见于《论语》"钻燧改火，期可已矣"，马融注："《周书月令》有更火之文：春取榆柳之火，夏取枣杏之火，季夏取桑柘之火，秋取柞楢之火，冬取槐檀之火，一年之中钻火各异木，故曰改火也。"① 一处见于《太平御览》引《周书》曰："夏食郁，秋食橘、柚，冬食菱、藕。"② 佚文所见《月令》内容或与改火和时令、节俗有关。第一处亦见于郑玄引郑众所言《邹子·月令》，若马融所言《周书月令》即此《月令》篇，《月令》其篇或存于东汉之时，记述部分东周改火之令。从称名为《月令》当与"月令"属一类文本，与秦汉时期常见"月令"文书作用相同。张晓稳先生认为《逸周书·月令》实际上应该是《夏大正》，并引孔广森的注解，认为《夏大正》与《夏小正》的内容有明显区别。③ 理论上言，《大戴礼记·夏小正》当属夏之"月令"；《逸周书·月令》即周之"月令"；《吕氏春秋》中的《十二纪》则当属秦"月令"；《淮南子·时则》与《礼记》郑玄注屡次提到的"今《月令》"则属于汉"月令"。虽不见《月令》篇正文，但以其他"月令"文书推论，这类"月令"文书本身也能够指导实际的社会生活，其作用与《时训》篇相近。蔡邕《明堂月令论》"《周书》七十二（一）篇，《月令》第五十三"，④ 即刘向、刘歆校书之后，蔡邕所见的校本当出于兰台，而且与今本《月令》的顺序相吻合，此时也是第五十三篇。不难推测，《月令》篇在《逸周书》中的次序可能相对稳定，始终没变。

《尝麦》之"祠大暑"与后世"大暑"节气称名来源或有关联。《逸周书·时训》已见二十四节气、七十二物候，《周月》篇已存十二中气之名。经考证，二十四节气中十二中气的名称和起源比十二节气除四立（立春、立夏、立秋、立冬）之外的八节更早。而大暑、处暑属于"中气"，其称名相关亦相对早起，既见于传世文献又有大量的新出文献可以佐证。⑤ 如《管子·幼官》《幼官图》（《玄宫》《玄宫图》），⑥ 称为"大暑至""中暑""小暑终"。银雀山汉简《禁》有"大暑"之名，同批的"阴阳时令、占候之类"文献如《三十时》则存其名为"凉风"。

《管子·幼官》与北大汉简《节》、清华简拾《四时》皆以立春为岁首。以立春之时为起讫点，排序比较可知北大汉简《节》"凉风作"时间大致对应"大暑"之时，其"暑大至"

---

① 何晏集解，邢昺疏：《论语注疏》，阮元校刻：《十三经注疏》，中华书局2009年版，第5487页下栏。

② 李昉等撰：《太平御览》，中华书局1995年版，第4313—4314页。

③ 张晓稳：《月令源流考》，《中国史研究》2020年第4期。

④ 蔡邕：《蔡中郎集》，文渊阁《四库丛书》集部别集类第1063册，台北：台湾商务印书馆1983—1986年版，第180—183页。

⑤ 夏虞南：《出土文献视域下的二十四节气形成史——以清华简、北大汉简、银雀山汉简、胡家草场汉简中的节气类文献为中心》，《农业考古》2023年第6期。

⑥ 《管子·幼官》《幼官图》两篇篇题经考证，原应作《玄宫》和《玄宫图》，已成为定论，但为方便讨论且沿用旧称。参见李零《〈管子〉三十时节与二十四节气——再谈〈玄宫〉和〈玄宫图〉》，《管子学刊》1988年第2期。

之时则介于小暑、大暑之间，与二十四节气系统稍有偏差。清华简《四时》存有"暑藏""追暑"，分别对应小暑和大暑。处暑之名和时间能够与北大汉简《雨书》"辟暑"一节对应。辟，即诛也，除也。《左传》襄公二十五年："各致其辟。"杜预注："辟，诛也。"①《墨子·备蛾传》："敌人辟火而复攻"，孙诒让引《小尔雅》诂云："辟，除也。"② 处，则止也。《诗·召南·江有汜》："其后也处。"毛传云："处，止也。"③ 除、诛、止，皆可表结束、终止之义。其义相近，时节相近，当是一节。

四 余论

古书形成过程中必经修改增删，而书目次序当是大事。《尝麦》位处今本《逸周书》第五十六，前有《谥法》《明堂》，后为《本典》《官人》皆为礼制、政律类文献。《周书序》云："成王既即政，因尝麦以语群臣而求助，作《尝麦》。"其时虽多托言成王，但其事多为"语群臣""正刑罚"，《周书序》撰者当以据此改定篇章，并著目录。其事与"王命大正正刑书"关联更大，故"《尝麦》告诉我们，周朝早有刑书存在"，④ 其性质当与《尚书·吕刑》、清华简陆《子产》记述司法刑书内容的文献相类，皆具有一定的"以月系事"的特征，但与"月令"文献还存差异。《尝麦》《吕刑》还能体现出早期政治活动中对刑律的制作、修订以及典藏的重视，需要配合其举行极其庄重的仪式。"尝麦""序于天时""祠大暑""祠风雨百享"等当与刑律的修订有关，而正刑的作用在于"予用皇威，不忘祇天之明典"，其与《吕刑》"惟敬五刑，以成三德"亦相近。

对《尝麦》篇章性质的辨疑，促使本文转向对"月令"文献性质的思考。近年对战国秦汉"时令""月令""时空观念""纪历"类文献的研究逐渐丰富，⑤ 根据目前研究可以认为"月令文献"⑥ 当指以"月"为纲，通过天象、物候等各种观测记录，对农事、政教、兵刑进行指导和约束的文本，亦包括政令、忌宜、灾祥等其他内容，秦汉之时还有依月为纲的律令

---

① 杜预注，孔颖达疏：《春秋左传正义》，阮元校刻：《十三经注疏》，第 4311 页上栏。
② 孙诒让撰，孙启治点校：《墨子间诂》，中华书局 2017 年版，第 517 页。
③ 毛亨传，郑玄笺，孔颖达疏：《毛诗正义》，阮元校刻：《十三经注疏》，第 615 页下栏。
④ 李学勤：《〈尝麦〉篇研究》，《古文献丛论》，第 94 页。
⑤ 孔庆典：《10 世纪前中国纪历文化源流：以简帛为中心》，上海人民出版社 2011 年版；刘娇：《试说出土文献中的"时令"类内容》，《语言研究集刊》第 7 辑，科学出版社 2014 年版，第 299—314 页；薛梦潇：《早期中国的月令文献与月令制度——以"政治时间"的制作与实践为中心》，博士学位论文，武汉大学，2014 年；薛梦潇：《早期中国的月令与"政治时间"》，上海古籍出版社 2018 年版；周硕：《战国秦汉出土时令类资料辑证》，博士学位论文，复旦大学，2019 年；刘鸣：《月令与秦汉时间秩序》，西北大学出版社 2022 年版；林焕泽：《出土战国秦汉文献所见时空观念考论》，博士学位论文，中山大学，2023 年。
⑥ 传统观点以为"月令"当服务于人君，特别是战国后期"阴阳五行说"直接服务于行政月历。杨宽《月令考》以为分月记述观测气候和生物，管理农作物生产，天子按月履职，是"月令"文本的核心内容。主要受到《夏小正》《礼记·月令》《逸周书·周月》文本性质的影响，但实际上更多地强调正统律令与应时关系，故官文书和来源于民间的文本都存在依月行令的现象，本文采用更加宽泛的定义。杨宽：《杨宽古史论文选集》，上海人民出版社 2003 年版，第 463—510 页。

文本。《诗·豳风·七月》《夏小正》《礼记·月令》《逸周书·周月》《吕氏春秋·十二月纪》《淮南子·时则》都具备"以月系事"的特征，崔寔《四民月令》更是东汉典型的月令文献。

出土文献中典型的"月令"文献也可以作为参照，以便作出更加合理的关于"月令"文献定义。长沙子弹库帛书《月忌》是典型的月令文本，且地域色彩明显，随州孔家坡《日书·岁》篇与此性质相近，北大汉简《雨书》按月以二十八宿纪日，并解释雨不应时的物候、灾异情况。敦煌悬泉汉简《诏书四时月令五十条》以月施令，且每月之令不等，是"以太皇太后的名义颁布……是王莽篡位行动中的一个步骤"①，内容与《礼记·月令》《吕纪》《淮南子·时则》相近。此外，秦汉田律亦按月记令，但更近律令，有"以月系令"或"以月系律"的特征，如睡虎地秦简《田律》、张家山汉简［247号墓］《二年律令·田律》涉及一部分物候和农事政令，但并未形成完全按月循环的全年农政、令体系。青川木牍《更修为田律》等以月系事的律令与"月令"文献关系密切，也值得重视。

附录　　　　　　　《夏小正》《礼记·月令》《吕纪》《淮南子·时则》
《逸周书·时》夏季物候统计

月份	节气	《夏小正》	《吕纪》	《淮南子·时则》	《礼记·月令》	《逸周书·时训》
孟夏	立夏	四月：昴则见。初昏，南门正。鸣杙。囿有见杏。鸣蜮。王萯（荽）秀。	蝼蝈鸣，丘（蚯）蚓出，王菩生，苦菜秀。是月也，以立夏。	蝼蝈鸣，蚯蚓（蚓）出，王瓜生，苦菜秀。	蝼蝈鸣，蚯蚓出，王瓜生，苦菜秀。是月也，以立夏。	立夏之日，蝼蝈鸣。又五日，蚯蚓出。又五日，王瓜生。
	小满	取荼。秀幽。越有大旱。执陟攻驹。	聚蓄百药，靡草死，麦秋至。	聚畜百药，靡草死，麦秋至。	聚畜百药，靡草死，麦秋至。	小满之日，苦菜秀。又五日，靡草死。又五日，小暑至。
仲夏	芒种	五月：参则见。浮游有殷。鸠（鴥?）则鸣。时有养日。乃瓜。良蜩鸣。匽之兴五日翕，望乃伏。启灌蓝蓼。鸠为鹰。	小暑至，螳蜋（螂）生，鵙（鴂）始鸣，反舌无声。	小暑至，螳蜋（螂）生，鵙（鴂）始鸣，反舌无声。	小暑至，螳蜋（螂）生，鵙（鴂）始鸣，反舌无声。	芒种之日，螳螂生。又五日，鵙（鴂）始鸣。又五日，反舌无声。
	夏至	唐蜩鸣。初昏大火中。煮梅。蓄兰。颁马。	日长至，阴阳争，生死分。鹿角解，蝉始鸣，半夏生，木堇荣。	日长至，阴阳争，生死分。鹿角解，蝉始鸣，半夏生，木堇荣。	日长至，阴阳争，生死分。鹿角解，蝉始鸣，半夏生，木堇荣。	夏至之日，鹿角解。又五日，蝟始鸣。又五日，半夏生。

---

① 中国文物研究所、甘肃省文物考古研究所编：《敦煌悬泉月令诏条》，中华书局2001年版，第40页。

续表

月份	节气	《夏小正》	《吕纪》	《淮南子·时则》	《礼记·月令》	《逸周书·时训》
季夏	小暑	六月：初昏，斗柄在正上。煮桃。鹰始挚。	凉风始至，蟋蟀居宇，鹰乃学习，腐草化为蚈。	凉风始至，蟋蟀居奥，鹰乃学习，腐草化为蚈。	温风始至，蟋蟀居壁，鹰乃学习，腐草为萤。	小暑之日，温风至。又五日，蟋蟀居壁。又五日，鹰乃学习。
	大暑		树木方盛。水潦盛昌。土润溽暑，大雨时行。	树木方盛。土润溽暑，大雨时行。	树木方盛。水潦盛昌。土润溽暑，大雨时行。	大暑之日，腐草化为萤。又五日，土润溽暑。又五日，大雨时行。

〔作者夏虞南，历史学博士，中国社会科学院古代史研究所、"古文字与中华文明传承发展工程"协同攻关创新平台博士后，助理研究员〕

韩伯丰鼎铭文 "以兹命曰" 解

宣 柳

摘 要：韩伯丰鼎铭文 "以兹命曰" 格式见于其他金文与传世文献。缕析 "以兹命曰" 辞例可知，韩伯丰鼎铭文所记乃内史对韩伯的命令，其命辞大意是说内史在受到付田于韩伯 的命令之后，又命令韩伯开始着手准备度田事宜。

关键词：韩伯丰鼎 以兹命曰 句读

新近公布的西周早中期韩伯丰鼎，[①] 其铭文和西周王朝贵族土地转让史事有关，具有重要 的史料价值。按笔者自己的理解，先将铭文句读于下：

> 惟十月既生霸甲辰，在成周。 𧻚史至，以兹命曰：内史曰："告韩伯：𢼸！伯氏宕。 卿事司曰：'侖（论）。'今我既即命曰：'先王命尚（当）付。'" 韩伯作宝𣊪鼎。
>
> 《铭图》[②] 02426

铭文最大争议之处在于 "以兹命曰" 后面的内容如何理解。李学勤认为，"内史曰" 以下到 "尚付"，是𧻚史所带来的 "命" 的内容。"𢼸（且）伯氏宕卿事司曰论" 一句乃是追述过去 情况，也是此次王命的缘由。"今我既即命" 是讲内史已经从周王那里受命，所受王命即下面 一句 "先王命尚付"。[③] 单育辰认为，"𧻚（御）史以兹命曰" 到 "当付" 皆为御史所言，但 其中掺杂内史之语（从 "告韩伯" 到 "当付"）、内史引用伯氏之语（从 "侖" 到 "当付"）

---

① 谢明文将器主氏名释作 "垣"，读作 "韩"。参见谢明文《释西周金文中的 "垣" 字》，《中国文字学报》第 6 辑，商务印书馆 2017 年版，第 69—72 页。

② 《铭图》是《商周青铜器铭文暨图像集成》的简称（吴镇烽编著：《商周青铜器铭文暨图像集成》，上海古籍出版 社 2012 年版）。

③ 李学勤：《一篇记述土地转让的西周金文论》，《故宫博物院院刊》2015 年第 5 期。

以及伯氏引用周王之语（"先王命，当付"）。① 佐藤信弥亦同意整段乃御史所言，但他认为其中引用的内史语仅到"伯氏宕"为止。② 邹家兴则谓御史传令内容只包括"内史曰：告韩伯，叡伯氏宕"。③ 董珊的理解完全不同。他认为此铭文记载册命韩伯为王朝卿士一事，其中"今我既即命"一句应理解成韩伯就命、上任。④ 此外，刘源指出，寽史"以兹命曰"及其后面的内容是说其接受中央王朝卿事司、内史之命，传达于地方，为韩伯、叡伯二氏度量、析分土田，并返回成周向王朝复命之事。⑤

诸家争论的焦点在于"以兹命曰"所在句式的含义。实际上，和"以兹命曰"结构相似，金文中见有"以王令曰""以君氏命曰"等短语：

（1）王令中先省南国贯行，执厽在曾，史兒至，以王令曰：余令汝使小大邦，乑又舍汝卹量至于汝廃小多□。

中甗，西周早期，《铭图》03364

（2）妇氏以壶告曰：以君氏命曰：余老止！公仆庸土田多諫，弋伯氏从许。公宕其三，汝宕其贰，公宕其贰，汝宕其一。

五年琱生簋，西周晚期，《铭图》05340

（3）召姜以琱生莀（蠨）五寻、壶两，以君氏命曰：余老止！我仆庸土田多束。弋许。勿使散亡。余宕其三，汝宕其贰。其兄公，其弟仍。

五年琱生尊，西周晚期，《铭图》11816

上述铭文中，"命""令"义同，"以兹命曰"与"以王令曰""以君氏命曰"格式相近。中甗铭文中，"以王令曰"后面为王对中的命令，主要包括两项内容："使小大邦"和"乑又舍汝卹量至于汝廃小多□"。尽管命辞后半部分辞义未详，但命辞中的"余"指时王而非传令之"史兒"，"汝"乃指"中"，当无疑问。琱生簋和琱生尊中的"以君氏命曰"，均为"妇氏"传达"君氏"之令，主要内容和宗族财产分配相关。在"君氏令"中，"余"指"君氏"自己，"女（汝）"指作器者琱生。传世文献也能找到证据。例如，张怀通曾指出《尚书

① 单育辰：《韩伯丰鼎考》，《历史语言学研究》第 10 辑，商务印书馆 2016 年版，第 217—220 页。

② 佐藤信弥：《韩伯丰鼎铭与西周时期王命记录的变化》，《黄河文明与可持续发展》第 19 辑，河南大学出版社 2020 年版，第 105—109 页。

③ 邹家兴：《韩伯丰鼎铭文新读》，邹芙都主编：《出土文献与先秦秦汉史研究论丛》，科学出版社 2022 年版，第 82—88 页。

④ 董珊：《韩伯丰方鼎铭文新论》，杨荣祥、胡敕瑞主编：《源远流长：汉字国际学术研讨会暨 AEARU 第三届汉字文化研讨会论文集》，北京大学出版社 2017 年版，第 46—64 页。

⑤ 刘源：《从韩伯豐鼎铭文看西周贵族政体运作机制》，《史学集刊》2018 年第 3 期。

·多方》"周公曰：王若曰"句式与此鼎相似。①另外，《左传·定公四年》也有相关文句：

> 其子蔡仲改行帅德，周公举之，以为己卿士，见诸王，而命之以蔡。其命书云：王曰："胡！无若尔考之违王命也！"②

与彝铭类似，蔡仲受封的命书以"其命书云"引出，"王曰"则为发布命令者之语，后面跟具体内容。

综之，从上述材料看，"以兹命曰"相关句式有固定格式可寻：（1）"命曰"后面为具体的命辞；（2）命辞的主语乃发布命令者而非传令者，后面有时会加一"曰"字；（3）命辞中通常有特定的受命对象，且一般用第二人称表示。由此推导，韩伯丰鼎铭文中"以兹命曰"后面乃命辞部分，其格式为：（1）窀史所告对象乃是接受命令者韩伯，而非复命于成周时王或其他高级贵族时所说；（2）命辞以发布命令者（内史）的口吻说，而非以传令者（窀史）的口吻说；（3）由（2）推导之，铭中的"我"不可能指窀史。因为如果"我"指窀史，则"今我既即命曰"及其后面的内容便不是命辞的内容，然而从上文"窀史以兹命曰"来看，显然窀史需要另起一个"曰"才能陈述命辞之外的内容。

由此可见，韩伯丰鼎铭文中的内史为发布命令者，从"告韩伯"到"先王命当付"皆属命令之辞，"我"指内史而非窀史。具体而言，"叙伯氏宕"是内史命令韩伯的核心内容。"叙"乃叹词，相当于"嗟"，③金文中常用于教令之前，见于大盂鼎（《铭图》02514）、县改簋（《铭图》05314）等铭。"伯氏宕"即下令伯氏（韩伯）着手度量土地，④"卿事、司曰：'仑（论）。'今我即命曰：'先王命当付。'"部分，则是帮助内史作此命令的缘由。卿事司，金文首见，可能指负责裁决、监督土地纠纷的王朝官员。仑，即"论"，表示卿事司对于此事的讨论。卿事司经过讨论后，决定遵从先王之令，因此下令给内史，使其付田给韩伯。内史接到命令后，便下令韩伯开始准备具体的土地度量之事。换而言之，正是由于"卿事司"经过讨论并依据先王令作出判决——应该将土地赋予韩伯，故而内史下令韩伯着手准备度量土地，执行先王令。内史接受命令，又自己发布命令，故铭文中有两个"命"。这种情况在铭文中也有例可寻：

① 张怀通：《韩伯丰方鼎与〈多方〉文例》，中国先秦史学会等编：《辉煌雍城：全国（凤翔）秦文化学术研讨会论文集》，三秦出版社2017年版，第150—153页。
② 孔颖达正义：《春秋左传正义》卷54，阮元校刻：《十三经注疏》，中华书局1980年版，第2135页。
③ 杨树达：《积微居金文说》，上海古籍出版社2007年版，第30页。
④ "宕"字的理解，当依李学勤、沈培等学者所言，指对土田、仆庸等财产的度量。参见李学勤《珊生诸器铭文联读研究》，《文物》2007年第8期；沈培：《西周金文"宕"字释义重探》，李宗焜主编：《出土材料与新视野 "中央研究院"第四届国际汉学会议论文集》，台北："中央研究院"历史语言研究所，2013年，第381—417页。

唯十又二年初吉丁卯，益公内（入），即命于天子。公迺出厥命，赐畀师永厥田：阴
阳洛彊眔师俗父田。厥眔公出厥命：邢伯、荣伯、尹氏、师俗父、遣仲。公迺命郑司徒
温父、周人司空眉、散史、师氏、邑人奎父、毕人师同付永厥田。

永盂，西周中期，《铭图》06230

此铭文记载王令益公、尹氏等赐付师永田之事。从铭文内容可知，益公等王朝官员接受王令
用的短语乃"即命"，与韩伯丰鼎铭文完全一致。这些王朝官员在收到命令后，又命令当地官
员着手准备具体的勘察土田之事。这亦和本铭文所记内史在接受付田于韩伯的命令后，又发
布命令置办具体度量事宜是一致的。

综上，笔者从"以兹命曰"的辞例出发，证明韩伯鼎铭文所记乃内史对韩伯的命令，其
命辞大意是说内史在受到付田于韩伯的命令之后，又命令韩伯开始着手准备度田事宜。

〔作者宣柳，美国哥伦比亚大学东亚语言和文化系博士候选人〕

史丧尊铭文新释

李 翀

摘 要：西周早期晚段的史丧尊，铭文简短，只有最末"孙子其永𤔲"一句不好理解，"𤔲"字的字形应隶成"𤔲"。"𤔲"字在甲金文中有多种异体写法，如"⿰氵易""𤔲""⿰𤔲口""𤔲"，实际上这些都是"易"字的不同写法。史丧尊铭文中的"𤔲"字从易声，假为"惕"，尊铭的含义是"孙孙子子要恭敬谨慎地保留此器"，这与金文中常见的永宝用一类的话含义是一样的。

关键词：史丧尊 易 惕

一 史丧尊概况以及相关研究

1976 年陕西周原考古短训班在贺家、凤雏、召陈、云塘、齐家、庄白等地发掘了一部分遗址和墓葬。墓葬中出土的三件尊中，云塘一〇号墓的史丧尊（《集成》05960）现藏于宝鸡周原博物院，铭文内容较为特殊，过去学界研究不多。为了方便讨论，现将铭文从宽释移录于下：

史丧作丁公宝彝，孙子其永𤔲（𤔲）。[1]

此尊侈口方唇，素面，垂腹，颈下饰有两道凸弦纹，前后各有一兽头。《周王畿—关中出土西周金文整理与研究》将史丧尊时代定为西周中期前段。[2] 仔细观察此尊，铭文字体尚多波磔，且铜器垂腹程度尚浅，与穆王时期典型铜器形式及铭文书写风格仍有差异，因此将史丧尊时代定为西周早期晚段的昭王时期还是要更合适一点。

史丧尊铭文简短，内容信息量也不多。史丧为丁公作器，丁公应是史丧的父祖，丁公应

---

[1] 本文所引铜器铭文以及隶定见于中国社会科学院考古研究所编《殷周金文集成》（修订增补本），中华书局 2007 年版，与吴镇烽编著《商周青铜器铭文暨图像集成》，上海古籍出版社 2012 年版，以下分别简称《集成》《铭图》。

[2] 王晖主编：《周王畿—关中出土西周金文整理与研究》第 2 卷（上），三秦出版社 2022 年版，第 560 页。

是日名。张懋镕在《周人不用日名说》一文中认为周氏族人是不用日名的，只有商人和商王族后人用日名，在学界被广泛接纳。我们也认为张懋镕的观点基本上是正确的，① 所以此家族应当是来自东方的殷遗民族群。此篇铭文唯最末"孙子其永𤔲"一句不好理解。

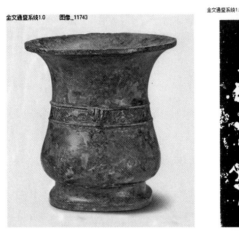

图一　史丧尊及铭文拓片

要解释"孙子其永𤔲"这一句的含义，我们要从"𤔲"这个字入手。

"𤔲"字在史丧尊铭文中的字形为"𤔲"，此字象从一个器皿向另一个器皿倾注液体之形。在金文中除了史丧尊铭文外，加卣中的"𤔲"字、② 五年琱生尊中的"𤔲"字，都应当是"𤔲"字的异体字。"𤔲"字在殷墟甲骨文中也多次出现，甲骨文的字形较金文稍有不同，作"𤔲"（《合集》5458）、"𤔲"（《合集》15827）、"𤔲"（《合集》8253）之形。

先将含有此字的甲骨文辞例部分摘录如下：

（1）贞：𤔲叙百。九月。　　　　　　　　　　　　　　《合集》15827（宾出）

（2）癸丑 [卜]，宾贞：𤔲（下部残去）叙卅。九月。　《合集》11241（宾三）

（3）勿𤔲二牛。　　　　　　　　　　　　　　　　　　《合集》15826（宾三）

（4A）弜（勿）𤔲裏人，方不出于之。

（4B）弜（勿）𤔲涂人，方不出于之。　　　　　　　《合集》28012（无名）

---

① 张懋镕：《周人不用日名说》，《古文字与青铜器论集》第 1 辑，科学出版社 2002 年版，第 217—222 页。
② 鞠焕文：《读金札记二则》，《出土文献综合研究集刊》第 16 辑，巴蜀书社 2022 年版，第 58—63 页。

（5）其御羌方，⊗人，羌方异其大出。大吉 　　　　《合補》8969（无名）

（6）弜（勿）⊗戍受人。 　　　　《合集》28030（无名）

（7）弜（勿）⊗，其每。 　　　　《屯南》3015（无名）

（8A）庚寅卜，宾贞：⊗及。

（8B）贞：⊗。 　　　　《合集》00940 正 +①（典宾）

（9）甲戌卜，宾贞：⊗、⊗启，由②王事。 　　　　《合集》05458（典宾）

（10）［卜］，古贞：⊗、旨…… 　　　　《合集》08440（典宾）

（11）贞……⊗…… 　　　　《合集》08253（典宾）

　　刘士莪在扶风云塘西周墓发掘简报中将"⊗"字直接释为"易"，③ 明显是受到郭沫若《由周初四德器的考释谈到殷代已在进行文字的简化》一文的影响。郭沫若通过德方鼎和德圆鼎以及德簋、叔德簋的四篇铭文对照，认为"易"字在金文中既可以写作"⊗"形也可以写作"⊗"形，"⊗"字可以看成是"⊗"字的简化字。郭文还认为"⊗"字是"⊗（益）"字的初文，故"易"字和"益"字同源，是"益"字的简化字。④ 李先登在《德簋的再发现》中引郭沫若的说法认为"易"字是"益"字的简化字。"益"字是"溢"字的初文，象器皿中盛水满出之形，乃会意字，后引申为增益之益，再引申为赐予，故易字也有赐予之意。⑤ 黄德宽《古文字谱系疏证》、⑥ 何琳仪《战国古文字典》⑦ 都认为"易"字从二"益"，实际上也从郭说，认为"⊗"即是"益"字的简化写法。张光裕在《⊗簋铭文与西周史事新证》中认为虽然郭沫若、⑧ 陈梦家⑨都试图把"易"字释成"益"字的简化字，但是"易"字器皿中的三小点方向都是向下的，而"益"字器皿中的小点方向都是有外溢的趋势。这两

① 杨熠：《甲骨试缀第 31—46 则（附补缀二则）》，先秦史研究室网站，https://www.xianqin.org/blog/archives/10920.html，2018 年 9 月 22 日。
② 陈剑：《释"凸"》，《出土文献与古文字研究》第 3 辑，上海古籍出版社 2010 年版，第 67 页。
③ 陕西周原考古队：《扶风云塘西周墓》，《文物》1980 年第 4 期。
④ 郭沫若：《由周初四德器的考释谈到殷代已在进行文字的简化》，《郭沫若全集·考古编》第 6 卷《金文丛考补录》，科学出版社 2002 年版，第 216—227 页。
⑤ 李先登：《德簋的再发现》，《古文字研究》第 25 辑，中华书局 2004 年版，第 182—185 页。
⑥ 黄德宽：《古文字谱系疏证》，商务印书馆 2007 年版，第 2049—2050 页。
⑦ 何琳仪：《战国古文字典》，中华书局 1998 年版，第 759 页。
⑧ 郭沫若：《由周初四德器的考释谈到殷代已在进行文字的简化》，《郭沫若全集·考古编》第 6 卷《金文丛考补录》，第 216—227 页。
⑨ 陈梦家：《西周铜器断代》，中华书局 2004 年版，第 54 页。

个字的象形初文实际上并不是表示同一个意思，所以难以用简化字一说来将这两个字联系起来。[1] 谢明文认为旧释为"益"的"▢"字都应当是"盍"字，而真正的"益"字应当是"易"字分化而来的，"▢"有可能是"益"字的字形之一，并且有可能是由横置的"易"形演变而来，其说可从。[2] 陈汉平在《古文字释丛》中认为"▢"字即"▢"字，"▢"字是截取了"▢"字的一部分，这种变化在古文字中很常见。他在文中还梳理了此字的甲金文演化脉络，认为此字在甲骨文中是由"▢""▢"等形演化为"▢""▢"形，最后简化为"▢"形。金文字形是从"▢"形简化为"▢"形最后简化成"▢""▢"等形。[3] 林沄在《古文字学简论》中认为"▢"字和"▢"字是"易"字的一字异体，从"▢"形简化为"▢"形的过程，林文称之为"截除性简化"。[4] 《金文形义通解》从林沄的观点，认为"▢"字确由"▢"字简化而来，但是"益"字和"易"字的金文字体差距甚远，"易"字并非由"益"字演化而来。[5]

"益"字的金文字体最初为"▢""▢"等形，后"皿"上的小点逐渐演化得更加规整，此字也演化为"▢"形。虽然和四德器的铭文中"易"字写作"▢"形相似，但是仔细观察还是很有差别，并不能看成是同一个字的异体。"易"字在卜辞中所见的初文写作"▢""▢""▢""▢"等，象从一个器皿向另一个器皿倒水之形，和"益"字的写法相距甚远，故郭沫若、[6] 李先登、[7] 黄德宽[8]认为的"易"字是"益"字的简化字，实际上是不合适的。

沈建华先生在《释殷代卜辞择日术语"易日"》中认为，卜辞中"易"字为"匜"字的假借，在卜辞中除了赐予的含义外，还有更换的含义。[9] 目前所见先秦时期青铜匜最早见于西周中晚期，青铜匜常与盘组合成一套水器。西周早期以前，青铜盘常与盉组合。朱凤瀚先生认为匜最早见于西周晚期，[10] 因此沈建华将"易"字释为"匜"的假借观点忽略了匜的出现时间。

赵平安列举青铜"匜"的形体，认为"▢"字正像一"匜"注水于盘，以上列举的

① 张光裕：《柯簋铭文与西周史事新证》，《文物》2009 年第 2 期。
② 谢明文：《甲骨文旧释"益"之字新释——兼"易"字新探》，《中国国家博物馆馆刊》2019 年第 12 期。
③ 陈汉平：《古文字释丛》，《甲骨文与殷商史》第 3 辑，上海古籍出版社 1991 年版，第 58—80 页。
④ 林沄：《古文字学简论》，中华书局 2012 年版，第 90 页。
⑤ 张世超等：《金文形义通解》，日本：中文出版社 1996 年版，第 1224—1225 页。
⑥ 郭沫若：《由周初四德器的考释谈到殷代已在进行文字的简化》，《郭沫若全集·考古编》第 6 卷《金文丛考补录》，第 216—227 页。
⑦ 李先登：《德簋的再发现》，《古文字研究》第 25 辑，第 182—185 页。
⑧ 黄德宽：《古文字谱系疏证》，第 2049—2050 页。
⑨ 沈建华：《释殷代卜辞择日术语"易日"》，《古文字研究》第 27 辑，中华书局 2008 年版，第 59—65 页。
⑩ 朱凤瀚：《中国青铜器综论》，上海古籍出版社 2009 年版，第 288 页。

"𝌆""𝌆""𝌆""𝌆"等字形就是"匜"字的繁体写法。繁体"匜"字之所以在像匜之侧立形的匜字的基础上加上双手和盘,一方面是因为日常生活中盘匜常配套使用,另一方面是因为单画匜容易与盘皿诸器相混。① 这种造字方法古文字中不乏其例,赵平安把它叫作"衬托"。② 他也据此将史丧尊铭文中的"孙子其永𝌆"读成"孙子其永匜",将此处的"匜"解释成古籍中的施,最后释为延。赵文的解释虽然颇有道理,但是由于匜最早见于西周晚期,所以将"𝌆"字读为"匜"还是略显牵强。

张懋镕在《夷曰夷研究——兼论商周青铜器功能转化问题》一文中讨论了青铜器的多样化以及功能的转化,认为夷曰匜,虽然定名为匜,却与青铜觥十分相似,正处于传统意义上的觥与匜的衔接点上,即由盛酒功能的觥向盛水功能的匜转化。③ 但是张先生所谓的"夷曰匜"并没有自名,不啻如是。觥有自名器,《铭续》20891记录了一件有自名的觥,叫"兄",应该就是觥的假借字。匜自名有无数,如鼃叔匜(《集成》10181):"鼃叔作旅它(匜)。"故不能简单因为这两器器型近似就说二者早期是一个东西。

裘锡圭曾讨论过甲骨文和金文中的"𝌆"(铸)字,并把这个字拆分为上下两个部分,认为下半部分"𝌆"字是"𝌆"(铸)字的声符,"𝌆"字即甲骨文中的"𝌆"字和金文中的"𝌆"字。裘锡圭认为"铸"字从"𝌆"声,并将此字释为"注"字。文中列出三种基本用法:第一类,用作跟牲畜有关的动词,裘文认为这一类"注"应读为"𝌆",是阉割动物的意思;第二类,用作跟军事有关的一个动词,裘文认为应读为"驻",是用注入液体到某器来引申为派遣某人到某地之意;第三类,用作人名、地名,读为"铸"。同时,文中也指出史丧尊铭文中的"𝌆"字也应当释为"注"。④

许多学者认同裘说,如鞠焕文同意裘锡圭的观点,将此字释成"注",并且由此将五年琱生尊铭文中的"𝌆"字和加卣中的"𝌆"字都释成了"注"。鞠焕文将五年琱生尊铭文中的"𝌆"字和加卣中的"𝌆"字都释成了"注",⑤ 也是有一定问题的。加卣铭文为:"加作父戊宝尊彝,用匄寿,子孙其万年永宝,其曰𝌆。"如果将铭文中"𝌆"字释成"注",解释为注水,那么最后一句"子孙其万年永宝,其曰𝌆"的含义就是"子子孙孙一定要永远以此卣为宝,日日注水于此卣"。但是这种解释方式也和裘文中对史丧尊铭文的解释一样,不符合商周时期青铜器铭文

① 赵平安:《释"易"与"匜"——兼释〈史丧尊〉》,《金文释读与文明探索》,上海古籍出版社2011年版,第68—74页。

② 赵平安:《汉字表意分析中的五种技巧》,《语文学习与研究》1988年第8期。

③ 张懋镕:《夷曰夷研究——兼论商周青铜器功能转化问题》,《故宫学术季刊》2007年第1期。

④ 裘锡圭:《甲骨文字考释七篇·释注》,《裘锡圭学术文集·甲骨文卷》,复旦大学出版社2015年版,第358—361页。

⑤ 鞠焕文:《读金札记二则》,《出土文献综合研究集刊》第16辑,第58—63页。

的格式和含义。而如果将铭文中"🀄"字释成"易",解释成"惕",那么这一句的含义就会变成"子子孙孙一定要永远以此卣为宝,日日以恭敬谨慎的态度对待它"。

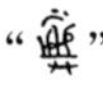

五年琱生尊铭文中的"🀄"字位于"余𪱳(酬)大章,报寝氏帛束璜一,有司眔🀄两屖"一句,裘锡圭认为"余𪱳(酬)大章"应为"余𪱳(酬)于君氏大章"的省文。关于"两屖"的含义,裘锡圭认为是一种物品,是琱生送给有司的礼物,而"🀄"应当理解为"记注(注)"之"注(注)"。[1] 但是如果这样理解,这一句解释成"有司眔注"应指召氏一方带领参加这项工作的人员——"有司","两屖"是琱生送给他的礼物,那么这一句就会和前面"余𪱳(酬)大章,报寝氏帛束璜一"动词 + 人物 + 物品的格式不符。所以我们认为"有司眔🀄两屖"一句的含义有两种可能,一是有司的名字为"眔","🀄"是一个动词,含义为"赐","两屖"是琱生送给他的礼物,那么这一句就可以解释成"琱生赐两屖给私名为眔的有司"。"眔"字除了可以作人名外还有通及、参与之意,[2] 所以这一句也可以释成"琱生赐两屖给参加召氏一方带领参加这项工作的人员中的有司"。

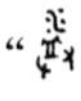

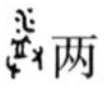

徐中舒、[3] 季旭升[4]等人认为,这个字象两酒器相倾注承受之形,会赐予之意,引申为更易之意,释成"易"或"益"。季旭升在《说文新证》中引徐中舒《甲骨文字典》[5] 和郭沫若《由周初四德器的考释谈到殷代已在进行文字的简化》[6] 认为"𣥏"和"🀄"是同一个字的繁简体。同时,季旭升也认为"🀄"字是"🀄"(铸)字的意符,并非声符,甲骨文中的"铸"字可能从"九(肘)"声。战国文字中有以"�"通"铸"的例子,"�"从"肘"声,"🀄"中有一个从"九"的偏旁,季旭升认为它是"铸"的声符。《新金文编》[7]中所见的"铸"字,没有其他能作为声符的偏旁,战国文字中的"�"字的注声符恰与"九"可通。季旭升把"🀄"字看成是"🀄"(铸)字的意符,[8] 此说可从。

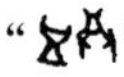

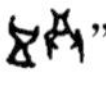

关于甲骨文和金文中的"🀄"字,裘锡圭先生的说法虽然颇有道理,但是结合字形和甲金文中的辞例看来,裘锡圭将此字释成"注",还是略显迂曲。文中把甲骨文中的"🀄"字分为三类进行分析,第一类是与动物相关的辞例,如:

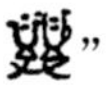

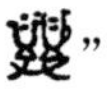

---

① 裘锡圭:《琱生三器铭文新解》,《中华文史论丛》2021 年第 4 期。
② 徐义华:《新出土〈五年琱生尊〉与琱生器铭试析》,《中国史研究》2007 年第 2 期。
③ 徐中舒:《甲骨文字典》,四川辞书出版社 2006 年版,第 1063—1064 页。
④ 季旭升:《说文新证》,台北:艺文印书馆 2014 年版,第 738—739 页。
⑤ 徐中舒:《甲骨文字典》,第 1063—1064 页。
⑥ 郭沫若:《由周初四德器的考释谈到殷代已在进行文字的简化》,《郭沫若全集·考古编》第 6 卷《金文丛考补录》,第 216—227 页。
⑦ 董莲池:《新金文编》,作家出版社 2011 年版,第 1927—1936 页。
⑧ 季旭升:《说文新证》,第 738—739 页。

勿 ⟨字⟩ 二牛。 《合集》15826（宾三）

裴锡圭认为这里的"注"应通为"**毃**"，意思是阉割动物。

卜辞中还有很多"贞 ⟨字⟩ 牛"的辞例，例如：

（12A）乙卯卜，亘贞：勿 ⟨字⟩ 牛。

（12B）贞：⟨字⟩ 牛。

（12C）贞：⟨字⟩ 牛。 《合集》09465（典宾）

这里的"⟨字⟩ 牛"和"⟨字⟩ 二牛"中的"⟨字⟩"字和"⟨字⟩"字，就是上文所说的"易"字的异体，故"⟨字⟩ 牛"和"⟨字⟩ 二牛"表达的应当是同一个意思，"易"应当作赐予讲。这两条卜辞中都将其解释成赐牛，于辞例上来看也比较通顺。裴文中释成阉割牛的意思，还是略显牵强，不可从。

裴文认为意义不明的一类，所举出的辞例《合集》7695 反中的"⟨字⟩"实际上应当是"盂"字，并不是我们今天所讨论的这个字。

卜辞中还有含有"⟨字⟩"字的以下辞例：

（1）丁巳卜，宾贞：令 ⟨字⟩ 疋食，乃令西史。三月。 二
《合集》09560（宾三）

（2）贞：翌乙亥 ⟨字⟩ 多射，⟨字⟩。 二 《合集》05745（宾三）

这两例卜辞中的"疋"和"多射"显然是两个人物，在这两辞例中将"⟨字⟩"字读成"易"，解释成"赐"显然是很通顺的。

二 ⟨字⟩ 字含义以及史丧尊铭文新释

我们认为，甲骨金文中的这个字，还是释成"易"字，更为妥当。除了上述理由外，还有一点，在中山王厝壶铭文中，有一句铭文"而臣主 ⟨字⟩ 位"，句中有一个字形为"⟨字⟩"的字，

张克忠在《中山王墓青铜器铭文简释——附论墓主人问题》一文中把此字隶定为"劦"，即二"勿"反向，当即"字"字的别体，衍生意为誖、悖。[1] 黄德宽在《古文字谱系疏证》中把此字释成"易"字。[2] 季旭升在《说文新证》中认为，此字字形为两"易"对反，强调上下变易之意。[3] 可从。中山王厝鼎中有一个"易"字，不难看出中山王厝壶中的"易"字就是"易"字的繁体写法，而"易"字是由"易"字通过截除性简化演化而来的，仔细观察不难看出"易"字也可看成"易"字的截除性简化字。此字可以根据不同的辞例和语境，分别解释成赐予或者更换之类的意思，也可以在特定的语境中，引申为其他含义。

讨论完这个单字的意思，我们还想基于对于此字的讨论，重新解释史丧尊铭文的含义。史丧尊铭文简短，内容不多，前辈学者对这篇铭文的解释也大多基于字词的角度。裘锡圭在《释"注"》一文中，认为史丧尊的最后一个"易"字应当释为"注"，基于此说将铭文读为"史丧作丁公宝彝，孙子其永注"释为史丧为丁公作器，子子孙孙永远注水于此尊。[4] 初看颇有道理，但是对比其他殷周铜器，最末一句大多为"用作宝尊彝"或者"永保用"一类的话，这种表达方式太过特殊。其他学者大多将此篇铭文读为"史丧作丁公宝彝，孙子其永易"，但是并无对此篇铭文含义的解释。

我们觉得这个字有可能是"惕"字。《说文·十下·心部》："惕，敬也，从心易声。""惕"字从"易"声，所以二字可通。从"惕"字的含义来看，把"易"字解释成"惕"字也更为合适。例如，《周易·干》："君子终日乾乾，夕惕若厉。"[5] 以及《左传·襄公二十二年》："以大国政令之无常，国家罢病，不虞荐至，无日不惕，岂敢忘职?"[6] 这里的"惕"字都是表示恭敬谨慎一类的含义。将这个含义放在史丧尊铭文中来解释"孙子其永易"，就可以看出这句铭文的意思是孙孙子子要恭敬谨慎地保留此器，与金文中常见的永宝用一类的话含义是一样的，从整篇铭文的含义来看也要更加通顺。

附记：本文修改过程中，赵鹏老师和徐义华老师对文章的写作思路和材料多有指导，谨致谢忱。

〔作者李翀，中国社会科学院大学历史学院硕士研究生〕

① 张克忠：《中山王墓青铜器铭文简释——附论墓主人问题》，《故宫博物院院刊》1979 年第 1 期。
② 黄德宽：《古文字谱系疏证》，第 2049—2050 页。
③ 季旭升：《说文新证》，第 738—739 页。
④ 裘锡圭：《甲骨文字考释七篇·释注》，《裘锡圭学术文集·甲骨文卷》，第 358—361 页。
⑤ 王弼等注，孔颖达疏：《周易正义》，阮元校刻：《十三经注疏》，中华书局 1980 年版，第 13 页。
⑥ 杜预注，孔颖达疏：《春秋左传正义》，阮元校刻：《十三经注疏》，中华书局 1980 年版，第 1974 页。

· 文明互鉴 ·

制造"印度教民族"

——语境主义视域下《"印度教特性"精要》的思想考述

王豪睿

摘　要：摆脱西方中心主义视角，从东方自身的历史传统出发来理解东方的发展逐渐成为共识。21 世纪印度人民党长期执政，"印度教民族主义"引起了学界的广泛关注。本文以语境主义理论为框架，从语言学的语境、思想的语境以及社会政治的语境三个方面出发，对《"印度教特性"精要》进行细致梳理，深入考察 Hindu 和 Hindutva 的内涵，揭示文本所蕴含的强烈现实性。通过运用新方法解读经典文本，旨在提供对于早期"印度教民族主义"更为准确的认识。

关键词：印度教民族主义　历史书写　萨瓦尔卡　族群身份

现代化（modernization）通常以国家为基本地理单元，而构成国家的族群要素就是民族（nationality）。自殖民时代以来，将东方民族的发展置于西方现代化进程的背景下进行解释的理论备受推崇。然而时至今日，无论是已经实现现代化的发达国家，还是尚未完全实现现代化的欠发达国家，民族问题都呈现出与之前时代不同的诸多特点。那种漠视东西方民族之间的普遍差异、奉行自由主义、民主原则和抽象人权标准的民族发展模型已经失去了解释力度。从东方自身的历史传统出发来理解东方的发展正在逐渐成为共识。

21 世纪印度人民党（Bharatiya Janata Party）进入了长期执政时期，"印度教民族主义"（Hindu Nationalism）由此引起了学界的广泛关注。"印度教民族主义"的奠基之作是萨瓦尔卡（Savarkar）的《"印度教特性"精要》（*Essentials of Hindutva*），该书提出的"印度教特性"（Hindutva）理论被认为是"印度教民族主义"理论的核心，塑造了当代印度的主流民族认同。[①] 然而受限于西方中心主义（Western centrism）视角，西方学者长期将萨瓦尔卡视为印度教复兴运动的代表人物，故而将其思想放在比较宗教学的学科背景下去讨论，忽略了萨瓦尔

[①] 谢勇：《萨瓦卡尔与印度教徒特性》，《历史教学问题》2019 年第 5 期。

卡在印度政治思想史上的独特地位。相比之下，中国学界更进一步地将萨瓦尔卡的理论置于印度独立运动（Indian Independence Movement）的背景下进行探讨，然其重点多聚焦于萨瓦尔卡与国大党（Indian National Congress）的论战。谢勇是国内第一个专题研究萨瓦尔卡的学者，他不仅讨论了萨瓦尔卡和甘地（Gandhi）思想的异同，还论述了萨瓦尔卡在印度思想史中的地位，但他仍未能给予《"印度教特性"精要》一书以足够的关注。

因此，本文旨在跳出西方中心主义视角，采用语境主义（Contextualism）理论解读《"印度教特性"精要》。作为政治思想史剑桥学派（Cambridge School）的创始人之一，昆廷·斯金纳（Quentin Skinner）历来反对传统的思想史研究，其提出的语境主义理论被称为"斯金纳式的革命"（Skinnerian Revolution）。[①] 在斯金纳看来，传统思想史学者通常将文本视为一个回答"永恒问题"（eternal question）的自足的研究对象，从而"虚构"了思想家之间的"对话"（dialogue），赋予文本并不存在的重大意义。与之相反，思想史的研究应摒弃"学说的神话"（the mythology of doctrines）、"融贯性的神话"（the mythology of coherence）和"预见的神话"（the mythology of pro-lepsis）。[②] 他主张将文本当作思想家的行为（behavior）置于语言学的、思想的、社会政治的语境下去考察，"个别的作者一般所做的是复述、强调和维护常识性的见解，他们（的叙事）……不过是他们语境的体现。我的研究方法当然就具有这样的蕴涵：我们的注意力不应放在个别作者身上，而应该放在更具普遍性的他们那个时代的话语之上"。[③] 有鉴于此，本文将《"印度教特性"精要》一书置于语言学的、思想的和社会政治的语境中进行考察，解读 Hindu 及 Hindutva 的形成过程及内涵，并结合印度独立运动和萨瓦尔卡个人生活进行深入分析，考察文本所蕴含的强烈现实性。深入挖掘《"印度教特性"精要》背后的思想和历史，对于把握印度当今政局的发展状况，以及理解全球范围内民族主义的新特征，具有重要意义。

一 语言学的语境：Hindu 是"印度教徒"吗?

Hindu 是萨瓦尔卡赋予"印度教民族"（Hindu Nationality）的称谓，萨瓦尔卡对它的使用还暗指了"印度教民族"的族群范围。国内学界通常将 Hindu 翻译为"印度教徒"或"印度教"，将 Hindutva 翻译为"印度教特性"，然而这种翻译有削足适履之嫌，忽视了 Hindu 一词在语言学语境下的历时性和公共性。言语作为一种行为具有"以言行事"（illocutionary）的功

---

① Melvin Richter, "Reconstructing the History of Political Languages: Pocock, Skinner and the Geschichtliche Grundbegriffe," *History and Theory*, Vol. 29, No. 1 (1990), p. 54.

② 彭刚：《叙事的转向：当代西方史学理论的考察》，北京大学出版社 2017 年版，第 3 章。

③ Quentin Skinner, "Interpretation and the Understanding of Speech Acts," *Visions of Politics*, Vol. 1, p. 118.

能，我们在讨论言语时应考虑到它所处的语言学语境。① 一般来讲，考察言语的语言学语境主要从两个方面入手。首先，言语的含义会随时代的变化而演化，故应考察言语的历时性；另外，言语所处的时代有其公共的言语常规（linguistic convention），故应考察其公共性。

Hindu 一词源于印度河流域（Sapta Sindhu）的名称。从其所指的族群来看，最晚从列国时代（Mahajanapada）开始古波斯人就用 Hindu 称呼印度河流域的当地居民。随着 10 世纪以后穆斯林君主相继统治南亚次大陆北部，Hindu 一词开始代指南亚非穆斯林族群而进入穆斯林王朝的史学及文学作品中。② 此后 Hindu 逐步成为区别于穆斯林的印度 "土著居民" 的自称。例如，在 15 世纪克什米尔和孟加拉地区的一些文学作品中，作者便称自己为 Hindu，以与被称为外国人（yavanas）或野蛮人（mlecchas）的穆斯林区分开来。在同时代的帕克蒂运动（Bhakti Movement）中，以杜勒西达斯（Tulasidas）为代表的诗人在自己的作品中开始使用 "印度人的宗教"（Hindu dharma）一词，并将其与 "突厥人的宗教"（Turaka dharma）进行对比，此时的 Hindu 仍应指的是区别于穆斯林的 "土著居民"。③ 将 Hindu 特指 "印度教徒" 是殖民者的发明。"英国人从印度借用了 Hindu 一词，并赋予其新的含义，将其作为一种具体化的现象重新引入印度"，著名历史学家纳拉扬·贾（Narayan Jha）认为，在对印度宗教信徒的统计中，殖民者对 Hindu 的定义范围进行了精细划分。他们将信仰伊斯兰教、基督教等非本土宗教的信徒，以及信仰佛教、耆那教等本土 "远支宗教" 的信徒排除在 Hindu 之外，所谓 "远支宗教" 大致相对于婆罗门教传统而言。这种宗教划分体现了殖民政府 "分而治之"（Divide and Rule）的政策。在殖民者的影响下，Hindu 一词逐渐演变为通常所指的 "印度教" 或 "印度教徒"，作为继承自婆罗门教传统的宗教，这一宗教强调四行期（Brahmacarin）、瑜伽（Yoga）和种姓制度（Caste）等信条和仪轨。

萨瓦尔卡坚决反对将 Hindu 视为 "印度教徒"，强调 Hindu 是一个指代范围更广的整体民族。尽管缺乏史料支撑，萨瓦尔卡认为，Hindu 作为印度先民的统称从文明诞生之初开始就被长期使用，"毫无疑问，我们种族的祖先选择了第一个，也几乎可以说是最初的名字，用来指称我们的人民和国家，那就是 Hindu。而且几乎当时所有已知的世界各国似乎都以 Hindu 来称呼我们"。④ 萨瓦尔卡进一步认为，Hindu 这一词汇的含义不仅源远流长，其更是作为贯穿整个印度文明史的族群称谓，参与到了 "完整历史"（a full history）的实践。这里的 "完整历史" 指的是 Hindu 作为一个整体民族的历史。萨瓦尔卡坚信，在错综复杂的印度史中存在着一条主线，这条主线贯穿古今，各个教派于其中共同塑造了灿烂的印度文明，"我们不得不指

---

① 陈嘉映：《语言哲学》，北京大学出版社 2003 年版，第 237—241 页。

② Aziz Ahmad, "Epic and counter-Epic in medieval India," *Journal of the American Oriental Society*, Vol. 83, No. 4 (1963), pp. 470 – 476.

③ Joseph T, "The Word 'Hindu' in Gaudīya Vaisnava Texts," *Journal of the American Oriental Society*, No. 3 (1993), pp. 340 – 344.

④ Vinayak Damodar Savarkar, *Essentials of Hindutva*, Nagapur: V. V. Kalkar, 1923, p. 4.

出，迄今为止，没有人从公元十四世纪到十九世纪，从克什米尔到斯里兰卡，从印度到孟加拉固，全面地审视过 Hindu 的活动……这正是为了捍卫印度斯坦（Hindustan）的荣誉和独立，维护印度教徒的文化统一和公民生活，以及……Hindu 正在一百个战场和外交谈判的地方奋斗的伟大事业"。[1] 举例来讲，按照《地王颂》（*Prithviraj Raso*）的记载，各个教派的信徒在面对穆斯林侵略者屠城的威胁时抛开一切成见联合起来保卫了德里，他们亲身实践了作为一个整体的 Hindu 在保护民族存亡时的社会责任。总而言之，萨瓦尔卡认为，早在殖民者用 Hindu 来代指"印度教徒"以前，Hindu 就作为印度先民的统称而被长期使用。同时，Hindu 作为一个整体参与到"完整历史"的实践中，他们于历史实践中形成了强烈的民族自豪感。使用 Hindu 来代称"印度教徒"是一种狭隘的殖民主义认知，这种使用将会割裂印度先民与当代印度人之间的联系，同时瓦解 Hindu 这个民族。

萨瓦尔卡除了用 Hindu 的古老性以及其在历史上的完整性来说明使用 Hindu 代指印度民族的合理性之外，还强调了 Hindu 这一概念在所指范围上的恰当性。正如前文所述，在殖民时期之前的几个世纪，Hindu 所指的"印度人"概念是具有排他性的，其含义更接近信仰本土宗教的"土著居民"。萨瓦尔卡认同这种解释。他认为个体是否被视为 Hindu 一分子的主要标准在于他是否认同印度优秀的传统文化，而鉴于印度文化最为突出的特性就是宗教性，是否认同传统文化也就可以被等同于是否信仰本土宗教。他从另一个角度佐证了这个观点。由"外族人"建立的德里苏丹国（Delhi Sultanates）和莫卧儿帝国（Mughal Empire）奴役了 Hindu 数百年，而这个时期正是伊斯兰教在印度快速传播的时期。萨瓦尔卡认为，这一现象恰恰说明了外来宗教与 Hindu 的苦难史之间存在着密切的联系，外来宗教是侵略方奴役 Hindu 的工具，它与印度吠陀（Veda）文化毫无渊源可言。可以认为萨瓦尔卡笔下的 Hindu 主要指的是信仰本土宗教的"土著居民"。

萨瓦尔卡对 Hindu 的解释并不完全符合当时的言语常规。印度独立运动的领导人深刻理解 Hindu 背后的排他性，这种排他性既体现在殖民主义话语体系下的"印度教徒"的含义中，也体现在"土著居民"的内涵中。为了防止穆斯林等族群的厌恶，避免使用 Hindu 来称呼"印度人"就成为他们团结不同宗教信仰者的政治考量。针对这种情况，萨瓦尔卡强调 Hindu 一词在印度文化中本不具有特定宗教和仪式的内涵，殖民者赋予了其一种表面上合理却实际上并不准确的含义，不用 Hindu 代称民族而专用其称呼"印度教"，这实际上是陷入了殖民者的话语陷阱。他主张应当使用 Hinduism 来取代具有"印度教"含义的 Hindu，从而使 Hindu 成为民族的专用称谓。Hinduism 一词由莫汉·罗易（Mohan Roy）于 1816 年首次使用。[2] 到 19 世纪 40 年代，Hinduism 一词开始被那些反对英国殖民主义、希望与其他宗教信徒区别开来

---

[1] Vinayak Damodar Savarkar, *Essentials of Hindutva*, p. 12.

[2] Upinder Singh, *A History of Ancient and Early Medieval India：From the Stone Age to the 12th Century*, London：Pearson Education, 2008, p. 433.

的印度人使用，这种反殖民背景为萨瓦尔卡使用 Hindu 代称民族提供了可能性。

可以看出，Hindu 一词经历了从早期的“印度河流域居民”到中世纪的信仰本土宗教的“土著居民”，再到近现代的“印度教徒”的词义变化过程。萨瓦尔卡反对殖民主义话语体系强调 Hindu 的历史内涵，可以认为，萨瓦尔卡笔下的 Hindu 主要指的是信仰本土宗教的“土著居民”，这一族群排斥伊斯兰教等外来宗教的信徒。值得注意的是，萨瓦尔卡认为一个 Hindu 还应当拥有 Hindutva。从这个角度来看，在“印度教民族主义”的研究中学界广泛使用的“印度教”和“印度教特性”的译称与萨瓦尔卡的本义背道而驰，这陷入了斯金纳所说的“预设的神话”之中。所谓“预见的神话”就是以事物发展的最终结果来解释事物原始的内涵。[①] 学者对 Hindu 的译称多受殖民主义话语体系的影响，因而忽视了其本来含义。

二　思想的语境：Hindutva 何以成为民族性

在印度本土语言中，tva 通常是表示“特性”的后缀，因此 Hindutva 可被理解为 Hindu 的特性。如果将 Hindu 视为所谓的“印度教民族”的外在表征，那么 Hindutva 则是“印度教民族”的内在精神，即民族性。

萨瓦尔卡极力将 Hindutva 解释为一种超脱宗教性的特质。前文已述，萨瓦尔卡提出使用 Hinduism 来替代 Hindu，以便将 Hindu 用作一个指代范围更广的民族称谓。在这个基础上，他进一步强调，Hindutva 作为 Hindu 的民族性，其并不能被简单地解释为宗教性，“围绕 Hindutva 所集中的思想理念、社会制度、思维情感如此多样且丰富，如此强大而又微妙，如此难以捉摸却又如此生动，以至于 Hindutva 这个词汇在进行分析时似乎是无法被捉摸的……Hindutva 不仅仅是一个词，更是一个历史。它不仅仅是我们人民的精神或宗教历史——有时会被思想家误认为与 Hinduism 同质，而是完整的历史。Hinduism 的内涵只是 Hindutva 的一个部分（fraction）”[②]。尽管萨瓦尔卡使用了“部分”一词来表示 Hinduism 是 Hindutva 的一部分，但更准确地表达这种关系的词汇是他在同一段落中所用的“衍生物”（derivative）一词。萨瓦尔卡认为，Hindu 的民族性根植于印度先民在“完整历史”中塑造的优秀传统文化，而 Hinduism 仅仅是由 Hindutva 派生而来。Hinduism 中的一些信念可以彰显 Hindutva 的品质，但是 Hinduism 却远远不能涵盖 Hindutva 的所有内涵，那些认同 Hindutva 的个体并不必然要奉行 Hinduism 的宗教仪轨。

然而，萨瓦尔卡并不排斥以宗教信仰来区分个体是否具有 Hindutva。在他看来不同宗教所蕴含的民族性大不相同，印度教徒的民族性要大于其他本土宗教，外来宗教——尤其是伊斯

[①]　Quentin Skinner, "Interpretation and the Understanding of Speech Acts," *Visions of Politics*, Vol. 1, p. 118.

[②]　Vinayak Damodar Savarkar, *Essentials of Hindutva*, p. 4.

兰教的信仰者甚至不具备民族性。我们需要将萨瓦尔卡这个看似矛盾的观点放在整个印度思想界的语境下去考察。

19 世纪初，信奉殖民主义、功利主义的清教徒詹姆斯·穆勒（James Mill）出版了《英属印度史》（*History of British India*），该书基于统治者的宗教身份将印度的历史划分为"印度教时期""伊斯兰教时期"和"英国统治时期"（基督教时期）。基于宗教的三分法奠定了近现代印度人解释印度民族史的主流框架。在"宗教—历史"的解读路径下，印度早期启蒙思想家罗易等人着意去发掘印度教的历史，他们从其中发现了两个重要内容：首先，在古老的《奥义书》（*Upanishad*）中存在着一种"纯粹的印度教"，这种宗教精神孕育了耆那教、佛教和婆罗门教等本土宗教；其次，这些宗教在穆斯林的入侵中逐步走向衰落。[①] 由此，一些知识分子认为，导致印度从光辉的历史中逐渐衰落的始作俑者就是中世纪的穆斯林统治者和他们所信仰的伊斯兰教。即便罗易出于团结穆斯林的目的尽量避免指责同时代的穆斯林，他仍将穆斯林统治时代描述为"原住民"的"公民和宗教的权利"遭到"持续践踏"的时期。[②] 希瓦·普拉萨德（Shiva Prasad）的《结束黑暗的历史》（*Itihasa Timirnasak*）将莫卧儿帝国视为印度近代所有问题的根源，这一主张得到了同时期印度教思想界的广泛认同。几乎与反穆斯林思潮同时，对基督教文化的批判也流行起来。在启蒙思想家奥罗宾多·高士（Aurobindo Ghose）的著作中，基督教被描述为一种缺乏"梵"（Bráhman）的宗教，它引导印度人走向堕落。知识分子不但反思外来宗教如何摧毁印度的文化和民族自尊，他们还发起了新吠檀多运动。新吠檀多运动是对雅利安社（Arya Samāj）和梵社（Brāhma Samāj）复兴印度文化实践的理论化，它遵循商羯罗（Sankara）的宗教宽容主义原则，从理性主义（Rationalism）出发强调"梵"的超验性和统一性，极力论证印度本土宗教基于"梵"的一致性。这使得本土宗教信徒共享民族身份具备了一定程度上的哲学可能性。

印度早期的启蒙思想给了萨瓦尔卡极大启发，发展了他对 Hindutva 的理解。首先，他否定以法律上的印度公民作为判断个体是否具有 Hindutva 的标准，"尽管 Hindu 的第一个必要条件是他是印度的公民，不论是通过他自己还是通过他的祖先，但这并不是它的唯一必要条件，因为 Hindu 这个词的意义已经超出了其地理意义"。[③] 其次，他提出用血缘和文化两个标准来判断个体是否具有 Hindutva。他认为种姓制度下的婚姻制度保持了当代 Hindu 的血缘传承自远古的印度先民，"我们历史的每一页都显示出，我们的古老的种族血液已经从崇高的吠陀高地流下，灌溉了许多土地，融合了许多崇高的溪流，并净化了许多失落的灵魂，流动到今天，比以往任何时候都更加清新和充满活力。种姓制度所做的一切只是按照我们圣洁而爱国的立

---

① 芭芭拉·D. 梅特卡夫、托马斯·R. 梅特卡夫：《剑桥现代印度史》，李亚兰、周袁、任筱可译，新星出版社 2019 年版，第 83 页。
② 芭芭拉·D. 梅特卡夫、托马斯·R. 梅特卡夫：《剑桥现代印度史》，李亚兰、周袁、任筱可译，第 83 页。
③ Vinayak Damodar Savarkar, *Essentials of Hindutva*, p. 30.

法者和国王的合理观点来调节我们崇尚的高尚血液，以便在不削弱所有繁荣和高贵的同时，使一切贫瘠和贫困的事物得到肥沃和丰富的给养"。① 在他看来，伊斯兰教反对种姓制度，所以皈依伊斯兰教的印度人自然也就无法保证其血缘不被"污染"。然而萨瓦尔卡也认识到，在几乎所有的穆斯林社区中种姓制度都被或多或少地保存了下来。他进而又提出了用文化来判断个体是否具有 Hindutva，这是对血缘判断做出的修正与补充，"印度的大多数穆斯林人可能会在没有无知偏见的情况下，将我们的土地视为他们的祖国，就像那些爱国和高尚的人一直在做的那样。他们的改信许多是被迫的，他们也不会忘记他们的血液中流淌着 Hindu 的血统……我们能否将这些穆斯林认定为印度教徒呢？在克什米尔和印度许多穆斯林社区，以及南印度的基督徒，他们甚至遵循我们的种姓规则，以至于通常只在自己的种姓内通婚。然而……他们不能被称为 Hindu，因为我们 Hindu 之间的联系不仅仅体现在我们对共同祖国的热爱的纽带上，还体现在我们对伟大文明的共同敬仰上，即我们的文化"。② 尽管萨瓦尔卡语焉不详，但是暗示了所谓的"文化"所指，"Hindutva 主要表现在他们共同的古典语言梵语、共同的历史、共同的文学、艺术和建筑、共同的法律和法律体系之中……这些是 Hindu 的本质：共同的领土，共同的贾提，共同的梵语。所有这些要素能够总结简化为：对一个 Hindu，这里不仅是一个祖国，而且是一个圣地"。③ 例如，在萨瓦尔卡看来，穆斯林使用阿拉伯文字拼写乌尔都语，他们还将麦加视作圣地，他们甚至不相信"梵"，这无一不是对印度文化的"背叛"。由此，萨瓦尔卡从血缘和文化两个方面否定了外来宗教的信仰者是一个 Hindu 的可能性。

萨瓦尔卡肯定了本土宗教信仰者的 Hindu 身份，萨瓦尔卡认为，他们"将印度河到印度洋的广阔土地看作是其祖先的土地——他的祖国，他继承了那个种族的血统"，他在书中热情洋溢地赞美了佛陀对印度文化的突出贡献。④ 然而他认为佛教中诸如"不杀生"之类的信条存在着反对民族的不忠诚因素，这些信条背离了印度传统文化，因而造成了印度民族屡次遭到外族征服。他说："如果外国入侵者对佛教持有积极的态度，那么他肯定会在整个印度各地的印度佛教徒中找到一些秘密的同情者，就像天主教的西班牙总是能够在英国找到一些同情天主教的人……有时一些外国的佛教力量实际上打着宗教的旗号入侵了印度。"⑤ 与佛教徒相反，在印度教时期，信仰印度教的王公在面对外来侵略时坚持实践"业瑜伽"（Karma Yoga）以履行自己庇护 Hindu 的职责。萨瓦尔卡相信一些其他的本土宗教中也存在着类似佛教的信条，因而他认为印度教徒的民族性大于其他本土宗教信徒。

---

① Vinayak Damodar Savarkar, *Essentials of Hindutva*, p. 14.
② Vinayak Damodar Savarkar, *Essentials of Hindutva*, p. 31.
③ Vinayak Damodar Savarkar, *Essentials of Hindutva*, p. 35.
④ Vinayak Damodar Savarkar, *Essentials of Hindutva*, p. 16.
⑤ Vinayak Damodar Savarkar, *Essentials of Hindutva*, p. 17.

三　社会政治的语境：独立运动中的《“印度教特性”精要》

“单纯反复细致地研读文本，是无法解决思想史研究中的一些重大问题的。”斯金纳说，"只有对社会、政治语境的考察，才能使我们对思想家在发表某种学说或言论时的意图达到真正的了解。"[①] 上文考察了萨瓦尔卡笔下 Hindu 与 Hindutva 的含义，但是这并不能解释萨瓦尔卡为什么关注民族主义这个话题，以及他的书写想要实现的效果。为此，我们必须脱离文本去分析萨瓦尔卡时代的社会政治及其个人的生活体验。

萨瓦尔卡所处的时代是印度独立运动蓬勃发展的时代。早在 19 世纪初叶，印度民族主义思潮就在梵社和雅利安社等启蒙社团的影响下开始出现。这些社团通过推动本土文化、语言和历史的研究，培养了印度人民对民族身份的认同感，为日后的独立运动埋下了种子。[②] 印度独立运动在印度民族大起义（Indian Uprising of 1857）后迎来了关键的契机。印度民族大起义后，基于巩固统治的目的，铁路、电报、印刷机、报纸等现代产物得到了殖民政府的大力发展。这些产业的兴起不仅改变了印度的经济面貌，也为印度人提供了获取信息、交流思想的新途径。同时出于"在英国人和被他们统治的亿万印度人中造就一个中间阶层"以缓解派遣大量英籍文官所造成的财政压力的目的，殖民政府于是更改了教育法案和官员考试法案，培养了一大批为殖民政府服务的印度本土双语精英。基础设施的建设和文化教育的进步使得双语精英能够快速学习和接受西方的先进思潮，进而反思英国在印度的统治。[③] 达达拜·瑙罗吉（Dadabhai Naoroji）就是早期双语精英的代表人物，他在《印度的贫困和非英国式的统治》（*Poverty and Un-British Rule in India*）中首次反思了殖民统治在印度所造成的灾难性后果。1906 年，瑙罗吉主持国大党年会，宣布了追求印度自治的主张。

对自治或独立的追求为印度民族主义的发展奠定了坚实的实践基础，进一步推动了这一思潮的蓬勃发展。这一时期，印度民族主义发展呈现出三个明显特征。首先，国大党的世俗主义（Secularism）的国族构想并未得到普遍认同。诞生于 1885 年的国大党是印度最早的民族主义政党，然而作为印度独立运动的中流砥柱，国大党却并不重视民族主义的理论构建。早期的国大党更多地充当了印度双语精英和平表达诉求的俱乐部，提拉克（Tilak）在 1905 年的斯瓦德西运动（Swadeshi Movement）中改造了国大党，从此国大党开始团结背景不同、观点各异的有志之士加入政党以实现独立。[④] 在这种背景下穆斯林青年派的真纳（Jinnah）、开明的伊斯兰教神学家毛拉纳·阿扎德（Maulana Azad）以及资本主义右派的帕特尔（Patel）

---

① Quentin Skinner, "Interpretation and the Understanding of Speech Acts," *Visions of Politics*, Vol. 1, p. 31.
② 芭芭拉·D. 梅特卡夫、托马斯·R. 梅特卡夫：《剑桥现代印度史》，李亚兰、周袤、任筱可译，第 45 页。
③ 芭芭拉·D. 梅特卡夫、托马斯·R. 梅特卡夫：《剑桥现代印度史》，李亚兰、周袤、任筱可译，第 54 页。
④ 芭芭拉·D. 梅特卡夫、托马斯·R. 梅特卡夫：《剑桥现代印度史》，李亚兰、周袤、任筱可译，第 18 页。

等人相继加入了国大党。在国大党看来，自治或独立是国大党所有事务中的最高优先级。为了尽可能实现团结，国大党对民族国家的构想基本上可以概括为建立一个世俗主义的民族国家——它没有触及印度文化中最为核心的教派因素而不易引起争议。以尼赫鲁（Nehru）为代表的国大党人不仅不重视对民族国家的理论化，他们甚至避免在公共场合谈论相关问题，然而这实际上限制了世俗主义国族构想的深度传播和发展。其次，穆斯林对国大党的国族构建理论缺乏好感。南亚次大陆的穆斯林主要定居在旁遮普地区和孟加拉地区。东印度公司时期，孟加拉地区的印度教社区孕育了大多数的印度早期启蒙思想家，然而此时的穆斯林不愿意与殖民政府合作，穆斯林社区的整体发展要远远落后于孟加拉地区的印度教社区。印度民族大起义之后，为了挽回穆斯林社区的颓势，部分穆斯林知识分子寻求与殖民当局合作来打压印度教社区以获得发展资源。反分割孟加拉运动后，相当一部分的穆斯林赞成基于宗教划分选区，这一度引发了孟加拉地区的教派冲突。[①] 尽管以真纳为代表的穆斯林青年派在20世纪20年代尝试与国大党合作，但是这种合作很快就因为教派主义者的干预而失败了。真纳宣称由于国大党内日益增长的印度教势力，国大党实际上已经抛弃了世俗主义原则，沦为"真正的教派组织"。1922年后穆斯林青年派大部分脱离了国大党回归到了1906年成立的全印穆斯林联盟（All-India Muslim League）中，该党派是一个右翼的教派性质政党。少量穆斯林反对教派性质的全印穆斯林联盟，因此他们成立了全印自由穆斯林会议（All India Azad Muslim Conference）。[②] 一般认为，全印自由穆斯林会议代表了认同世俗主义国族构想的穆斯林，全印穆斯林联盟则代表持分离主义观点、认同穆斯林民族主义（Muslim Nationalism）的穆斯林，而后者代表了当时穆斯林的主流民意。[③] 全印穆斯林联盟在1940年通过了著名的拉合尔决议（Lahore Resolution），此后穆斯林民族主义者走向了独立建国道路。可以说，穆斯林对国大党的国族构建理论缺乏认同，这在某种程度上限制了印度民族主义运动的全面性和整合性。最后，以印度教大斋会（Hindu mahasabha）和国民志愿团（Rashtriya Swayamsevak Sangh）为代表的印度教团体在政治、社会和文化领域扮演着重要角色，他们不仅通过组织抗议、示威等活动为印度的独立事业提供了有力支持，还积极参与到了民族主义理论构建之中。除了萨瓦尔卡，奥罗宾多·高士、海德格瓦尔（Hedgewar）和戈尔瓦卡等也是印度教政治团体的领导人物，其中戈尔瓦卡（Golwalkar）因其著名"印度教国家论"（Hindu Nation）被视为"印度教民族主义"的重要思想家之一。印度教团体热衷于发展基层的印度教徒加入组织，因而脱离了双语精英的局限而能将自己的理论向下传播。综上所述，在萨瓦尔卡的时代，国大党未能让世俗主义的国族构想深入人心，穆斯林对此也兴趣寥寥，而印度教团体则广泛参与了民

---

① 芭芭拉·D. 梅特卡夫、托马斯·R. 梅特卡夫：《剑桥现代印度史》，李亚兰、周袁、任筱可译，第161页。

② 芭芭拉·D. 梅特卡夫、托马斯·R. 梅特卡夫：《剑桥现代印度史》，李亚兰、周袁、任筱可译，第218页。

③ Sharif AL Mujahid, "Sir Syed Ahmad Khan and Muslim Nationalism in India," *Islamic Studies*, Vol. 38, No. 1 (1999), pp. 87 – 101.

族身份的塑造与诠释,这给了"印度教民族主义"得天独厚的发展机遇。

萨瓦尔卡的人生也打上了时代的烙印。萨瓦尔卡于 1883 年出生在马哈拉施特拉邦的一户婆罗门种姓家庭中。在幼年丧母后,他先后由父亲和哥哥抚养长大。在他们的教育下,萨瓦尔卡先后学习了《罗摩衍那》(Ramayana) 和《摩诃婆罗多》(Mahabharata),以及夏旺吉 (Shivaji) 和锡克教祖师戈宾德·辛格 (Guru Govind Singh) 等宗教领袖的著作,这些作品在塑造他的民族自豪感方面发挥了重要作用。在大学期间,萨瓦尔卡受到意大利革命家马契尼 (Mazzini) 事迹的深刻影响,组建了秘密革命团体青年印度协会 (Abhinav Bharat Society),还积极参加到了提拉克领导的斯瓦德西运动中。1909 年他出版了《1857 年印度独立战争》(The Indian War of Independence of 1857) 一书,由于在书中宣扬暴力革命论,被殖民当局指控为煽动罪,并度过了十四年的牢狱生涯。在狱中萨瓦尔卡反思了国大党领导的印度独立运动,他意识到国大党的国族构想并不符合印度国情,并且国大党的构想也并不会使全印穆斯林联盟接受世俗主义的国族构想,而只会将面向穆斯林的舆论战场拱手送给全印穆斯林联盟,使得全印穆斯林联盟在穆斯林群体中的影响力逐步增强。长此以往,更多的穆斯林将会认同全印穆斯林联盟的教派主义宣传,而这很可能会引起旁遮普邦和孟加拉邦的分裂。萨瓦尔卡认为,如果不能保护好"祖地"——穆斯林聚居的旁遮普邦地区甚至是 Hindu 得名之地,那就是对整个 Hindu 的背叛。由此,狱中的萨瓦尔卡开始与国大党人疏远,并广泛与印度教团体进行书信交往,在学习了大量印度宗教史和梵语经典之后,于 1922 年完成了《"印度教特性"精要》的初稿。

萨瓦尔卡作品的现实意义是强烈的。它的出版主要是为了反驳国大党"懦弱"的国族构想,并且反击全印穆斯林联盟的教派主义宣传。通过构建"印度教民族主义",萨瓦尔卡希望能够团结印度的大多数族裔共同反对英国的殖民主义和穆斯林的分离主义,最终建立一个团结统一的 Hindu 国家。

四 结论和启示

本文基于斯金纳的语境主义理论简要梳理了《"印度教特性"精要》一书。首先,本文将 Hindu 一词放在语言学的语境下梳理 Hindu 从代指"印度河流域居民"到信仰本土宗教的"土著居民",再到"印度教徒"的历史。以此为基础,本文考察萨瓦尔卡对于 Hindu 的古老性的论述,以及 Hindu 作为一个民族如何在历史中体现完整性。总的来看,萨瓦尔卡认为,Hindu 这一族群基本上包括那些信仰诸如佛教之类本土宗教的族群,而不包括那些信仰伊斯兰教等外来宗教的族群。在"印度教民族主义"的相关研究中,国内学界脱离具体语境将 Hindu 片面翻译为"印度教",这有望文生义及混用之嫌,这值得反思。其次,本文将 Hindutva 一词放在思想的语境下进行讨论。萨瓦尔卡认为 Hindutva 是 Hindu 的民族性。他极力想赋予

Hindutva 超脱宗教性的特征，于是他分析了 Hindutva 与 Hinduism 的差异。即便如此，萨瓦尔卡还是欣然接受了印度启蒙思潮中仇视伊斯兰教和基督教的观点，认为非本土宗教信仰者不具备 Hindutva，因而将其排除在 Hindu 以外。萨瓦尔卡从血缘和文化两个角度分析了这些族群为什么不拥有 Hindutva，同时以此为标准将印度教信徒置于 Hindu 的核心。最后，本文切入社会政治的语境去考察《“印度教特性”精要》一书。《“印度教特性”精要》一书有着强烈的现实意义。独立运动时期，国大党的国族理论未能深入人心，伊斯兰教分离主义愈发强大，萨瓦尔卡想要通过该书反抗国大党人“懦弱”的世俗主义国族构想和全印穆斯林联盟的教派主义思想，寄希望于团结大部分印度族群来保卫“祖地”，建立一个 Hindu 国家。

〔作者王豪睿，中国社会科学院大学历史学院硕士研究生〕

·文明互鉴·

文化传播视野下东弗里斯兰茶文化的形成

孙语馨

摘　要：17 世纪下半叶起，随着茶叶和茶器的传入，东弗里斯兰人开始饮茶，并将茶视为药品和饮品。到 19 世纪上半叶，当地饮茶之风盛行，东弗里斯兰茶文化逐渐形成。这一时期，该地茶文化的主要特征体现为"东弗里斯兰玫瑰"茶器、在茶水中加入冰糖和奶油饮用的茶俗，以及对茶效的重视和辩证认识。在近代早期经济全球化的推动下，东亚茶文化漂洋过海传入西欧，推动了西欧茶文化的形成。东亚和西欧茶文化在东弗里斯兰与当地的自然环境、教会宣传以及经济因素相适应，逐步演化出独具特色的茶文化，对当地的文化和经济产生了深远的影响。东弗里斯兰茶文化的形成是一个外来文化本土化的实例。

关键词：全球化　茶文化　文化传播　东弗里斯兰　本土化

16 世纪下半叶，在地理大发现的推动下，当时人口较密集的各大洲之间建立了直接的贸易联系，全球化时代随之拉开帷幕。此后，世界各地的贸易联系不断加强，世界市场开始形成。马克思和恩格斯指出："资产阶级，由于开拓了世界市场，使一切国家的生产和消费都成为世界性的了……物质的生产是如此，精神的生产也是如此。"[①] 通过欧亚间大规模的茶叶和瓷器贸易，茶叶消费的群体由东亚扩展至西欧，西欧原有的消费模式因此逐渐发生变化。以茶叶和茶器为物质载体的茶文化[②]也作为东方文化的代表传入了西欧，催生出当地的茶文化，丰富了世界茶文化体系。正如习近平总书记所言："文明因交流而多彩，文明因互鉴而丰富。"[③] 17 世纪下半叶

---

① 《共产党宣言》，人民出版社 2018 年版，第 31 页。

② 依中国茶文化学的观点，广义的茶文化是指"整个茶叶发展历程中所有物质财富和精神财富的总和"。具体而言，茶文化可划分为物态、制度、行为和心态四个层面。其中，物态层面包括茶器、茶室等内容，制度层面主要是指茶政，行为层面包括茶俗、茶礼等内容，心态层面指与茶有关的价值观念。参见陈文华《中国茶文化学》，中国农业出版社 2006 年版，第 1、5 页。

③ 习近平：《习近平谈治国理政》，外文出版社 2014 年版，第 258 页。

英荷等西欧国家的远东贸易为茶叶大规模传入东弗里斯兰（Ostfriesland）[①] 创造了条件。在随后两个世纪里，当地饮茶之风渐盛，独特的茶文化初具雏形。时至今日，当地人仍保持着饮茶习惯。以 2020 年为例，东弗里斯兰人均红茶饮用量达到 300 升，位居世界第一位。[②] 盛行至今的东弗里斯兰茶文化是德意志地区最具代表性的茶文化，也是唯一入选德国非物质文化遗产名录的茶文化。因此，它是了解德国茶文化的一把钥匙，考察其形成过程可以为挖掘近代早期经济全球化影响下外来茶文化在德意志地区的传播与本土化研究提供个案。

目前，国内关于东弗里斯兰茶文化的研究成果以介绍性文章为主，缺乏对其形成的全面、系统的探讨。[③] 国外的相关研究较为丰富，很多茶叶专著提及东弗里斯兰的饮茶风气、茶俗等相关内容。[④] 也有关于东弗里斯兰茶文化的专题研究，例如，约翰·哈丁阿的研究梳理了东弗里斯兰茶文化的形成过程和表现形式，并从荷兰医学研究、当地自然环境、欧洲的"中国热"等方面分析了其形成原因，但对当地的经济因素关注较少。[⑤] 托尔斯滕·考夫曼考察了 17—19 世纪东弗里斯兰人在茶叶认知和饮茶活动方面的发展变化，并通过分析东弗里斯兰与荷兰的经济联系、当地水质，以及与咖啡相比较下茶叶的优点，探讨了当地饮茶风气形成的原因，但未谈及茶器的使用等内容。[⑥] 提尔查·海内巴格更侧重于考察当代的东弗里斯兰茶文化，介绍了当地茶器、饮茶仪式、饮茶轶闻等，但没有对其形成原因进行系统的梳理和分析。[⑦] 总体而言，学者们主要关注东弗里斯兰茶文化的形成过程和表现形式，未能细致梳理茶叶传入当地的途径，缺乏对该茶文化形成原因的系统性分析。事实上，近代早期的经济全球化为外来消费品——茶叶和茶器传入东弗里斯兰创造了条件。在这一进程中，促使茶文化形成的各种因素逐渐形成合力，东弗里斯兰茶文化应运而生。本文以东弗里斯兰茶文化为研究对象，以外来茶文化在德意志地区的传播及本土化为视角，重点探究 17 世纪下半叶到 19 世纪上半叶该地茶文化形成的原因。

[①] 东弗里斯兰在中国台湾地区也被称为"东菲仕兰"，位于今德国西北部临海地区，毗邻荷兰，主要包括埃姆登、莱尔等城市。历史上，该地曾长期保持独立，直至 1744 年并入普鲁士王国。

[②] www.teeverband.de, *Teereport 2021*, https://www.teeverband.de/files/bilder/Presse/Marktzahlen/Teereport _ 2021 _ DS _ EN. pdf，访问日期：2022 年 3 月 31 日。

[③] 一些文章涉及茶叶价格、水质等因素对该文化形成的影响。参见郭晓爽《东弗里斯兰的茶香》，《人民日报》2022 年 3 月 30 日，第 17 版；陈宸宏：《德国东菲仕兰地区的饮茶文化》，https://kamatiam.org/%E5%BE%B7%E5%9C%8B E6%9D%B1%E8%8F%B2%E4%BB%95%E8%98%AD%E5%9C%B0%E5%8D%80%E7%9A%84%E9%A3%B2%E8 %8C%B6%E6%96%87%E5%8C%96/，访问日期：2022 年 10 月 22 日。

[④] 如：Peter Rohrsen, *Der Tee: Anbau, Sorten, Geschichte*, München: Verlag C. H. Beck, 2013; Andreas Walter, *Ein Buch über Tee*, http://www.teefax.de/teebuch/teebuch.pdf，访问日期：2023 年 7 月 2 日; Pia Dahlem und Gabi Freiburg, *Das große Buch vom Tee*, Rastatt: Moewig, 2000.

[⑤] Johann Haddinga, *Das Buch vom ostfriesischen Tee*, Leer: Verlag Schuster, 1986; Johann Haddinga, „Die ostfriesische Teekultur und ihre Geschichte," in Annette Kanzanbach und Daniel Suebsman, Hrsg., *Made in China: Porzellan und Teekultur im Nordwesten im 18. Jahrhundert*, Oldenburg: Isensee Verlag, 2015, S. 55 – 64.

[⑥] Torsten Kaufmann, *Un drink'n Koppke Tee …: zur Sozialgeschichte des Teetrinkens in Ostfriesland*, Aurich: Museumsfachstelle der Ostfriesischen Landschaft, 1989.

[⑦] Tirza Renebarg, *Tee-Tied – Die Ostfriesische Teekultur*, Kiel: Grabener Verlag, 2018.

一 东弗里斯兰茶文化形成的历史过程

随着新航路的开辟和以荷兰东印度公司为代表的跨国公司的建立，亚欧间的大规模茶叶贸易在 17 世纪开始兴起。17 世纪中叶起，茶叶或经由英荷等其他国家和地区的跨国公司，或通过位于埃姆登的普鲁士王家亚洲公司和东弗里斯兰商人的贸易活动，从东亚传入东弗里斯兰。

茶叶最初主要以间接贸易的形式传入东弗里斯兰。17 世纪的荷兰依托于其海上贸易的优势以及与日本的密切贸易联系，不仅成为最早以较大规模将茶叶从东亚引入欧洲的国家，也主导着当时的亚欧瓷器贸易。大量的茶叶和瓷器在运回荷兰后被拍卖销往欧洲各地区，茶叶由此借道荷兰传入东弗里斯兰。1675 年，几位莱尔商人拒绝为茶叶、咖啡等货物使用公秤而缴纳钱款。这是东弗里斯兰有关茶的最早记载。[1] 由于荷兰在 17 世纪主要通过巴达维亚将茶叶转运回欧洲，茶叶的采购成本较高，因此当时茶叶在欧洲较为昂贵。[2] 英国则自 17 世纪末开始与中国进行直接的茶叶贸易，并逐渐成为东弗里斯兰人间接购入茶叶的另一重要中转站。1695 年的一本茶叶专著记载了德意志消费者对英国茶的态度，这表明英国和德意志地区之间存在茶叶贸易往来。[3] 在埃姆登与英国城市间往来的商船为茶叶经由英国传入东弗里斯兰提供了便利。除英荷外，德意志地区的其他城市也为茶叶传入东弗里斯兰提供了渠道。1731 年，从荷兰出发的"阿波罗号"商船自中国抵达汉堡，中国商品第一次直接销往德意志地区。此后，汉堡、不来梅等港口城市的商船又运载着茶叶、盐等商品前往东弗里斯兰开展贸易活动。[4] 茶叶输入东弗里斯兰的渠道不断拓展。随着越来越多的国家和地区积极参与跨洋茶叶贸易，茶叶传入欧洲的规模逐渐扩大。此外，1722 年、1723 年，巴达维亚和广州的茶叶收购价大幅下降。在激烈的市场竞争和降低的收购价格推动下，欧洲市场的茶叶价格一度出现走低的趋势。1728 年，武夷茶在欧洲茶叶拍卖会上的价格约为 3.5 荷兰盾每磅，1731 年约降至 1 荷兰盾每磅。[5]

18 世纪中期起，东弗里斯兰与中国进入直接贸易时期。在普鲁士国王弗里德里希二世登基后，以埃姆登为基地的远洋贸易政策受到普鲁士的重视。[6] 1751 年，自由港和普鲁士王家亚洲公司在埃姆登成立，并于次年开始进行贸易活动。这为东弗里斯兰开展与中国的直接贸

① Johann Haddinga, *Das Buch vom ostfriesischen Tee*, S. 23.

② 刘勇:《荷兰东印度公司对华直航贸易档案探析》,《海交史研究》2020 年第 2 期。

③ Johann Francke, *Die preißwürdige Veronica oder europäischer Thee*, Lübeck: Wiedemeyer, 1695, S. 17

④ Fridrich Arends, *Ostfriesland und Jever: In Geographischer, Statistischer und Besonders Landwirthschftlicher Hinsicht*, Emden: Wittwe Hyner & Sohn, 1818, S. 123. 汉堡等地船只的到港情况参见 1749 年以后的《东弗里斯兰广告与新闻周刊》(*Wöchentliche Ost-Friesische Anzeigen und Nachrichten*)。

⑤ Kristof Glamann, *Dutch-Asiatic Trade 1620 – 1740*, Copenhagen: Danish Science Press; The Hague: Martinus Nijhoff, 1958, pp. 218 – 219.

⑥ 余文堂:《中德早期贸易关系》, 台北: 稻禾出版社 1995 年版, 第 17 页。

易创造了条件，直接贸易逐渐在东弗里斯兰的茶叶贸易中占据主导地位。该公司的贸易活动受到普王的保护，[①] 普王还采取减税措施来促进该公司进口茶叶的销售，并在 1755 年宣布，禁止其他公司或商人进口茶叶和瓷器。该公司共有四艘船只，曾六次前往中国。其最后一次航行受到了英法七年战争的影响，商船未能返回东弗里斯兰，而是在英国的普利茅斯港出售了从中国运回的商品。该公司前五次航行运回近 297 万磅茶叶，包括武夷茶、白毫茶、小种茶等多个品种。此外，该公司还运回了包括瓷质茶杯等物品在内的逾千箱瓷器。[②] 该公司进口的茶叶质量高，在茶叶拍卖会上赢得了较高声誉。[③] 这一新的竞争势力导致了阿姆斯特丹等地茶叶价格的下降。[④]

1756 年，英法七年战争爆发，普鲁士王家亚洲公司受此影响，逐渐停止活动。此后，虽然东弗里斯兰与中国的直接贸易并没有完全中断——在七年战争后仍有埃姆登商人派船前往广东从事商业活动，[⑤] 但东弗里斯兰茶叶进口的主要途径再度转变为间接贸易。除英荷外，丹麦也与中国建立了稳定的贸易联系，并在 18 世纪下半叶向德意志地区出售茶叶。[⑥] 19 世纪初，受拿破仑战争和大陆封锁政策影响，走私成为东弗里斯兰人购买茶叶的重要途径，当地茶叶价格攀升。直到德意志民族解放战争取得胜利，各类原有的茶叶贸易途径逐渐恢复，茶价才逐渐回落。1820 年埃姆登茶叶均价为 2 荷兰盾每磅，最便宜的茶叶价格低至 1 荷兰盾每磅。[⑦] 19 世纪 30 年代末，随着茶树在印度阿萨姆成功种植，印度成为新的茶叶供给方，国际茶叶贸易渠道进一步拓展。

综上所述，以茶叶传入东弗里斯兰的途径为标准，可将 1650—1850 年大体上分为三个阶段：1650—1751 年，茶叶通过荷兰、英国以及德意志其他地区间接传入；1752—1756 年，当地开始与中国进行直接贸易，直接贸易逐渐取代间接贸易，占据主导地位；1757—1850 年，间接贸易再度成为茶叶传入东弗里斯兰的主要途径，但出现了新的茶叶贸易中转地和茶叶商品供给方。国际茶叶贸易途径的多样化为茶叶贸易规模的扩大提供了条件，茶叶价格总体上呈下降趋势。这为茶叶成为一种受欢迎的大众消费品，以及茶文化在东弗里斯兰的形成奠定了物质基础。

茶器是茶文化的另一重要物质载体。同时代的中国盛产瓷质茶器，并将其远销海外。在

---

① *Ausführliche Nachricht Von der octroyrten Königlich Preußischen Asiatischen Compagnie in Embden*, 1751, S. 4.

② 余文堂：《中德早期贸易关系》，第 32—33、52、37、49—50 页。

③ Felicia Gottmann, "Prussia all at Sea? The Emden-based East India Companies and the Challenges of Transnational Enterprise in the Eighteenth Century," *Journal of World History*, Vol. 31, No. 3, 2020, p. 558.

④ James Evers, *Aufstieg und Fall der "Königlich Preußischen Asiatischen Compagnie in Emden nach Canton und China"*, https://www.grin.com/document/367865, 访问日期：2022 年 1 月 19 日。

⑤ W. O. Henderson, „Die Struktur Der Preussischen Wirtschaft um 1786," *Zeitschrift für die gesamte Staatswissenschaft*, Bd. 117, H. 2, 1961, S. 315.

⑥ Kristof Glamann, "The Danish Asiatic Company, 1732—1772," *Scandinavian Economic History Review*, Vol. 8, No. 2, 1960, pp. 143–144.

⑦ Torsten Kaufmann, *Un drink'n Koppke Tee …: zur Sozialgeschichte des Teetrinkens in Ostfriesland*, S. 130.

欧洲还一度流传着瓷器可以清除所盛食物或饮品毒素的说法。① 因此，西欧人也常使用瓷质茶器。最初，他们多需从中日进口瓷器。但在 18 世纪，他们逐渐具备了自主生产瓷器的能力。1708 年，在德意志地区，欧洲第一次生产出了真正的硬质瓷。德意志制瓷业自此兴起，包括麦森瓷器厂、瓦伦多夫瓷器厂在内的一批瓷器厂先后成立，为东弗里斯兰人提供了"东弗里斯兰玫瑰瓷器"（Ostfriesische Rose）等更加丰富的瓷器选择。诸如此类经过艺术加工的精美瓷器为东弗里斯兰人的日常饮茶活动增添了文化色彩。

茶叶传入欧洲之初往往在药房销售。德国传统医学重视使用草药，德意志学者关注中草药以求更好地了解欧洲植物的药用价值，② 因此多从医学角度介绍和研究茶。但由于饮茶人数有限，对茶叶特性的认知仍存在不足，具体表现在关于茶效的争论上。1686 年，德意志地区第一部茶叶专著《高贵的茶饮》出版。该书指出，德意志各阶层都有对茶的赞美之声，并充分肯定了茶的药效。作者认为茶可以消解、软化黏稠的唾液，从而止渴；它还可以加固牙齿、治愈腐烂的牙龈等。一些有关茶的负面观点，如茶会导致水肿、生育能力下降等，则是荒谬且欠考虑的。③ 该书对茶效的评价十分积极，但较为宽泛且夸张。

随着茶叶传入规模的不断扩大，德意志地区把茶作为药物使用的临床经验也随之增加，对茶效的认识以及茶的临床应用渐趋理性，且更具针对性。医生开始关注影响茶效的因素，约翰·弗兰克认为，运输过程中的茶叶包装会影响茶效。④ 约翰·戈特洛布·克吕格尔斯主张新鲜的茶叶能够止痛和助眠，但德意志人饮用的茶由于放置时间较久，已经失去功效。⑤ 此外，有医生通过用茶治疗胃虚的病人发现，茶实际并不能治愈这种疾病。⑥ 还有学者分别阐述了用茶治疗头痛、胸痛、咳嗽等疾病的方法及注意事项。以头痛为例，要取用半把茶叶，在壶中用开水煮 15 分钟，之后饮用 6 杯左右的茶。⑦ 总体而言，上述研究虽提出了茶效的有限性和条件性，但多认为茶确有其效。

总而言之，德意志人对茶效的认识愈发全面、客观，在大体上肯定茶效的基础上，对其逐渐形成了批判性的认识。此外，随着民族主义的增强，越来越多的医学研究不再使用拉丁文，而改用德语，⑧ 为医学研究在民间的流传扩大了基础。对于东弗里斯兰人而言，上述的研

---

① 简·迪维斯：《欧洲瓷器史》，熊寥译，浙江美术学院出版社 1991 年版，第 9 页。

② 韩琦：《中国科学技术的西传及其影响》，河北人民出版社 1999 年版，第 124 页。

③ Jano Abrahamo à Gehema, *Edler Thee-Tranck*, Bremen：Wessel, 1686, S. 15－16, 27.

④ Johann Francke, *Die preißwürdige Veronica oder europäischer Thee*, S. 11.

⑤ Johann Gottlob Krügers, *Gedancken vom Caffee*, *Thee*, *Toback und Schnupftoback*, Halle im Magdeburgischen：Carl Herrmann Hemmerde, 1746, S. 52.

⑥ J. G. Richter, *Angenehmer und zum täglichen Gebrauch höchst nützlich verfertigter Gesundheits-Thee*, *Welcher bey etlichen Jahren vielen Patienten die schönste Würckung gethan*, Stargard, 1725.

⑦ S. W. R. L., *Die kleine Medicinische Thee-Tafel*, *Oder Bericht von dem siebenfachen bewährten Kräuter-Thee*, Hamburg Bremen：Quantz Sauermann, 1732, S. 13.

⑧ 在 VD18 数据库中检索题目中包含关键词"Thee"或"Thea"的文献，德语文献数量最多，共计 74 条，拉丁语文献共计 10 条。参见 https：//vd18. gbv. de/viewer/index/，访问日期：2023 年 5 月 6 日。

究影响着他们对茶效的认识，有助于其克服对苦味的排斥心理，[1] 形成对饮茶的开放态度。这为茶饮在东弗里斯兰的流行和当地茶文化的形成奠定了精神基础。

随着茶叶传入规模的扩大以及对茶效认识的深化，东弗里斯兰人开始把茶视为一种日常饮品，这种观念体现在当地饮茶风气的形成上。17、18 世纪之交，饮茶在当地精英阶层最先流行开来。节俭的东弗里斯兰伯爵卡尔·埃德萨德只有在服装、书籍和茶叶方面支出较多。伯爵夫人克里斯汀·夏洛特也爱好饮茶，在她的遗产清单中除了茶叶罐、茶壶等茶器，还有《精神和天堂的茶饮》一书。[2] 该书既提到茶具有提神功效，还指出茶使人明智，能提高人们的工作积极性，使人更舒适地工作。[3] 由此来看，茶于身心俱佳。无论是对于追求精神享受的精英阶层，还是需要充沛精力的大众阶层，茶都是很好的选择。

18 世纪上半叶，饮茶风气逐渐由精英阶层传至普罗大众。据 1718 年的记录，东弗里斯兰沼泽地区的农民间饮茶成风。普鲁士王家亚洲公司衰落后，为了减少东弗里斯兰人在进口商品方面的花销，弗里德里希二世要求限制当地人饮茶，并为此在 1768 年前后发动了"茶战"（Teekrieg）。这主要是一场论战，东弗里斯兰城市奥里希的官员提出很多新理由以支撑饮茶有害这一观点，但禁止当地人饮茶的尝试未能成功。[4] 1782 年的《东弗里斯兰广告和新闻周刊》上常刊登埃姆登的售茶信息，这也反映出当地的茶叶需求。据 1820 年的统计，至少有近三分之一的当地居民饮茶，每年人均茶叶消费量在四磅左右。[5] 据 1846 年家殖民地商品店的报告，即使是当地最穷困的短工家庭，每年的茶叶消费额也能达到 20—30 塔勒，茶叶的销售额高于店内其他商品的总销售额。[6] 可见，饮茶已成为东弗里斯兰各阶层日常生活的一部分，这为当地茶文化的形成提供了良好的社会环境。

综上所述，在自 17 世纪下半叶后的近两个世纪的时间里，物质层面上，茶叶和茶器通过各种途径大量传入东弗里斯兰，茶叶价格逐渐下降，欧洲本土制瓷业起步，为东弗里斯兰人提供了茶叶和合适、精美的饮茶器具。精神层面上，茶叶在刚传入欧洲时被视为一种药物，德意志地区对茶效愈发理性的肯定性认识促使茶饮逐渐被东弗里斯兰人广泛接受，东弗里斯兰茶文化开始形成。

二　东弗里斯兰茶文化的表现形式

经历了茶叶的大量传入、德意志本土瓷器厂的成立，以及对茶的认知由药品向饮品的转

---

[1] Annerose Menninger, „Tabak, Kaffee, Tee und Schokolade in Wissenskulturen der Frühen Neuzeit," https://www.zeitenblicke.de/2009/3/menninger/dippArticle.pdf, 访问日期: 2022 年 5 月 6 日。

[2] Johann Haddinga, *Das Buch vom ostfriesischen Tee*, S. 23 - 24.

[3] Kaspar Alardyn, *Geistlich- und himmlischer Thee-Gebrauch*, Bremen: Brauer, 1697, S. 13.

[4] Johann Haddinga, *Das Buch vom ostfriesischen Tee*, S. 24, 37, 35,

[5] Torsten Kaufmann, *Un drink'n Koppke Tee …: zur Sozialgeschichte des Teetrinkens in Ostfriesland*, S. 130.

[6] Johann Haddinga, *Das Buch vom ostfriesischen Tee*, S. 43.

变和深化，到 19 世纪上半叶，饮茶在东弗里斯兰实现了大众化。当地的茶文化也发展出了自身的特色，主要可以从饮茶活动、饮茶器具和茶叶认知方面来考察其表现。

在饮茶活动方面，东弗里斯兰茶俗与英荷相近，有和中日不同的甜味嗜好，但在茶的调味料的选择上又不同于英荷。当地也举办茶会，但不同于日本和英国，茶会尚不作为展现其独特茶俗的重要舞台。在中国，从清朝起，文人作为传统的饮茶者开始把饮茶与其日常文事活动交织，民间饮茶也逐渐发展为一种大众文化。[①] 中国地域广袤，各地茶俗有所不同。以清朝时与西方经济联系最为密切的广州为例，当地人饮茶时偏好苦味，多配有茶食，常以茶待客，且在饮茶后喜嚼槟榔。[②] 江户时期的日本人推崇茶道，并将之融汇于茶会。与中国茶会相比，日本茶会的程序更加严格，对茶器的清洗与点茶的过程都有具体要求。[③] 就茶饮的口味偏好而言，英国与中日有所不同，当地人在饮茶时会加入砂糖或牛奶，或同时添加二者。英国下午茶的仪式在 19 世纪逐渐成熟定型。在社交场域下，英国下午茶有繁复的礼仪规范，主要是对茶会邀请方式、茶点享用顺序等方面的要求。英国下午茶常开始于下午四五点，家庭下午茶在时间上则较为随意。[④] 自 17 世纪起，妇女茶会开始在荷兰流行，其时间与英国相近。[⑤] 东弗里斯兰人也偏好甜味茶饮，当地精英阶层效仿英国的饮茶仪式。[⑥] 但当地人还常在茶叶中配有冰糖和奶油。据载，在 19 世纪上半叶汉诺威王国国王乔治来访时，他在沼泽边的一个普通人家了解到东弗里斯兰茶俗，即配有羊奶奶油和冰糖一起饮用，冰糖如冰山般从奶油层中冒出。在饮用过程中，茶呈现出不同的风味，甜味愈发明显。18 世纪，茶会在奥里希的精英阶层流行。它往往开始于晚间七八点，一直持续至深夜。女性也会单独举办茶会，活动一般开始于下午四点左右，持续至六七点，二三十名甚至更多女子相聚一堂，而后在十点或十一点再次开始。[⑦] 可见，东弗里斯兰人对于在茶饮中加入何种调味品有自己的选择。此外，当地茶俗不仅是在以茶会为代表的特定社交场所履行的一套程序，而且更多地体现在普遍的饮茶习惯上。依据当地人的生活习惯，当地茶会在时间上也与英荷有所不同。

在饮茶器具方面，东弗里斯兰茶器在材质与器型方面受到中国和日本的影响，但根据当地的饮茶需要与审美观念衍生出了新形态。经过百余年的发展，中国民间使用的茶器以茶壶和茶碗为主。不仅青花瓷等瓷质茶器盛行，紫砂茶具也受到欢迎。[⑧] 大量的瓷质茶器被销往欧洲，普鲁士王家亚洲公司的普鲁士国王号一次返程就带回 600 只茶壶和 51877 个没有把手的

① 王玲：《中国茶文化》，九州出版社 2009 年版，第 55—56 页。

② 肖棱棱：《清朝至民国时期广州饮茶文化发展研究》，硕士学位论文，华南农业大学，2020 年。

③ 刘丽芳：《中日茶文化比较研究》，《福建茶叶》2017 年第 6 期。

④ 刘章才：《英国茶文化研究：1650—1900》，中国社会科学出版社 2021 年版，第 111、134—137 页。

⑤ 刘勇：《中国茶叶与近代荷兰饮茶习俗》，《历史研究》2013 年第 1 期。

⑥ Torsten Kaufmann, *Un drink'n Koppke Tee …: zur Sozialgeschichte des Teetrinkens in Ostfriesland*, S. 143.

⑦ Johann Haddinga, *Das Buch vom ostfriesischen Tee*, S. 106, 63 – 64. 原文指出，乔治来访是在汉诺威王国统治东弗里斯兰期间，来访者应为乔治三世或乔治四世，在位时间为 1814—1830 年。

⑧ 陈文华：《中国茶文化学》，第 77—78 页。

茶杯。[①] 这些销往欧洲的茶器表面常绘有风景或自然植物作为装饰。[②] 日本茶器在材质上与中国大体相同，但其造型更具不对称、不对应、不规则的特征。[③] 中日茶器影响着早期西欧茶器的材质、器型与装饰。但基于茶俗的差异，西欧人丰富了茶器的种类，瓷器的装饰也逐渐发生了变化。以 19 世纪的英国人为例，除了茶壶和茶杯，他们在喝下午茶时还会使用糖罐、奶盅、点心盘等茶器。在装饰方面，除一般的动植物图案外，贵族家庭还会定制绘有家族纹章的纹章瓷。[④] 18 世纪末，较完整的一套东弗里斯兰茶器一般包括茶壶、茶杯、糖罐和奶油勺，茶漏常挂在壶嘴下方。瓷制茶器是当地最具代表性的茶器，但备受当地人喜爱的 "东弗里斯兰玫瑰" 瓷器并非诞生于东弗里斯兰，而是在其他地区生产后销往当地。1770 年，在瓦伦多夫瓷器厂现存最早的销售手册中曾提到这种瓷器。[⑤] 它的造型与图案也并非由瓦伦多夫瓷器厂原创。其表面常见的棱纹是麦森瓷器的形制之一——断纹（Gebrochener Stab），其图案则可能来自霍尔喀尔巴阡山脉（Hochkarpaten）。此外，以蓝色麦秆菊图案为特征的蓝色德累斯莫瓷器（Blau Dresmer）也较为常见。除购买外来瓷器外，东弗里斯兰人还会使用银、黄铜等金属材料来制作茶器。银质茶器主要包括滤网、奶油勺、茶壶等。在 18 世纪末，当地的金银工人只有制成一种银质茶壶才能通过学徒考试。当地的锡器作坊改制出一种新壶，它配有一个把手、一个龙头和一个拱形盖子，可用来烧水沏茶。茶叶罐的材质更加多样，除锌、铁制的茶叶罐，还有由黄铜、铅和玻璃制成的茶叶罐，样式精美。[⑥]

在茶叶认知方面，东弗里斯兰人的相关认知在这一时期仍以对茶效的认识为主。对茶叶药效的认知最初来源东方，但最终在德意志其他地区的影响下逐渐形成对茶效的具体认识和对茶药用价值的普遍认同。尽管茶在中国同样经历过药用的阶段，古人认为茶有养生、健美、提神、健脑等功效。[⑦] 但到清朝，药用已不是中国人饮茶的主要目的。日本人最初也重视茶的药用价值，日本第一部茶书《吃茶养生记》即基于茶的药物属性推荐茶饮。[⑧] 但随着茶道的成熟，日本人饮茶时也开始更多地寻求精神滋养。西欧最初对茶的认识多深受荷兰影响，从茶效出发探讨是否应当饮茶。然而，在 18 世纪，不同于在荷兰流行的茶叶有害论，[⑨] 英国饮茶支持者与反对者各执一词、争论不休。最终，英国和德意志地区的学者基本达成共识，认

① Sook Hi Park, *Chinesisches Auftragsporzellan der Ostasiatischen Handelskompanie in Emden*, Aurich：Verlag Ostfriesische Landschaft, 1973, S. 17.

② 松浦章：《清代中国陶瓷器的外销》，冯军南译，《区域史研究》第 6 辑，社会科学文献出版社 2021 年版，第 104 页。

③ 卫华、陈香：《符号学视域下中日英三国茶壶演变对比研究》，《大众文艺》2020 年第 4 期。

④ 刘章才：《英国茶文化研究：1650—1900》，第 134、224—225 页。

⑤ Ostfriesland Tourismus GmbH, Ostfriesische Rose, https：//www. teetied-ostfriesland. de/allgemein/ostfriesische-rose/，访问日期：2022 年 4 月 29 日。

⑥ Johann Haddinga, *Das Buch vom ostfriesischen Tee*, S. 72, 74, 76, 24, 36.

⑦ 陈文华：《中国茶文化学》，第 32—33 页。

⑧ 千宗室：《〈茶经〉与日本茶道的历史意义》，萧艳华译，修刚校，南开大学出版社 1992 年版，第 70 页。

⑨ 刘勇：《中国茶叶与近代荷兰饮茶习俗》，第 166—167 页。

为茶在一定条件下有良好功效。① "茶战"期间，东弗里斯兰当局曾给普鲁士官员致信："茶可以唤醒并增强精神，重病或体质较差的人可以食用茶叶。"② 东弗里斯兰的医学教授约翰·克里斯蒂安·赖尔曾在哥廷根学习医学，后回到东弗里斯兰的诺尔登市定居行医。他被后人视为精神病学的先驱，在当时的医学界也极具影响力。1785 年，其著述《同胞的家庭营养师》在奥里希市出版。他在此书中肯定了茶的药效，认为茶的积极效果主要来自热水，茶叶的作用主要在于使神经兴奋、提神，此外还具有缓解痉挛等功效。他指出，对于茶的药用需谨慎，饮茶要适度，否则会导致头晕、四肢发抖等病症。对于消化不良和神经衰弱的人而言，茶的负面作用尤甚。若长期频繁饮用浓茶，人会因咽喉和胃部功能的丧失而亡。在饮茶时间方面，他认为在饭前饮茶会减弱食欲、削弱并稀释像唾液一类的消化液。他也反对在饭后立即饮茶或在晚间饮茶，认为要在饭后 3—4 小时，即等到消化液和餐食混合并把食物分解、消化后再饮用。再者，饮茶时要慢，一口不能喝太少，否则易导致头部不适，但也不能喝太多，因为咽下太多空气会导致胃胀气。③ 这是他的第一本主要著作，且该书注重实用性，因此它对东弗里斯兰人的茶效认知或产生了较大影响。

综上所述，经过自 17 世纪下半叶以后近两百年的发展，东弗里斯兰人逐渐形成了在茶饮中添加冰糖和奶油的茶俗，并开始举办具有社交意义的茶会。他们使用"东弗里斯兰玫瑰"茶器并改造制成新型茶器。独特的茶俗和茶器流行至今，成为东弗里斯兰茶文化的标志性特征。此外，东弗里斯兰人就茶效问题基本达成肯定性共识，当地学者进一步推进了德意志地区对茶药用价值的研究。对茶效的重视在当下仍是德国茶文化的一个鲜明特征。至此，东弗里斯兰茶文化已初见雏形。

三　文化传播视野下东弗里斯兰茶文化的成因分析

众所周知，茶文化起源于中国。此后，随着中日间密切的文化交流，茶文化从中国传至日本，繁衍出日本茶文化。新航路开辟与跨国贸易推动下的经济全球化为亚欧间长期稳定的茶叶贸易创造了条件，东方文化的代表——茶文化得以传播到欧亚大陆另一端并生根发芽。在西欧，17—19 世纪的跨洋贸易强国荷兰、英国等在中日影响下率先实现了茶文化的本土化。东弗里斯兰茶文化便是随着近代早期经济全球化的推进，在中国茶文化直接影响下，受日本、荷兰等国的再传播影响，基于当地自然环境、宗教信仰和经济状况而本土化的结果。

---

① 英国和荷兰的相关研究分别参见刘章才《英国茶文化研究：1650—1900》，第 76—82 页；刘勇：《中国茶叶与近代荷兰饮茶习俗》，第 164—167 页。

② Johann Haddinga, *Das Buch vom ostfriesischen Tee*, S. 151.

③ Johann Christian Reil, *Diaetetischer Hausarzt für meine Landsleute*, Aurich：Borgeest, 1785, S. 198, 200, 188.

（一）17—19 世纪的经济全球化——东弗里斯兰茶文化形成的前提

17—19 世纪，亚欧双方的互动推动了经济全球化，进而促成了国际茶叶贸易，茶叶开始成为一种全球商品。[①] 对茶叶的需求也进一步推进了经济全球化，并促进了早期的消费、贸易和文化交流体系的建立。[②] 通过大规模的跨洋茶叶贸易，茶叶作为一种外来商品传入东弗里斯兰。

港口城市在近代早期的经济全球化进程中占有重要地位，被学者视为"全球化的入口""各类联系的锚点"。[③] 东弗里斯兰的埃姆登港至今仍是德国第三大港口。此外，埃森斯（Esens）、维特蒙德（Wittmund）、诺尔登（Norden）等港口也位于该地。临海、多良港的地理位置为其参与经济全球化创造了良好的条件。港口不仅为商品贸易打开了窗口，也为不同地区人的迁移提供了空间，进而推动了文化在全球范围内的传播，来自东亚的茶文化由此传入东弗里斯兰。

中日茶文化对东弗里斯兰茶文化产生了深刻影响，但该地茶文化的形成并不是简单的复制。一方面，这一时期东弗里斯兰人与中日的直接接触程度有限，其对中日茶文化的了解多来源于少数到过中日的欧洲人的记述。因此，他们所认知的茶文化与实际上的中日茶文化存在偏差。此外，中日茶文化在精神层面的表现受到儒释道三家思想的影响，而在西欧，天主教盛行。因此，东亚茶文化的精神内涵很难随其物质表现一并西传。中国茶文化代表性著作《茶经》直到当代才被完整地译为德文。另一方面，全球化对特定地区的文化影响往往要经历"全球本土化"的过程，即全球化和本土化因素相互渗透的过程。最终，来源各异的多种文化元素融合，形成一个被称为"杂交"的结果。[④] 东弗里斯兰茶文化正是如此，其是基于当地人对茶的需求，在吸收各国茶文化元素并与本土因素相结合的条件下形成的。

（二）东亚茶文化的西传——中日茶文化的影响

东弗里斯兰茶文化的形成首先是东亚茶文化西传的产物。中国不仅是茶文化的发祥地，也是茶文化的传播中心。欧洲的启蒙主义者视中国为一个尊重理性、崇尚道德而非宗教神性权威的国度。[⑤] 在这种形象的吸引下，西欧人对中国产生了兴趣，进而推动了"中国热"的

[①] Akira Iriye and Pierre-Yves Saunier, eds., *The Palgrave Dictionary of Transnational History*, Basingstoke: Palgrave Macmillan, 2009, p. 296.

[②] C. A. Bayly, "'Archaic' and 'Modern' Globalization in the Eurasian and African Arena, ca. 1750—1850," in A. G. Hopkins, ed., *Globalization in World History*, New York: W. W. Norton & Company, 2002, p. 53.

[③] Lasse Heerten, "Ankerpunkte der Verflechtung: Hafenstädte in der neueren Globalgeschichtsschreibung," *Geschichte und Gesellschaft*, 43. Jahrg., H. 1, 2017, S. 156, 166.

[④] 参见尤根·奥斯特哈默、尼斯·P. 彼得生《全球化简史》，魏育青译，香港：商务印书馆（香港）有限公司 2014 年版，第 7 页；Robert Holton, "Globalization's Cultural Consequences," *The Annals of the American Academy of Political and Social Science*, Vol. 570, 2000, p. 148; George Ritzer, "Rethinking Globalization: Glocalization/Grobalization and Something/Nothing," *Sociological Theory*, Vol. 21, No. 3, 2003, p. 193.

[⑤] 邹雅艳：《13—18 世纪西方中国形象演变》，博士学位论文，南开大学，2012 年。

流行，包括茶文化在内的中国文化受到关注。日本茶文化也被介绍到西欧，与中国茶文化共同奠定了东弗里斯兰茶文化形成的基础。中日茶文化的影响具体体现在饮茶的方法、器具和认知三方面。

在饮茶方法方面，中国人的饮茶方式在明代经历了从煎点饮茶法到散茶撮泡法的变革。据利玛窦记录，中国人"把干叶子放入一壶滚水，当叶子里精华被泡出来以后，就把叶子滤出，喝剩下的水"。[1] 受此影响，东弗里斯兰人也是以沸水泡茶的方式来准备茶饮。

在饮茶器具方面，对瓷器和漆器等中国器物的喜爱是"中国热"在德意志地区的主要表现之一。[2] 受中国瓷器图案的影响，德意志地区的瓷器也常绘有花草图案。在东弗里斯兰流行的德累斯莫瓷器即是如此。其中，蓝色德累斯莫瓷器与明清之际在中国盛行的青花瓷相近，在白底上绘制蓝色图案。此外，这一时期东弗里斯兰的茶杯大多仍不带把手，与中国的茶杯、茶碗相仿。可见，中国茶文化对东弗里斯兰茶器的图案与形制均有所影响。

在茶叶认知方面，对茶药用价值的重视是中日茶文化发展初期的共同特征。西欧在海外扩张的过程中重视对新药物的探索，传教士达·克鲁兹即有相关记录，认为被中国人称为茶的红色热饮具有很高的药用价值。[3] 17 世纪起，传教士开始收集并向欧洲传播中医的相关信息，引发了欧洲对中医的广泛兴趣，作为药物的茶也受到了关注。此外，这一时期的欧洲人很难区分中药和日本药物，如荷兰医生威廉·滕莱因就将二者混淆。[4] 东弗里斯兰人受中国和日本茶文化的影响也重视茶的药用价值。

总体而言，在中日文化的影响下，东弗里斯兰人以泡茶的方式饮茶，使用绘有花草图案的瓷质茶器，并重视茶的药效。在近代早期，受限于双方的接触程度，远道而来的中日茶文化为东弗里斯兰茶文化提供了原料与草图，就如何饮茶、为何饮茶两个问题给出了基础性的回答，东弗里斯兰人由此学会饮茶、接受饮茶，为当地茶文化的形成奠定了基础。

（三）西方饮茶之风的盛行——西欧茶文化的影响

东弗里斯兰茶文化的形成也受到了西欧其他国家茶文化的影响。随着茶叶贸易的开展，早期中欧茶叶贸易的参与者如荷兰首先形成了具有本土特色的茶文化。通过欧洲各地区间频繁的经济文化交流，西欧其他国家的茶文化传播至东弗里斯兰并产生影响。这种影响主要体现在行为与精神层面，即茶效认知与饮茶习俗方面。

在茶效认知方面，近代早期欧洲医学发生变革，一切基于科学实验和科学发现的、将

① 利玛窦、金尼阁：《利玛窦中国札记》，何高济、王遵仲、李申译，何兆武校，中华书局 1983 年版，第 18 页。
② 李婉婉：《18 世纪德国的"中国热"》，《名作欣赏》2020 年第 33 期。
③ Linda L. Barnes, *Needles, Herbs, Gods, and Ghosts: China, Healing, and the West to 1848*, Cambridge: Harvard University Press, 2007, p. 49.
④ Wolfgang Michel, "Far Eastern Medicine in Seventeenth and Early Eighteenth Century Germany," *Studies in Languages and Cultures*, No. 20, 2005, pp. 67, 75.

人体物理化和数学化的新医学逐渐取代传统医学。① 在这场变革中产生的对传统医学的怀疑使得中医更具吸引力，② 西欧人对茶愈发关注，关于茶效问题的讨论普遍兴起。其中，17世纪荷兰的医学研究影响较大，最具代表性的是庞德戈的相关研究，其著作于 1688 年被译为德文出版。庞德戈认为大量饮茶可以预防骨蚀的病症。爱好饮茶的中国老人的视力和听力与荷兰中青年相仿，少有失明、耳聋的情况。③ 可见，西欧人针对具体疾病谈论茶效。或是受到传统四体液说的影响，庞德戈常提及茶可以稀释黏液。随着医学革命的推进，茶效认知的科学性不断增强，18 世纪德意志地区的茶叶专著已鲜少提及茶的这一作用。西欧范围内有关茶效的针对性、科学性认识影响着东弗里斯兰人的茶效认知，也提高了他们对作为药物的茶的接受度。

在饮茶习俗方面，糖在 12 世纪初通过阿拉伯药理学的传播进入欧洲的医学实践。在欧洲有把白色与纯洁相关联的传统，因此加糖药物与白色食物如奶油的搭配非常流行。④ 然而，糖价在欧洲一度非常高昂，只有富人才能消费得起。直到 17 世纪，葡属、英属殖民地如巴西、巴巴多斯蔗糖产量的提高和市场竞争使欧洲糖价下降，⑤ 糖开始走向欧洲的千家万户。此外，欧洲人认为中国人会在饮茶时加入奶和盐，将盐换为糖不仅更加美味，而且无损于药效，因此他们选择在饮茶时加糖。⑥ 相近的饮食习惯推动了甜味茶饮在西欧的普遍流行，东弗里斯兰人饮茶时也存在这种偏好。

综上所述，在医学革命的推动下，西欧人基于科学实验深化了对茶效的认知。经济全球化不仅为东亚茶文化的西传创造了条件，也推动了国际白糖市场的形成，满足了西欧人对甜味的嗜好。在中日茶文化奠定的基础上，西欧茶文化塑造了东弗里斯兰茶文化的大致轮廓，使东弗里斯兰人深入认识茶饮，并享用茶饮。

（四）外来茶文化在东弗里斯兰的本土化——当地因素的影响

东弗里斯兰茶文化的形成受到了东亚茶文化和西欧其他茶文化的双重影响，但外来文化因素在当地的流行是基于与当地教会宣传等本土因素的结合。茶文化在东弗里斯兰经历了从饮茶大众化到形成本土特色的本土化过程，当地的自然环境、教会宣传以及经济因素共同推动了这一进程。

---

① 李润虎：《西方近代早期的医学革命初探——评〈17 世纪的医学革命〉》，《科学文化评论》2016 年第 4 期。

② 袁玮蔓：《16—18 世纪德国的中医研究》，《国际汉学》2021 年第 4 期。

③ Cornelis Bontekoe, *Kurtze Abhandlung Von dem Menschlichen Leben, Gesundheit, Kranckheit und Tod*, Budissin: Arnst, 1688, S. 431, 444.

④ Sidney W. Mintz, *Sweetness and Power: The Place of Sugar in Modern History*, New York: Penguin Books, 1986, pp. 79 – 80, 87.

⑤ Ralph Davis, "English Foreign Trade, 1660 – 1700," *The Economic History Review*, Vol. 7, No. 2, 1954, p. 152.

⑥ Philippe Sylvestre Dufour und Jacob Spon, *Drey neue curieuse Tractätgen, von dem Trancke Cafe, sinesischen The und der Chocolata*, Budissin: Friedrich Arnst, 1686, S. 165.

恶劣的自然环境使东弗里斯兰人对茶叶有更大的需求。14—19 世纪正值小冰河期，气候多雨、寒冷，且东弗里斯兰的纬度较高，年均气温更低。据 19 世纪的相关记载，埃姆登 7 月均温最高近 14 摄氏度，1 月均温最低近零度。[1] 此外，当地多雾、多风暴，感冒、发烧多发。[2] 在阴冷多风的气候条件下，当地人饮用热饮以驱寒保暖。再者，当地的水质较差。在海拔较高的地区，水受到动植物的污染常有霉味。在沼泽地区，由于铁和有机物的影响，水呈黄棕色且味道令人不适。在北海沿岸地区，水不仅浑浊，且水质较硬，味道咸苦。优质水源的缺乏引发了很多疾病，例如被当地人称作"沼泽热"的乙型副伤寒，这或增加了当地对作为药物的茶的需求。此外，因为很多地区的地下水无法饮用，只能饮用白开水，而添茶可以给乏味的白开水增味。[3]

教会宣传也是东弗里斯兰人茶叶需求扩大的重要推动力。在茶叶传入以前，东弗里斯兰人消费量最大的饮料是啤酒。但以马丁·路德为首的宗教改革家反对过量饮酒，认为"发明啤酒酿造的人是德意志兰的一个灾星"。[4] 茶则被认为是上帝的礼物，[5] 其功效得到了新教牧师卡斯帕·阿拉丁等宗教人士的认可。在 17 世纪中叶以后，东弗里斯兰人多信仰新教教派。根据 1805 年的调查，埃姆登、莱尔和诺尔登共设有 9 座路德宗教堂，而埃姆登、莱尔、诺尔登和诺伊施塔特-戈顿（Neustadt-Gödens）的天主教堂总计只有 4 座。[6] 在路德宗反对过量饮酒的情况下，埃姆登的啤酒消费量总体上趋减，茶成为新的饮品选择。[7]

茶叶作为一种外来消费品，其消费受制于茶叶供应以及当地的经济发展水平。在铁路建设尚不完善的时期，东弗里斯兰的诸多港口为茶叶通过海运传入当地提供了条件。东弗里斯兰社会的贫富差距相对较小，根据 1788 年埃森斯的官方统计，生活在农村的下层阶级人口约占地区总人口的 15%，远低于易北河东岸地区。此外，当地的工资水平较高。有商人指出由于缺少足够的下层阶级，以致没有人愿意为低工资工作。东弗里斯兰较小的经济水平差异以及相对较高的收入使得该地区具有较强的消费能力，这为当地人普遍能够负担茶叶消费提供了经济基础。东弗里斯兰茶俗的形成也得益于当地的经济结构。当地的畜牧业较为发达，有出口黄油和奶酪的传统。[8] 18 世纪 40 年代末的《东弗里斯兰广告和新闻周刊》记录了各城市

---

① Diddo Wiarda, *Die Geschichtliche Entwickelung der wirthschaftlichen Verhältnisse Ostfrieslands*, Jena: Verlag von Gustav Fischer, 1880, S. 4.

② Fridrich Arends, *Ostfriesland und Jever: In Geographischer, Statistischer und Besonders Landwirthschaftlicher Hinsicht*, S. 113.

③ Johann Haddinga, *Das Buch vom ostfriesischen Tee*, S. 47 - 48.

④ Martin Luther, *Gesammelte Werke*, Kurt Aland, Hrsg., Berlin: Directmedia, 2002, S. 6878.

⑤ Jano Abrahamo à Gehema, *Edler Thee-Tranck*, S. 13.

⑥ Thorsten Melchers, „ Ostfriesland: Preußens atypische Provinz?: preußische Integrationspolitik im 18. Jahrhundert, "PhD, Universität Oldenburg, 2002, S. 418.

⑦ Fridrich Arends, *Ostfriesland und Jever: In Geographischer, Statistischer und Besonders Landwirthschaftlicher Hinsicht*, S. 138.

⑧ Thorsten Melchers, Ostfriesland: Preußens atypische Provinz?: preußische Integrationspolitik im 18. Jahrhundert, „ S. 465 - 467, 485.

小麦、黄油、奶酪等物品的价格，也反映出黄油等奶制品在当地日常饮食中占有重要地位，为当地人在饮茶时添加奶油提供了便利，有助于独特茶俗的形成。

由此可见，基于当地恶劣的自然环境、有关饮品的教会宣传以及有利的经济因素，饮茶在东弗里斯兰逐渐大众化，独特的茶俗在当地形成。东弗里斯兰人接受了外来的茶文化，并基于本土经济文化特点进一步丰富了茶文化，外来茶文化在当地逐渐实现了全球本土化。

四　结语

17 世纪下半叶到 19 世纪上半叶，亚欧贸易联系的加强为茶文化在东弗里斯兰的形成提供了可能性。东弗里斯兰人或通过经由荷兰、英国等国的间接贸易，或通过与中国的直接贸易，购得了产自东方的茶叶和茶器。当地人对茶的认识经历了从药品向饮品转变的过程，饮茶之风从东弗里斯兰的精英阶层普及至全社会，具有当地特色的茶文化逐渐形成。独特的茶俗与茶会流行于东弗里斯兰。当地人使用各种材质的精美茶器，并基于自身需求探索新茶器的制作工艺。当地也出版了颇具实用性的医学专著，并在其中阐释了茶的药用价值，丰富了德意志地区的茶效研究。

近代早期的经济全球化背景下的文化传播推动了中日茶文化在英国、荷兰等国的新发展。二者又在东弗里斯兰与其宗教、饮食传统等文化要素相适应，在当地的自然环境与经济条件的基础上实现了茶文化的本土化，即饮茶行为的大众化与茶文化特色的形成。在这一时期，东弗里斯兰形成了不同于东亚和西欧其他国家的茶文化，其本土化特征主要表现为"东弗里斯兰玫瑰"瓷器、添加冰糖和奶油的茶俗，以及对茶效的重视和辩证认识。

东弗里斯兰茶文化的形成展现了发源于中国的茶文化在德意志地区实现本土化的过程，是近代早期的经济全球化推动下全球跨文化互动的成果。以茶叶为纽带，以日本、荷兰等国为节点，东弗里斯兰与欧亚大陆另一端的中国建立起文化联系。19 世纪中叶以后，东弗里斯兰茶文化的物质和行为表现，以及精神内涵仍在不断丰富，并深刻影响着当地的文化与经济发展。在文化领域，它融入当地的饮食文化和语言文化，构成东弗里斯兰文化认同的重要组成部分。在经济领域，对茶叶的需求推动了与茶相关的新产品的问世与当地茶叶公司的成立，茶文化为当地旅游业提供了重要的文化资源。历经近 400 年的传承，东弗里斯兰茶文化与如今在德国普遍盛行的咖啡文化相比好似一座孤岛，成为德国茶文化的突出代表，丰富了德国的饮食文化，展现了德国文化的多元性，是东西方文化交流的见证和硕果。

〔作者孙语馨，中国社会科学院大学历史学院硕士研究生〕

洛汴之争与后梁治理

孙雪童

摘　要： 唐末黄巢之乱中，北方地区的社会经济遭到了巨大的破坏。叛乱平定后，朱温担任了宣武军节度使，坐镇汴州。在二十余年的割据和数年的称帝生涯中，他平定了大量地方割据势力，占据了中原地区，同时对中原地区的社会经济进行了恢复、治理，使该地区摆脱了黄巢之乱和军阀混战带来的乱象，实现了振兴。其中，朱温最早的封地汴梁的发展程度最高，即使它处于四战之地、无险可守，依然代替了经过张全义治理，又在后唐遭到严重破坏的东都洛阳，成为此后晋汉周宋的国都。在这一时期无论是汴梁、洛阳还是中原其他地区，其经济发展都不是孤立的，而是在中原地区全面发展的大环境下进行的。漕运便利并不是汴梁成为后梁、后晋、后汉、后周四朝国都的原因，而是其结果，并在北宋时期促进了汴梁经济的发展。但由于史料缺失和传统史学的缺陷，这一时期的发展并没有得到史学界的重视。

关键词： 洛阳　汴梁　朱温　治理　中原　春秋大义

从残唐五代时期开始，汴梁逐渐成为中国的政治、经济中心。后梁、后晋、后汉、后周、北宋均有定都汴梁的历史。有关这些王朝在汴梁定都的原因，从古代到现代有很多学者进行了探讨。清代赵翼认为"然朱全忠由此创业，其建都则仍在洛阳也"，[①] 指出后梁尽管发家、定都于汴梁，但其政治中心仍然在洛阳，直到后晋石敬瑭时代，政治中心才逐渐转移到汴梁；日本学者宫崎市定、日野开三郎均认为后梁定都开封是因为漕运方便；[②] 中国学者张其凡指出"自从开封在政治上完全取代了洛阳，经济上又处于水陆交通要会，漕运便利，商贾云集，继五代之后的北宋，便只有继续定都开封"，[③] 认为五代以来政治中心的东移和方便的水陆交通

---

① 赵翼撰：《陔余丛考》卷18《汴京始末》，中华书局1963年版，第341页。

② 宫崎市定：《读史札记七·五代の国都》，《史林》第21号第1卷，后收入《宫崎市定全集》卷17，东京：岩波书店1992年版；日野开三郎：《日野开三郎东洋史学论集》第2卷，京都：三一书房1980年版。

③ 张其凡：《五代都城的变迁》，《暨南学报（哲学社会科学）》1985年第4期；齐子通：《如影随形：唐宋之际都城东移与北都转换》，《中国史研究》2020年第2期。

带来的经济繁荣是北宋定都汴梁的主要原因。在前人看来，汴梁成为五代、北宋国都的主要原因是政治中心东移和经济繁荣，且前者主要与关中地区的衰落有关，而后者的主导因素是汴梁方便的水陆交通。

但在笔者看来，漕运便利并不是汴梁成为后梁、后晋、后汉、后周四朝国都的原因，而是其结果，并在北宋时期促进了汴梁经济的发展。朱温担任宣武军节度使后，对统治的中原地区进行了恢复和治理，汴梁的发展便是在此背景下进行的。汴梁是朱温最早的统治区域，治理时间最长，发展程度也最高，因而成为一座富庶繁华的城市，其优越的经济条件吸引来了后晋、后汉、后周、北宋的历代君主，并在此基础上对其进行了进一步建设，其中包括对汴梁漕运的疏通。同时这也是后梁时期中原地区经济发展的一个典型案例。

但这一点并未得到学界关注，其重要原因是后梁作为篡唐的短命割据王朝，后世对其评价一向不高。王钦若称"朱梁建国，如秦之暴，虽宅中夏，不当正位。同光缵服，再承绝绪。晋承唐后，是为金德。汉氏承晋，实当水行"，① 直接认定后唐继承了唐朝的正统，而篡唐又被后唐所灭的后梁，被定为伪朝；欧阳修尽管认为，"能知春秋之此意，然后知予不伪梁之旨也"，没有通过春秋大义对后梁的统治进行全方位的否定，但其目的在于"用意深而劝戒切，为言信而善恶明也"，② 将后梁作为负面教材进行批判，使读者明是非、知善恶。后梁开国君主朱温更是多被后人唾骂。他原先是黄巢部下，后归顺唐王朝，代唐自立，无论在传统史学还是马克思主义史学的语境下，都是负面形象。黄道周称"朱温，唐室之贼也"，③ 王夫之认为"朱温师之以奸清流、移唐祚；流波曼衍，小人以之乱国是而祸延宗社"，④ 是与王莽、董卓、侯景、安禄山等类似的犯上作乱的逆贼。加之史料不充分，学界对后梁的政治、经济、军事制度关注低，现有的后梁经济史研究成果的重点是张全义对洛阳这一座城市的治理，大多认为张全义对洛阳地区社会经济的恢复做出了较大的贡献，因此有"独能以救时拯物为念"⑤ 之称。因此古今学者多着重强调张全义治理洛阳，却很少将其放在整个后梁政权致力于恢复中原社会经济这一大背景下进行整体分析。

另一方面，有关唐末五代经济史的进一步研究，面临着一个巨大困难：朱温在治理中原时所推行的土地政策、赋税额度等与经济发展有着密切关系的制度以及工商业发展程度等，在新旧五代史中均缺乏记载。《旧五代史》的食货志大多散失，"薛史食货志序，永乐大典原阙，卷中唯盐法载之较详，其田赋、杂税诸门，仅存大略，疑明初薛史已有残阙也。今无可采补，姑存其旧"。⑥《新五代史》则缺少志书，并没有专门记载这一时代的各种政策。因此

① 王钦若等：《册府元龟》卷1《帝王部一》，凤凰出版社 2006 年版，第 2 页。
② 《新五代史》卷 2《梁太祖本纪》，中华书局 1974 年版，第 22 页。
③ 黄道周：《易象正》卷 9，中华书局 2011 年版，第 379 页。
④ 王夫之：《读通鉴论》卷 3《武帝十一》，中华书局 1975 年版，第 58 页。
⑤ 赵翼：《廿二史札记校证》卷 22，中华书局 2013 年版，第 486 页。
⑥ 《旧五代史》卷 146《食货志》，中华书局 1976 年版，第 1945 页。

有关朱温治理中原的详细政策，并没有流传下来，这也对进一步研究产生了巨大障碍，可能需要通过完整的《旧五代史·食货志》或新出土文献来解决。

一　洛阳的复兴与再度衰落

唐朝末年爆发的黄巢之乱在沉重打击唐王朝统治的同时，也严重破坏了中国北方地区的社会经济。在晚唐诗人韦庄笔下，昔日繁华的长安城在经历数年战火和叛军官军的双重破坏下，呈现出"昔时繁盛皆埋没，举目凄凉无故物。内库烧为锦绣灰，天街踏尽公卿骨"的凄凉景象。关中地区也在此后一蹶不振，逐渐淡出中国古代历史的中心，长安也不再适合作为国都。当黄巢叛乱被平定后，中原地区依然处于混乱之中，出现了"西至关内，东极青、齐，南出江淮，北至卫滑，鱼烂鸟散，人烟断绝，荆榛蔽野"[①] 的局面。中原的中心城市东都洛阳，在经历了黄巢、秦宗权、孙儒及平叛藩镇、沙陀军队的破坏后，"白骨蔽地，荆棘弥望，居民不满百户"，[②] 一片荒芜、百废待兴。

唐僖宗光启年间，"世为田农"[③] 的张全义成为洛阳地区的最高长官。面对荒芜的洛阳城，张全义令"麾下才百余人，相与保中州城，城在二城之中间，故谓之中州城。四野俱无耕者。全义乃于麾下选十八人材器可任者，人给一旗一榜，谓之屯将。使诣十八县故墟落中，植旗张榜，招怀流散，劝之树艺"，[④] 派手下兵将招纳流民，军队和百姓共同在田间耕种，实现了民屯和军屯的合一。同时明确法度，打击田间豪强。田地出现荒芜时，他召集百姓调查原因并解决；有些贫困农户缺少耕牛，他就要求有耕牛的人家对其进行帮助。[⑤] 在张全义的治理下，洛阳地区实现了"田夫田妇，相劝以耕桑为务，是以家有蓄积，水旱无饥民"，[⑥] 经济实现了复苏。

经过张全义十余年的治理，洛阳城不但摆脱了战争时代的乱象，还成为中原最富庶的地区之一，同时也是周边地区乃至整个后梁粮食军械的重要供应地。后梁建国后，朱温与李存勖在河北交战，却屡次被击败，军械粮草损失惨重。张全义"辄搜卒伍铠马，月献之以补其

① 《旧唐书》卷 200 下《秦宗权传》，中华书局 1975 年版，第 5398 页。
② 《资治通鉴》卷 257，唐僖宗光启三年六月壬戌，中华书局 1956 年版，第 8359 页。
③ 《旧五代史》卷 63《唐书·张全义传》，第 837 页。
④ 《资治通鉴》卷 257，唐僖宗光启三年六月壬戌，第 8359 页。
⑤ 《旧五代史》卷 63《唐书·张全义传》引张齐贤：《洛阳缙绅旧闻记》："每观秋稼，见田中无草者，必下马命宾客观之，召田主慰劳之，赐之衣物。若见禾中有草，地耕不熟，立召田主集众决责之。若苗荒地生，诘之，民诉以牛疲或阙人耕锄，则田边下马，立召其邻件责之曰：'此少人牛，何不众助之。'邻件皆获罪，即赦之。自是洛阳之民无远近，民之少牛者相率助之，少人者亦然。田夫田妇，相劝以耕桑为务，是以家有蓄积，水旱无饥民。王诚信，每水旱祈祭，必具汤沐，素食别寝，至祠祭所，俨然若对至尊，容如不足。遇旱，祈祷未雨，左右必曰'王可开塔'，即无畏师塔也，在龙门广化寺。"第 838 页。
⑥ 《旧五代史》卷 63《唐书·张全义传》引《洛阳搢绅旧闻记》，第 842 页。

缺"，① 补齐了梁军兵败后的亏空，使梁军在屡战不利的情况下，依然能与李存勖僵持十余年。故有"朱梁时供御所费，皆出河南府"② 之说。在梁晋争霸后期，后梁国都回到末帝朱友贞坐镇的汴梁，洛阳因此没有成为正面战场，避免了战争破坏。直到龙德三年，李存勖大军进入汴梁，后梁宣告灭亡，张全义举洛阳城投降李存勖，使其并没有再一次遭到战争的破坏。

除此之外，洛阳城的优点还有很多。它地处"天下之中，山河四险之固"，③ 而且"左瀍右涧，表里山河，扼殽渑之隘，阻成皋之险，直伊阙之固"，④ 四周有山河关隘护卫，东有虎牢关，西有潼关，还有北邙山作为天然屏障，军事地理位置优越，其天险可以对来犯敌军形成有效防御。洛阳城"东出瀍水之东，西逾涧水之西，洛水贯其中，象河汉也"，⑤ 在经济方面也得到了长足的建设，隋朝大业年间，隋炀帝开通了贯通西、南、北的大运河，起点就在洛阳城。⑥ 尽管运河在隋末战争期间遭到了破坏，但经过了唐朝君臣的修缮，依然保持着强大的运输能力，河北、洛阳、余杭等地区之间的联系更加紧密，江南的米粮源源不断流向了洛阳；安史之乱之后，北方社会经济遭到破坏，江南成为唐朝主要粮食供应地。唐代宗时期的名臣刘晏重新疏通了千里河道，漕运更加方便，故晚唐诗人皮日休在《汴河怀古》中云"尽道隋亡为此河。至今千里赖通波"，肯定了隋大运河，尤其是汴河河道对晚唐时代运输的重要作用。江南的米粮可以较为容易地运送到关东地区，洛阳也在漕运沿途，是一个重要的中转站。⑦ 因此，隋唐均以洛阳为东都，洛阳也因此拥有了悠久的建都历史，在法统方面具有优势。加之张全义的建设，洛阳摆脱了唐末战乱的创伤，社会经济取得了新的发展，仍然可以作为都城。

因此，洛阳城在后梁、后唐时依然被定为国都。朱温在挟持唐昭宗后，选择迁都洛阳，称为西都，与东都汴梁相对。朱温在其称帝后的第三年，为了树立正统，下令"奉迁太庙四室神主赴西京"，⑧ 将供奉祖先的太庙迁到洛阳，不久后自己也迁都洛阳，只留其子朱友文镇守汴梁。李存勖灭亡后梁后，也选择定都洛阳。由此可见，在残唐、五代前期，洛阳依然是时人心目中的理想定都地点。

但在李存勖在位时期，由于统治不当，沉溺演戏狩猎，天灾人祸频发，洛阳出现了"仓廪空竭，无以给军士"⑨ 的局面，财富因李存勖的胡作非为消耗殆尽；在石敬瑭之乱

---

① 《新五代史》卷45《张全义传》，第490页。
② 《旧五代史》卷63《唐书·张全义传》，第842页。
③ 《晋书》卷100《王弥传》，中华书局1974年版，第2611页。
④ 李濂：《汴京遗迹志》卷18《杂文·安都》，中华书局1999年版，第339页。
⑤ 顾祖禹：《读史方舆纪要》卷48《河南三》，中华书局2005年版，第2219页。
⑥ 《隋书》卷3《炀帝纪上》："丙申，发丁男数十万掘堑，自龙门东接长平、汲郡，抵临清关，度河，至浚仪、襄城，达于上洛。"中华书局1973年版，第60页。
⑦ 《旧唐书》卷123《刘晏传》："受命之日，引海陵之仓以食巩、洛，是计之得者，其利二也。"第3512页。
⑧ 《旧五代史》卷4《梁书·太祖纪第四》，第66页。
⑨ 《资治通鉴》卷274，唐庄宗同光四年十月己卯，第8949页。

中，李从珂纵火自焚，① 洛阳的宫阙遭到了破坏。喜奢华的石敬瑭称帝，将国都迁离洛阳，将之降为西都。随后的后汉、后周、北宋均未将国都定在洛阳。赵匡胤在位末期，产生过迁都洛阳的想法，但手下大臣提出"京邑凋弊，一难也。宫阙不完，二难也。郊庙未修，三难也。百官不备，四难也。畿内民困，五难也。军食不充，六难也。壁垒未设，七难也。千乘万骑，盛暑从行，八难也"，② 认为洛阳有八个重大缺陷，可以概括为物资匮乏、基本建设和皇室设施不完善。宋仁宗在位期间，谈及建都之事时，范仲淹说："洛阳险固，而汴为四战之地，太平宜居汴，即有事必居洛阳。当渐广储蓄，缮宫室。"③ 尽管范仲淹认为战乱时代定都洛阳是一个好选择，但依然指出洛阳存在物资储蓄不足、宫室不完备的缺点。从后唐到北宋仁宗，中间经过了百年的时间，洛阳的这两个问题依然存在。由此可见，后唐之后的洛阳城缺乏系统的重建，朝廷对其重视程度有限，后唐灭亡之后洛阳就走向了彻底的衰落。同时这也意味着五代、北宋的君主需要在洛阳之外寻找新的国都。

二 汴梁的崛起与漕运便利说之商榷

汴梁位于洛阳城东侧，地处平原地区，临近黄河南岸，汴河贯穿城中，在五代北宋期间，管辖"开封、浚仪、陈留、雍丘、封丘、尉氏六县"，成为中原王朝的重要州府。④ 战国时期，魏国在魏惠王统治时期将国都迁至大梁。但这并没有给魏国带来进一步发展，相反此后魏国雄霸中原的时代一去不复返，最终被秦国水攻破城，走向灭亡。此后只有中唐时期占据几个州郡的叛乱藩镇首领李希烈在汴梁建都，⑤ 且该政权仅存在了数年就被唐军平定。从秦汉到唐朝，无论是大一统王朝还是地方割据政权，除非是万不得已，均不愿意在汴梁地区定都。其主要原因是自秦汉以来，人们就意识到汴州在地理位置方面处于四战之地，容易四面受敌，军事防守压力大；在地形方面，汴梁地处平原地区，无险可守。⑥ 而且它位于中国北方，城北的黄河会在冬天结冰，步兵甚至骑兵可以顺利通行，无法构成天险。在黄河北岸，河北同样是一片平原，山西地势较高居高临下。北方政权如果控制了燕山山脉或河东地区，就可以轻易渡过黄河，长驱直入直接威胁到汴梁。汴州易攻难守的特征导致它并不是一座适合防守的都城。

---

① 《旧五代史》卷 48《唐末帝纪下》："帝举族与皇太后曹氏自燔于玄武楼。"第 668 页。
② 李焘：《续资治通鉴长编》卷 17，宋太祖开宝九年四月癸卯，中华书局 2004 年版，第 369 页。
③ 《宋史》卷 314《范仲淹传》，中华书局 1985 年版，第 10269 页。
④ 《旧五代史》卷 150《郡县志》，第 2012 页。
⑤ 《新唐书》卷 225《李希烈传》："希烈已据汴，僭即皇帝位，国号楚，建元武成。"中华书局 1975 年版，第 6439 页。
⑥ 司马迁：《史记》卷 70《张仪列传》："地四平，诸侯四通辐凑，无名山大川之限。从郑至梁二百余里，车驰人走，不待力而至。"中华书局 1982 年版，第 2285 页。班固：《汉书》卷 43《郦食其传》："夫陈留，天下之冲，四通五达之郊也。"中华书局 1962 年版，第 2107 页。

当然，在非战争年代，汴梁四战之地的缺陷可以转化为交通便利的优势。在唐代，汴梁被称为"当天下之要，总舟车之繁，控河朔之咽喉，通淮湖之运漕"。^① 北宋时期，汴梁城水路交通更是发达，"有四河以通漕运：曰汴河，曰黄河，曰惠民河，曰广济河，而汴河所漕为多"，^② 四面均有河流为漕运提供便利，其中最重要的是汴河。汴河是黄河的支流，唐称广济渠，^③ 是隋唐大运河南段的重要水域。其流向为西北—东南走向，从黄河流出，最终汇入淮河，沟通中原地区和两淮地区，是江南米粮由南方向北方运输的必经之路。因此在人们普遍看来，为汴梁带来经济发达和物资丰富的特点是漕运方便，通过水路交通，来自南方的物资不断由此运输至中原，而作为转运站的汴梁随着商业发展而经济发达。而也正是由于这个原因，经济发达的汴梁成为后晋、后汉、后周和北宋的国都。

但在唐末五代时期，汴梁的漕运也在相当长的一段时间不再便利。割据江淮一带的杨氏政权"自甬桥东南决汴，汇为污泽"，^④ 对埇桥以南的汴河进行破坏，从而使得江南米粮向中原地区输送的重要途径被切断。杨氏政权从景福元年（892）杨行密被封为淮南节度使，到天祐三年（937）徐知诰篡位，延续了四十余年，史书上没有明确记载汴河被堵塞的具体时间和目的。但根据这一时期中原政权与杨氏之间的战事可以大致进行推断。

朱温作为宣武军节度使，"治汴州，管汴、宋、亳、颍四州"，^⑤ 主要统治区域在中原地区。而杨行密担任淮南节度使，"治扬州，管扬、楚、滁、和、舒、寿、庐等州"，^⑥ 治所在淮南江北的扬州，距朱温统治的核心地区汴梁较远。汴州东部、扬州北部的青徐地区是朱瑄、朱瑾兄弟的势力范围，二人与杨行密关系密切，但与朱温是敌对关系，故他们的势力范围成为朱温和杨行密统治核心区域之间的缓冲地带。到了乾宁四年初，朱温斩杀朱瑄，驱逐朱瑾，占领了青徐地区，势力范围与扬州接壤，对杨行密势力产生了巨大威胁。同年八月，朱温派大将庞师古、葛从周"分统大军，渡淮以伐杨行密。十一月，师古寨于清口，寨地卑下"。^⑦ 经清口之战，以庞师古兵败身死，杨行密大获全胜告终。

在此基础上进行进一步推断，可以认定朱温在消灭朱瑄、朱瑾之前，汴河河道畅通，处于同盟关系的杨行密与朱氏兄弟通过汴河进行兵力和物资的交流，因此朱瑾在全线溃败之时得以顺利"拥州民渡淮依杨行密"^⑧。当朱温灭朱瑄、朱瑾后，汴河便成了直接沟通朱温和杨行密统治区域的通道，且朱温地处汴河上游，可以顺流而下直捣杨行密统治核心区。为防止

① 董诰等：《全唐文》卷740《刘宽夫·汴州纠曹厅壁记》，中华书局1983年版，第7649页。
② 《宋史》卷175《食货志上三·漕运》，第4250页。
③ 《宋史》卷93《河渠志三·汴河上》："汴河，自隋大业初，疏通济渠，引黄河通淮，至唐，改名广济。"第2316页。
④ 《宋史》卷252《武行德传》："汴水自唐末溃决，自埇桥东南悉为污泽。"第8856页。《资治通鉴》卷292，周世宗显德二年十一月乙未，第9532页。
⑤ 《旧唐书》卷38《地理志一》，第1389页。
⑥ 《旧唐书》卷38《地理志一》，第1391页。
⑦ 《旧五代史》卷21《梁书·庞师古传》，第282页。
⑧ 《旧五代史》卷13《梁书·朱瑾传》，第172页。

朱温从水路袭击，杨行密遂将汴河埇桥以南的河道全部堵塞。

此外，清口之战前庞师古军队过于缓慢的行军速度是汴河堵塞的另一个重要依据。庞师古在南征之前，因功被封为徐州（武宁）节度使，① 从徐州（彭城）率领大军南征。徐州距离清口并不远，直线距离不过三百里，且经过的地方多位于长江中下游平原地区，但行军时间长达三个月。即使古代行军速度缓慢、庞师古军队规模大，在平原上行走这段并不长的路花费了三个月，也实属过于缓慢。庞师古对朱温忠心耿耿，又在平定朱瑄、朱瑾战役中表现出了不俗的军事能力，不会由于能力不足或怀有二心而放慢行军速度，由此可以推断庞师古军行军速度慢不是人为因素所致；两淮地区处于温带季风、亚热带季风气候区，秋末冬初的气候不炎热也不寒冷，温度适宜，适合行军，而且在两唐书和《旧五代史・五行志》中，均没有记载当年发生过自然灾害，可以推断庞师古行军速度慢也不是气候原因所致；庞师古行军起点徐州位于汴河沿岸，而终点清口在汴河和淮河的交汇处，其最佳行军路线是沿汴河一路南下。由于正常情况下汴河可以供战船行进，庞师古南下率先走水路。庞师古"自其微时事太祖，为人谨甚，未尝离左右，及为将出兵，必受方略以行，军中非太祖命，不妄动"，② 性格谨慎，善于执行朱温的命令，但不会随机应变，一旦发生意外，庞师古没有能力和魄力做出改变。当庞师古行军至埇桥时，发现河道南端被堵，他必会选择原地待命，派人请示朱温后方才改变行军方式。正是由于原地待命耽误了大量时间，三个月后庞师古军才抵达清口，也进入了冬天。由于路上的耽搁导致军粮不足，出现了"士皆饮冰餐雪而行"③ 的情况，加之庞师古驻军低洼地、指挥不力，在部下提出他扎营位置失当后，庞师古"以非太祖命不听"④ 拒绝迁营，还没等到朱温命令就遭遇了杨行密的水攻，终致兵败身死、全军覆没。此后，朱杨尽管依然是敌对阵营，但再也没有直接发生战争，包括占据中原的后唐、后晋、后汉与割据江淮的杨吴、南唐之间也没有发生直接的军事冲突。

直到后周时期，周世宗柴荣欲讨伐南唐，先"命武宁节度使武行德发民夫，因故堤疏导之，东至泗上"，⑤ 埇桥以南的汴河河道被疏通，后周军队得以沿河南下，顺利抵达南唐的边界，并顺利击败南唐。由此可见，汴河在残唐五代时期的一大重要功能是行军，柴荣为了南下征伐南唐而疏通河道，并一举攻占了淮南江北的土地。此前河道堵塞时，南北没有发生战争，汴河一旦疏通，后周大军立即南下。故杨行密堵塞汴河的目的是防止朱温南下，并于朱瑄、朱瑾覆亡后，清口之战之前将汴河堵塞。

---

① 王钦若等：《册府元龟》卷 443《将帅部・败衄第三》："梁庞师古，太祖时为徐州节度使。"第 5000 页。
② 《新五代史》卷 21《庞师古传》，第 213 页。
③ 《旧五代史》卷 21《梁书・庞师古传》引《九国志・侯瓒传》，第 282 页。
④ 《新五代史》卷 21《庞师古传》，第 213 页。
⑤ 《资治通鉴》卷 292，周世宗显德二年十一月乙未，第 9532 页。胡三省注：自埇桥东南抵唐境，皆武宁巡属也。

综合上述分析、推断，可以判断汴河埇桥以南河道的堵塞发生在乾宁四年正月至八月。杨行密由于朱氏兄弟覆亡心生恐惧，故断汴河，阻截朱温军队的南下，并以此为契机取得了清口之战的胜利，维持了江南政权数十年的稳定。即使长期处于敌对状态的朱温与杨行密政权之间没有主动停止漕运和物资沟通，面对自唐末到后周长达六十年的汴河河道被堵，汴河漕运只能疏通淮河北部部分地区，并不能沟通埇桥东南的淮南、江南地区的情况，昔日汴梁交通便利、来自江南物资充足的优势便荡然无存。由此可以看出汴梁的经济发达和成为五代国都与漕运并没有明显的关系，漕运便利也不是汴梁成为五代政权国都的原因。

即便如此，这一时期的君主多认真考虑或直接选择定都汴梁依然是不争的事实。李存勖灭后梁、定都洛阳后，其谋主郭崇韬建议："汴州关东冲要，地富人繁，臣既不至治所，徒令他人摄职，何异空城。"① 李存勖也意图东迁，被大臣阻止方罢。李嗣源称帝后，石敬瑭说："大梁，天下之要会也。"② 有劝李嗣源迁都汴梁之意。当石敬瑭灭后唐建后晋后，听从谋士桑维翰"大梁北据燕、赵，南通江、淮，水陆都会，形势富饶"③ 的建议，以东巡为名离开洛阳，将都城迁回汴梁。郭崇韬、李嗣源时期的石敬瑭和桑维翰作为各自政权的重要大臣，在提议迁都时均给出了一个相同的理由：汴梁城富庶。也就是说在后唐、后晋时期，汴梁已经是一座经济发达的城市了。而在数十年之前的黄巢之乱中，中原地区的名城多遭到叛军的破坏，处于四战之地的汴梁自然也不例外。在唐僖宗中和四年，唐军收复汴梁。此时的汴梁，是一座"连年阻饥，公私俱困，帑廪皆虚，外为大敌所攻，内则骄军难制，交锋接战，日甚一日，人皆危之"④ 的荒城。汴梁由于连年战乱和叛军、官军的双重掠夺，自中唐时期由于水陆交通方便而积累起来的财富灰飞烟灭，与大多数中原地区的城池一样，遭到了严重的破坏，各方面都需要重建。在唐军从黄巢手中收复汴梁和后唐占据汴梁之间，这里只存在一个势力——朱温和他的后梁政权。由此可见，汴梁的复兴和快速崛起，离不开朱温的治理。

在黄巢之乱中，原本是黄巢部将的朱温在投降唐朝后被许诺为宣武军节度使，"仍令候收复京阙，即得赴镇"，⑤ 在收复失地后上任。此时正处于藩镇割据、争霸的时代，各路节度使之间互相征伐，处于四战之地的宣武军很容易受到四周军阀的袭击，缺少军兵和钱粮的朱温很难对敌军形成有效的抵抗，因而容易走向覆亡。由此可以推断对于朱温的任命很有可能是唐朝君臣对作为降将的朱温不信任的体现，想通过这种任命借其他节度使之手消灭朱温。但也正是这一任命，成为汴梁未来发展和定都的基础。或者说，正是因为汴梁的诸多缺陷，它

---

① 《资治通鉴》卷273，唐庄宗同光三年二月丙子，第8931页。

② 《资治通鉴》卷274，后唐明宗天成元年三月戊辰，第8969页。

③ 顾祖禹：《读史方舆纪要》卷47《河南二》，第2137页。

④ 《旧五代史》卷1《梁书·太祖纪第一》，第4页。

⑤ 《旧五代史》卷1《梁书·太祖纪第一》，第4页。

被安排为朱温的治所，乃至后来的国都。

尽管有诸多不利因素，朱温凭借个人能力很快稳定了局面，在二十三年内，平定了数个地方割据势力，统一了中原。天佑四年，朱温废唐自立。后梁立国十余年后，被李存勖的后唐所灭。王朝更迭，汴梁交通不便、没有来自南方物资补寄的情况却一直存在，但这并没有影响汴梁已是一座繁华富庶的城市，并成为此后王朝都城的主要选择之一，又逐渐成为正式国都，即使在燕云十六州沦陷、辽军可以轻易兵临黄河的后晋、后汉时代，也同样如此。此后的皇帝刘知远、郭威、柴荣、赵匡胤等，均继续在汴梁称帝。赵匡胤在位时期，由于汴梁"形势涣散，防维为难"，① 一度想把国都迁至洛阳，但被以赵光义为首的大臣多次劝阻，最终放弃迁都。此后北宋八位皇帝，即使经历了辽军兵临澶渊、直接威胁汴梁之事，也鲜有迁都之意。如果仅有一两人想定都汴梁，可以理解为由他们的性格或好恶所致，但从后唐到北宋一共有将近二十位皇帝，其中还包括李嗣源、郭威、柴荣、赵匡胤等公认的杰出帝王，他们均有定都汴梁之意，或直接在汴梁定都，仅将洛阳定为西都。这足以证明，定都汴梁不是个人原因，而是因为在经济层面汴梁远胜洛阳等大都市。直到柴荣南征、重新开通汴河、赵匡胤灭亡南唐后，中原和江淮地区得以重新被水路联通，南方的物资才可以顺利运至北方。但很显然，这是汴梁成为中原王朝国都之后才发生的，没有人可以提前预测到这些，很显然不会作为几十年前君主选择国都的依据。

就此可以得出结论：汴梁城因其劣势成为朱温的治所，经过了朱温主导的恢复和治理，最终从一座战乱后的残城变成繁华的都市。后唐奇袭汴梁、灭亡后梁后，汴梁城并未遭到破坏，其富庶繁华使本定都于洛阳的李存勖、郭崇韬萌生了迁都汴梁的想法，但由于洛阳在张全义的治理下也较为富庶，加之群臣的劝谏，故迁都作罢。此后的后汉、后周、北宋也随之把国都定在汴梁，同时重新疏通漕运、修筑城墙，② 在经济和设施上进行进一步建设。周世宗继位后，除了重新疏通汴河外，还"北入于五丈河，又东北达于济"，③ 开通了从汴梁到青齐一代的运河，从而实现了"自是齐鲁之舟楫皆至京师"④。击败南唐，使其去除帝号，向后周以及后来的北宋称臣，南方的物资也得以再度向北方输送。赵匡胤继位后灭亡南唐、使吴越臣服，南北方在政治上重回统一，漕运也愈加便利，因此汴梁的物资储备越加丰富，直到徽宗年间，出现了"金翠耀目，罗绮飘香"⑤ 的东京梦华，汴梁城达到极盛时代。而洛阳则逐渐成为失意官员养老之地，发展速度缓慢，与汴梁的差距越来越大，汴梁的国都地位越加稳固。正是由于朱温对汴梁的恢复和治理，后晋、后汉、后晋、北宋的君主最终于此定都，并

---

① 顾祖禹：《读史方舆纪要》卷 47《河南二》，第 2137 页。
② 《资治通鉴》卷 292，周世宗显德二年四月乙卯："帝以大梁城中迫隘。夏，四月，乙卯，诏展外城，先立标帜。俟今冬农隙兴板筑。"第 9525 页。
③ 王溥：《五代会要》卷 27《盐铁杂条下》，第 431 页。
④ 王溥：《五代会要》卷 27《盐铁杂条下》，第 431 页。
⑤ 孟元老：《东京梦华录》梦华录序，中华书局 1982 年版，第 4 页。

在此基础上进行更大规模的建设，使其成为五朝之都。

三　后梁时代中原地区的经济发展

朱温在初镇汴梁后不久，就面临着黄巢大军的反扑，在沙陀军的帮助下击溃黄巢，收降了大量叛军残部、壮大了自己的力量。[①] 但当时，汴州西有秦宗权，东有朱瑄、朱瑾兄弟，南有高骈、杨行密，北边与李克用、乐彦祯隔黄河相望，身处四战之地又四面受敌，处境困难。首要面对的敌人是破坏力极强的蔡州秦宗权，朱温用了七年时间才平定、收复蔡州；[②] 乾宁四年占领青徐；天复年间借清君侧之名挟持天子，魏博节度使罗弘信、[③] 南平高季兴[④]等藩镇也与朱温交好。到天佑四年朱温称帝时，他已经管辖了北至黄河、南至江淮的中原地区的大片土地。

随着朱温势力的壮大，其领土面积大幅度扩大，军队和人口数量也大幅度增加，对于粮草的需求量自然也会上涨。而此时的主要粮食产区，正是杨行密统治下的江南地区，不同于相对统一、稳定的中唐时期，汴梁可以得到江南的物资供给，晚唐五代时期的汴梁由于交通不便和南北分裂，需要通过统治区域的生产实现自给自足。朱温管辖的包括洛阳、汴梁在内的中原广大地区均遭受过战争的严重破坏。其中蔡州由于"蔡贼益炽。时唐室微弱，诸道州兵不为王室所用，故宗权得以纵毒，连陷汝、洛、怀、孟、唐、邓、许、郑，圜幅数千里，殆绝人烟"，[⑤] 除了本地荒无人烟外，附近其他城池也受到秦宗权不同程度的破坏，需要大力投入进行恢复、治理。就是在这种背景下，朱温"外严烽候，内辟污莱，厉以耕桑，薄以租赋，士虽苦战，民则乐输，二纪之间，俄成霸业"，[⑥] 激励耕织恢复当地生产，同时实行轻徭薄赋，增加百姓的劳动积极性。同时"击淮南，掠得牛以千万计，给东南诸州农民，使岁输租"，[⑦] 将战争的战利品耕牛以极低的税负供百姓使用，以此提高生产率，增加粮食产量，在朱温治下的中原百姓多安居乐业。在新旧唐书、新旧五代史、《资治通鉴》等有关这段时代的史料中，没有任何有关后梁统治区域下的百姓因缺少粮食而大规模逃荒或反抗的记载，也不曾见到后梁军队因缺少粮饷而哗变的情况。在农业发展并不是非常发达的唐末，一个长期处于动荡时期，又连年作战的割据政权，能够实现这几点实属不易。即使到了后梁政权灭亡前

---

① 《旧五代史》卷 1《梁书·太祖纪第一》："河东节度使李克用奉僖宗诏，统骑军数千同谋破贼，与帝合势于中牟北邀击之，贼众大败于王满渡，多束手来降。时贼将霍存、葛从周、张归厚、张归霸皆匍匐于马前，悉宥而纳之。"第 4—5 页。

② 《旧唐书》卷 200《秦宗权传》："龙纪元年二月，其爱将申丛执宗权，挝折其足，送于汴。"第 5399 页。

③ 《旧唐书》卷 181《罗弘信传》："弘信乃托好于汴。"第 4691 页。

④ 《旧五代史》卷 133《高季兴传》："从梁祖平青州，改知宿州事，迁颍州防御使，梁祖令复姓高氏，擢为荆南兵马留后。"第 1751 页。

⑤ 《旧五代史》卷 1《梁书·太祖纪第一》，第 5 页。

⑥ 《旧五代史》卷 146《食货志》，1945 页。

⑦ 《资治通鉴》卷 291，周太祖广顺三年正月丙辰，第 9488 页。

夕，百姓依然"虽困于輦运，亦未至流亡，其义无他，盖赋敛轻而丘园可恋故也"，① 由于感念后梁的轻徭薄赋和眷恋家乡，始终留在中原土地上。朱温时期的有效治理使百姓受益，也因此得到了百姓的拥戴。

同时每当占领一片土地后，朱温就会派遣得力的官员进行治理，保障当地农业生产，颇得人心。后世评价颇高的张全义主政洛阳，正是在朱温的知人善任和推行其经济政策的背景下进行的。张全义原先是诸葛爽的部下，直到诸葛爽于光启二年十月去世②后，才开始镇守洛阳。两年后的文德元年四月，张全义与李罕之反目成仇、爆发战争，③ 在朱温的援助下击退了李罕之、李克用联军，随后归降朱温。在此之前，张全义镇守洛阳的时间不超过一年半，且仅有光启三年秋一个收获季节，通过一次秋收把"都城灰烬，满目荆榛"④ 的洛阳治理成"虽贼寇充斥，而劝耕务农，由是仓储殷积"，⑤ 放在农业技术发达的现代社会都难以实现，更不必说唐末乱世。但这一段史料却在《旧五代史》中，作为李罕之向张全义索要军粮的背景出现，显然不符合事实，也可以由此看出《旧五代史》及其引用的《洛阳搢绅旧闻记》对张全义存在过度美化。同时也可以推断出洛阳城的复兴发生在张全义依附朱温之后。当李罕之被击退后，张全义"复为河南尹、检校司空。全义感梁祖援助之恩，自是依附，皆从其制"，⑥ 在受朱温封赏、继续镇守洛阳之时，执行了朱温的经济制度，出现了"数年之间，京畿无闲田，编户五六万"⑦ 的景象。相比之前，洛阳城的人口数量和粮食产量均得到了大幅度提升。其间，张全义所实行的军民共屯、打压豪强、帮扶贫农等措施，也在朱温治下其他地区得到推广。朱温知人善任，继续任命新投降的张全义镇守洛阳，张全义则在遵从朱温的制度，并在治理过程中表现出了出色的执行能力。这进一步证明了朱温的政策在中原治理和经济恢复中发挥了作用。

张全义的史书形象并不属于传统意义上的清正廉洁的良臣。当他归降李存勖，继续镇守洛阳时，被酷吏孔谦挟制。⑧ 在这种背景下，他的作为是"凡百姓有词讼，以先诉者为得理，以是人多枉滥，为时所非。又尝怒河南县令罗贯，因凭刘后潜于庄宗，俾贯非罪而死，露尸于府门，冤枉之声，闻于远近"，⑨ 胡乱断案，草菅人命，显然是一个庸官，与他在后梁朝振兴洛阳的形象形成了鲜明的对比。同一个人在不同的环境下做出截然相反的举动，多与他所

---

① 《旧五代史》卷 146《食货志》，第 1945 页。
② 《新唐书》卷 9《唐僖宗本纪》："十月丙午，嗣襄王煴自立为皇帝……是月，河阳节度使诸葛爽卒。"第 278 页。
③ 《旧五代史》卷 63《唐书·张全义传》："文德元年四月，罕之出军寇晋、绛，全义乘其无备，潜兵袭取河阳。"第 839 页。
④ 《旧五代史》卷 63《唐书·张全义传》，第 839 页。
⑤ 《旧五代史》卷 63《唐书·张全义传》，第 838 页。
⑥ 《旧五代史》卷 63《唐书·张全义传》，第 839 页。
⑦ 《旧五代史》卷 63《唐书·张全义传》，第 839 页。
⑧ 《旧五代史》卷 63《唐书·张全义传》："后孔谦侵削其权，中官各领内司使务。"第 843 页。
⑨ 《旧五代史》卷 63《唐书·张全义传》，第 843 页。

处的环境之间的差异有关。宋祁评价隋末唐初的官员封德彝、裴矩时说，"封伦、裴矩，其奸足以亡隋，其知反以佐唐，何哉？惟奸人多才能，与时而成败也"，[1] 认为有才无德之人在开明的官场环境下也是能臣，而到了昏君手下，会成为佞臣。这句话同样适用于张全义。在后唐庄宗朝，"吏人孔谦为租庸使，峻法以剥下，厚敛以奉上，民产虽竭，军食尚亏。加之以兵革，因之以饥馑，不三四年，以致颠陨"[2] 的环境下，他也成为佞臣；而后梁时他之所以成为治理地方的能臣，是因为后梁的整体官场环境清明。不单是文臣，这一时代的武将在治理地方时也颇有作为。如朱温割据时期的重要将领氏叔琮，曾先后在宿州、曹州、晋州、鄜州等地担任地方官，被称为"养士爱民，甚有能政"；[3] 同时也遗留下来一批官员，在后唐时期任职，如早期隶属于朱温麾下，后来投降李存勖的夏鲁奇也"尤通吏道，抚民有术"，[4] 治理地方的政绩和名声远胜李存勖时代其余地方官吏。氏叔琮、夏鲁奇等人作为武将都能得到如此赞誉，更不必说那些专职治理地方的文官。在政策有效的情况下，加上清明的官场环境和有能力的地方官员，经济得到全面发展也不足为奇。

正是在朱温的政策制定和张全义等地方官员的顺利执行下，中原地区摆脱了唐末战乱带来的创伤，重新获得了发展，其中发展最好的当属汴梁和洛阳。由于汴梁是朱温担任宣武军节度使时的治所，从朱温割据开始就是他的统治核心区域，发展时间长、力度大；洛阳作为唐朝东都，在气候、地形、水文方面均具有优势，且张全义出身于农家，农业经验丰富、执行力强，故洛阳和汴梁成为残唐五代时期中原地区恢复最快的城池。其他地区由于长期被其他军阀统治、距离朱温统治核心区距离较远，发展速度并不如洛、汴，但依然在当地官员治理下成功摆脱了黄巢之乱时代的乱象，获得了长足的发展。几十年间统治较为平稳、百姓安定，又能够在一定程度上供给前线，是这一切的证明。

但从北宋至今，学者多将洛阳、汴梁的治理作为一个独立事件进行研究，很少将其放在中原地区经济恢复的大背景下。其主要原因在于朱温和后梁的后世形象。在北宋初期编撰的《旧五代史》中，朱温的形象偏正面，但由于其质量缺陷和后来的史书影响，《旧五代史》一书在欧阳修修《新五代史》之后，"官为刊印、学者始不专习薛史。然二书犹并行于世。至金章宗泰和七年，诏学官止用欧阳修史，于是薛史遂微。元明以来、罕有援引其书者、传本亦渐就、湮没"，[5] 流传度越来越低、最终逐渐散佚；此后编撰的史书，如流传较广的《册府元龟》《新五代史》中，朱温则呈现为负面形象。欧阳修修《新五代史》的目的就在于"法严词约，多取《春秋》遗旨"，[6] 时刻遵从春秋大义。私德方面存在缺陷的朱温，由于篡位、弑

① 《新唐书》卷100《裴矩封伦传》，第3936页。
② 《旧五代史》卷146《食货志》，第1945页。
③ 《旧五代史》卷19《梁书·氏叔琮传》，第256页。
④ 《旧五代史》卷70《唐书·夏鲁奇传》，第928页。
⑤ 《四库全书总目》卷46《史部二·正史类二·旧五代史一百五十卷、目录二卷》，中华书局1965年版，第411页。
⑥ 《欧阳修全集》卷2，中华书局2001年版，第2655页。

君、乱伦等事，形象完全违背春秋大义，因而在《新五代史》中属于被批判的对象。而且宋朝的正统源自唐—后唐—后晋—后汉—后周，与后梁没有直接关系，故后梁虽属于五代之一，但在宋人眼中依然属于伪朝。因此宋人多用不符合实际的语言来形容后梁。欧阳修称："呜呼，天下之恶梁久矣！"① 王钦若更是将后梁比作暴秦，认为后梁是一个暴虐的王朝，而后唐灭梁是吊民伐罪。且传统史学的一大缺陷是对于形象负面的人物，多强调缺陷而隐匿优点。故朱温的负面形象形成后，修史者在记载有关他的功绩时，或进行隐匿或记载在他人身上。因此在《新五代史》《册府元龟》乃至《资治通鉴》中，朱温制定政策，主导中原经济恢复之事没有得到直接记载，洛阳等地区的恢复被记载为独立事件，后世学者也多延续这种思路进行研究；而张全义由于在后梁灭亡之际投降了李存勖，继续为后唐治理洛阳，尽管反复横跳，但终究是"弃暗投明"，形象并不负面。北宋名相张齐贤撰有《洛阳搢绅旧闻记》一书，详细记载了张全义治理洛阳的作为。而且张齐贤"少为举子，贫甚，客河南尹张全义门下"，② 难免对张全义有溢美之词，夸大其对洛阳发展的作用。因此在以这些典籍主导的残唐五代经济史研究中，张全义执行命令、治理洛阳的功绩被夸大，而朱温制定政策与后梁整体官场环境对张全义的影响，则没有被记载。洛阳等城市的经济恢复很少被放在中原发展大背景中加以研究也就不足为奇。

〔作者孙雪童，厦门大学历史与文化遗产学院硕士研究生〕

---

① 《新五代史》卷 2《梁本纪第二》，第 21 页。
② 邵伯温：《邵氏闻见录》卷 7，中华书局 1983 年版，第 68 页。张全义去世时，张齐贤尚未出生，故张齐贤不可能亲自在张全义手下任职。但完全可能成为张全义后人的门客，或他的先祖是张全义门客，从而听闻张全义事迹。

"宴饮说"与"祭奠说"

——新莽至东汉墓葬出土案盘杯勺组合的再研究

钟俊宁

摘　要：新莽至东汉墓葬出土的案盘杯勺组合并非呈现出整齐划一的面貌，关于其性质和功能，"宴饮说"与"祭奠说"只是其中最突出且目前可以确认的两种论点。作为宴饮象征的案盘杯勺组合近承西汉，实际上至少可以追溯到战国以来墓葬模仿生人住宅的重大转变，俑、六博用具的存在是判断"宴饮说"的重要依据。支持"祭奠说"的案盘杯勺组合，一般正对葬具（或人骨）且距离葬具（或人骨）较近，远离墓主一侧大多呈现"空位"的状态。

关键词：汉墓　案　组合　宴饮　祭奠

至少从战国时期开始，地下墓葬有意模仿地上住宅的潮流就已蔚然成风，[①] 案、盘、杯（即一般所谓"耳杯"）、勺（下称案盘杯勺）成为战国至两汉墓葬中一种重要的器物组合。[②]关于案盘杯勺组合在汉墓中的性质与功能，1955 年蒋若是等认为河南洛阳涧西 M14 "前堂设置宴饮"，墓葬构造类似于"生人居住之布局"，[③] 按"明器""祭器"的二分法，前堂出土的案盘杯勺应归为"明器"。[④] 这种观点相对简单直接，一般将墓葬中的案盘杯勺组合解释为日常宴饮的象征，可以称为"宴饮说"。[⑤]

---

① 蒲慕州：《墓葬与生死：中国古代宗教之省思》，中华书局 2008 年版，第 188—219、261—268 页；罗泰：《宗子维城：从考古材料的角度看公元前 1000 至前 250 年的中国社会》，吴长青等译，上海古籍出版社 2017 年版，第 319—352 页。

② 在考古学的语境中，器物组合有时是从多座墓葬中综合得出的概念，任意一座墓葬不一定出有组合的全部器物。本文选取的材料尽量照顾到单座墓葬组合的完整性，一些组合不全但有特殊价值的墓葬亦纳入论述之中。

③ 河南文物工作队第二队：《洛阳 30.14 号汉墓发掘简报》，《文物参考资料》1955 年第 10 期。

④ 《礼记·檀弓》载曾子曰："夫明器，鬼器也。祭器，人器也。"参见孙希旦撰，沈啸寰、王星贤点校《礼记集解》卷 9《檀弓上第三之三》，中华书局 1989 年版，第 219 页。

⑤ 除了《洛阳 30.14 号汉墓发掘简报》，赞成此说的著述有：黄展岳：《秦汉》，中国科学院考古研究所编：《新中国的考古收获》，文物出版社 1961 年版，第 85 页；蒲慕州：《汉代薄葬论的历史背景及其意义》，《"中央研究院"历史语言研究所集刊》第 61 本第 3 分，1990 年，第 550—552 页；魏镇：《洛阳汉墓中的陶案及其礼仪功能》，《中国国家博物馆馆刊》2017 年第 12 期。

与"宴饮说"在某种程度上相对的是"祭奠说"。1959 年《洛阳烧沟汉墓》提出洛阳地区新莽及其以后墓葬中出现的案盘杯勺组合是"墓内致祭的陈设"。① 这一派重视中国古代的"墓祭"传统，根据对"祭奠"定义的不同，又可进一步划分出两种观点。第一种是相对宽泛、抽象的理解，重视祭奠的礼仪功能而非丧葬行为，实际上其论述的大多是"明器"。比如巫鸿在《无形之神》中提出，湖南长沙马王堆 M1 北边箱"那位不可见的轪侯夫人在坐榻上一边享用饮食，一边观看表演的情形"也可以视作一个"祭祀场合"。② 另一种则具体强调墓内实际的丧葬实践。③ 部分论述同时采用了"宴饮说""祭奠说"而未加分辨、说明，④ 或者将上述两种不同的"祭奠"糅合在一起，⑤ 容易造成一些不必要的困惑。20 世纪 50 年代以来"宴饮说"与"祭奠说"的争论，⑥ 一定程度上就是因为重要概念的模糊不清。

本文采用上述第二种"祭奠说"的定义，将墓内祭奠严格限定在墓内相对复杂的祭奠仪式之中。两汉时期墓葬形制的演变推动了墓内仪式的流行，至少在西汉早中期墓主多为竖向下葬，墓室相对低矮，墓内不太可能有发达的丧葬仪式。⑦ 新莽至东汉的情况明显与西汉不同，横向下葬得到普及，很多墓葬的客观条件使得丧家能更为便利地进入其中，由此可以更

---

① 洛阳区考古发掘队：《洛阳烧沟汉墓》，科学出版社 1959 年版，第 241 页。

② 巫鸿：《无形之神——中国古代视觉文化中的"位"与对老子的非偶像表现》，巫鸿著，郑岩、王睿编：《礼仪中的美术：巫鸿中国古代美术史文编》，郑岩等译，生活·读书·新知三联书店 2005 年版，第 515—517 页。其实这篇文章对马王堆 M1 的分析不能代表作者的全部观点，氏著《"空间"的美术史》有一段文字值得注意："汉代新出现的室墓则常常包括一个祭祀空间——上面讨论过的马王堆 1 号墓和满城 1 号墓中都包括这种以'灵位'为中心的空间——应源自宗庙的建筑和礼仪元素向墓葬的转移。在东汉时期，不仅很多祭祀在墓地举行，扩大了的墓室也使得悼亡者得以进入，直接与死者的灵魂诀别。在墓室封闭之后，陈设在棺前的供奉以及墓内的灵座继续表达着生者对死者的敬意和死者灵魂的在场。"（巫鸿：《"空间"的美术史》，钱文逸译，上海人民出版社 2017 年版，第 191—192 页）两种对"祭奠"的理解都融合在此段文字中。总体上看巫鸿对"祭奠"的理解似较宽泛。聂菲、韦正的两篇文章也持有这种看法，参见聂菲《特殊空间：马王堆一号汉墓北边厢空间的营造与利用》，《湖南省博物馆馆刊》第 11 辑，岳麓书社 2015 年版，第 36—60 页；韦正、方笑天《两汉墓葬陶礼器的变化与原因试探——两汉之变之一端》，《古代文明》第 14 卷，上海古籍出版社 2020 年版，第 83—92 页。当然这类观点也自有其合理性与价值。

③ 李如森：《汉代丧葬制度》，吉林大学出版社 1995 年版，第 62—63 页；魏镇：《汉代墓内设奠现象与祭奠器再研究》，《考古》2020 年第 11 期。

④ 高炜：《洛阳汉墓的发掘和编年》，中国社会科学院考古研究所编著：《新中国的考古发现和研究》，文物出版社 1984 年版，第 412—416 页。

⑤ 上述第一种对"祭奠"相对宽泛而抽象的理解，在行文中很容易落入这种陷阱。有学者清楚地认识到这一问题："楚墓所谓墓内祭祀还不是真正意义上的墓内祭祀。等到西汉时期砖室墓和崖墓出现以后，随着墓室空间的增大，真正的墓内祭祀才能实现。"参见杨爱国《东汉人对墓葬功能认识研究——以考古发现为主的观察》，《南方文物》2020 年第 2 期。

⑥ 部分学者尝试调和这两种观点，如韩国河提出，"从随葬品的性质分析，多数的方盒、案、盘、耳杯、勺的组合都属于奠器，归根结底又是为供奉灵魂饮食而用"（韩国河：《秦汉魏晋丧葬制度研究》，陕西人民出版社 1999 年版，第 286 页）。魏镇认为，"墓内祭祀空间只是一种暂时的存在，它的出现归根到底还是一种前堂后室的宅地化模拟，在本质上仍是属于墓主的宴享空间"（魏镇：《汉代墓内设奠现象与祭奠器再研究》，《考古》2020 年第 11 期）。这些论述敏锐地指出，由于"宴饮说"与"祭奠说"是基于不同角度提出的观点，它们之间并非截然对立，而是可以有所交叉。但这也并不意味着二者可以画上等号。本文正是在这个意义上尝试进行判断和区分。

⑦ 赵化成：《汉代"横葬制墓"的起源与发展》，《古代文明》第 15 卷，上海古籍出版社 2021 年版，第 175—208 页。施杰等人认为西汉时期一些诸侯王级别的墓葬在最终封闭前，在墓内举行过祭奠仪式，参见施杰《交通幽明——西汉诸侯王墓中的祭祀空间》，《古代墓葬美术研究》第 2 辑，湖南美术出版社 2013 年版，第 73—93 页；李梅田、赵冬《帷帐居神——墓室空间内的帷帐及其礼仪功能》，《江汉考古》2021 年第 3 期。

好地分析案盘杯勺组合与墓内祭奠仪式之间的关系。

以下将通过对墓葬的个例分析，指出新莽至东汉墓葬的案盘杯勺组合存在宴饮象征与祭奠遗存这两种不同的情境，总结出相关的特征与判断标准，以期加深对这一时期丧葬仪式与丧葬观念的理解。

一

《汉书》有"饮博""置酒，令倡俳嬴戏坐中以为乐"的记载，[①] 展示了两汉时期以宴饮为中心，包括六博、乐舞、杂技在内的一系列活动。这在墓葬材料中也有相当充分的体现，陕西西安理工大学 M1、[②] 河南偃师辛村新莽壁画墓、[③] 密县打虎亭 M2[④] 等墓葬的壁画都详细地描绘了宴饮场景。尤可注意的是，在二维图像以外，西汉墓葬就已经通过墓内的陈设营造出一个三维的宴饮空间，这对新莽至东汉时期案盘杯勺组合"宴饮说"的判断颇为重要。下以马王堆 M1、山东莱西岱墅 M2、临沂金雀山 M33、山西阳高古城堡 M12 为例简要叙述西汉时期的情况。

马王堆 M1 是以往言及汉墓祭奠时常被引用的材料，该墓为竖穴木椁墓，除棺室以外有四个边箱，其中北边箱中部出土漆勺、漆钫、陶壶等酒器，以及放置在漆案上的漆卮、漆耳杯和盛有食物的漆盘等，西部陈设漆屏风、漆几、绣枕、熏囊和两套梳妆漆奁等起居用具，东部有侍俑、乐舞俑。发掘报告认为"北边箱象征死者生前的生活场面"，[⑤] 此说基本可从。就本文定义的复杂祭奠仪式而言，竖向下葬的马王堆 M1 北边箱构筑了一个三维的宴饮空间，与墓内祭奠关系不大。

乐舞俑、侍俑的存在是马王堆 M1 宴饮空间营建与甄别的重要依据，而在另一些西汉墓葬中，俑、六博用具代表的六博场景也是一种宴饮空间的表达。湖北江陵凤凰山 M8 遣策记载的博具至少有"博，筭，縈，枵，博席一具"。[⑥] 山东莱西岱墅 M2 足箱放置有木俑、六博棋盘、铁镇等，[⑦] 其中铁镇或是用来压住"博席"的"博镇"。[⑧] 将莱西岱墅 M2 足箱的相关发现与

---

① 《汉书》卷 35《吴王刘濞传》、卷 53《广川惠王刘越传》，中华书局 1962 年版，第 1904、2431 页。

② 西安市文物保护考古所：《西安理工大学西汉壁画墓发掘简报》，《文物》2006 年第 5 期；西安市文物保护考古研究院编著：《西安西汉壁画墓》，文物出版社 2017 年版，第 40—53 页、图版 100—198。

③ 洛阳市第二文物工作队：《洛阳偃师县新莽壁画墓清理简报》，《文物》1992 年第 12 期；洛阳市文物管理局、洛阳古代艺术博物馆编：《洛阳古代墓葬壁画》，中州古籍出版社 2010 年版，第 109—111 页。

④ 河南省文物研究所：《密县打虎亭汉墓》，文物出版社 1993 年版，第 297—302 页、彩版 38—45。

⑤ 湖南省博物馆、中国科学院考古研究所编：《长沙马王堆一号汉墓》，文物出版社 1973 年版，第 35—37 页。

⑥ 湖北省文物考古研究所编：《江陵凤凰山西汉简牍》，中华书局 2012 年版，第 56 页。"縈"，原释文作"索"，此处参考北京大学历史学系陈侃理先生意见做了改释，另外下文关于山东莱西岱墅 M2 的论述也是受到陈侃理先生启发，在此一并表示感谢！湖北江陵凤凰山 M8 遣策的"博"，对照新公布的湖北胡家草场 M12 遣册（李志芳：《胡家草场西汉墓 M12 出土遣册初探》，《江汉考古》2023 年第 2 期），不排除是指"六箸"的"箸"。笔者将另有专文论述六博"箸"、"筭"所指不同的观点。

⑦ 烟台地区文物管理组、莱西县文化馆：《山东莱西县岱墅西汉木椁墓》，《文物》1980 年第 12 期。

⑧ 孙机：《坐席镇与博镇》，《文物天地》1989 年第 6 期。

两汉时期的六博实物或图像相比照,① 不难发现该墓通过多种随葬品的安排构拟一个三维宴饮空间的用意。山东临沂金雀山 M33 边箱、② 山西阳高古城堡 M12 墓室③大体同于莱西岱墅 M2 足箱的情况,只是具体器类略有增减(见图一)。

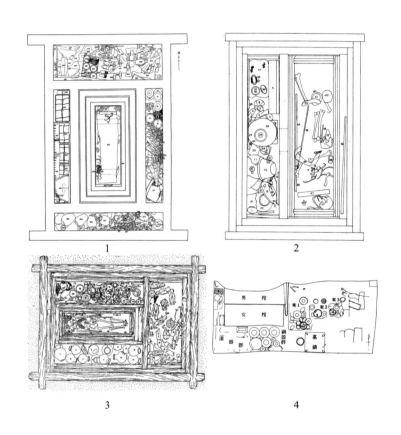

图一 西汉墓葬中的"宴饮空间"④

(1. 湖南马王堆 M1 平面示意图;2. 山东临沂金雀山 M33 平面示意图;

3. 山东莱西岱墅 M2 平面示意图;4. 山西阳高古城堡 M12 平面示意图)

至此一些新莽至东汉墓葬内案盘杯勺组合的性质与功能也可以明了。河南洛阳七里河汉

---

① 傅举有:《论秦汉时期的博具、博戏兼及博局纹镜》,《考古学报》1986 年第 1 期。该文重刊于湖南省博物馆主编:《湖南省博物馆四十周年纪念论文集》,湖南教育出版社 1996 年版,"后记"补充了一些旧作未曾涉及的新资料,观点亦有增订。

② 临沂市博物馆:《山东临沂金雀山九座汉代墓葬》,《文物》1989 年第 1 期。

③ 小野胜年、日比野丈夫编著:《阳高古城堡》,东京:六兴出版,1990 年,第 45、167、169 页。

④ 1 采自湖南省博物馆、中国科学院考古研究所编:《长沙马王堆一号汉墓》,第 36 页;2 采自临沂市博物馆:《山东临沂金雀山九座汉代墓葬》,《文物》1989 年第 1 期;3 采自烟台地区文物管理组、莱西县文化馆:《山东莱西县岱墅西汉木椁墓》,《文物》1980 年第 12 期;4 采自小野胜年、日比野丈夫编著:《阳高古城堡》,第 45 页。

墓、① 洛阳苗南新村 M528、② 陕西西安邮电学院长安校区 M1③ 的案盘杯勺组合与乐舞俑同出（见图二），④ 河南辉县路固 AM46⑤ 中该组合与六博用具同出，明显继承了西汉时期通过随葬案盘杯勺组合、六博用具、俑以象征宴饮的做法。这一类墓葬便是支持"宴饮说"的个例。

图二　新莽至东汉墓葬中的"宴饮空间"⑥

（1. 河南洛阳七里河汉墓平面示意图；2. 河南洛阳苗南新村 M528 平面示意图；3. 陕西西安邮电学院长安校区 M1 平面示意图）

---

① 洛阳博物馆：《洛阳涧西七里河东汉墓发掘简报》，《考古》1975 年第 2 期。

② 洛阳市第二文物工作队：《洛阳苗南新村 528 号汉墓发掘简报》，《文物》1994 年第 7 期。

③ 西安市文物保护考古所编著：《西安东汉墓》，文物出版社 2009 年版，第 812—819 页。

④ 河南新乡济源泗涧沟 M24、济源桐花沟 M10 可能也属于这一类情况，参见河南省博物馆《济源泗涧沟三座汉墓的发掘》，《文物》1973 年第 2 期；河南省文物考古研究所《河南济源市桐花沟十号汉墓》，《考古》2000 年第 2 期。其中简报认为泗涧沟 M24 年代大致属于西汉晚期至新莽时期，从该墓出土案盘杯勺组合、"大泉五十"铜钱等情况看，应当不早于新莽时期，陈彦堂认为该墓年代约为东汉早期，大致可从，参见陈彦堂《河南济源泗涧沟三座汉墓年代诸问题再探讨》，《汉代考古与汉文化国际学术研讨会论文集》编委会编：《汉代考古与汉文化国际学术研讨会论文集》，齐鲁书社 2006 年版，第 305—313 页。

⑤ 中国社会科学院考古研究所编著：《辉县路固》，科学出版社 2017 年版，第 333—336 页。该墓所谓前厅左、右区高于中区地面 0.14—0.18 米，案盘杯勺组合位于中区的最左侧，而左区放置有 1 面铜镜（该墓出土的剩余 2 面铜镜都放置于两棺内），不排除前厅左区与洛阳七里河汉墓砖台区域类似，代表了墓主的"位"。这两座墓葬与下文辉县路固 AM45 的情况较为特殊，值得关注。

⑥ 1 采自洛阳博物馆：《洛阳涧西七里河东汉墓发掘简报》，《考古》1975 年第 2 期；2 采自洛阳市第二文物工作队：《洛阳苗南新村 528 号汉墓发掘简报》，《文物》1994 年第 7 期；3 采自西安市文物保护考古所编著：《西安东汉墓》，第 813 页。

二

基于当时对祭奠的理解，以《洛阳烧沟汉墓》为代表的著述提出了以下几条支持两汉时期案盘杯勺组合"祭奠说"的证据：

第一，将汉墓与晋墓进行跨时空的比较。晋墓的考古发现与当时的传世文献约略对应，不但较好地确认了当时墓内祭奠仪式的存在，而且大致肯定砖台、案、盘等可以与祭奠相联系。[1] 与汉代有关的文献中同样有一些"墓祭"的记载，如《后汉书·范冉传》"其明堂之奠，干饭寒水，饮食之物，勿有所下"。[2] 更为重要的是，至少一部分汉墓案盘杯勺组合的出土情境与晋墓有相似之处，由此推测汉墓出土的案盘杯勺组合也应该是祭奠遗存。

第二，以洛阳地区为代表的汉墓中出现了一些与祭奠相关的文字材料，如洛阳邮电局 M372 的"始祭鸡间"[3]、洛阳烧沟 M136A 的"始鸡间"[4]、烧沟 M125 的"初祭肉"[5]、洛阳西郊 M3206 的"始祠食"[6]、洛阳王城公园 C1M8567 的"始祭饭黍"[7]。此外，广东广州南越王墓的"实祭肉"、[8] 河北满城二号窦绾墓的"中山祠祀"[9] 也是经常被使用的两个例子。

第三，分析案盘杯勺组合与葬具（或人骨）之间的位置关系。[10] 相当多汉墓中的案盘杯勺组合位于棺前，与葬具（或人骨）基本保持在同一直线上，由此将其与祭奠相联系是比较自然的想法。

前两条证据偏重文字、观念文化层面的讨论，没有充分发挥考古学的长处，似乎也不能在现有基础上对本文讨论的问题有所推进，暂不作重点讨论。第三条证据重视考古学的墓葬情境（context），但就目前的材料分析不具有普遍性，可以举出不少反例，说明如下。

案盘杯勺组合与葬具（或人骨）在同一个墓室时，部分墓葬中该组合的方向与葬具（或人

---

① 齐东方：《中国古代丧葬中的晋制》，《考古学报》2015 年第 3 期。

② 《后汉书》卷 81《独行列传》，中华书局 1965 年版，第 2690 页。

③ 洛阳市第二文物工作队：《洛阳邮电局 372 号西汉墓》，《文物》1994 年第 7 期。

④ 洛阳区考古发掘队：《洛阳烧沟汉墓》，第 115—116 页。陈直认为"始鸡间"意为"初祭用鸡肉"，参见陈直《洛阳汉墓群陶器文字通释》，《考古》1961 年第 11 期。

⑤ 洛阳区考古发掘队：《洛阳烧沟汉墓》，第 115—116 页、图版 26。

⑥ 中国科学院考古研究所洛阳发掘队：《洛阳西郊汉墓发掘报告》，《考古学报》1963 年第 2 期。

⑦ 洛阳市文物工作队：《洛阳王城公园东汉墓》，《文物》2006 年第 3 期。

⑧ 广州市文物管理委员会、中国社会科学院考古研究所、广东省博物馆编辑：《西汉南越王墓》，文物出版社 1991 年版，第 63—64、303 页、图版 27。

⑨ 中国社会科学院考古研究所、河北省文物管理处编：《满城汉墓发掘报告》，文物出版社 1980 年版，第 228 页。

⑩ 论证"祭奠说"至少需要明确象征、物质两个层面的祭奠对象，象征层面上说一般学界公认是墓主，若此，从物质层面考虑生者可能是面向葬具（或人骨）进行祭奠，这是本文判断祭奠的重要前提。但是，同时有一些学者认为生者可以向墓内的帷帐遗存或墓主画像等祭奠（参见郑岩《墓主画像研究》，山东大学考古学系编：《刘敦愿先生纪念文集》，山东大学出版社 1998 年版，第 450—468 页；林圣智《魏晋至北魏平城时期墓葬文化的变迁：图像的观点》，台湾大学美术史研究集刊编辑委员会编：《美术史研究集刊》2016 年第 41 期；李梅田、赵冬《帷帐居神——墓室空间内的帷帐及其礼仪功能》，《江汉考古》2021 年第 3 期），或认为出于某种丧葬观念，祭奠不必然正对葬具（或人骨），均有一定道理，但在平民墓葬中的普适性存疑。在现有情况下，本文主要以葬具（或人骨）作为实际物质层面的祭奠对象。

骨）的方向并不一致，① 另外一些情况下案盘杯勺组合置于耳室等结构中，且与葬具（或人骨）无明显对应关系（见图三）。墓例有河南辉县路固 BM11②、BM8③、AM46④、AM54⑤、AM18⑥、AM37⑦、AM72⑧、AM45⑨，百泉 HBM3⑩，新乡王门 M44⑪、M55⑫，新乡老道井 05LM3⑬，陕西西安北郊万达广场 M16⑭，辽宁辽阳旧城东门里东汉壁画墓⑮，辽阳三道壕 M14⑯ 等。

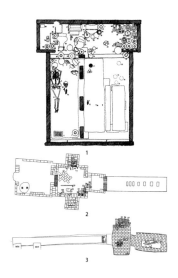

图三　新莽至东汉墓葬案盘杯勺组合"祭奠说"的反证⑰

（1. 辽宁辽阳旧城东门里东汉壁画墓平面示意图；2. 河南新乡老道井 05LM3 平面示意图；3. 河南辉县路固 AM18 平面示意图）

---

① 本文所言案盘杯勺组合的方向，是以长方形案的长边的中轴线为准。
② 中国社会科学院考古研究所编著：《辉县路固》，第 140—146 页。
③ 中国社会科学院考古研究所编著：《辉县路固》，第 283—286 页。
④ 中国社会科学院考古研究所编著：《辉县路固》，第 333—336 页。
⑤ 中国社会科学院考古研究所编著：《辉县路固》，第 364—367 页。
⑥ 中国社会科学院考古研究所编著：《辉县路固》，第 392—396 页。
⑦ 中国社会科学院考古研究所编著：《辉县路固》，第 440—443 页。
⑧ 中国社会科学院考古研究所编著：《辉县路固》，第 460—464 页。
⑨ 中国社会科学院考古研究所编著：《辉县路固》，第 488—491 页。该墓案盘杯勺组合的位置与 AM46 有相似之处。
⑩ 河南省文物局编著：《百泉、郭柳与山彪》，科学出版社 2010 年版，第 16—22 页。
⑪ 河南省文物局编著：《新乡王门墓地》，科学出版社 2013 年版，第 140—146 页。
⑫ 河南省文物局编著：《新乡王门墓地》，第 164—173 页。
⑬ 该墓的案盘杯勺都位于前室，其中案、杯基本位于前室的耳室，参见河南省文物局编著《新乡老道井墓地》，科学出版社 2011 年版，第 83—92 页。
⑭ 西安市文物保护考古研究院：《西安北郊万达广场汉代砖椁墓发掘简报》，《考古与文物》2017 年第 1 期。
⑮ 辽宁省博物馆、辽阳博物馆：《辽阳旧城东门里东汉壁画墓发掘报告》，《文物》1985 年第 6 期。
⑯ 《东北文物工作队一九五四年工作简报》，《文物参考资料》1955 年第 3 期。
⑰ 1 采自辽宁省博物馆、辽阳博物馆：《辽阳旧城东门里东汉壁画墓发掘报告》，《文物》1985 年第 6 期；2 采自河南省文物局编著：《新乡老道井墓地》，第 84 页；3 采自中国社会科学院考古研究所编著：《辉县路固》，第 395 页。

其实从案盘杯勺组合的生产状况和放置方式，及其与其他随葬品的位置关系这两个角度考虑，也可以找到不利于"祭奠说"的墓例。广东广州东汉墓出土的耳杯叠在一起，胎极松软，出土时腐碎如泥状，反映出其生产的粗糙，这类器物是否能实际用于祭奠仪式便存有疑问①。河南洛阳五女冢新莽墓 IM461 陶案上的耳杯放在耳杯盒内，没有一字摆开，亦未放置食物，就此推测这组器物也许不是祭奠遗存。② 另外，陕西西安佳馨花园 M60③、西安雁塔南路 M22④ 的部分案盘杯勺组合与其他随葬品被密集地放置在一起，如果器物的位置未受到墓葬进水的影响而大致保留了下葬时的原位，那么这既没有为可能的祭奠者留下任何位置，与普通"明器"同出也就说明那些案盘杯勺组合只是"明器"而不是"祭器"。

三

上文举出了支持"宴饮说"的墓例，以及基于对以往"祭奠说"论据的反思，举出了不利于"祭奠说"的个案。这些论述无疑表明，新莽到东汉时期墓葬的案盘杯勺组合，即便有作为祭奠遗存的例子，也只能是该组合的其中一种情境，而且其背后或许是出于特殊的丧葬背景，而不一定因为普遍的丧葬制度或丧葬文化。河南辉县赵庄 M43 为思考这个问题提供了线索。该墓为多人合葬，有明显的二次开挖后合葬现象，墓室营建完成后，前期在两后室、侧室各葬一人，后期墓室坍塌，于塌土上再葬一人。值得注意的是墓葬前期埋葬时随葬品较少，后期则更为丰富，出现了陶案、盘、杯、魁、樽等，并随葬幼猪半只。⑤ 后期埋葬时出现的案、盘、杯等不排除是因墓葬坍塌，下葬时举行墓内祭奠仪式留下的物质遗存。

新莽至东汉时期不乏一座墓中随葬不止一组案盘杯勺组合的例子。如河南灵宝张湾 M3 前室、后室都出土有案、杯、勺，前室该组合被三件陶灯环绕，与前引洛阳七里河汉墓的情况有相似之处，周围尚有陶狗与仓、灶一类模型明器，由此判断前室的案杯勺组合应是对宴饮的象征。后室的案、杯、勺位于两棺之前，周围有陶奁、陶魁各一，再无其他随葬品，出土情境明显不同于前室，似乎可以推测属于祭奠遗存（见图四）。⑥ 如果此说成立，则说明一墓之内可以有不同性质与功能的案盘杯勺组合。

① 广州市文物管理委员会：《广州东山东汉墓清理简报》，《考古通讯》1956 年第 4 期。
② 洛阳市第二文物工作队：《洛阳五女冢新莽墓发掘简报》，《文物》1995 年第 11 期。魏镇已经正确地指出了这一点，参见魏镇《洛阳汉墓中的陶案及其礼仪功能》，《中国国家博物馆馆刊》2017 年第 12 期。
③ 西安市文物保护考古所编著：《西安东汉墓》，第 289—302 页。
④ 西安市文物保护考古所编著：《西安东汉墓》，第 584—606 页。
⑤ 宁夏文物考古研究所、河南省文物局南水北调文物保护办公室：《河南辉县赵庄墓地东汉墓发掘简报》，《中国国家博物馆馆刊》2022 年第 1 期。
⑥ 河南省博物馆：《灵宝张湾汉墓》，《文物》1975 年第 11 期。

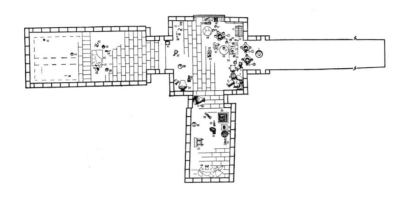

图四　河南灵宝张湾 M3 平面示意图①

　　而要想正面立论，以考古学的角度提出断定"祭奠说"的依据，需要先从理论上分析墓内祭奠仪式的几个基本要素：祭奠者及其位置；祭奠的供品及相关设施、器物；祭奠者诸如跪拜等仪式动作；受祭者及其位置。除了仪式动作，其他诸要素在墓葬材料中或多或少可以得到体现。宴饮与祭奠的器物组合都可以包括案、盘、杯、勺、樽、席等，食物也不是宴饮或祭奠独有的现象。要想以丧葬行为为核心关怀判断墓内祭奠仪式、区别宴饮与祭奠，或许可以从墓葬是否留存有祭奠者的"位"这个角度进行思考（见图五）。②

1　　　　　　　　　　　　　　　2

图五　两汉时期的宴饮、祝祷祭奠图像③

（1. 陕西西安理工大学 M1 西壁（局部）；2. 辽宁大连营城子壁画墓的主墓室北壁）

---

　　①　采自河南省博物馆《灵宝张湾汉墓》，《文物》1975 年第 11 期。

　　②　就山东平度界山 M1 二层台东南部的空白区域，刘尊志提出"这与墓主下葬时进行祭祀或相关活动可能有着一定的关系，相对较高的二层台可能起到祭台的作用，空白处则可能是祭祀者的活动区域"，与本文思路有近似之处，参见刘尊志《山东平度界山汉墓相关问题浅析》，《南方文物》2020 年第 2 期。

　　③　1 采自西安市文物保护考古研究院编著：《西安西汉壁画墓》，第 44 页；2 采自徐光冀主编：《中国出土壁画全集·辽宁》，科学出版社 2011 年版，第 2 页。

在假定墓葬保存了仪式原位的前提下，用于墓内祭奠仪式的器物似乎应正对墓主，案盘杯勺组合周围就会有靠近葬具（或人骨）与远离葬具（或人骨）的两块区域，那么远离墓主一侧或许应该形成一片空白区域，空位代表的是当时祭奠者所在的位置。河南洛阳五女冢 M267 墓室中部东侧为一影壁，西侧为一道小沟，将墓室一分为二，南部为前堂和砖台，砖台南部有陶质的案、耳杯、盒等，北部东侧置棺。从分析祭奠者位置的思路出发，可以发现陶案、陶盒大致与砖台平齐，砖台下（靠近墓门侧）即应为祭奠者之位（见图六）。①

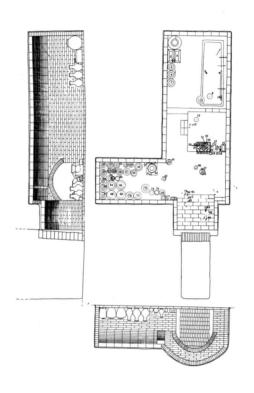

图六　河南洛阳五女冢 M267 平、剖面示意图

1、64、65、68、69 陶瓮；2、3、15　陶盒；4、14、16、18—34　陶耳杯；5—7、48、70—72、75　陶壶；8　铜钱；9、12　铜镜；10　铁剑；11、49、50、52—54、94　陶罐；13　泥器；35　陶案；36　陶门枢砖；37、40　陶尊；38、41　陶勺；42　铁温炉；43　陶甑；44　铁釜；45　陶纺轮；46　铁刀；47　铁钩；51　陶鼎；55—58、60—63、66、67　陶仓；59　陶敦；73　瓷罐；76　石磨；77　石臼；78　石槽；79　铜饰；80　铜管；81、82、84、85　铜车饰；83　铜盖弓帽；86　铜衔镳

资料来源：采自洛阳市第二文物工作队：《洛阳五女冢 267 号新莽墓发掘简报》，《文物》1996 年第 7 期。

---

① 洛阳市第二文物工作队：《洛阳五女冢 267 号新莽墓发掘简报》，《文物》1996 年第 7 期。魏镇对此有过不同的解读，参见魏镇《洛阳汉墓中的陶案及其礼仪功能》，《中国国家博物馆馆刊》2017 年第 12 期。一般说来相对斜坡墓道，竖井墓道似乎不利于复杂的墓内活动的开展，但有学者认为洛阳地区一些竖向下葬的汉代洞室墓已经被设计为合葬墓，为了完成合葬可能需要不止一次下葬，参见杨哲峰《关于洛阳三座汉壁画墓的年代序列问题》，《文物》2003 年第 3 期。由此不排除带竖井墓道的洞室墓（包括洛阳五女冢 M267）也有墓内祭奠仪式发生。另外五女冢 M267 与前文 IM461 距离颇近，墓葬面貌也有不少相似之处，本文对两墓案盘杯勺组合的性质与功能给出了不同的判断，还有待将来更多材料检验。

四

中国考古学的概念乃至学科体系之构建和发展经历了一个复杂交织的过程，特定概念往往有宽窄不同、面向不一的多种界定方式，中国传世文献、外国考古学、其他学科的知识深刻影响了中国考古学的学科关怀与叙述方式。这使得在具体研究过程中由于学者之间概念、方法选择的差异，容易形成一些对立而又难以对话的结论，考古学的方法有时也不能得到很好的贯彻。针对新莽至东汉墓葬中的案盘杯勺组合，本文在已有"宴饮说"与"祭奠说"的基础上，强调墓内祭奠应该限定在相对复杂的墓内祭奠仪式之中。以丧葬行为的复原为核心关怀，一方面可以避免宴饮、供奉、祭奠等概念在礼仪与观念层面的纠缠，将问题转化为有无墓内祭奠仪式的简单判断；另一方面是要突出考古学的主体地位，从分析案盘杯勺组合的生产及其与葬具（或人骨）、其他随葬品的位置关系等角度进行论证，实际上是要将对"宴饮"与"祭奠"的探讨拉回到考古学器物研究与墓葬情境（context）分析的研究路数之中。

新莽至东汉墓葬出土的案盘杯勺组合并非呈现出整齐划一的面貌，关于其性质和功能，"宴饮说"与"祭奠说"只是其中最突出且目前可以确认的两种论点。作为宴饮象征的案盘杯勺组合近承西汉，实际上至少可以追溯到战国以来墓葬模仿生人住宅的重大转变，俑、六博用具的存在是判断"宴饮说"的重要依据。作为宴饮象征的案盘杯勺组合不排除与葬具处于不同的墓室，组合远离墓主的一侧可以有丧葬遗存。支持"祭奠说"的案盘杯勺组合，一般正对葬具（或人骨）且距离葬具（或人骨）较近，远离墓主一侧大多呈现"空位"的状态。基于目前的考古资料，不宜对案盘杯勺组合为墓内祭奠遗存的比例有过高的估计，对两汉时期墓内祭奠仪式的地位或许应该有重新的思考。① 同一套案盘杯勺组合在墓外可以作为奠器用于祭奠仪式，在墓内又可作为明器随葬，需要在发掘与研究中进行仔细分辨。② 上述探讨只是一些个案的尝试，尚不能得出更具普遍性的结论，还有待进一步的研究。

〔作者钟俊宁，北京大学考古文博学院博士研究生〕

---

① 关于汉代的墓外祭祀，可参见刘尊志《汉代墓外设施研究：以王侯墓葬与中小型墓葬为参考》，科学出版社 2021 年版，第 328—473 页。
② 魏镇：《汉代墓内设奠现象与祭奠器再研究》，《考古》2020 年第 11 期。

·社会文化·

政府倡导与家族实践：明代家族的官德教育

程思瀚

摘　要：明初吏治窳败背景下，明太祖通过多种方式积极推动家族的官德教育，后世君主亦承继这一教化思路并取得了相当的成效——地方家族主动响应政府官德教育的倡导，将官德与孝道伦理联系在一起，借由具有家族化特征的言传身教以及宣讲家训、族规等方式，对族中子弟进行忠、勤、廉、仁等官德的训勉。在这一过程中，家族通过官德教育与政府始终保持着"政府倡导—家族教育—旌扬褒奖—家族继续教育"的互动关系。

关键词：明代　政府　家族教育　官德教育

官德指为官行政应具备的德行。① 古代官僚政治具有鲜明的人治色彩，官员的道德水准之于国家治理的重要性不言而喻。开展官德教育，不仅可以提高政府行政效率，强化机构职能；还会使官员在社会范围内发挥风示、垂范作用，进而教化于一方。而对地方家族来说，族中仕宦子弟若以恶政败官，恐引家破人离之祸；若能以卓异官德理政安民，家族也将由政府的褒扬旌表获取政治、文化方面的资源，进而绵延昌盛。

可见，无论对政府抑或地方家族，官德教育均有重要意义，这为二者围绕于此开展互动提供了可能：有明一代，官德教育不仅由政府主导，还在其积极推广下逐渐渗透到地方社会，成为家族教化体系的一项重要实践，二者形成了一种特殊的互动关系。

现有明代家族教育研究，就教育内容言，关注科举、文艺、族务、伦理道德等方面，涉及官德较少；就教育形式言，聚焦于以族学、家训、族规、族谱等为中心的教化实践，而对

---

① 有学者认为"官德"应包括"君德"与"臣德"两个部分。（见岑大利、顾建军：《中国古代官德研究》，中央党校出版社 2014 年版，第 6—7 页；王海强：《宋代官德教育研究》，博士学位论文，郑州大学，2018 年）但笔者以为，在古代典籍中似无"官""德"二字连用的情况。"官德"是一个现代词汇，在实际使用中不含"君德"之意，今人语境中意为官员群体应恪守的道德。另外，从方便学术研究的角度来说，二者概念也不宜糅合在一起，因为"官德"与"君德"的教育对象、内容以及途径都相差甚远。"官德"的内涵在于"忠""清""仁""公""勤""慎""直"等道德品质，显然与"君德"有着相当的距离。若以"臣德"替代"官德"亦有不妥，"臣德""臣道"一般更强调官员德行中对君主负责的部分，而忽视了古代官员上承帝命，下抚百姓，同时存在于朝廷、社会、家庭的多面性与复杂性。

家族中人通过言传、身教形式开展的日常教育活动则关注不多。[①] 同时，论者多将家族层面的教育教化视作其控制内部秩序的措施，而对其"外向的"与政府互动的这一面相则论述较少，未能进行全面、系统的探讨。本文即以官德教育为切入点，首先阐述明政府对家族官德教育的积极倡导情况，随后论说地方家族对政府倡导的响应及其官德教育的形式与内容，最后尝试从整体上揭示二者围绕官德教育的互动过程。

一　明政府对家族官德教育的倡导

洪武朝是明政府推动家族官德教育的重要时期。其始于洪武四年（1371）"王升家书"一事：是年，刑部官员将截获的一封家书呈到朱元璋面前。信的收件人是平凉知县王轸，寄信人是王轸之父王升，其内容主要是王升对其子的官德教导，大略有三：一是强调做官应廉洁，"为官须廉洁自持，贫者，士之常也"。二是强调任内要恤民勤政，"抚民以仁慈为心，报国以忠勤为本"。三是强调为官当读法知法，"熟读律令，则守法不惑"。[②] 彼时，明太祖正因明初官场污浊的情形倍感焦虑——"其立法未尝不严，而用法未尝不审，然赃吏贪婪如蝇蚋之趋朽腐，蝼蚁之慕腥膻"，[③] 法律的严苛执行未能带来预想中的吏治之善，对官吏开展柔性的道德教育遂受到太祖重视。因此，这封教子官德的家书让朱元璋如获至宝，当即下谕旨大加褒赞王升："书中语言谆切，教以忠孝，子之贤否虽未可知，然薄俗中有善为人父者如此，谁能出其右哉？"并赐以黄金、附子、川椒、布绢等物，将其作为典型事例在全国范围内宣讲。[④]

明太祖对王升"训子官德"活动在国家层面的隆重表彰，随着这一事件在后世的广泛流传，成为明代士人探讨家族官德教化的母题之一。明中期名士叶盛（1420—1474）即在《水东日记》中详细记载此事，盛赞明太祖对家族官德教育的倡导起到了"示劝万世"的效果。[⑤] 明后期官员何栋如（1572—?）将这一教化政策视作"危急之世"的经世法门，将其收录于《皇祖四大法》中，以求裨补时务。[⑥] 晚明士人林时对（1632—1664）更称：

---

① 此领域成果较多，兹举部分代表性论著，见冯尔康等：《中国宗族社会》，浙江人民出版社1994年版，第234—248页。常建华：《宗族志》，上海人民出版社1998年版，第221—313、380—471页；吴霓：《明清南方地区家族教育考察》，《中国史研究》1997年第3期；常建华：《明代徽州的宗族乡约化》，《中国史研究》2003年第3期；常建华：《明代宗族研究》，上海人民出版社2005年版，第185—346页；谢长法：《明清时期族谱的教化功能刍议》，《湖南师范大学教育科学学报》2005年第2期；陈瑞：《明清时期徽州宗族内部的社会秩序控制》，《安徽师范大学学报（人文社会科学版）》2007年第2期；费成康主编：《中国的家法族规（修订版）》，上海社会科学院出版社2016年版，第89—144页。

② 《明太祖实录》卷63，洪武四年三月壬午，台北："中央研究院"历史语言研究所校印本，1962年，第1209—1210页。

③ 《明太祖文集》卷8《赐平凉县尹王轸父谕》，《景印文渊阁四库全书》第1223册，台北：商务印书馆1986年版，第94页。

④ 《明太祖文集》卷8《赐平凉县尹王轸父谕》，《景印文渊阁四库全书》第1223册，第94—95页。

⑤ 叶盛：《水东日记》卷11，明末刻康熙十九年重修本。

⑥ 何栋如：《皇祖四大法》卷4《治法》，《四库全书存目丛书》史部第51册，齐鲁书社1997年版，第544—545页。

一家书之微，而遂彻御览，至烦敕旨奖谕，赐金赐药、免役免差，盖激劝若斯之至也。风声所被，孰不鼓励，驯至三百年风俗之美，岂偶然哉！①

这种对家族官德教育的积极推崇也给清人留下了深刻印象，康熙朝王棠（1705—1748）曾评价："国家旌表例止义夫、节妇人、孝子、顺孙而已，之于父之训子亦得邀朝廷恩眷，此在昔先民所未有也。"②

"王升家书"一事可视为明太祖推动家族官德教育的起点，这种将官德教育主体扩展到地方家族的尝试贯穿于洪武一朝。如明太祖有感浦江郑氏的忠义治家风范，盛赞其为"江南第一家"，并屡屡嘉勉殊荣，授予郑氏族人官职。③ 这份特有的恩荣也使其家规《郑氏规范》享誉全国，成为许多家族修订家训族规的典范与母本。④ 此外，朱元璋颇为看重的《大诰》亦明确要求父母、妻子应对官员"戒之""谏之"，⑤ 在《大诰武臣》中更是呼吁："这文书各家见了呵，父母、妻子、兄弟、朋友，怎么劝诫，教休做这等恶人，合着天理仁心了行却不好？"⑥ 不管是父母妻子，还是兄弟朋友，皆为官员亲近之人，既能经常了解到官员的日常所为，又能及时进行道德上的规劝、督导，恰能弥补政府官德教育的不足。

明太祖的官德教化思路为宣宗所承继。在位期间，朱瞻基亲撰道德教育读物《五伦书》，⑦ 其中载有大量历代家族官德教化的事例：如《父道》篇中，西汉欧阳地余告诫子孙自己死后勿受官府财物，仕宦要以廉洁自成；唐代柳公绰常在家中"小斋"给子弟讲授官德之道；宋代韩琦希望子孙以"孤忠"自信，势不贪缘凭藉，如此方能为君主引为知己；包拯训诫子孙，若贪赃受贿则不得归家，死后更不能葬于族墓；《子道》篇中亦附有诸多名臣之母训子官德的故事。⑧ 为使该书在社会层面发挥更广泛的影响，该书甫一付梓，英宗便立即下令颁降于各地儒学。⑨ 降旨两月后，礼部便强烈要求蒙赐《五伦书》的儒学师生停止赴京谢恩，以避免严重的学业荒废，⑩ 以及该书在国子监、府州县学、书院中常作为课堂教本与学校藏书

---

① 林时对：《荷牐丛谈》卷 1，台湾银行经济研究室编：《台湾文献丛刊》第 153 种。
② 王棠：《燕在阁知新录》卷 14，清康熙刻本。
③ 钱国旗：《〈郑氏规范〉主体思想研究》，硕士学位论文，青岛大学，2016 年。
④ 参见许相卿《许氏贻谋四则》，楼含松主编：《中国历代家训集成③·明代编三》，浙江古籍出版社 2017 年版，第 1887 页；曹端：《家规辑略》，楼含松主编：《中国历代家训集成③·明代编三》，第 1638—1639 页；姚儒：《教家要略》，楼含松主编：《中国历代家训集成④·明代编三》，浙江古籍出版社 2017 年版，第 2139 页；苏伯衡：《苏平仲文集》卷 4《黄氏家范序》，《景印文渊阁四库全书》第 1228 册，第 23 页。
⑤ 朱元璋：《御制大诰》，杨一凡点校：《皇明制书》第 1 册，社会科学文献出版社 2013 年版，第 73 页。
⑥ 朱元璋：《大诰武臣》，杨一凡点校：《皇明制书》第 1 册，第 258 页。
⑦ 《五伦书》共六十二卷，宣德朝未能颁布，后由其子英宗朱祁镇作序刊行。
⑧ 朱瞻基：《五伦书》卷 54、55《父道》，明正统十二年内府刻本；朱瞻基：《五伦书》卷 58《子道·妻》，明正统十二年内府刻本。
⑨ 《明英宗实录》卷 170，正统十三年九月癸丑，台北："中央研究院"历史语言研究所校印本，1962 年，第 3286 页。
⑩ 《明英宗实录》卷 172，正统十三年十一月庚子，第 3311 页。

出现的情形来看，① 这一颁降政策的执行应当是比较成功的。后世皇帝也屡屡将《五伦书》赏赐给官员及各地藩王。② 借由这些方式，明政府成功将这部御制文献下沉到地方社会，③ 完成了通过国家权力来推动家族层面官德教育的目的。

二 明代家族官德教育的响应与实践

明政府对家族官德教育的倡导、推动，得到了地方家族的积极响应。这因于地方家族在道德与法律层面的双重责任——一方面，传统儒家观念要求父母长辈能够教子道德，使其成为国家的义民、忠臣；另一方面，官员不守官德的行为，将会连累到父兄亲族，轻则影响家族声誉，重或有抄家灭门之灾。这种对政府倡导的响应态度在家族文献中清晰可见，如《归仁詹氏族谱》将"家谱"与"国史"相类比，认为其皆有"存美恶、昭劝惩"之效，以家谱行教化的最终目的实为"赞国朝而成治"。④《於氏家谱序》亦言："今天子崇实学，笃懿训。吾见式公艺之庐而诏义门之粟者，将复见於氏见之矣。"⑤ 认为官方层面的规劝教化将引领地方义门的兴盛。更有士人直接将《五伦书》等御制文献作为家族官德教育的文本。⑥ 对此，晚明理学家陆世仪（1611—1672）总结道：

> 家庭之教，又必原于朝廷之教。朝廷之教以道德，则家庭之教亦以道德。朝廷之教以名利，则家庭之教亦以名利。⑦

可见，国家层面的倡导与家族自身的需要，构成了官德进入明代家族教育领域的基本逻辑。

在具体实践中，地方家族并非如政府般采取僵化刻板的宣教措施，而是充分利用家族教

---

① 此类史料较多，在此仅举数例，见湛若水《泉翁大全集》卷5，万历二十一年刻印本；丁申：《武林藏书录》卷上《尊经阁》，新文丰出版社编辑部：《丛书集成续编》第5册，台北：新文丰出版社1989年版，第729页；文庆、翁心存纂修：《国子监志》卷43《官师志三》，清道光十六年刻本。

② 见《明英宗实录》卷179，正统十四年六月丙子，第3476页；《明英宗实录》卷206，景泰二年七月戊午，第4426页；《明英宗实录》卷209，景泰二年十月庚午，第4489页；《明英宗实录》卷212，景泰三年正月丙辰，第4570—4571页；《明孝宗实录》卷132，弘治十年十二月壬辰，第2339页；《明世宗实录》卷205，嘉靖十六年十月乙卯，第4279页；毛奇龄：《西河集》卷73，《景印文渊阁四库全书》第1320册，台北：商务印书馆1986年版，第654页；潘希曾：《竹涧集》卷5《章氏重建御书堂记》，《景印文渊阁四库全书》第1266册，台北：商务印书馆1986年版，第708页。

③ 早在正德元年（1506）即有民间坊刻机构刊印此书，其能够经由民间坊刻机构以商业形式出版，说明作为御制文献的《五伦书》并未被束之高阁，而是在地方社会具有相当的流传度。见叶德辉《书林清话》卷4，新文丰出版社编辑部：《丛书集成续编》第6册，台北：新文丰出版社1989年版，第62页。

④ 黄绾：《归仁詹氏族谱原序》，陈建华等主编：《中国家谱资料选编·序跋卷上》，上海古籍出版社2013年版，第269页。

⑤ 陈雍：《於氏家谱序》，陈建华等主编：《中国家谱资料选编·序跋卷上》，上海古籍出版社2013年版，第220页。

⑥ 明前中期官员毛忠（1394—1468）获赐《五伦书》后，即教育子孙要将其作为家教文本常常诵读，见焦竑《国朝献徵录》卷9《伏羌伯赠伏羌侯谥武勇毛公忠传》，明万历四十四年刻本。

⑦ 陆桴亭：《论小学》，陈宏谋：《五种遗规》，中国华侨出版社2012年版，第46页。

育的优势，其教育形式呈现出"家族化"的特点。

首先是言传身教形式。这种教育形式始于受教育者的童蒙阶段，如明初杨士奇（1366—1444）尚在族学读书时，族伯杨退庵曾与另外两位先生约定"如有一人不自重，贪取民一钱者，后不复可相见"，后三人果成清官。这让杨士奇在数十年间常常拿这件事来鞭策自己和子孙。① 明后期官员魏大中（1575—1625）年幼时，父亲也常于睡前讲诵古人忠孝节烈之事，在第二天醒后，甚至要求其背诵昨夜讲读内容。这使得尚处童蒙阶段的魏大中，即便在学余散步时，也在思考将来如果做官该如何任事。②

在族中子弟入仕离乡后，长辈对晚辈的官德训勉往往寄托于家书之中。相较内容不常变动，在族中宣读家训、族规，通过家书教育子弟更切合于受教育者的实际情况，具有针对性、灵活性、即时性，往往能收到较好的效果。如成弘之际官员杨守陈（1425—1489）在得知其子除授刑部官员后，立即致家书训子，告诫其作为刑部官员，审案应仁厚明断，只有勤慎无懈，方能无过。一旦"纵有罪，虐无辜"，则将"灾及于身家，毒流于子孙"。③ 嘉靖朝内阁首辅徐阶（1503—1583）同样在听闻其孙徐元春进士及第后，立即致信进行初仕训导，提醒其应坚定意志、勤奋为官、远离小人。而在徐元春正式得授刑部官后，徐阶亦"紧随时事"修书一封：

> 得此官有为汝不平者，误也。吾殊为汝喜。夫无竞之地，可以远忌；无恩之身，可以远谤。勉之！勿生厌薄而志迁转，则汝福耳。进德修业，汝衣食也，衣食之苟具，而可骄人乎哉？如互相标榜，高立门户，非独乖远害全身之道，为己之学故不如是。④

这封家信依据徐元春的实际从政情况所书，在信中，徐阶不因刑部事务清闲、升迁缓慢而惋惜，而是训导其孙身处刑曹有二好处："无竞"便可"远忌"，"无恩"即可"远谤"。并勉励其应修德尽职，勿要四处钻营，寻求迁转。

而在族中长辈不能及时训教时，官员妻子也常在家族官德教育中扮演重要角色。弘治朝光禄少卿赵竑（？—1504）回忆，在其担任给事中时曾畏惧因言获罪，正是妻子勉励他应勇于论事、国而忘家。⑤ 明中期官员张宁（1426—1496）之妻王氏亦多次规劝身为言官的丈夫，《方洲集》载：

① 杨士奇：《杨士奇家书》，楼含松主编：《中国历代家训集成③·明代编一》，浙江古籍出版社 2017 年版，第 1606 页。
② 魏大中：《藏密斋集》卷 1《自谱》，沈乃文主编：《明别集丛刊》第 5 辑第 21 册，黄山书社 2016 年版，第 10—11 页。
③ 张萱：《西园闻见录（一）》卷 4《教训》，文海出版社 1940 年版，第 286 页。
④ 张萱：《西园闻见录（一）》卷 4《教训》，第 308 页。
⑤ 程敏政：《篁墩文集》卷 47《孺人冯氏墓志铭》，《景印文渊阁四库全书》第 1252 册，台北：商务印书馆 1986 年版，第 147—148 页。

（宁）尝夜醉归，（王氏）忧甚，潜使老婢询从者问所由。无何，始就寝，犹寤寐不安，诘朝从容劝曰："官人既为言官，当先守礼法。今牌带在身，鞍马不便，酣醉夜行，岂得无失？愿弗再为以妨大节。"是后，凡有宴集，必申劝而往。时官况萧条，岁常称贷。宁或自嗟咨，遽前曰："妾见贪暴之官，无不坏名取祸。向临行时，公姑父母皆以此戒我，恐妇人辈爱丰富以累男子，今衣食虽薄，若比秀才时亦过矣。"①

张宁的妻子王氏，不仅在张宁不守礼法，携腰牌大醉夜归时，提醒其身为言官不应有此"妨大节"之举，还在其官况萧条，被迫举债度日时，叮嘱张宁要保持清廉持正的官德。这其实也展现出了官员家庭生活的真实图景：官员妻子在朝夕相伴、随时了解中，有时会对官员的居官事务提出自己的看法，并对其进行道德层面的规劝、叮嘱，发挥着"贤内"的作用。

当然，不管是"言传"之言语规劝，还是"身教"之以身作则，都相当依赖于家人自身的道德操守。若家人本身德行有缺，那么在其侵染下官员势必也将难保初心，霍韬即言："自来士大夫凡有权势者，多难保终誉。虽其本身不修，实德不足所致，亦大半由家人、兄弟、妻子累之也。"② 明末官员张玮亦慨叹："为清官甚难！必妻子奴仆皆肯为清官，而后清官可为，不必则败其守矣。"③ 相反，若官员的家人本身道德出众，也将会在朝夕相处间熏陶成性，可谓不教之教。

另一种形式是家训规劝与族规约束。为了稳定家族结构与秩序，维持或提高家族现有的经济、文化、社会地位，地方家族会将符合儒家理念的箴言警句、社会经验、礼俗公约等，以家训、家规、族规、族约等形式确立下来并按时进行宣讲。④ 在政府积极倡导，以及明中后期家训族规普遍发展、日趋兴盛的背景下，⑤ 官德也逐渐成为其中的一项重要内容。

一般情况下，家训、族规由族长在家族集会时于祠堂当众宣讲。⑥ 宣讲的场所——族祠对家族有着特别的意义："盖祠者所以祀祖先，序昭穆，旌善褒功，忠孝节义，庙食无穷，祠之

① 张宁：《方洲集》卷24《亡妻王氏墓志铭》，《景印文渊阁四库全书》第1247册，台北：商务印书馆1986年版，第540页。
② 张萱：《西园闻见录（一）》卷4《教训》，第303页。
③ 余怀：《东山谈苑》卷3，转引自王春瑜主编《中国反贪史（上）》，四川人民出版社2007年版，第6页。
④ 明代名为家训、家规、家法、宗规、族规、族约的文本，其内容并非泾渭分明，其中既有劝诫性质的训语、箴言，也有具有强制性、约束性的规条，往往彼此错杂。故在本文中，以"家训"代表具有规劝性质的训语，以"族规"代表具有强制性的规约。
⑤ 冯尔康等：《中国宗族社会》，第225—247页；常建华：《明代宗族研究》，第185—346页；费成康主编：《中国的家法族规（修订版）》，第15页。
⑥ 如《金沙许氏祠堂记》记载："祭毕，相率以齿，会拜而宴。族长向南坐，举国朝《教民榜文》训族人，又申明《家诫》，凡十三，事关风教有犯者不得入祠。训毕，令文者书阖族一岁生卒及书别善恶及改行者，以示劝惩。"见雷礼《镡墟堂摘稿》卷9《金沙许氏祠堂记》，《续修四库全书》第1342册，上海古籍出版社2002年版，第309页。

义重矣。"① 在这种特定的神圣场所中宣讲家训、族规,目的正是让族人在肃穆氛围下聆听受教,感发兴起。而外宦他乡者虽无法参与家族集会,但并不代表家训、族规对其失去了劝导约束之效,《浦江郑氏义门规范》载:

> 子孙器识可以出仕者,颇资勉之。既仕,须奉公勤政,毋蹈贪黩,以忝家法。任满交代,不可过于留恋,亦不宜恃贵自尊,以骄宗族。仍用一遵家范。违者以不孝论。②

即便族人宦游于外,不在乡里故居生活,也依旧要 "一遵家范",在家训、族规的规范下莅官行政。这正是家族保障其官德教育有效性、长期性的关键所在。

家训族规警诫、训勉功能的内在逻辑,如士大夫庞尚鹏(1524—1580)言:

> 家有贤子孙,因吾言而益思树立,何嫌于费辞?如其不贤即吾成法具存,父兄因而督责之,使勉就绳束,犹可冀其改图也。③

如果族中子弟本就德行出众,家训、族规会激励其保持优良品德;若族中子弟不够贤能,则会在 "成法" 的约束下受到相应惩罚,以冀在父兄的督责下虚心躬行、向慕从化。这也意味着,对于官德不洁的族人,家族并不因其官员身份有所包庇,反而会对堕坏家风之人进行严厉惩处。如茗洲吴氏宗族便规定:

> 子孙有发达登仕籍者,须体祖宗培植之意,效力朝廷,为良臣,为忠臣,身后配享先祖之祭。有以贪墨闻者,于谱上削除其名。④

除 "族谱削名" 外,部分家族还制订有更严厉的惩戒方式。如《渭厓家训》规定,居官因贪酷不谨被罢黜者,"不给葬祭,不得陪祭,死不得入祠堂"。⑤ 这意味着彻底断绝其人与家族的联系,使官德不佳的官员在死后也只能成为葬于荒野的 "游魂野鬼"。宜兴堵氏宗族更区别对待于仕宦子弟与普通族人:不守官德、违背家训族规者,不仅较普通族人加罪一等,还要

① 陈瑞:《明清时期徽州宗族祠堂的控制功能》,《中国社会经济史研究》2007 年第 1 期。
② 浦江郑氏:《浦江郑氏义门规范》,费成康主编:《中国的家法族规(修订版)》,上海社会科学院出版社 2016 年版,第 230 页。
③ 庞尚鹏:《庞氏家训》,新文丰出版社编辑部:《丛书集成新编》第 33 册,台北:新文丰出版社 2008 年版,第 192 页。
④ 吴翟辑撰、刘梦芙点校:《茗洲吴氏家典》,黄山书社 2006 年版,第 21 页。
⑤ 霍韬:《渭厓家训》,楼含松主编:《中国历代家训集成③·明代编一》,第 1994 页。

将其逐出祠堂，甚至"通族鸣鼓摈弃"，使其声名扫地以尽，从此在乡里难以生活。①

当然，官德卓越的族人也会获得家族多种形式的嘉勉，《项氏家训》载：

> 有能敦崇道德，为孝子顺孙、义夫节妇及居官清慎勤、尽忠报国、光前裕后、为众所推者，族正呈举风励，死后仍附主于祠，永同始祖配享。②

居官清廉、尽忠报国者在死后会享有"同始祖配享"的资格，永受家族后人祭祀。同时，也有家族将居官有政绩或官德可称颂的诰敕文书，及其生平履历、嘉言懿行等列于家谱、族谱之中。这种做法，既可以褒扬族中官德卓越者的杰出事迹，更寓官德教化之意于其间——期待着对族中名宦先贤的书写能够起到感召、激励后人的效果。③

三 明代家族的官德教育内容

我国古代官德教育主要围绕"忠""仁""公""勤""清"等内容展开。这些道德理念为世人反复言说，往往流于形式、较为空洞，很难对受教育者产生有效影响。而明代家族的官德教育颇具新意，为了保障官德教育的效果，地方家族往往将官德与孝道伦理联系在一起。如士大夫王樵（1521—1599）即认为，子弟恪守官德不仅是身为官员的责任，同样是作为孝子的义务，只有官德卓越方可彰显出其"悦亲"之孝心，从中颇可见其"移孝作忠"的考量。④而在罗伦（1431—1478）看来，以恶德败官的族人不仅"污朝廷，祸天下"，对于家族而言，更是辱没祖宗，乃至"子孙不敢认"。⑤同时，家族官德教育内容也并非缺乏实际内容的清谈高论，其中既包含家族长辈的亲身经历，也有其切近于实务的施政经验，以及对为政道德多方面、多层次的深刻体会，涉及忠义、尽职、清廉、仁爱、恤民、处同僚等诸多方面。

（一）忠义尽职
"忠"是古代官德最核心的内容，其内涵不仅表现为坚定有气节的政治品质，更表现为对君主能够直言敢谏，不以媚言欺上。袁黄（1533—1606）在《训儿俗说》中对此阐释：

① 堵胤锡辑：《宜兴堵氏祠规、条约》，周秋芳、王宏整理：《中国家谱资料选编·家规族约卷下》，上海古籍出版社2013年版，第492页。

② 项乔：《项氏家训》，楼含松主编：《中国历代家训集成④·明代编二》，浙江古籍出版社2017年版，第2119页。

③ 如《汪氏统宗正脉（一）》载："录其诰敕，盖以为忠君仁民之实寓于斯焉，录之所以观德政也……录其褒扬之典以为德政之徵，其徒夸美于人，将使其子孙观感而兴起也。"见汪仲鲁等编修《汪氏统宗正脉（一）》，王强主编：《中国珍稀家谱丛刊·明代家谱18》，凤凰出版社2013年版，第6711页。

④ 王樵：《王方麓家书》，楼含松主编：《中国历代家训集成④·明代编二》，第2409页。

⑤ 高泳：《候潭高氏家诫》，周秋芳、王宏整理：《中国家谱资料选编·家规族约卷上》，上海古籍出版社2013年版，第42页。

他日出仕，须要以勿欺为本。勿欺，所谓忠也。上疏陈言，世俗所谓气节，然须实有益于社稷生民则言之。若昭君过，以博虚名，切不可蹈此敝辙。孔子宁从讽谏，其意最深。①

袁氏认为"忠"即是对君主正言直谏，绝不瞒心昧君，此为出仕为官之"本"。但直言切谏也需讲究策略，不能为时人"苟责君过"以博取虚名的风气所裹挟，而是要在社稷民生处贯彻气节，并以委婉、高妙的言语讽谏君主，如此方合君君臣臣之义。当然，实际政治生活并不总是君臣相合，官员也会"因忠致祸"。嘉靖朝御史杨爵（1493—1549）便因劝谏世宗祥瑞一事入狱，他在家书中反而叮咛儿子不要心生怨艾，更不能因此不顾忠义，放纵自己为官苟且因循。对于杨爵而言，"忠"不仅是与君民同心、向君直言，也在于得祸后依旧无怨无悔的为官态度。②

　　在日常行政事务中尽职尽责亦为"忠"的重要内容。王樵即在家训中反复强调尽职的重要性，他回忆自己任大理寺卿时，虽然事务并不繁杂，但"一事到，即有一事关系"，何况审断案件时"人之死生、罪之出入，定于笔下，可不尽心乎"？③ 陈继儒亦对世人过于看重官员之廉德，却不重其实际行政能力的观点进行反省，他在训子名篇《安得长者言》中说道：

　　士大夫不贪官，不受钱，却无所利济以及人，毕竟非天生圣贤之意。盖洁己好修，德也；济人利物，功也。有德而无功，可乎？④

在陈氏眼中，官员清廉，不贪钱财，是为"德"；在任内尽职尽责，济人利物，是为"功"。"清廉"与"尽职"，即"德"与"功"，显然是一个层面的问题。若仅有"德"，却无"功"，则远称不上是合格的官员。

（二）清廉持正

　　"清廉持正"指为官奉公守法，不贪俸外之财。明代家族的官德教育中涉及"清廉"的内容十分丰富。明初名臣杨士奇（1366—1444）即相当看重族中子弟清风峻节的操守，纵然是侄孙私用半张官纸写家书这种小事，他也专门修书一封严厉斥责。⑤ 在另一封家书中，他更

① 袁黄：《训儿俗说》，楼含松主编：《中国历代家训集成④·明代编二》，第 2576 页。
② 杨爵：《杨忠介家书》，楼含松主编：《中国历代家训集成④·明代编二》，第 2100、2102 页。
③ 王樵：《王方麓家书》，楼含松主编：《中国历代家训集成④·明代编二》，第 2402 页。
④ 陈继儒：《安得长者言》，楼含松主编：《中国历代家训集成⑤·明代编三》，浙江古籍出版社 2017 年版，第 2832 页。
⑤ 杨士奇：《杨士奇家书》，楼含松主编：《中国历代家训集成③·明代编一》，第 1622 页。

是不厌其烦地胪列多位族中卓有官声的前辈事迹，试图通过追述贤良故事来强调家族冠盖相属而又清风高节的廉政门风，由此激发子弟追踵家族前贤的荣誉感、使命感，以砥砺其廉隅。可见，援引祖辈的"贤宦故事"作为道德教育资源，正是家族官德教育的一个重要特征。当然，并非所有家族都有"贤宦故事"可以追述，这时地方家族往往会征引古代名宦事迹，如王澈（1473—1551）便在《王氏族约》中述东汉杨震"暮夜却金"之事训迪族中子弟。他认为，杨氏之所以成为千年名族，家声历汉、魏、六朝至唐而不坠，实因其祖祖辈辈始终清廉为官，积德之厚所致。[①]

长辈也会托物喻志，给家族子弟寄去素日可见却蕴含深意的物品，以期在日常中提醒其廉直为官。如嘉靖朝官员林继贤之父，在家书中叮嘱其子为官应高洁不染，同时附鞋一双——鞋的做工"表里纯清"。林继贤会意："履，履也。欲予履清蹈洁，真纯不杂也。"[②] 这正是林父告诫儿子为官要践履廉洁之志的特殊做法。游宦于外的官员也会往家中寄送财物，但这有时却会使家人对其是否恪守"廉直"产生怀疑：正统朝兵部尚书邝埜（1385—1449）在初任陕西按察副使时，曾以俸禄购买衣物寄回家乡，而邝父却以为是儿子索贿得来，怒詈："其子不才如此！汝掌一方刑名，不能洗冤泽物以安民，乃索此不义之物污我！"遂将衣物封还，并在家书中痛骂其子。[③] 又有天顺官员潘琴（1424—1514）以俸禄之半购帛至家，其父怒："汝始仕，何自致此物？是岂吾而望者？"潘琴写下数封信解释，其父"犹未解"。直到同僚项某致信证实，其父才相信并非索贿而来。[④]

（三）仁善爱民

"仁政"为儒家政治核心，亦为儒家官德的重要内容。杨士奇即在家书中告诫初入官场的外甥：北宋大儒程颢在县域临民为官时，以"视民如伤"为座右铭，时刻自我监督，提醒自己应顾恤百姓疾苦。族中小辈自然更应虚心躬行，以"诚心爱民"为居官准则。[⑤] 士大夫葛守礼（1505—1578）则以己为例教育族中子弟：葛氏在彰德府推官任内，曾与上司对平民郭洋一案持不同意见——上司"喜事轻刑"，欲从重处罚郭氏，而葛守礼却丝毫不因初入仕途而惧，据理力争，认定此民无罪，应当即释放。最终，上司"意虽不平，而事终如所拟"。[⑥] 葛氏无疑是希望以自己为官时仁慈爱民、笃守职责的事例来感召族中晚辈。

---

① 杨震（？—124）为东汉名臣，官至三公，位极人臣。任荆州刺史时，有人感念其提携，趁夜登门以"暮夜无知"为词贿赂之，而杨震则拒贿称："天知，神知，我知，子何谓无知？"来人惭愧而去。见王澈《王氏族约》，楼含松主编：《中国历代家训集成③·明代编一》，第1748—1749页。

② 张萱：《西园闻见录（一）》卷4《教训》，第326页。

③ 张萱：《西园闻见录（一）》卷4《教训》，第321页。

④ 张萱：《西园闻见录（一）》卷4《教训》，第332页。

⑤ 杨士奇：《杨士奇家训》，楼含松主编：《中国历代家训集成③·明代编一》，第1629页。

⑥ 葛守礼：《葛端肃公家训》，楼含松主编：《中国历代家训集成④·明代编二》，第2184页。

同时，在明代士大夫眼中，仕宦子弟临政仁爱恤民会为家族"积德累善"，进而使家族福泽绵延。归善人李鹏举，曾以乡荐历官同知。二子苑卿、学一于同年进士及第，李氏认为"非为文学便可取科第也"，乃由祖先积德累善所致，故特嘱咐二子：

> 宜深知此意，时时不忘为善之念须当垂久悠长，子孙垂垂相继，最不可自满。自是，予尝看世人便矜夸放肆，眼中无人，居官则凌虐小民，居乡则傲慢长上，眼前一时光耀，其后岂有不凌替者哉？①

只有怜悯小民，时刻不忘以慈悲为本才能厚积阴德，从而让宗族长久延续。方弘静亦在家训中，将地方大族由繁盛到衰败之因，归于其族人居官时施行苛政、繁刑重敛的报应，意图以反例警示族中子弟，希望其为官后能够秉持济世爱民之心。②

（四）处僚属

在实际政治生活中，官员并非孤立的个体，如何与同寅僚友共事也是考验官德的标尺之一。因此，许多家族往往会教导仕宦子弟如何处理官场人际关系。杨士奇即教育晚辈，若被同僚欺侮，应首先反思自己的过错，以至诚之心包容同僚，不与之计较，如此则同僚必将受之感化；即便对方依旧不敬，也可在这一过程中涵养自己的德性。③ 当然，与同僚以诚相待并不意味着结党营私，吴麟徵（1593—1644）在《家诫要言》中告诫子孙："秀才不入社，作官不入党，便有一半身分。"④ 认为与同僚的交往要有一定限度，反对朋党比周、党同伐异的做法。

此外，也当注意与下属的相处方式。王樵教其子："事上官、交僚友，不待我多嘱。唯待下人，宽而不可失之疏。"⑤ 即便与身份、地位低于自己的人打交道，也要宽厚相待，万万不可疏忽。同时，应自觉抵制"小人"的诱惑，方弘静举唐柳宗元之事警示族中子弟："当官者，其初非不欲洁己立名，而吏辈诱之多方，见可欲而乱，则售矣。柳子所以传河间也，顷见一令，以冬月至，令易一褐，吏以绒进，令曰：'非褐也。'对曰：'褐非宜。'问其价，以十之三四对。令曰：'价不应止是。'对曰：'市中例，久矣。不敢多领。'令遂从之。自是纷华之念日动，失其初心矣。夫衣以御寒耳，褐胡为不宜，绒胡为宜？即绒而宜也，胡可与褐同价也？一成而丧节，可悲也夫！"⑥ 方氏认为，许多官员初仕时尚胸怀抱负，莫不欲洁己立名。然而，后来终在"小人"的诱导下"纷华之念日动"，最终不免失其初心。因此，他提

---

① 张萱：《西园闻见录（一）》卷 4《教训》，第 332 页。
② 方弘静：《方定之家训》，楼含松主编：《中国历代家训集成④·明代编二》，第 2334 页。
③ 杨士奇：《杨士奇家书》，楼含松主编：《中国历代家训集成③·明代编一》，第 1621—1622 页。
④ 吴麟徵：《家诫要言》，楼含松主编：《中国历代家训集成⑤·明代编三》，第 3162 页。
⑤ 王樵：《王方麓家书》，楼含松主编：《中国历代家训集成④·明代编二》，第 2407 页。
⑥ 方弘静：《方定之家训》，楼含松主编：《中国历代家训集成④·明代编二》，第 2316 页。

醒仕宦子弟不要为奸吏所蛊惑导致官德沦丧。

四　余论

明初，太祖行严苛之法，却未能起到预想中的澄清吏治之效，因此他开始强调对官员进行道德教化，倡导家族开展官德教育便是这一教化理念的重要表征——通过对父训子官德行为的隆重表彰，嘉勉积极实践于官德教育的地方家族，以及颁布倡导家族官德教育的御制文献，明太祖试图将教育主体扩展到地方家族层面，使家族与政府联动开展官德教育。而宣宗承继了太祖的这一政教思路，其御制《五伦书》中收录有诸多家族官德教育的内容，并通过后代皇帝的接续颁降与赏赐下沉到地方社会中。

与政府的倡导桴鼓相应，明代许多家族在道德与法律层面的双重责任下，积极实践于官德教育。他们对子弟的官德教育有着鲜明的"家族化"特征。从形式上看，一方面，家族中人最了解官员的实际为政情形，可以通过日常生活中的言传身教，有针对地、即时地、灵活地对官员进行官德的劝导、督责；另一方面，明代许多家族在家训、族规中编入大量官德内容并设以相应奖惩，对宦游于外的族人亦发挥着长久而稳定的影响。就内容而言，这种官德教育并非空洞的道德说教，地方家族不仅将官德与孝道伦理相结合，为官德赋予了更深层次的意涵，还结合了祖辈的"贤宦故事"以及家训、族规编撰者自身的为政经验与体会，使族人在受到良好家风感召的同时，得以了解保持自身官德的从政技巧，由此保障了家族官德教育的效果。

最后，本文从三个方面切入，与学界相关成果进行一定程度的对话与反思：

其一，明代家族教育问题。关于家族教育，现有成果主要关注以族学、族塾、家训、族规、族约、族谱为中心的家族教育实践。这些教育实践有着"清晰而又有序"的文本为证，可以描绘出一幅让人心驰神往的明代家族教育教化图景。但若以日常生活的视角考察，这些教化方式限于频率，可能只占族人生活世界中的一部分，对客体影响相对有限，并不能全面反映家族教育的常态。尤其是道德教育，日常生活中的教育教化往往是无序、随机且碎片的——潜移默化的濡染、不教而教的熏陶、以身作则的垂范、日常言语间的教益更是影响一个人道德品格的关键因素。从本文便可看出，不管是父母妻子当面的训勉规劝，还是来去往回的家书训导，都具有即时性与经常性，且指向官员为政时的实际情形，教育效果也因此得到保障。故研究古代家族教育，也要注重"日常"的这一维度，这更有助于捕捉教育生活的主要面相，反映生活世界的实态。

其二，明初吏治建设问题。关于此，目前最全面的论述来自张显清先生，他认为明初的吏治建设措施大致有以下几点：打击奸党和贪官污吏；教育官员为政道德；从民间选拔贤才；

调动民众和下层知识分子监督官府。① 本文正可对这一问题略作补充。可以看到，在明初政治窳败背景下，洪武帝试图把官德教育与基层教化活动联系在一起，由政府、社会层面的多方主体共同发挥官德的督促、劝导作用。这种思路后来也为宣宗所承继，其御制《五伦书》充分吸收了前朝历代以及洪武朝家族官德教育活动的思想资源，并借由后世皇帝的广泛赐予、颁降，完成了向社会层面的渗透。这反映出传统社会后期，政府层面的教化意图逐渐渗透于基层社会，双方联动开展道德教育的这一趋势。

其三，明代政府与家族的互动问题。冯尔康先生提出，明代"宗族的政治化及与政权的互相作用"逐渐加强，这种"互相作用"是指政府希望宗族能够以儒家伦理"齐家"，成为政府的基层组织，进而维持地方社会秩序。基于此，明后期政府坐视民间违礼建立宗祠，以批准族规的形式赋予宗族司法权，支持族长在族中的管理教化。② 本文所探讨的明代家族的官德教育实践，正是冯先生所言明代"宗族政治化"特征的重要表现。但不同的是，围绕官德教育，宗族与政权的"互相作用"并不以"齐家"或是维持地方秩序为终点，其着眼点更在于"治国"——为国家培养尽忠尽职、官德卓越的官员。二者的互动过程大致如下：明政府对官德教育的倡导得到地方家族的积极响应。通过家人的言传身教以及制订、宣讲家训族规，地方家族对族人开展忠义、清廉、仁善、恤民等儒家官德的教化——若族中仕宦子弟能够恪尽职守，成为国家的忠臣良宦，官方将以旌表、封赠等措施构建官员及其亲属的荣誉体系，并将彰显官员本人以及推恩家人荣誉的诰敕文书，通过公共领域的焚黄之礼、立石刻碑、记录存谱以及地方政府树坊旌表等活动，传播官员的官声事迹于乡里社会中。③ 由此，受旌表门闾的社会声名得到显扬，形成家族在地方上的"文化资本"。这将不仅对族中晚辈起到激励、感召作用，还将鼓舞地方其他家族开展科举以及官德方面的教育。在这一系列过程中，家族通过官德教育与政府始终保持着"政府倡导—家族教育—旌扬褒奖—家族继续教育"的互动关系。

〔作者程思瀚，中国社会科学院大学历史学院博士研究生〕

---

① 张显清：《明太祖朱元璋社会理想、治国方略及治国实践论纲》，《明史研究》第 10 辑，中国社会科学出版社 2017 年版，第 6—44 页。

② 冯尔康等：《中国宗族社会》，第 259 页。

③ 明代政府为官员构建荣誉体系的相关内容，见赵克生、刘群英《明朝文官父祖封赠制度述论》，《社会科学辑刊》2010 年第 3 期；宋继刚：《明代文官恤典研究》，博士学位论文，东北师范大学，2015 年；陈晓婷：《明代文官诰敕制度研究》，硕士学位论文，福建师范大学，2016 年。

神圣不可侵犯：日本"不敬罪"与"不敬"

杨　爽

　　摘　要：明治维新后日本制定宪法，以国家大法的形式，确立了天皇"神圣不可侵犯"的地位。随后维护天皇这一独特且核心地位的制度和措施接踵而至，其中"不敬罪"就是依托于刑法存在于法律层面的维护措施。"不敬罪"在施行以后适用范围不断扩大，限制民众"所为"的范围也不断扩大，并进一步渗入民众的思想观念和日常生活中，最终衍生出超法律层面的"不敬"，并在"不敬罪"删除后仍发挥着实际作用。本文试图通过辨析"不敬罪"及"不敬"等概念的内涵与流变等，探究出在"不敬罪"这一法律视角下日本天皇地位的演变，以及法令在法律层面之外，尤其在社会层面所产生的影响。

　　关键词：日本刑法　"不敬罪"　"不敬"　日本天皇

　　日本明治维新后从效仿中华法系转而学习借鉴法国、德国等西方各国的法律体系并于1889年颁布《大日本帝国宪法》，其中第一条、第三条明确规定国家主权在于天皇，以及天皇的地位是神圣的、不可侵犯的，[①] 并在这一宪法要义下为维护天皇"神圣不可侵犯"的地位专设了"对于皇室之罪"的刑法条文。二战后日本再次修宪，明确"人人生而平等"的宪法精神后"删除了包括'不敬罪'在内的危害皇室罪一章，以适应天皇地位的变化和法律的平等精神"。[②] 由此可见，"不敬罪"的流变与日本天皇地位的转变有着密不可分的联系。

　　国内对"不敬事件"的研究大多集中于研究上海《新生》周刊事件，但相关研究也为数不多。如吴景平针对中日双方如何处理《新生》周刊事件进行研究，认为《新生》周刊事件即是1935年华北事变期间，日本方面以"大不敬"文句为由，"挑起事端，威逼中方

---

　　① 《大日本帝国宪法（净写三月案）》，《伊藤博文関係文書（その1）》（1888 年 – 03）［2023 – 05 – 06］，国立国会図書館デジタルコレクション。
　　② 天川晃、荒敬等編集：《法制・司法制度の改革》，東京：日本図書センター，1996 年，第 52 页。

接受种种无理要求"。而国民党方面的对日不断妥协让步"必然导致误国害民的恶果，国民党中央决策体制也无法正常运作"。[①] 除此以外，大多研究是在论述杜重远时兼论此事件，如《杜重远与〈新生〉周刊》[②]《略论杜重远与〈新生〉周刊》[③]《杜重远和〈新生〉周刊》[④] 等。而日本学界对"不敬事件"的研究大多集中于内村鉴三"不敬事件"，如古贺敬太著《内村鉴三和其时代（1）——不敬事件》[⑤] 一文是以内村鉴山生活的时代为背景，以"不敬事件"为中心，通过阐述内村鉴三对"不敬事件"的回应来明确其信仰与爱国主义之间的关系。除此之外，有关内村鉴三"不敬事件"的研究有葛井义宪著《耶稣的弟子，内村鉴三》。[⑥] 但无论是国内还是日本学界，对于"不敬罪"的研究多集中于某一"不敬罪案件"，而缺乏对各"不敬罪案件"间的对比研究，同时也鲜少对"不敬罪"这一法令条文做单独研究。故而本文通过分析"不敬罪"来探究日本天皇地位的流变，并借由"不敬罪案件"分析日本的法律与政治生态。除此之外，即使战后日本从刑法中剔除了"不敬罪"，日本社会中仍有大量有关"不敬罪"的声音，故而本文提出超法律层面的"不敬"：废除"不敬罪"后，该法律条文所规定的内容仍为日本人接受及使用，这一接受及使用使得"不敬罪"这一法律条文转化为"不敬"这一概念深入人心，并得以在民众的日常生活中发挥影响，由此本文通过分析"不敬"这一概念如何为日本人所接受及使用来反映"不敬罪"等法律条文如何在法律层面之外发挥影响。

一 神圣不可侵犯："不敬罪"的形成

（一）"不敬罪"的订立

日本刑法最早受到中华法系的深刻影响，直至明治维新转而学习借鉴法国、德国等国法系，"随着明治维新所开启的近代化进程，日本逐渐从中华法系的荫庇中脱离，转而接受法国刑法的影响，并制定了具有折中主义色彩的 1880 年旧刑法"。[⑦]"至明治十三年（1880）7 月，更颁刑法治罪法，定期自十五年正月一日实施之，其刑法分四编，四百三十条，治罪法六编，四百八十条，大抵仿法国拿破仑法典而作，执笔者法国法律博士巴利拿也，于是刑律法典，稍得整备矣。"[⑧] 在日本法制史上被称为《旧刑法》的法典也就由此确立，"这部法典于 1880

① 吴景平：《全面抗战爆发前国民党的涉日危机应对：以〈新生〉周刊事件为中心》，《抗日战争研究》2022 年第 2 期。
② 陈世阳：《杜重远与〈新生〉周刊》，硕士学位论文，上海社会科学院，2008 年。
③ 冯春龙：《略论杜重远与〈新生〉周刊》，《求索》2004 年第 11 期。
④ 金冲及：《杜重远和〈新生〉周刊》，《历史研究》2000 年第 5 期。
⑤ 古賀敬太：《内村鑑三とその時代（1）——不敬事件》，《國際研究論業》2021 年第 35 卷第 1 号。
⑥ 葛井義憲：《イエスの弟子，内村鑑三》，《名古屋学院大学論集 人文·自然科学篇》2018 年第 52 卷第 2 号。
⑦ 付立庆：《日本近现代刑法的制定、修改及其评价》，《南京大学法律评价》2016 年第 2 期。
⑧ 高山林次郎等编：《日本维新卅年史》，古同资译，华通书局 1931 年版，第 232 页。

年 7 月 17 日公布，1882 年 1 月 1 日开始实施，一直到 1908 年现行刑法生效为止，共施行了 26 年"。①

在此刑法典中涉及"不敬罪"的法令被单独列为第一章：

第一章　对于皇室之罪

第七十三条　对天皇、太皇太后、皇太后、皇后、皇太子或皇太孙加危害，或欲加者，处死刑。

第七十四条　对天皇、太皇太后、皇太后、皇后、皇太子或皇太孙有不敬之行为者，处以三月以上、五年以下之惩役。

对神宫或皇陵有不敬之行为者，亦同。

第七十五条　对皇族加危害者，处以死刑；欲加危害者，处以无期惩役。

第七十六条　对皇族有不敬之行为者，处二月以上、四年以下之惩役。②

在此法令中，仅第七十四条和七十六条涉及"不敬"。其与第七十三条和七十五条中的"加危害"相较而言，"加危害"更偏向于直接危害天皇及皇室身体的实质性行动，而"不敬"则偏向并非构成直接的身体伤害的"所为"。这一点反映在量刑中，"不敬"相对于"加危害"的量刑更轻，即其严重程度更低。除此之外，第七十四条和七十六条的量刑范围相对于第七十三条和七十五条而言更为宽泛。"加危害"仅被区分为是否实施成功，如若成功则定死刑，未成功则定无期惩役。而"不敬"的量刑则为时间范围，依据犯罪者的行为由裁判所裁定，但在此法令中并未明确裁定的依据标准，由此裁判所在裁定触及第七十四条和七十六条的案件时具有极大的可调控范围。

（二）"不敬罪案件"及"不敬罪"适用范围的调整

本节选取"不敬罪"案件分析案件经过、审判过程及定罪量刑结果等，通过比较分析明确"不敬罪"相关条文中所写的"所为"并不应仅仅理解为"行为"，而是扩大至包含"言语"，并且也并非仅仅是公开性的"所为"，而是包含私密性的"所为"。本文将"所为"的类别划分三种"不敬罪案件"，即分为公开言语类"不敬罪案件"、公开行动类"不敬罪案件"及私密言语类"不敬罪案件"。通过梳理这三种类型"不敬罪案件"各自特点来探究"不敬罪"在实际施行过程中的适用范围和法律特征，并试图通过梳理以上案件的裁定过程及结果来探究"不敬罪"在日本的实际施行情况。

---

① 华夏等：《日本的法律继受与法律文化的变迁》，中国政法大学出版社 2005 年版，第 82 页。

② 黄琴唐点校；商务印书馆编译所编译：《日本六法全书》，陈承泽校订，上海人民出版社 2013 年版，第 332 页。

1. 公开言语类 "不敬罪案件"

"森田马太郎事件" 是《旧刑法》施行以来判处的第一个 "不敬罪案件"。明治十五年（1882 年）1 月 5 日，位于高知县的自由民权运动者森田马太郎在立志社内的演说触犯不敬罪。但在高知县裁判所判定森田马太郎触犯对天皇的 "不敬罪"，以《刑法》第 117 条判处其重监禁四年及罚款百元后，森田马太郎不满该判决结果，主张以《刑法》第 117 条写明的 "所为" 应当界定为 "行为" 而非 "言语" 进行上诉。但最终大审院维持原有判决结果并以其上诉理由全无道理驳回。① 由此，以森田马太郎因公开演说被判 "不敬罪" 为开端，"言语" 也被纳入 "不敬罪" 的适用范围中。

但将 "言语" 划入 "不敬罪" 的适用范围后，最大的问题之一是量刑所依据的应是该 "言语" 所造成的危害程度。而这一点是难以明确划分的，尤其是当受害者为天皇时而难以依据受害者的受侵害感受来评判这一危害程度时，量刑所需的依据便更加模糊。由此在量刑公开言语类 "不敬罪" 案件时，裁判院，尤其是裁判长的主观判断占比较大。坂崎斌同在明治十五年于高知县发表演说时论及 "天子是自人民处压榨赋税，独取赋税而安坐于上坐之人，其与自己是截然不同的两种人呢"②，被处以 "不敬罪" 重监禁三个月并罚款二十元监视六个月，而发生于同地同年并且同在公开演说时触犯 "不敬罪" 的田马太郎却被处以重监禁四年及罚款百元。造成两事件量刑结果差异如此之大的部分原因为 "坂崎斌因其有在法院工作的经验，所以可以认为其掌握了让审判长印象深刻的法庭技术"③。由此在量刑可调控范围较大及受审判长个人主观判断影响颇深的双重作用下，相似 "不敬罪案件" 的量刑结果差距较大。

日本报纸刊载的社论触及 "不敬罪" 也时有发生，明治十五年 4 月 1 日，因《冈山日日新闻》所载文章《猛兽之言》的内容被认定存在不敬且破坏政府的言论，而判处该报编辑下山田正道触犯 "不敬罪" 和 "报纸条例罪"。这一事件是明治十五年刑法施行以来首个因报纸报道引发的 "不敬罪事件"。裁判所认定《猛兽之言》中 "在某个深山里栖息着一头猛兽，此兽力猛而荒，冠于山中，所以成此山之兽王几乎两千五百多年，其子孙绵延一百二十多代而传承下来"④ 是为讽刺天皇的言论，判处该报编辑 "不敬罪"。在此案中，判断该文章是否构成 "不敬罪" 很大程度上取决于裁判所官员是否接受举报者将 "猛兽" 看作 "天皇" 的联想，即 "不敬罪" 成立与否极大程度上受举报者及执法者主观判断的影响。因明治时期刑法的变革极为剧烈和迅速，相关执法人员的培养难以及时跟上，由此导致在实际执法过程中，

---

① 森作太郎：《刑法治罪法註解大成（附録）》（1882）［2023－05－07］，国立国会図書館デジタルコレクション。
② 司法省：《大審院刑事判決録（自明治十六年 1 月至明治十六年 3 月）》（1883）［2023－04－19］：376. 国立国会図書館デジタルコレクション。
③ 手冢丰：《明治十五年刑法施行直後の不敬罪事件（一）》，《法學研究：法律·政治·社會》1971 年第 7 期。
④ 小股憲明：《『濃飛日報』の紀元節社説不敬罪事件：「犯上抗官」時代の終焉（その二）》，《人間科学：大阪府立大学紀要》2005 年第 1 期。

尤其是在《旧刑法》及《新刑法》施行初期，相关法律案件的裁定与法律条文的规定存在较大的偏差。

2. 公开行动类 "不敬罪案件"

这一类型的 "不敬罪案件" 即因 "行为" 触犯 "不敬罪"。明治十六年（1883）1 月 31 日，兵库县神户区相声小学的教员稻仓义三郎在教室里拿起天皇的写真，说出不敬的言论并撕碎扔掉，由此被认定触犯 "不敬罪"。此案件在当时引起较多日本报纸的关注，但相互之间所持态度大相径庭。最早报道 "不敬罪" 是《朝野新闻》于明治十六年 2 月 14 日发表的，该报道指责稻仓义三郎的言行实为不敬。但稍晚报道的另一报纸《时事新报》则对稻仓义三郎被判定 "不敬罪" 持同情态度，主张稻仓义三郎是在维护课堂秩序时无意中撕毁天皇照片，"各报纸有着种种不同的传闻，但据本报所知，其将天皇的照片撕毁完全是为了禁止该学校的学生在授业过程中以照片嬉闹"。[①] 同时此报附以稻仓义三郎的上诉为佐证："一、'被告人发表不敬的言语' 这一证词，只是证人饭尾龟三郎的'片言'，并无其他证人的证词……三、听说是'妇人的写真'，担心妨碍学生的学习而损坏，并无不敬的恶意。"[②]

虽然日本各报对稻仓义三郎持不同态度，并且其中不乏同情者，但裁判所仍判定其触犯 "不敬罪"，甚至明治十六年 5 月 22 日稻仓义三郎的上诉被简单一句 "单就是对事实的不服"[③] 驳回。由此可见，在此案件中，"不敬罪" 的适用范围已经扩大到对天皇的象征物——天皇照片的破坏行为同样被判处 "不敬罪"。同时，"不敬罪" 的成罪并不考虑，或者极少考虑犯罪者在犯罪时是否带有不敬天皇的思想，而仅看是否造成了不敬天皇的包括行动和言语的 "所为"。另外从裁判所简单以一句 "单就是对事实的不服" 驳回稻仓义三郎的上诉，而并未给出判断得出此定论的推理逻辑过程可以看出，裁判所对此裁定过程及结果均持以笃定的态度，也就是对将天皇象征物纳入 "不敬罪" 的适用范围，以及不考虑被告人在犯 "不敬罪" 时是否有思想上 "不敬" 天皇的动机而仅考虑是否造成法庭认定下的不敬天皇的 "所为" 两者持笃定的认同态度。

3. 私密言语类 "不敬罪案件"

"私密言语类" 相较于以上两大种类型最显著的特征便是其私密性。这一类 "不敬罪案件" 的发生象征着 "不敬所为" 的公开界限被打破，"不敬罪" 切实渗入民众私密的生活空间里，对民众的影响和作用进一步加深。

明治十五年 9 月 24 日，历任水户裁判所、大阪裁判所的判事助理、茨城县警部等职的熊谷成三，因在举行于友人家中的酒席上发表了 "不敬" 言论而被同席之人告发，最终被判处

---

① 手冢丰：《明治十五年刑法施行直後の不敬罪事件（七）》，《法學研究：法律·政治·社會》1972 年第 1 期。

② 手冢丰：《明治十五年刑法施行直後の不敬罪事件（七）》，《法學研究：法律·政治·社會》1972 年第 1 期。

③ 司法省：《大審院刑事判決錄（自明治十六年四月至明治十六年五月）》（1883）[2023 - 04 - 19]：453 - 454，国立国会図書館デジタルコレクション。

"不敬罪"。① 熊谷成三前往水户里五轩町的关氏家里饮酒至夜里 11 时后，前往中岛贞介家中，饮酒席上共四人，其中一人在饮酒时提及"天皇陛下生病的缘由"。② 此后因熊谷成三的"行动和言语对于三浦强而言涉及不敬故而告发"。③ 三浦强便是与熊谷成三一同在中岛贞介家中饮酒的四人之一，而熊谷成三其后被认定触犯"不敬罪"的"所为"发生在仅四人的私人小酒席中，所处空间是"中岛贞介家中"这样一个极为私密的空间。

在"熊谷成三事件"发生之前，"不敬罪"所规定的"所为"仅包含公开演讲或公开刊发在报纸中的言语以及公开场所的行为。但自熊谷成三在友人家中仅四人的小酒席中的"所为"被定"不敬罪"后，这一公开界限被打破而扩展至私密空间中，"不敬罪"进一步扩大，不仅仅管制公开发表的"所为"，也约束着私密空间内的"所为"。而对于民众而言，如"中岛贞介家中"这般极为私密的空间应当是民众最为熟悉、自由、"无所约束"的"私领域"。但"熊谷成三事件"发生后，借由"不敬罪"彻底打破了民众"公/私领域"的界限，"不敬罪"切实渗入民众的日常生活中并对其生活方式产生影响。与此同时，鉴于"不敬罪"是专为维护天皇权益而设立的法令，当"不敬罪"的适用范围扩大至包含民众在"私领域"的言行时，民众的"私事"也就因此条法令而与天皇密切相关，并且也会因与天皇相关而被他人公开审视。

通过对以上"不敬罪案件"的分析可知，"不敬罪"在日本，尤其是在《旧刑法》施行时期及《新刑法》施行初期，执法人员在裁定该罪行时仍存在较多失误，例如法律应用的错误、相似案件量刑时间的悬殊等。究其原因，一方面在于明治变革刑法时较为剧烈且突然，由脱离中华法系的荫庇，转而接受、借鉴法国刑法，再到学习模仿德国刑法的过程过于迅速，以致对执法人员的培养、教育并未跟上刑法变革的速度，由此在执行过程中容易出现较多失误。另一原因则在于"不敬罪"被制定时对于相关法律条文的界定较为模糊和宽泛，并且未明确规定划分的标准，以致无形中扩大了"不敬罪"的解释空间。同时据上文分析可知，执法者的主观判断也会对"不敬罪"的定罪量刑起到较大的作用，而先行案例又会对后续"不敬罪案件"产生影响，由此"不敬罪"的适用范围得以不断扩大："所为"从行动扩大至包含言语；犯罪对象从天皇和皇室、皇陵等具体的人和场所扩大至包含天皇等的象征物；得以立罪的场景从公开场所扩大至私密空间等，以上种种反映在"不敬罪"的施行过程中不断扩大的"不敬罪"适用范围。而这一适用范围的扩大，也加深了非天皇以外人员对天皇、皇室及皇陵等的行动及言语的限制，由此更进一步强调天皇的独特性和权威性。

① 宫武外骨：《明治演説史》，有限社 1926 年版，第 145 页，国立国会図書館デジタルコレクション。
② 司法省：《大審院刑事判決録（自明治十六年 9 月至明治十六年 10 月）》（1883）［2023 - 04 - 19］：383，国立国会図書館デジタルコレクション。
③ 司法省：《大審院刑事判決録（自明治十六年 9 月至明治十六年 10 月）》（1883）［2023 - 04 - 19］：384，国立国会図書館デジタルコレクション。

与此同时，因"不敬罪"自身界定的模糊性，举报者或裁判长个人的主观判断及诠释在裁定"不敬罪案件"时发挥着较大的作用。由此民众举报"不敬罪"成功的概率较大，这也就促使"不敬罪"为更多民众所运用。并且以"熊谷成三事件"打破民众"公/私领域"为契机，"不敬罪"更加深入民众的生活并为民众所运用，同时在这一运用过程中潜移默化地影响着民众的思想，从而使法令的影响力从法律层面跃向社会层面。

综上，"不敬罪"得以形成并最终确立的核心基础在于天皇的"神化"形象及核心地位在日本的确立。在明治维新过程中，日本制定了《大日本帝国宪法》，而此"宪法奉行天皇主义，带有浓厚的绝对君主制色彩"①。与此同时，新的贵族制度——华族制度也随之建立，"以华族作为维护君主立宪的天皇制度的势力集团，使华族成为'皇室之辅翼'，'皇室之屏障'"②。由此，通过以上两个方面日本确立了天皇独特的核心地位，进而继续维护天皇的独特性和核心地位也就成为重中之重，其中通过特别立法来维护天皇的独特性和核心地位的途径之一，即"不敬罪"的施行。

二 化神为人："不敬罪"与"不敬"

1945 年 8 月 14 日天皇宣读《终战诏书》。随着广播中缓缓传来首次公开的天皇"玉音"与战败消息，天皇作为无所不能的神而笼罩在其身上的圣纱慢慢被扯开。至日本修改《刑法》从而真正用法律揭下了天皇作为神的圣纱，"删除了包括'不敬罪'在内的危害皇室罪一章，以适应天皇地位的变化和法律的平等精神"③。由此天皇不再享有法律特权，并且走下了神坛成为"人人平等"中的"人"。

但日本根深蒂固的天皇观念以及战后现实政治需求，以吉田茂首相为主的日本政府对删除"不敬罪"强烈反对，"日本政府对废除这些条款持暧昧的态度，以致许多紧急立法不能进行。为加速刑法修改，联合国最高司令部以书面形式向日本政府提出了'劝告'，迫使日本政府最终决定消除相关条款"。④

在麦克阿瑟提出删除《刑法》中有关"不敬罪"的内容时，日本政府，其中尤以吉田茂为代表极力反对，并亲自写信发给麦克阿瑟等人陈述不应删除此法令的理由："首先，即使在新宪法中，天皇的地位也是'国家和人民团结的象征'，这一事实符合日本自建国以来坚定持有的传统信仰。此外，不容置疑的是，天皇在伦理上是日本国家崇拜的中心，从日本民族伦理的角度来看，针对天皇的暴力行为应当被视为具有颠覆国家性质的行为，应该受到严厉的

---

① 铃木英司：《解说日本·中国宪法》，人民中国出版社 1998 年版，第 1 页。
② 杨丽英：《日本法律制度研究》，四川大学出版社 2000 年版，第 5 页。
③ 张继良、赵立新：《20 世纪日本刑法的三次变革及其启示》，《外国法制史研究》2005 年第 1 期。
④ 张继良、赵立新：《20 世纪日本刑法的三次变革及其启示》，《外国法制史研究》2005 年第 1 期。

道德谴责和比任何针对个人的暴力行为更为严厉的惩罚。这类似于对父母或祖先的暴力行为，应该受到比对一个普通人的暴力行为更为严厉的惩罚……"① 吉田茂首相由此指出："保留《刑法》第73条和第75条将符合日本民族的情感和道德信仰。"② 从而强调应当保留"不敬罪"相关法律条文。

对此，麦克阿瑟回信反驳道："关于你的第一点，似乎认为针对天皇的暴力行为是'颠覆国家的行为'是不可取的，也不符合新宪法的精神。……任何个人，无论其地位如何，都不应享有普通公民所不享有的司法保障，普通公民才是一切国家权力的终极源泉。"③ 由此可见，以吉田茂首相为首的日本政府方面和以麦克阿瑟为首的美国方面围绕"不敬罪"的存废所辩争的核心是天皇的地位问题。吉田茂等人延续自明治维新以来日本以"天皇为核心"的"天皇观"，将天皇看作超脱国家和人民的存在，如同一张无形的大网牢牢地包裹住国家和人民，认为其可以维护国家安全及巩固人民团结。因战后日本急需稳定民心、重建日本，所以日本政府强烈主张保留"不敬罪"维护天皇以此稳定这张"大网"。但是以麦克阿瑟为首的等人则将天皇看作与平民拥有同等权利的"人"，遵照"法律面前人人平等"的新宪法基本概念，只赋予天皇与"人"所能享有的同等的法律权利。由吉田茂与麦克阿瑟在这一点上的差异可见，"不敬罪"的设立是建立在独特的"天皇观"基础上的，即认为天皇超脱于"人"，是人与国家的总和，其安危紧密关系着日本的和平稳定，由此需给予其特殊保护，其中"不敬罪"就是从法律层面出发进行的特殊保护。

最终在以麦克阿瑟为首的美国方面的坚持下，战后日本《刑法》中有关皇室犯罪的第73条至75条的"不敬罪"被删除。通过美日之间就是否删除日本《刑法》第73条至75条有关"不敬罪"的争辩可知，在日本的观念中，天皇此时仍被看作"国家和人民团结的象征"，是高于"人"的存在，其安危与国家的稳定紧密相连，故而理应特别立法来维护天皇的特殊权益。正如在此之前的《刑法》中，天皇的利益一直被放在核心及首要位置。"从制定和实施看，明治宪法是一部典型的钦定宪法，宪法是按照明治天皇的个人意愿强加于臣民的，它所考虑的一切都是从天皇的利益出发。"④ 但以麦克阿瑟为首的美国方面则是摒除天皇的特殊性，将其融入"人"中，并与其他"人"共同构成"国家"，由此遵照《宪法》规定的"法律面前人人平等"原则，不应为天皇特殊立法。最终在以麦克阿瑟为首的美国方面的坚持下，日

---

① *Letter from Shigeru Yoshida to General MacArthur dated December 27*, 1946，[2023 – 04 – 19]，国立国会図書館デジタルコレクション。

② *Letter from Shigeru Yoshida to General MacArthur dated December 27*, 1946，[2023 – 04 – 19]，国立国会図書館デジタルコレクション。

③ *Letter from Douglas MacArthur to Prime Minister dated February 25*, 1947，《マッカーサー記念館所蔵 マッカーサー私信 MacArthur Memorial Archives, RG 10：Private Correspondence（VIP Files）Box No. 13 "Ashida, Katayama, Yoshida" ＜MMA – 14, Roll No. 6＞》[2023 – 04 – 19]，国立国会図書館デジタルコレクション。

④ 杨丽英：《日本法律制度研究》，四川大学出版社2000年版，第12页。

本方面删除了《刑法》中有关"不敬罪"的"危害皇室罪"一章。但在此后的现实生活中，"不敬罪"这一法律概念仍存在于众人的脑海中。虽然此时已不再能追究刑事责任，但仍会产生较为严重的社会影响。

例如发生于1961年的"嶋中事件"，即是因日本右翼不满他人对天皇"不敬"而爆发的社会事件："1961年2月中央公论社社长嶋中鹏二的住所遭到右翼袭击，理由是在《中央公论》上刊登的《风流梦谭》对天皇不敬。"① 这一事件与报刊类"不敬罪案件"较为相似，均是因个人或社会团体抗议报纸刊载有关天皇的"不敬言论"而引发并不断发酵。最主要的差别在于，1961年的"嶋中事件"因"不敬罪"的废止而未发展为法律案件，但也造成了极为严重的社会影响。那么为何"不敬罪"废止多年后，仍能在日本社会中产生较大的影响？最主要的原因是"不敬罪"的适用范围在日本不断扩大，相应对民众"所为"的限制不断增加、与民众间的联系不断加强，由此民众不断加深对"不敬罪"的理解以致"不敬罪"的相关概念深入人心。甚至在战后删除"不敬罪"相关法律条文后，"不敬罪"的相关概念，即"不敬"仍然存在于民众之中并发挥着实际作用。

战后日本，尤其是"1945年（昭和二十年）8月14日宣布接受《波茨坦公告》后，旧宪法和旧刑法的效力在此时是否失效成为争论焦点"，② "标语牌事件"③ 恰好发生在这一争论爆发之际。但在此案件的审理过程中，尤其是二审审判中，"最高法院在审判过程中回避了这一问题"，④ 并未追究"旧宪法和旧刑法"的效力是否仍存在这一问题，而是着眼于"不敬罪"。将关注点放置于"不敬罪"的大赦令，以此来转移人们的视线，令其忽视存在于"旧刑法"中并受制于"旧宪法和旧刑法"失效与否的"不敬罪"的效力问题。而最高法院的这一做法，实际上达成了旧有刑法中对天皇的特殊保护。由此可见，对于战后的日本而言，尤其是对此时的大部分政治、法律相关人员而言，坚持保存保护天皇核心地位及特殊利益的"不敬罪"仍然是他们的第一选择。即使此时日本已经从《刑法》中删除了"不敬罪"，但仍有较多官员及法律人士在实际执法过程中采用"不敬罪"，更有部分社会人士以"不敬罪"作为约束社会舆论的手段。由此日本社会中已形成一个"超法律层面的"的"不敬罪"，即"不敬"，"不敬罪"存在于法律层面，是"与治安维持法并列支撑天皇制的弹压法规"，⑤ 犯罪者需要接受裁判所的审判及量刑惩治。但"不敬"超脱了法律层面，延伸至舆论等社会层面，触犯"不敬罪"者则需要接受普通民众或者新闻报纸等的审视。由此可见，"不敬"相

---

① 鹤见俊辅、上野千鹤子、小熊英二：《战争留下了什么——战后一代的鹤见俊辅访谈》，邱静译，北京大学出版社2015年版，第138—139页。

② 铃木英司：《解说日本·中国宪法》，人民中国出版社1998年版，第35页。

③ 昭和二十一年（1946）因战后粮食危机愈发严重，大量日本民众聚集于皇居前游行示威，其中一人手举"朕吃饱了，你们人民饿死了"的标语牌进行示威，这一行为及言语被指触犯"不敬罪"而被抓。

④ 铃木英司：《解说日本·中国宪法》，人民中国出版社1998年版，第35页。

⑤ 宫永孝：《日本における不敬事件》，《社会志林》2022年第69卷第3号。

对于"不敬罪"而言，其约束对象虽仍是全体日本人，但执行者已经从裁判所转变为拥有"不敬"意识的个人或群体。并且判定是否触犯的依据也相应扩大为全体民众或新闻报纸认识下对天皇、皇室、神社和寺院的"不尊敬、欠缺敬意的言语行动等"，① 惩罚措施也由定罪量刑转变为以舆论施压为主。

"不敬"这一概念得以在"不敬罪"被删除后仍为众多社会人士所采纳、使用，是因此前在"不敬罪"施行的过程中，律令所规范的内容就已经渗入民众的日常生活中，潜移默化地影响着民众的思想。在"不敬罪"作为律令应用于法律案件的裁定过程中，"不敬罪案件"作为新闻报道广泛被刊载于报纸上、流传于民间的口口相传中，对日本普通民众思想的影响不断扩大，并最终落实于民众的行动中。

而促使"不敬"这一概念得以在民众思想中衍生出来的最主要原因正是本文第二节在探究多起"不敬罪案件"后得出的观点："不敬罪"在施行过程中适用范围不断扩大，即约束民众"所为"的范围不断扩大，甚至冲破了民众"公/私领域"的界限，由此与民众的联系更加紧密。尤其在"熊谷成三事件"后，"不敬罪"的适用范围从公开场合扩大至私人空间，其与民众日常生活的联系进一步加深。而这一加深使得民众接触、了解"不敬罪"的机会加大。同时，正如上文所言，"不敬罪"在立罪时相对其他法令更易受举报者及裁判者个人主观判断的影响，由此检举"不敬罪"更容易变成部分民众为达成自身目的而采取的策略。如在教育领域，"'不敬检举'成为处于下位的学生攻击处于上位的老师的有力武器"，② 在政治领域"利用不敬攻击对手极为奏效"③，虽然"不敬检举"并非一定能使得某一事件最终成为法律案件，但其能为部分民众达成目的提供一个途径。这一途径的不断使用和扩展也推动着"不敬"这一超法律层面的概念的形成。

综上所述，"不敬"的形成是建立在"不敬罪"的适用范围不断扩大的基础上，"不敬罪"适用范围的扩大使得其更为广泛地规范着民众"所为"，由此部分民众在不断了解、接触其边界的过程中开始利用"不敬举报"。虽然"不敬举报"并非最终能被裁定为"不敬罪"而进入法律层面，但因"不敬罪"相关条文的界定极为模糊、定罪量刑的依据并不明确等原因使得裁判长与举报人的主观因素可以深刻影响"不敬罪案件"的裁定。由此相对于举报其他法令，"不敬举报"成功的可能性相对更高，这也就促使部分民众更为积极地利用这一途径来达成自身目的。而"不敬举报"所依据的就是民众对"不敬罪"的理解，也就形成了各民众心中的超法律层面的"不敬"概念并在日本社会中产生影响与发挥作用。

---

① 宫永孝：《日本における不敬事件》，《社会志林》2022 年第 69 卷第 3 号。
② 小股宪明：《明治期における不敬事件の研究（Abstract – 要旨）》，博士学位论文，京都大学，2008 年，第 1843 页。
③ 小股宪明：《明治期における不敬事件の研究（Abstract – 要旨）》，博士学位论文，京都大学，2008 年，第 1843 页。

三　结论

综上所述，日本在明治维新中建立了立宪政治。通过宪法法理的明确以及如"不敬罪"等切实维护天皇权力的法律条文的制定，真正使得天皇"从法理上收回了实际的'大政'权力，天皇成为国家最高主权合一性的体现"。[①] 由此明治维新后天皇借由法理"愈发成为政治道德的典范和国家价值判断的标准"，[②] 并通过实际执行"不敬罪"等法令切实有效地实现了自身政治权威的强化。"不敬罪"在设立之初便是为保护天皇在日本"神圣不可侵犯"地位。因"不敬罪"法律条文内容的模糊性及受主观因素影响较大等，随着一起又一起"不敬罪案件"的裁定，"不敬罪"的适用范围不断扩大，相应约束民众"所为"的范围也在不断扩大，由此对民众的影响逐渐加深，并在日本民众心中根植下天皇在日本的特殊性及核心性以及维护天皇这一"神圣不可侵犯"地位的观念，从而使得天皇真正成为日本集法律、政治于一身的权力核心。

法律条文并非仅仅存在于法律层面，而是会在施行过程中借由对民众行为的规范而潜移默化地进入民众的日常生活。"不敬罪"这一法律条文也渗进了民众的生活中，影响着民众的言行及方向，并通过民众对"不敬罪"的再解读而形成了超法律层面的"不敬"。尤其在战后删除"不敬罪"后，"不敬"仍在民众间发挥着作用，用以约束他人对天皇的"所为"。虽然战后裕仁天皇发表《人间宣言》否定天皇作为"现代人世间的神"的地位而从神坛走向人间，日本也确立了"人人平等"的宪法精神，将天皇纳入平等的"人人"中，但在"不敬罪"长期施行中形成的"不敬"这一超法律层面的概念仍能在民众实际生活中有影响甚至引导其行动方向。由此，"不敬罪"不再仅局限于法律、政治层面，更渗入民众日常生活中，影响着民众的思想，指导着民众的前进方向。与此同时，"不敬罪"也会反过来被民众基于自身的价值判断及利益需求来加工与使用，如"不敬举报"便是民众基于自身的价值判断来界定某行为是否适用"不敬罪"，但其中也不乏有人利用"不敬举报"作为维护、获取自身利益的"手段"。

〔作者杨爽，清华大学历史系博士研究生〕

[①] 张用清：《近代日本立宪政治源流研究》，硕士学位论文，南开大学，2020年。
[②] 张用清：《近代日本立宪政治源流研究》，硕士学位论文，南开大学，2020年。

· 社会文化 ·

民国时期"历史哲学"概念的传播、接受与史学回响[*]

王昊宇　张　峰

摘　要："历史哲学"这一舶来概念为民国史坛提供了新的思想资源。随着西方历史哲学知识的不断输入，民国学人在 20 世纪 30 年代对"历史哲学"的概念内涵形成了"探寻人类社会发展演变规律和根本动力之学说"的共性认识。民国学术界对"历史哲学"概念的不同态度，反映出建设现代化史学的不同取向。"历史哲学"概念的传播与接受拓展了史家治史的视野与思路，促使人们对史学理论问题的思考走向深入，有助于传统史学的现代化转型。

关键词：历史哲学　概念史　西学东渐　民国学术史

外来学问的传入为近代中国提供了丰富的思想文化资源，深刻影响了时人的思想观念以及近代中国学术的发展走向。在西学东渐的浪潮中，民国学人对"历史哲学"这一舶来概念的理解与运用呈现出复杂的样态。"历史哲学"概念的传播不仅启发了时人对史学理论问题的思考，更为重审中国历史、丰富史学研究提供了新的思想资源，其中尚存在可进一步探究的空间。

学界对西方历史哲学思想传入中国的过程已有较多关注。[①] 但有关"历史哲学"概念的研究，既有成果多聚焦于 20 世纪初，而对于民国年间"历史哲学"概念的传播、接受与运用情况则少有专门的考察。俞旦初较早注意到清末作为新名词的"历史哲学"与现今该词的内涵存在差异，在介绍罗伯雅所译补的《历史哲学》时，将其中"历史哲学"的名义解释为"世

---

[*] 本文系 2023 年国家级大学生创新训练项目"新瓶旧酒：'历史哲学'概念的接受、传播与近代中国史学（1900—1949）"（202310697058）阶段性成果。

[①] 近些年来较为系统地进行梳理的成果有叶建：《中国近代史学理论的形成与演进（1902—1949）》，中国社会科学出版社 2012 年版，第 151—205 页；张广智主编：《近代以来中外史学交流史》，复旦大学出版社 2020 年版，第 575—679 页；于沛：《近代中国世界历史编纂（1840—1949）》，中国社会科学出版社 2021 年版，第 330—362 页。

界文明史和革命史的史论";① 李孝迁认为 20 世纪初中国知识界没有严格区分"历史哲学"与"文明史"的不同内涵与外延,并指出原因在于所接受的西学知识转借于日本,辗转之中原意发生了改变;② 沈国威关注到康有为《日本书目志》第四卷图史门中出现以"历史哲学"为题的书籍,系收录的书名中所见的日本新词;③ 叶建指出 20 世纪前半期史学界对"历史哲学""历史观"等概念的理解较为混乱,存在较大的分歧;④ 谢保成注意到了民国时期一些提倡"历史哲学"的中国学者,对其思想学说进行分析,总结了他们在运用历史哲学方面的共同特征与偏颇之处,已触及中国史家如何理解并使用"历史哲学"概念的问题;⑤ 顾少华从概念创制的视角出发,梳理 1900 年前后西方语境的"历史哲学"一词经明治时期日本的翻译与挪用,进入中文文本及清末"新史学"话语体系,并确立自身合法性的过程;⑥ 赵少峰论及李大钊和朱谦之对"历史哲学"概念及其研究范畴的认识不同,但未进行更详尽的阐发。⑦

综上可知,当前学界对西方历史哲学在中国的传播与接受之研究,呈现出"重实轻名"的情况:主要从思想史、学术史的路径出发,梳理"历史哲学"这一后设定义所涵盖的思想学说输入中国的历程,而对作为概念的"历史哲学"在民国学术史中的境遇则关注较少。本文从民国学术界的整体视角出发,试图探讨时人如何接触并认识"历史哲学"这一概念,总结"历史哲学"概念在史学领域的运用情况及其影响,以期推进对西方史学东传与中国近代史学嬗变的认识。

一 历史哲学知识输入与概念共性认知的形成

20 世纪初,人们接触西方学术的主要渠道为阅读日本学者翻译、转写的著作。尽管在 1903 年已出现对黑格尔《历史哲学》的简要介绍,⑧ 但国内可供人们获取历史哲学知识的著作非常有限。浮田和民的《史学通论》介绍了部分历史哲学知识,⑨ 此外日人建部遯吾的《哲学大观》、⑩ 家永丰吉的《文明史》等著作也涉及历史哲学知识,⑪ 在当时被留日的中国学人阅读较多。面对历史哲学知识匮乏的总体情况,人们自然难以提炼出对"历史哲学"概念

---

① 俞旦初:《爱国主义与中国近代史学》,中国社会科学出版社 1996 年版,第 217 页。
② 李孝迁:《西方史学在中国的传播》,华东师范大学出版社 2007 年版,第 42—43、47 页。
③ 沈国威:《近代中日词汇交流研究:汉字新词的创制、容受与共享》,中华书局 2010 年版,第 260 页。
④ 叶建:《中国近代史学理论的形成与演进(1902—1949)》,第 151—153 页。
⑤ 谢保成:《增订中国史学史(晚清至民国)》,商务印书馆 2016 年版,第 462—499 页。
⑥ 顾少华:《清末"历史哲学"概念的创制》,《学术月刊》2017 年第 7 期。
⑦ 赵少峰:《西史东渐与中国史学演进(1840—1927)》,商务印书馆 2018 年版,第 256 页。
⑧ 君武:《唯心派巨子黑智儿学说》,《新民丛报》第 27 期,1903 年,第 9—20 页。
⑨ 浮田和民:《史学通论(四种合刊)》,李浩生等译,邬国义编校,商务印书馆 2023 年版,第 118—127 页。
⑩ 本书中的"万国思想家年表"曾连载于《新民丛报》第 18、19、22、24 期,1902 年。
⑪ 本书编译自弗林特的《欧洲历史哲学》。

的准确全面认识，致使当时的中国学界存在将"历史哲学"与"文明史"混同的状况。

1903 年，康有为的弟子罗伯雅将铃置仓次郎纂译的《历史哲学》一书翻译成中文。① 此书刊登的出书广告言："历史哲学者何也？以哲学之理论观察历史也。"② 但实际上，此书包括希腊文明论、罗马文明论、中世史论、宗教改革论、英国革命论、今世史论等方面的内容，侧重世界史和文明史，似并不与"历史哲学"相关。时人沈兆祎读此书也有这样的疑惑：名为"历史哲学"，所载内容却"注重于文明""似不尽关哲学"。③ 初刊于 1907 年的吕瑞延、赵潋璧著《新体中国历史》，旨在"研究人类进化、社会发达、文明进步之学"，而所凭借的方针为"东西史学家所著《史学原论》《新史学》《历史哲学》诸书"。④ 这在很大程度上受日本学人的影响，如铃置仓次郎与家永丰吉就在翻译西学著作的过程中将文明史的意涵掺入"历史哲学"概念中，后被梁启超、康有为等人接受并引入中文语境，导致中国学界对"历史哲学"概念的理解出现偏差。⑤

"五四"前后，历史哲学知识的输入迈进新阶段。李大钊留学日本时接触到丰富的历史哲学资源，⑥ 是国内研究历史哲学的先驱。他撰文评述鲍丹、孟德斯鸠、孔德、韦柯等西方历史哲学代表人物的思想，推动了历史哲学知识的传播。同时大批欧美留学生学成归国，他们对西方学术有着更为系统的掌握，有能力直接阅读、翻译西方历史哲学原著并进行研究。涌现出郭斌佳译《历史哲学概论》、⑦ 张东荪著《西洋哲学 ABC》（世界书局 1930 年版）、青锐译《历史哲学》、⑧ 黎东方译《历史之科学与哲学》、⑨ 李石岑著《现代哲学小引》（商务印书馆 1932 年版）、王造时与谢诒徵译《历史哲学》等专著，⑩ 介绍一人一派历史哲学思想学说的报刊文章更是数不胜数。这种引进新知的繁荣局面，为民国学人对"历史哲学"概念产生共性认识奠定了基础。

传入的西方历史哲学原典和朱谦之等民国学人自主撰写的历史哲学著述，是"历史哲学"概念在中国得以广泛传播、扩大受众的重要文献基础。此外，高校历史哲学课程的陆续开设也有力促进了历史哲学知识的推广，不应被忽视。较早规划开设历史哲学课程的是北京大学史学系，1923 年的《北京大学史学系课程指导书》中指出："既学史学，则于本国、外国史

① 戚尔逊：《历史哲学》，罗伯雅译，广智书局 1903 年版。
② 《历史哲学》出版广告，《新民丛报》第 25 期，1903 年，第 28 页。
③ 沈兆祎：《新学书目提要》，熊月之主编：《晚清新学书目提要》，上海书店出版社 2007 年版，第 497 页。
④ 吕瑞延、赵潋璧：《新体中国历史》"叙论·历史之范围"，商务印书馆 1910 年版，第 1 页。
⑤ 详见顾少华：《清末"历史哲学"概念的创制》，《学术月刊》2017 年第 7 期。
⑥ 朱谦之指出《史学要论》中大部分依据内田银藏《史学理论》一书，见朱谦之《历史科学论》，《现代史学》第 2 卷第 3 期，1935 年，第 26 页。且李大钊通晓日文，可率先研读日本学界引介历史哲学的众多著述，详见叶建《西方分析的历史哲学与中国近代史学理论的构建》，《史学理论研究》2013 年第 1 期。
⑦ 弗林特：《历史哲学概论》，郭斌佳译，新月书店 1928 年版。
⑧ 拉波播尔：《历史哲学》，青锐译，辛垦书店 1930 年版。
⑨ 施亨利：《历史之科学与哲学》，黎东方译，商务印书馆 1930 年版。
⑩ 黑格尔：《历史哲学》，王造时、谢诒徵译，商务印书馆 1936 年版。

学之变迁利病，尤宜深知灼见……而历史哲学，尤为重要，现在正拟筹画添设。"[1] 但在后续的课程安排中并未设置独立的历史哲学课程，而是将"历史哲学等题"置于外国史大类中的"历史学"这门课程下。30 年代前后，开设历史哲学课程的高校逐渐增多，经过对各高校历史哲学课程开设情况的整理，制作出下表。（见表一）

表一   民国部分高校史学系历史哲学课程开设情况

年份	高校院系	开设年级	课程性质与安排
1929	成都大学历史学系	第四学年	必修课，每周 2 课时
1929	清华大学历史学系	第四学年	4 学分
1930	成都师范大学历史学系	第四学年	必修课，每周 2 课时
1930	北平大学女子学院史学系	第四学年	
1930	辅仁大学史学系	第四学年	每周 2 小时
1930	厦门大学史学系		3 绩点
1930	中央大学史学系	第三、四学年	选修，3 学分
1933	中山大学史学系	第三学年	必修，上下学期各 2 学分
1934	山西省立教育学院史学系	第一学年	选修，每周 2 小时，一学年 2 学分
1936	暨南大学历史地理学系	第三、四学年	选修，每周 3 小时，3 学分
1936	光华大学历史系	第三、四学年	选修，一学期 3 学分
1936	北平大学女子文理学院文史学系	第三、四学年	选修，4 学分
1938	西南联合大学历史社会学系		4 学分
1941	广东大学史学系	第四学年	3 学分，每周课时数为 3

由上表可知，清华大学、中央大学、中山大学等多所学校在 1935 年之前就设置了历史哲学课程，其后还有一些高校陆续开设。可见当时历史哲学作为一门课程在各高校中广泛设置，较受重视。除山西省立教育学院史学系把历史哲学课程设在一年级外，其余有记载的高校均在高年级时才开设此课程。这种对开课年级的不约而同之安排，或许反映出在时人心目中学习历史哲学的难度较大，学生经过两三年的积累后再进行学习较为合理。从课程内容来看，多以传授西方历史哲学思想为主，陆懋德认为"今须力矫前人之弊，认定历史为专门之学，而望其根本改造，自必赖西国方法"，进而希望"添设西史方法及历史哲学等门，务使学生于西人所谓科学方法，切实了解"[2]。在中央大学，"本课目研究欧洲学者对于历史观

---

[1] 《北京大学日刊》第 1302 号，1923 年 9 月 29 日，王应宪编校：《现代大学史学系概览（1912—1949）》，上海古籍出版社 2016 年版，第 18 页。

[2] 陆懋德：《筹办历史系计画书》，《清华周刊》1926 年第 25 卷第 16 期，王应宪编校：《现代大学史学系概览（1912—1949）》，第 740 页。

念之理论及其思想系统，举凡历史演进之定义、历史与哲学上之逻辑及智识论之关系均拟作深切之探讨"。① 讲授历史哲学课程的教师队伍较为专业化，如张荫麟、朱谦之、李季谷等人，都有海外留学经历，能够广泛接触并充分掌握西方的历史哲学知识。总而言之，高校历史哲学课程的开设推动了历史哲学知识在近代中国的传播，培养了一批历史哲学知识的年轻受众，为"历史哲学"概念的传播与接受提供了有利条件。

同样是在 20 世纪 30 年代前后，民国学界对"历史哲学"概念的理解逐渐出现了一些共性。从当时涉及历史哲学的专著和报刊文章中，可以发现不同作者对"历史哲学"概念的认知"异中有同"。现将部分学人对"历史哲学"概念之定义列表如下。（见表二）

表二   **部分民国学人对"历史哲学"概念之阐释**

作者	年份	对"历史哲学"概念之解释	史料来源
李守常	1924	历史哲学是由统一的见地而观察历史事实者，是依哲学的考察，就人生及为其产物的文化为根本的说明、深邃的解释者。	《史学要论》，商务印书馆 1924 年版，第 72—73 页。
景昌极	1930	兹所谓历史哲学者，谓对于人事变化中根本问题之研究。	《历史哲学》，《史学杂志（南京）》第 2 卷第 2 期，1930 年，第 1 页。
作民	1933	除了割分时期，以求历史进化的通则外，历史哲学又要找人类进化的最后原因，既知道人类社会是变动，那应必进一步要找出他变动的原动力。	《奥本海末尔的历史哲学》，《清华周刊》第 40 卷第 5 期，1933 年，第 28 页。
朱谦之	1933	历史哲学是和自然科学一样，要在事实的混沌当中，寻出一种社会现象的根本法则。	《弁言》，《历史哲学大纲》，民智书局 1933 年版，第 1 页。
郭斌佳	1934	历史哲学，就是人类对于他自己的演进所抱的思想。	《弁言》，《历史哲学概论》，黎明书局 1934 年版，第 Ⅲ 页。②
陈家盛	1935	历史哲学是历史之哲学的研究，它是以哲学的方法探求历史的究极、根源、动力及其进化法则。	《历史哲学研究大纲》，《群言》第 12 卷第 3 期，1935 年，第 25—26 页。
沈鉴	1935	如此说来，历史哲学在学问体系中，为一种综合的学问，它所要指出的为人类自己演进的最后原理及普遍原则，也即是人类对于他自己的演进所抱的思想。	《高比诺的历史哲学概观》，《清华周刊》第 43 卷第 4 期，1935 年，第 26 页。
冯友兰	1935	把以前的旧局面，把以前的旧历史，重新研究估价。于重新研究估价的时候，往往就可发现历史的演变，也是依着一定的公式。把这些公式讲出来，就成为历史哲学。	《秦汉历史哲学》，《哲学评论》第 6 卷第 2/3 期，1935 年，第 1 页。

---

① 《国立中央大学文学院选课指导书》，1933 年度上学期，王应宪编校：《现代大学史学系概览（1912—1949）》，第 668 页。

② 与上文提到的新月书店版不同，下文所引的本书均为黎明书局版。

作者	年份	对"历史哲学"概念之解释	史料来源
翦伯赞	1938	历史哲学的任务,便是在从一切错综复杂的历史事变中去认识人类社会之各个历史阶段的发生发展与转化的规律性,没有正确的哲学做研究的工具,便无从下手。	《历史哲学教程》,生活·读书·新知三联书店2021年版,第4页。
	1940	然则吾人究将如何解释此变动之历史?而其变动又有何种法则之存在?此即所谓历史哲学所应研究之事。	《全体主义之历史哲学》,《中外经济拔萃月刊》第4卷第11—12期,1940年,第49页。
张荫麟	1943	传统上所谓历史哲学之性质,可以一言赅之:即探求过去人事世界中所表现之法则。	《论传统历史哲学》,《思想与时代》第19期,1943年,第4页。
袁哲	1947	历史哲学,乃是对于世界历史之哲学的考察,欲求出人类历史进化之根本的原动力,并说明由此原动力所造成之人类历史发展的过程。	《三民主义历史哲学》,《前锋(上海1947)》第5/6期,1947年,第7页。

由上表可知,在20世纪30年代,民国学人对"历史哲学"概念的认知已有相当程度的共性:首先,"历史哲学"讨论的对象是人事变迁而非自然物演化的历史;其次,"历史哲学"建立在对人类社会历史整体研究的基础上,对历史的源头、动力等问题进行解释;最后,"历史哲学"要找寻历史发展进程中一以贯之的根本法则和规律。这种共性与梁启超所谓"研究人群进化之现象,而求其公理公例之所在,于是有所谓历史哲学者出焉"[1] 大致相同。人们对"历史哲学"概念共性认知的形成,是历史哲学知识广泛传播产生的必然结果。当然,共性认知的产生并不意味着人们对"历史哲学"概念的理解不存在差异。历史哲学究竟属于历史学学科范畴还是哲学范畴,就曾引发广泛的讨论。

还需特别指出的是,民国年间经常将"历史哲学"与"历史观"并行使用。尽管有人意识到"历史观"与"历史哲学"的范畴不同,[2] 但在当时大部分的著述中,二者的意涵大致无异,经常并行出现。"新史学建设运动"的发起者们认为,"要有系统的科学的历史哲学,就是说要有正确之史观"[3],"如要著作史书,便非借重历史哲学或史观不可";[4] 坚持民生史观的李素心也认为:"历史哲学的任务,是根据历史事实,去找寻历史的基固,然后再把握着历史基固来解释一切历史现象,所以历史哲学又可称之为'史观'。"[5]

---

[1] 梁启超:《史学之界说》,《新民丛报》第3期,1902年,第61页。

[2] "历史哲学意在以简御繁,欲将历史上繁复之现象缩为最后之一因,且所用之方法复为哲学之演绎。历史之解释者,则仅重各就所见,将产生现代文明之主要原因特别指出。"诚中:《史学观念之变迁及近代史家对于历史之解释》,《史学杂志(成都)》第1期,1929年,第11页。

[3] 复一(高福怡):《新史学建设是青年史学者的责任》,《史学周刊》第67期,《华北日报》1935年12月26日,第7版,黄芬编校:《〈华北日报·史学周刊〉选辑》,上海古籍出版社2021年版,第28页。

[4] 靖方(徐世勋):《响应中国新史学建设运动》,《史学周刊》第69期,《华北日报》1936年1月16日,第7版,黄芬编校:《〈华北日报·史学周刊〉选辑》,第40页。

[5] 李素心:《高级的历史哲学》,《革命理论》第15—17期,1943年,第7页。

这种并行使用、不加区分的情况也出现在同一个人的著述中。以姚从吾为例，他曾于1930 年写道："历史哲学的主旨在考究事实发生的原因与事实发生的定律……历史哲学是依据历史实事创立的一种哲学；或是说明人事发生的动因，或是综合历史现象，而归成若干历史的定律。"[①] 而他在相近时期撰写的《史学研究法》中又称："简单说，历史观就是各派历史哲学家对历史的一种抽象的认识，也就是他们统观'人类历史事变的原因与结果，和人类社会进化'的各种见解。再简单些说，历史观也可以说就是历史哲学。"[②] 这种情况其实也是西学东渐过程中人们生吞活剥接受外来知识的一例。

"历史哲学"与"历史观"并行使用的情形，反映出"历史哲学"概念在民国时的传播与接受情况比较复杂，一方面，人们对"历史哲学"概念的理解来自对各种历史哲学思想的总结提炼，以"历史哲学"统括探寻人类社会发展演变规律和根本动力的一系列思想学说；另一方面，"历史哲学"被视作阐释历史的理论，与"历史观"之间的界限不清晰。到 40 年代，仍有人试图将历史哲学与历史观在概念上作出区分，[③] 但总的来看，把"历史哲学"与"历史观"两个概念并行使用，不作区分则是更为普遍的现象。时人对"历史哲学"概念的理解既存在基本共识，又呈现出多样的认识与运用情况，体现出西学东渐进程的复杂性。可以肯定的是，"历史哲学"概念的传播与接受为民国学界注入了新的思想资源，而学人对这一概念共性认知的形成，则为人们进一步讨论"历史哲学"的学科归属提供了前提条件。

二 对"历史哲学"概念的拒迎态度及其学科归属之分歧

对"历史哲学是什么"这一问题达成些许共性认识后，民国学界围绕"历史哲学"这一舶来概念产生的诸多分歧并没有停止。即使是支持、认同使用"历史哲学"概念的学者，在"历史哲学"与历史学、哲学的关系如何等问题上，也存在不同的看法。认知差异的背后，是推进史学现代化建设的不同主张与取向。

反对将"历史哲学"概念纳入史学研究领域的，莫过于以傅斯年为代表的考证学家。傅斯年本人曾言："果然我们同人中也有些在别处发挥历史哲学或语言泛想，这些都仅可以当作私人的事，不是研究所的工作"[④]，"历史这个东西，不是抽象，不是空谈。古来思想家无一定的目的，任凭他的理想成为一种思想的历史——历史哲学。历史哲学可以当作很有趣的作

---

① 从吾：《苏东坡的历史哲学》，《留德学志》第 2 期，1930 年，第 51 页。
② 姚从吾：《历史研究法》，李孝迁编校：《史学研究法未刊讲义四种》，上海古籍出版社 2015 年版，第 258 页。李孝迁认为姚氏这本讲义的编写时间始于 1929 年，或为 1934 年在北大印行。参见同书的《前言》，第 5 页。
③ "但就狭义的历史观言，则历史哲学，实为历史观的重要渊源和基础"，"今姑概括言之，则所谓历史哲学，即是研究人类历史的原理和法则的学问。历史观即是基于某种观点，对人类历史现象（进化、变革）之动力与因素的解释，简言之，即是对于历史动因的解释"。见燕义权《国父孙中山底历史哲学》，国民图书出版社 1942 年版，第 2、10 页。
④ 傅斯年：《历史语言研究所工作之旨趣》，《国立中央研究院历史语言研究所集刊》第 1 本第 1 分，1928 年，第 8 页。

品看待，因为没有事实做根据，所以与史学是不同的。历史的对象是史料，离开史料，也许成为很好的哲学和文学，究其实与历史无关。"① 他认为史学是不能离开史料的，"历史哲学"之于史学没有可资取的价值。傅氏排斥历史哲学的史学主张，或与其接受《史学原论》一书的观点存在某些关联。②

这种对"历史哲学"的抵触态度在杨堃的阐述中体现得更加鲜明，杨堃否定史观之于史学研究的指导作用："一提到史观，就使我们想到唯物史观、唯心史观、宗教史观、伟人史观、地理史观、种族史观等等，这全是历史哲学内的名称，不是历史科学内的名称。科学的史学家，是要将史学当作一种自然科学与社会科学去研究，不必去讲史观。""唯物论派的释古，是史观的释古，亦即是历史哲学式的释古，不是科学的释古。而我国新史学运动的趋势，是要在一切史观之外，走进科学的社会学之内，去发现科学的释古的法则，这已与史观派不同。"③

但在当时，呼吁在史研究中运用"历史哲学"来作为理论指导的声势更为浩大。倡导使用"历史哲学"概念的史家，大多是以当时对"历史哲学"概念的基本共识为出发点展开论述的，重视历史哲学对史学研究的理论指导作用。如吴恩裕所谓"夫史策纷繁，抉择匪易，倘历史家不自具一种之历史哲学，则一部十七史，从何处说起？必且治丝益棼，茫无头绪"；④ 齐思和指出，"历史哲学，为研究史学之最高目的。吾人研究史学，其目的即在求得此种抽象观念以了解现在而控制未来；不然杂记陈迹，除资谈助外，有何益者？"，并从指示研究途径、供给吾人意见、影响后世三方面论述了历史哲学的作用；⑤ 朱谦之则提出治史应综合史料搜集与历史哲学，一面搜集一面解释，谓之"蜜蜂的方法"。⑥ 一言以蔽之，他们主张在史学研究中发挥历史哲学的理论指导作用，弄清过去的同时也要能够眺望未来。

对"历史哲学"概念拒与迎不同态度的背后是民国学人推进史学现代化的不同取径。以傅斯年为代表的学人受西方近代实证主义影响较大，重史料考证，将历史解释排斥在史学研究之外。他们追求史学研究的客观性，以发掘历史真相、重建史实作为史学的任务，主张现代史学的研究方法应是整理、考证史料，将理论指导视为是掺入主观因素的非科学方法，于是对"历史哲学"嗤之以鼻。杨堃作为法国汉学家葛兰言的门徒，为葛兰言的学说摇旗呐喊，力图将社会学方法移植到中国史学界，建立中国史学的"社会学派"："仅有葛兰言的社会学

---

① 傅斯年：《考古学的新方法》，《史学（上海）》第 1 期，1930 年，第 195—196 页。
② 傅斯年颇为爱护伯伦汉的《历史学导论》，而反感历史哲学又是其与伯伦汉的显著分歧。傅氏对历史哲学的态度应受《史学原论》影响更大。详见李孝迁：《观念旅行：〈史学原论〉在中国的接受》，《天津社会科学》2019 年第 1 期。
③ 张好礼（杨堃）：《中国新史学的学派与方法》，《读书青年》第 2 卷第 3 期，1945 年，第 16 页。
④ 吴恩裕：《历史与历史哲学》，《东北大学周刊》第 48 期，1928 年，第 21 页。
⑤ 齐思和：《先秦历史哲学管窥》，《史学年报》1929 年创刊号，第 131—133 页。
⑥ 朱谦之：《太平天国史料及其研究方法》，《现代史学》第 5 卷第 1 期，1942 年，第 12 页。

分析法，那才是建设中国新史学之惟一的工具，亦是中国新史学运动中之惟一的一条出路。"①在以上二人的现代史学建设构想中，"历史哲学"不应属于现代史学的范畴。徐琚清曾言："由一个或多数综合里，'概括'出一个共同性来，这就干脆说，是史律，史律和其他科学上的定律一样是一种假设。假设站得住，便成为定律。"② 他在此认为历史规律是"一种假设"，也就否认了历史规律的普遍性和客观性。像他这样反对把寻求规律作为史学研究任务的史家，对以寻求终极法则为旨归的"历史哲学"也自然持怀疑乃至否定态度。

栋舟指出："中国历史学之所以数千年一塌糊涂的原因，都由于将史料看成史学……而史学却是由这些材料的研究中，去考察一切人类活动的规律，而指出可以为现在人类社会之指导与参考的地方。不仅史料不是史学，就是整理史料也还不是史学。"③ 主张将"历史哲学"概念运用于史学研究的史家，大多有意识地重视历史解释在史学研究中的作用，反对拘泥于史料考证的史学研究风气。陈啸江批评考证派"始终跳不出考古学，考据学底圈子，把历史看为'破罐子'，大做特做其补'边'，修'底'，添'把'，增'嘴'一类的工作"，至于反对历史哲学，历史与现实完全脱离，更是让人"痛心之极"。④ 蒙思明认为史学包含考订、理解与编纂三部分，这三部分各有使命，其中历史哲学是"历史著作的灵魂"。他还给出了考据不能独当史学重任的理由，主张以历史哲学领导考据。⑤ 由此可知，民国学界对"历史哲学"概念拒迎态度的不同背后，是现代化的史学研究是否需要理论指导、历史解释是否科学的分歧，更进一步来讲，是对"如何建设现代史学"问题的不同回答。

中国传统学术体系中没有"历史哲学"的位置，因而民国学人在"历史哲学"的学科归属问题上也存在不同的见解。"历史哲学"是史学的一部分还是哲学的一部分？民国学人对此问题的回答并未达成一致。弗林特的观点具有一定代表性和影响力：

> 历史哲学和历史科学，是切切相关的。如果有什么历史哲学不合于历史科学的道理，不是应历史科学的需要而产生的，一定是毫无价值，大言欺人的东西。真正的历史哲学，一定和历史科学密切相关，不可分离……我们现在所要推究的，就是这两件东西合并为一起的发展的情形。我们要说明从历史本身的根本上所得到的归纳的理论怎么发展，同时也要指明怎么样人类的种种经验和思想能够促进历史的进步。⑥

---

① 张好礼（杨堃）：《中国新史学运动中的社会学派》，《读书青年》第 2 卷第 4 期，1945 年，第 15 页。

② 徐琚清：《谈谈历史》，《燕大月刊》第 4 卷第 2 期，1929 年，第 34 页。

③ 栋舟：《种种色色的中国历史家》，《学校评论》第 1 卷第 3 期，1931 年，转引自杨鸿烈《历史研究法》，商务印书馆 1939 年版，第 61 页。

④ 陈啸江：《编后》，《现代史学》第 1 卷第 3—4 期合刊，1933 年，第 367—368 页。

⑤ 蒙思明：《考据在史学上的地位》，《责善》第 2 卷第 18 期，1941 年，第 2—15 页。

⑥ 弗林特：《历史哲学概论》，郭斌佳译，第 32—37 页。

弗林特在此把历史科学作为真正"历史哲学"产生的基础,强调二者不能相分。而在翦伯赞看来,历史哲学的发达是史学繁荣的重要保障:"由于历史哲学在中国历史科学的领域中,没有展开其更高的发展,所以中国的历史家,至今还不曾写出一部正确的中国通史,即分期史也还相当地贫乏,至于世界史,更没有提到研究的课程上。"① 他们都强调历史哲学与历史科学间存在密切联系,不能离开史学去谈历史哲学。

李大钊承认"历史科学,研究到根本问题的时候,亦要依据历史哲学所阐明的深奥高远的原理,以求其启发与指导",② 同时也认为二者应"各有其判然当守的界域","在严密的意义上的历史哲学,不当视为属于一个特殊科学的史学,当视为构成哲学的一部分者"。③ 沈鉴指出:"历史哲学是历史之哲学的研究,与历史学不同,历史学是历史科学的研究。"④ 陈家盛认为:"它(历史哲学——引者注)与历史学有分别的:前者是历史之哲学的研究,后者是历史之科学的研究。'在科学与哲学复归于统一的今天,历史学是叙述阶段的科学和说明阶段的科学,而历史哲学则是理论阶段的科学。'"⑤ 这类看法强调"历史哲学"的哲学性质,认为历史哲学与历史科学的关系,是抽象、普遍的理论与具体历史史实的关系,二者之间虽存在关联,但终究是不同的研究范畴。这实际上就把历史哲学与历史学相分看待了。

对历史哲学学科归属的争议促使人们深入思考历史学的学科性质与内涵,在相关讨论中尝试明晰史学与哲学的界限,从而在反思学科分类体系的同时加深对史学理论相关问题的认识,推动近代史学学科体系的构建。

由上所述,对于舶来的"历史哲学"概念,民国学人呈现出多元的认知。运用历史哲学以指导史学研究的呼声日益高涨,这是民国时期"历史哲学"概念传播与接受所呈现出的大趋势。与此同时,面对哲学、社会学等外来学术的一并传入,人们对历史哲学的学科归属进行了辨析,并在相互辩论中不断深化对于相关问题的认识。是否达成一致的结论并不重要,重要之处在于民国学人为推进中国史学现代化进行了有益思考与尝试。在一系列有关"历史哲学"概念的争论中,所涉及的什么是历史、什么是哲学、历史哲学与历史科学的关系等论题,已经触及对历史学学科性质的认识,促使人们对史学理论问题进行深入思考,引导学人从历史本体论和历史认识论的角度反思传统史学,畅想理想史学建设之蓝图,这对中国近代史学理论体系的建构起到了一定的推进作用。作为外来思想资源的"历史哲学"概念对中国近代史家观念与史学发展的影响,是更为深远持久,也更值得我们进一步发掘的。

---

① 翦伯赞:《历史哲学教程》,第5页。
② 李守常:《史学要论》,第76页。
③ 李守常:《史学要论》,第73页。
④ 沈鉴:《高比诺的历史哲学概观》,《清华周刊》第43卷第4期,1935年,第26页。
⑤ 陈家盛:《历史哲学研究大纲》,《群言》第12卷第3期,1935年,第26页。

三　"历史哲学"概念影响下的史学撰述

尽管民国学界对"历史哲学"概念的理解可谓众说纷纭，亦不乏否定、反对的声音，但自觉将"历史哲学"概念运用于史学研究，是为民国年间"历史哲学"概念传播与接受所造成的主流趋势。民国史家不仅怀着经世致用的心态运用"历史哲学"概念重审古史，发掘其中符合"历史哲学"概念内涵的思想理论遗产，还将"历史哲学"概念用于阐释个人对历史演进过程与规律的看法，甚至形成了对"历史哲学"话语解释权的竞争之势。

接受西方历史哲学知识的同时，"历史哲学"这一概念深入人们的观念世界，引发了学人发掘中国固有历史哲学思想的兴趣和欲望。一些民国学人使用"历史哲学"概念重审中国古史，对历史观和历史理论问题进行探讨，试图从中发掘对现实有益的资源。齐思和在这方面算是一位先驱，他重视先秦历史哲学的价值，于 1929 年撰写《先秦历史哲学管窥》一文，[1] 认为"古人之历史观念固非无研究之价值也，其影响后世，指导来修者至巨。""至于中国先秦历史哲学之重要，恐更有甚于此者"，对儒、墨、道、法四家的历史观进行探讨。他指出儒墨道"咸以为今不如古，故其理想国皆在上古"，而格外推崇法家的历史哲学，肯定其中的唯物倾向，"韩子之以经济变迁，解释历史，不惟中国为创举，即在西洋，三千年前，恐亦无梦见此思想者"，"先秦之历史哲学，至韩子入于正当轨道，亦至韩子施之行政，获其实效，可谓集先秦诸哲之大成"。齐思和将法家历史哲学与唯物史观相附会，并认同法家的历史进化观，其中或有为当时流行的唯物史观和进化论从中国历史中寻找合理依据的意图。

1933 年，梧轩写作《战国诸子的历史哲学》一文。[2] 该文批判一味恪守古法的思想，"推崇韩非'进化的历史观'""社会是活的，是变的，是继续地在进展着的，所谓法则是死的，不变的，停滞着的，法和社会取同一步骤跟着环境变迁而变迁……如在今之社会，经济环境根本与古不同，而仍守古法，这正如守株待兔的故事"，"古今之所以不同，古法之所以不能沿用于今，是因为古今的经济条件不同"。以上主张，与当时唯物史观、进化论等影响较大的思想有契合之处。且作者在此时格外强调人类社会的进化与变通，这与在民族危机日益深化的背景下，知识分子寻求救亡出路的探索不无关联。以上两位学人均对先秦时期的历史观有所分析，且都倾向于宣扬法家重视历史变迁中的经济因素、坚持历史进化的思想，他们对中国历史哲学思想的阐发并不是纯粹的考史活动，而是带有发掘思想资源以用于当下现实的意图在内。可见民国学人怀有为解决现实问题提供参考之目的，运用"历史哲学"概念重新"发现"古史中可供当下利用的思想资源。

---

① 齐思和：《先秦历史哲学管窥》，《史学年报》1929 年创刊号，第 131—144 页。
② 梧轩：《战国诸子的历史哲学》，《清华周刊》第 39 卷第 8 期，1933 年，第 755—778 页。

冯友兰曾作题为"秦汉历史哲学"的讲演，[1] 最能体现时人运用"历史哲学"概念重审古史的经世意图。冯氏认为秦汉历史哲学发达的原因在于"春秋战国的时候，中国在经济、社会、政治、思想各方面，都起了根本的变动。到了秦汉大一统，中国完全进了一个新局面。在这个新局面中，人有机会也有兴趣，把以前的旧局面，把以前的旧历史，重新研究估价"，明确提出研究秦汉历史哲学要为现实提供指导："汉人的历史哲学，约有三派。……我们现又处在一个非常的大转变时期，我们试看以上三种的历史观，其中是不是有些意思我们现在还可用。"文中所称的"非常的大转变时期"，民族危机日益加深，国家的前途命运尚未可知，冯氏在此表现出鲜明的以史为鉴之意图。他在总结秦汉历史哲学时，自觉用唯物史观进行解释。他认为秦汉时期的历史哲学已经意识到历史演变乃依非精神的势力："这都是一定的公式，不论人愿意不愿意，历史是要这样走的。这一点意思，我们现在还用得着。依照唯物史观的说法，一种社会的经济制度要一有变化，其他方面的制度也一定跟着要变"，强调回到历史现场看待问题，"现在我们若用唯物史观看历史，我们也可以有同样的主张……我们不能离开历史上的一件事情或制度的环境，而单抽象的批评其事情或制度之好坏……再就历史演变中之每一阶段之整个的一套说，每一套的经济社会政治制度，也各有其历史的使命"。冯友兰在该文中将唯物史观的理论方法与秦汉历史哲学相提并论，带有强烈的经世倾向，期冀发掘秦汉历史哲学资源以服务于社会现实需要的意图是毋庸置疑的。

王玉璋于1942年出版的《中国史学史概论》中专设"历史哲学"一章，[2] 是"历史哲学"概念影响时人历史编纂实践的重要体现。书中"历史哲学"一章的内容分为两节，分别叙述阴阳五行之历史哲学与中国三大历史观念的发展。王氏在第一节里追述阴阳五行学说"应用于历史之演变"的脉络，介绍五德终始说、三正三统说、皇极经世说和公羊三世说的形成背景与主要内容。三大历史观念是指神权史观、垂训史观和科学史观："神权兴起为时较早，而垂训借鉴史观则支配时间为较长，科学史观形成较迟。然三者并非前后比接，而是参互错综之现象，或有并行存在之情形焉。"[3] 神权史观可追溯到殷墟卜辞的记载，春秋以降垂训史观逐渐显明，《春秋》《资治通鉴》即为代表。科学史观"乃历史应以客观态度，搜求史料，考证史料，排比编纂，以成一代之典，示人类过去之真象于后世之谓也。换言之，不外乎'求真'而已"，[4] 首倡于刘知几，经章学诚进行深入阐释，重视史学研究的客观性，在近世西学东渐的背景下与改造旧史学的呼声不谋而合，成为"促进史学新发展之重要动力"。

王玉璋在书中没有给出"历史哲学"的明确定义，但从章节内容可看出，其所理解的"历史哲学"并不等同于历史观。他把阴阳五行及其衍生学说视作中国古代解释历史发展的重

---

① 白寿彝主编：《中国史学史》（第一卷），上海人民出版社2006年版，第107页。
② 王玉璋：《中国史学史概论》，商务印书馆1942年版。
③ 王玉璋：《中国史学史概论》，第139页。
④ 王玉璋：《中国史学史概论》，第132页。

要理论，且其所谓垂训史观与科学史观的内容，涉及著史目的问题及对史家素养的要求，有更多史学理论而非历史理论的意味。尽管王氏的论述多有杂乱牵强之处，但在中国史学史研究的起步阶段，以历史哲学审视中国古代史学之发展无疑是一个创举，既是对当时占主流的、"带有浓厚的史部目录学的气味"① 的史学史研究范式的突破，也提高了史学史研究的思想性。

研究历史不仅是为了知晓过去，更是要解释现实，指示将来。掌握对历史的解释权，往往是塑造政权合法性的重要手段。民国时期各方政治势力都试图争夺对历史的解释权，其中政治立场不同的学人使用"历史哲学"概念阐发各种历史观的现象，值得引起我们的注意。围绕"何种史观是真正足以指导史学研究的历史哲学"的议题，在客观上形成了争夺"历史哲学"话语解释权的局面。

这其中代表性较强的，是民生史观与唯物史观间的对垒。冠以"历史哲学"之名而阐发唯物史观的著述，在民国时期为数不少。刘叔琴认为"唯物史观——史的唯物论——确实有做将来能够成为科学的社会学的序论的资格"，在对唯物史观的理论基础——黑格尔与费尔巴哈的思想进行介绍后，重点强调经济对社会历史发展的影响："唯物论的说明历史，有一个根本的问题，便是什么是社会关系的现实的发达原因？马克思把经济发达的问题，归到社会的生产力的发达上面。……自然的地理的关系，规定生产力的发达；而生产力的发达，又规定经济的关系及依经济关系而定的社会关系。"② 1930 年，拉波播尔的《历史哲学》被翻译到国内，这是一部意在宣传马克思主义的历史哲学著作，译者认为这是一本"西方正确的科学的历史哲学"，"这完全是一本科学的著作。因为马克思主义根本是科学的"。③ 为时人学习和宣传马克思主义提供了理论资源。温健公称"马克思的史的唯物论是人类思维之最大的成果""只有史的唯物论才能最正确最深刻地研究社会这个对象"，认为"在一定的发展阶段上，能够把社会当作某种统一的全体而把握，正是史的唯物论优于其他一切史观的地方"；④ 更有学人在承认"人类的历史也同生物的历史一样，是进化的"之基础上，强调"历史因而为必然所支配。这种必然是经济的必然""历史的意义，无论解作政治史也好、社会史也好，要之是以经济为本体的"，认为生产力是历史分期的标准，是历史的根源，"整个的社会，都以生产力为动力"。⑤ 这种冠以"历史哲学"之名来传播唯物史观之实的报刊文章，是唯物史观在当时历史条件下得以广泛传播、扩大受众的重要一环。

关于孙中山的民生史观，学界既往已有所探讨，但多聚焦孙中山本人的思想层面，对其

① 白寿彝主编：《中国史学史》（第一卷），上海人民出版社 2006 年版，第 107 页。
② 刘叔琴：《唯物史观在历史哲学上的价值》，《东方杂志》第 21 卷第 1 期，1924 年，G1—G19 页。
③ 拉波播尔：《历史哲学》，青锐译，上海社会科学院出版社 2016 年版，第 12—14 页。
④ 温健公：《历史哲学的对象》，《世界论坛》第 1 卷第 9 期，1934 年，第 1—7 页。
⑤ 叶青：《历史哲学概论》，《新中华》（1933 年）第 3 卷第 5 期，1935 年，第 35—40 页。

在民国历史现场的传播与回响关注较少。① 实际上，民国年间不乏冠以 "历史哲学" 之名宣传民生史观的著述。孙介君在《总理历史哲学与革命的关系》中认为，"历史哲学的信仰，可以确定我们观察历史现象的态度"，将孙中山的历史哲学与革命联系起来，强调历史哲学之于实践的功用："所谓历史哲学的功用，就是在帮助我们认识人类社会进化的原理原则和趋势，以便察往而知来，使我们的行动与之相适应……历史哲学对于革命者，有如指南针对于航海者，其重要性是不待说的。" 文末又呼吁革命者要提升对于历史哲学的认识和素养，更好地进行革命。② 韦容生的《总理的历史哲学》则鼓吹民生史观的科学性，主张 "它是综合了唯心与唯物史观之长而抛弃其短的科学之历史观"。③ 李素心归纳历史哲学发展的途径为唯心史观—唯物史观—民生史观，称民生史观为 "高级的历史哲学"。④ 燕义权更是著有《国父孙中山底历史哲学》一书，系统阐释孙中山的民生史观。他的编纂旨趣在于以正确的历史哲学指导抗战建国："历史哲学，是一切革命运动的指针。在这历史变革的大时代里，我们应以国父底历史哲学，来指导我们的抗战建国，以促进人群进化，为祖国开创出路，并导整个世界人类，均踏上快乐的幸福的康庄的历史大道。"⑤

如上，以 "历史哲学" 之名宣扬民生史观之实的著述存在些许共性。首先，注重阐发历史哲学得以经世致用的意义，强调历史哲学尤其是孙中山的历史哲学对现实的指导功用；其次，鼓吹民生史观是调和唯物与唯心两种史观，以民生为历史发展原动力的 "高级的历史哲学"；最后，作者多表达出拥护三民主义的政治立场，批驳唯物史观，具有强烈的政治 "正统" 色彩。他们宣扬民生史观的著述多冠以 "历史哲学" 之名，其中隐含民生史观为唯一正确的历史哲学之意味，与唯物史观针锋相对，体现出国民政府试图以民生史观掌控对历史发展解释权的用意。由此可见，民生史观的宣扬在当时和国民政府巩固统治的政治诉求密切联系，而借 "历史哲学" 概念鼓吹民生史观的史学活动，也因此具有了浓厚的非学术色彩，成为当权者树立政权合法性，达成政治诉求的重要环节。

以上所述的情形，在客观实际上形成了对 "历史哲学" 话语解释权的争夺局面，实质则是对 "以何种史观为指导研究中国历史" 的分歧。支持民生史观者认为民生史观是解释中国历史的唯一法门："中国历史进化法则既有其特殊性，所以中国革命便不需要共产主义，而只有三民主义，已足推动中国历史的进步。这便是认识中国历史的特殊法则的革命战士所应当

---

① 如颜伟忱《孙中山民生史观及其意义》，硕士学位论文，黑龙江大学，2016 年；粟凯、庞楠、姚思泉：《孙中山的民生史观及其局限性刍议》，《西部学刊》2023 年第 3 期。蒋俊曾梳理民生史观的多种流派，指出其共同目的在于反对唯物史观。详参氏著《中国史学近代化进程》，齐鲁书社 1995 年版，第 250—271 页。最近郭英夫对国共双方的历史观之争有所探讨，详见郭英夫《1928—1930 年间国共民生史观与唯物史观之争》，《民国档案》2023 年第 4 期。

② 孙介君：《总理历史哲学与革命的关系》，《力行月刊》第 1 卷第 5 期，1940 年，第 30—38 页。

③ 韦容生：《总理的历史哲学》，《抗战时代》第 3 卷第 6 期，1941 年，第 4 页。

④ 李素心：《高级的历史哲学》，《革命理论》第 15—17 期，1943 年，第 6 页。

⑤ 燕义权：《国父孙中山底历史哲学》，第 9 页。

永矢不渝地奉行三民主义的理由。"① 持唯物史观的学者则极力强调唯物史观说明历史、指示未来的唯一科学性："历史哲学是直接供用于人的哲学，为我们造历史的指南。然而要辩证的物质论才这样。像观念论的、生命论的和机械的物质论的（如地理史观等），既不能说明甚么，也不能指示甚么。那只是饭吃饱了的人的文字游戏。"② 对"历史哲学"话语解释权的争夺，实质上是对于何种历史观能够正确解释历史发展的争论。这背后能体现出时人对"历史哲学"这一概念的认可，只有在人们意识到历史哲学之于解释历史发展、寻求历史规律、指导现实社会等方面的作用时，才会不约而同地选用"历史哲学"这一概念，才会在"何种历史哲学为科学的历史哲学"这一问题上出现互不相让的情况。

如上所述，"历史哲学"概念对民国时期的史学撰述产生了一定的影响。为解答"中国有什么样的历史哲学"这一问题，史家对中国古代的历史观和历史理论进行了初步梳理；围绕"以何种史观为指导研究中国历史"的问题，不同立场的学人提出了不同的历史哲学为依凭。在本土化的学术语境中，"历史哲学"概念作为认识历史、反思史学的思想资源和理论工具，既推动了近代历史理论与史学理论研究的发展进步，也为人们思考国家和民族的前途命运提供了有益启发。

四　结语

"历史哲学"概念作为新的思想资源，其在民国时期的传播与接受对中国近代史学的影响是不可忽视的。在历史哲学知识输入、高校历史哲学课程开设的基础上，民国学人对"历史哲学"概念的认知形成了一些共性：探求人类社会历史发展的源头、动力并追求一以贯之的法则规律。这种共识启发着时人思考人类社会历史的发展究竟是怎样的，应该如何研究历史，进而寻求终极答案之所在。

作为本土所无的舶来品，民国学人对"历史哲学"概念存在多样化的理解与认知，这是国人面对外来思想学说的普遍现象。无论是对"历史哲学"概念的拒迎争论，还是有关历史哲学学科归属的分歧，都是民国学人尝试推进史学现代化不同路径的体现，反映出史家在治史理念与方法上的差异。相关讨论推进了时人对一系列史学理论问题的思考，对中国近代史学理论体系的构建发挥了一定的积极作用，也有助于传统史学的现代化转型。

把"历史哲学"概念运用于史学研究，是民国年间"历史哲学"概念接受与传播的大趋势。面对救亡图存的时代背景，一些中国史家怀经世之理想，自觉使用"历史哲学"概念重审古史，尝试从中发掘能够为解决现实问题所用的精神财富。围绕"何种历史解释是科学的"

---

① 韦容生：《总理的历史哲学》，《抗战时代》第 3 卷第 6 期，1941 年，第 10 页。
② 叶青：《历史哲学概论》，《新中华》第 3 卷第 5 期，1935 年，第 39 页。

这一问题,持不同史观的学人群体展开了对"历史哲学"话语解释权的争夺,这种话语争夺受政治因素的干预,同时也是人们在解决中国现实危机之路径方面的抉择分歧。总之,民国史家使用"历史哲学"概念的语境与意图呈现出多元复杂的局面,构成了现实关怀与政治色彩交织的图景。

"历史哲学"一词在近代中国不仅意味着新的思想学说,更代表着看待问题的新角度、新视野。其概念本身已经为人们提供了看待历史与史学发展的新思路,以及可应用于史学实践的思想理论资源。通过运用"历史哲学"概念,人们的治史视野更加开阔,对史学理论方面的思考逐渐走向深入,进而拓展了史学研究的范畴,推动中国史学由传统走向现代。一些西方历史哲学思想可能因缺乏受众、不适合中国国情而昙花一现,而"历史哲学"这一概念却沿用至今。笔者认为个中原因在于作为概念的"历史哲学"有着更强的可塑性与包容性,能够被时人赋予适应现实观照的、本土化的学术内涵与意义。

最后,民国时期"历史哲学"概念的传播与接受并不是孤立的过程,而是与民国时期史学理论研究的发展进程同频共振的。民国学人对"历史哲学"概念的认知与运用,以西方历史哲学知识的传入为前提,由大量引介相关理论逐渐转向关注中国史学的现代化建设问题,注重发掘中国传统史学的理论遗产,对其进行梳理与重新阐释,体现出本土化的学术特征。这与民国时期史学理论研究的发展趋向及特点是较为吻合的。[1] 通过对民国年间"历史哲学"概念的传播与接受史之考察,我们可以窥见西方史学在中国传播的一个侧面,进而加深对中国近代史学发展进程及其特质的认识。

〔作者王昊宇,西北大学历史学院本科生;通讯作者张峰,历史学博士,西北大学历史学院教授,博士生导师〕

---

[1] 此处所谓的"吻合"指本土化的研究趋向。关于民国时期史学理论研究的本土化趋向,详见左玉河《本土化、科学化和方法热:民国时期史学理论研究的基本趋向》,《史学史研究》2023 年第 1 期。